KB078951

플래닛 B는 없다

하나뿐인 지구에서 살아남기 위한 150가지 질문과 대답

마이크 버너스-리 지음
전리오 옮김

퍼블리온
Publion

일러두기

• 본문의 주석은 모두 '옮긴이 주'이며, '저자 주'는 미주로 표시했습니다.

• 논문과 기사는 〈 〉로, 책과 잡지는 《 》로 표시했습니다.

• 한국에 출간된 책은 출간 도서명으로 표기했습니다.

To the memory of mum
엄마를 추모하며

마치 (아마존의) 알렉사(Alexa)가 어떻게 하면 지구에 더욱 친화적인 방식으로 살수 있는지에 대해서 말해주는 것 같다. 놀랍게도 이 책은 전 지구적 규모의 경제와 환경이 상호 연결된 복잡한 상황을 재미있게 설명한다. 그러니까 잠재적으로 닥칠 파멸 한 접시를 미소 띤 얼굴로 폭죽을 터트리며 서빙하고 있는 것 같다. 《플래닛 B(Planet B)는 없다》는 자연의 경이로움을 빼앗기고 우리가 당연하게 여기는 자유와 기회를 박탈당한 세계를 물려받게 될 세대를 위한 행동강령이다. 이 책을 읽고 그 주요 지침과 사고방식을 받아들이는 것은, 우리가 물려줄 이 행성을 보다 살만한 곳으로 만들기 위한 아주 머나먼 여정의 첫걸음이 될 것이다.
– 에이드리언 바넷(Adrian Barnett), 《뉴사이언티스트(New Scientist)》

이토록 어두운 시기에 인류가 어떻게 하면 잘 살아남을 수 있을지에 대한 '안내서'다. 이 행성에서 우리는 어떻게 하면 계속해서 행복하게 잘 살 수 있을까?
– 레슬리 후크, 《파이낸셜타임스(Financial Times)》

아무것도 하지 못한 채 얼어붙은 사람들을 위로해주는 안내서.
– 《선데이타임스(Sunday Times)》

《플래닛 B(Planet B)는 없다》를 읽어야 하는 사람은 누구인가? 모든 사람이다. 마이크 버너스-리는 광범위한 범위에서 진실을 말하는 안내서를 썼는데, 그 내용은 교훈적이면서도 재미있다.
– 엘리자베스 콜버트(Elizabeth Kolbert), 《뉴요커(The New Yorker)》 필진, 《여섯 번째 대멸종: 부자연스러운 역사(The Sixth Extinction: An Unnatural History)》의 저자

지구의 생물권과 자원들에 무슨 일이 벌어지고 있는지를 생생하면서도 설득력 있게 평가한다. 이 책은 우리에게 변화를 만들고 싶다면 무엇을 할 수 있는지, 그래서 지구 위를 더욱 부드럽게 발 디디며 걸어갈 수 있으려면 어떻게 해야 하는지를

말해준다. 지구의 모든 시민은 이처럼 정보가 풍부하면서도 광범위한 내용을 다루는 입문서가 있다는 것을 감사해야만 한다.
– 마틴 리스(Martin Rees), 영국 왕실 천문학자

다양한 사실들을 한 입 크기로 요약한 엄청나게 재미있는 책이다. 그리고 현재 지구의 현실을 고려하면 엄청나게 중요한 책이기도 한다.
– 빌 맥키번(Bill McKibben)

행동을 위한 지침은 물론이고, 뜻밖에도 미학적인 즐거움까지 주는 책이다. 여러분이 얼마나 많이 알고 있는가와 관계없이, 이 책은 현재 우리가 가진 유일한 행성인 이 지구 위에서 어디로 나아가야 하는지에 대해서 도움을 줄 것이다. 모든 사람이 이 책을 읽는다면 너무나도 좋을 것이다.
– 킴 스탠리 로빈슨(Kim Stanley Robinson), 《화성(Mars)》 3부작, 《2140년 뉴욕(New York 2140)》 저자

지속가능성에 대한 놀라울 정도로 풍부한 지식들이 차려진 뷔페 테이블이다. 당신은 한자리에 앉아서 그걸 모두 즐길 수도 있고, 한 입 사이즈의 메뉴를 직접 골라서 그 맛을 음미할 수도 있다. 어느 쪽이든 당신은 더욱 현명하고 건강해질 것이며, 또한 즐거움도 얻게 될 것이다. [마이크는] 애정과 재치로 자신의 통찰력을 공유하고 있으며, 그의 책은 지금보다 더 시의적절할 수 없을 것이다.
– 데이비드 슈크먼(David Shukman), BBC 과학 부문 에디터

나는 이 책을 정말 사랑한다. 근거에 기반을 둔 탄탄한 책이며, 실용적인 지침들이 가득하다. 점점 더 복잡해지며 혼란스러워지는 세상에서, 이 책은 상식과 명확성, 그리고 무엇보다도 희망의 등불로서 두각을 나타낸다.
– 캐롤라인 루카스(Caroline Lucas), 영국 하원의원(잉글랜드 웨일스 녹색당)

이 책의 편집에 관해서

이 책의 대부분은 질문 형식으로 되어 있다. 이는 독자들이 다양한 방식으로 읽을 수 있음을 의미한다. 무작위로 골라서 파고들 수도 있고, 차례나 색인을 훑어서 주제를 찾아볼 수도 있으며, 처음부터 끝까지 쭉 읽을 수도 있다(내가 원하는 논리적인 흐름이다).

처음 몇 개의 장은 실체적이며 기술과 과학적으로 명백한 도전 과제들을 다루고 있는데, 여러 근본적인 이슈들에 대해서 심층적으로 짚어본 다음, 가치와 진실의 영역을 다루고, 마지막으로는 지금과 같은 새로운 시대에 대처하기 위해서 우리가 배워야 하는 사고방식을 논의할 것이다.

이 책의 뒷부분에 '알파벳순으로 간략하게 둘러보기'를 마련해두었다. 이것은 재미와 유용함이라는 두 마리 토끼를 잡기 위한 것이다. 그리고 다른 부분에 넣기는 애매하지만 그래도 언급할 만한 가치가 있는 몇 가지 내용도 포함할 수 있었다. 그런데 알파벳순으로 나열했더니 기존의 의도적인 논리가 해체된 완전히 새로운 순서가 만들어졌다. 이 책 대부분의 내용은 나름의 순서에 의해서 제시되었기는 하지만, 그 내용들은 모두 서로 아주 많이 연관되어 있다. 그래서 그러한 내용들을 이렇게 알파벳순으로 제시함으로써, 우리가 그 모두를 늘 동시에 염두에 두어야 할 필요가 있다는 점을 상기시켜주는 효과가 있기를 바란다.

본문의 주석은 모두 책의 말미에 미주로 모아두었으니, 더욱 자세히 알고 싶다면 찾아보기 바란다. 주석이라고 해서 단순히 참고 내용만은 아니다. 주석들 가운데에는 그저 본문의 내용 흐름상 빼놓았을 뿐, 읽어보면 좋은 내용도 많이 있다.

마지막으로 언어에 대해서 한 마디. 나는 이 책에서 가능하면 전문 용어를 빼고 간단한 용어들을 사용하려 했다. 그래서 나는 더욱 다양한 독자들이 이 책을 읽고 즐기며 활용하기를 바라는 마음이다.

차례

CHAPTER 04 여행 및 이동 수단

CHAPTER 05 **성장, 돈, 계량적 분석**   285

CHAPTER 12 나는 무엇을 할 수 있는가

개정판*
서문

이번 개정판에서
새로워진 내용은 무엇인가?

코로나바이러스 전염병(코로나19)이 인류 전체를 손아귀에 움켜쥐고 있는 요즘, 나는 도시가 봉쇄된 상황에서 이 글을 쓰고 있다. 급박한 위기가 지나가고 나자, 지금의 이 사태가 과연 우리 세계에 의미하는 바가 무엇인지를 알아내기 위해서 수많은 사람이 노력한다. 많은 이는 이번 사태가 과연 이제는 오늘날에 적합하지 않다는 것이 너무나도 명확하게 드러난 경제 및 사회적 환경으로부터 우리 자신을 해제시키는 순간이 될 수 있을지, 그래서 결국엔 우리 인류에게 (그리고 다른 종들이) 환경 친화적인 세계로 전환할 수 있을지 질문을 던지고 있다. 물론 현재로서는 그 누구도 알 수 없다. 하지만 분명한 것은, 더 좋은 것이든 나쁜 것이든, 이미 우리의 삶이 뒤엎어져버릴 수밖에 없

---

* 이 책의 초판은 2019년 2월에, 개정판은 2021년 1월에 출간되었다.

었던 지금으로서는 그 어떤 변화라도 일어날 가능성이 훨씬 더 높아져 보이는 것이 사실이다.

팬데믹을 제외하더라도, 이 책 《플래닛 B(Planet B)는 없다》의 초판 출간 이후 2년 동안 엄청난 변화들이 있었다. 2019년과 2020년에 발생한 오스트레일리아의 산불은 그 자체만으로도 전 세계 온실가스 배출량에 1퍼센트 이상의 가스를 추가로 내뿜었으며, 3,000킬로미터 이상 떨어진 뉴질랜드의 하늘까지도 오렌지색으로 물들였다. 러시아의 영구동토층에서는 (말 그대로) 메탄가스가 폭발하면서 폭이 50미터에 이르는 구덩이들을 만든다. 그리고 아마존의 건조화가 지나치게 빠르게 진행되면서, 머지않아 상당한 양의 탄소 매장량이 새로운 온실가스 배출원으로 바뀔 수도 있다는 뉴스를 접한다.

그러나 동시에 우리는 세계가 (또는 최소한 그 일부가) 마침내 지구의 환경 위기를 실감하게 되었다는 아주 고무적인 징후도 목격하게 되었다. 아직 가야 할 길은 멀지만, 지난 몇 년에 비하면 나로서는 상당히 희망적인 것이 사실이다.

《플래닛 B(Planet B)는 없다》의 초판이 서점 진열대에 놓이던 시점의 상황을 설명하면 이랬다. 기후변화에 관한 정부 간 협의체(IPCC)는 마침내 우리가 오랫동안 기다려 온 보고서를 발표했다. 여기에서는 지구의 온도변화를 섭씨 1.5도 이내로 제한해야 한다는 것을 명확히 밝히고 있었다.[1] 그레타 툰베리(Greta Thunberg)라는 이름은 이제 막 사람들에게 조금씩 알려지기 시작하고 있었고, 학교의 아이들은 아직까지는 대규모로 길거리에 몰려나오기 전이었다. 멸종저항(Extinction Rebellion)은 2019년 4월에 런던에서 개최되는 기념비적인 시위를 아직까지는 계획하고 있는 단계였다. 영국의 정치인들은 2050년까지 탄소 배출량의 80퍼센트만 줄인다는 한심한 수준의 목표를 정해놓고는, 자신들이 세계를 주도하고 있는 것처럼 보일 수 있다고 생각했다. 각국의 중앙정부나 지방정부들이 기후 비상사태를 선언하는 것이 유행하기 전이었다. BBC는 육류와 유제품을 적게 먹을 필요가 있다는 내용으로 다소 무미건조한 이야기만 하고 있었다. 그리고 (기후 비상사태라는 주제에 대해서 그전까지의 형편없었던 보도들을 한 차원 뛰어넘었던) 기념비적인 다큐멘터리인 〈기후변화의 진실(Climate Change – The Facts)〉과 우리에게 생물다양성의 위기에 대한 첨예한 경각심을 일깨워주었던 〈멸종의 진실(Extinction: The Facts)〉이 방영되기 전이었다. (아직 시청하지 않았다면, 이 두 편의 다큐멘터리를 찾아보시기 바란다.)

영국의 최고법원은 최근 추진되고 있던 런던의 히드로공항 제3활주로의 신설 확장 계획이 기후에 좋지 않은 영향을 미칠 우려가 있다며 위법이라고 판결했다. 이 판결은 놀라울 정도로 유용한 선례를 남기게 되었다. 즉, 신규 탄광 개발이나 도로 확장 계획을 포함해서 영국의 모든 인프라 건설 계획에 대해서 기후변화와 관련되어 있는지를 정밀조사해야 한다는 요구가 봇물처럼 터지게 되었던 것이다. 예전 같았다면 정치인들이 기후변화에 대한 입장을 상황에 따라서 바꾸기도 했지만, 이제는 그러기가 점점 더 어려워진다. 이러한 변화의 바람은 적어도 나에게는 진정한 희망을 주기에 충분하다.

이러한 변화의 첫 단계는 어떻게 가능했을까? 무엇이 원인이고 무엇이 결과인가? 그 답은 모든 시스템이 변화하는 것과 마찬가지로, 모든 것들이 한꺼번에 합쳐졌다는 것이다. 이러한 조건이 맞아 떨어지면서, 아주 미세한 움직임만으로도 우리에게 그토록 절실하게 필요한 거대한 전환이 시작된 것이다. 그리고 그 미세한 처음의 움직임이 가장 힘들었던 것인지도 모른다.

이는 두 개의 티핑 포인트(tipping point) 사이에 벌어지는 경쟁이다. 즉, 환경위기가 먼저 걷잡을 수 없는 상태가 될 것인가, 아니면 인류가 제 시간에 깨어날 것인가? 과학적 사실이 점점 훨씬 더 두려워질 정도로 커지는 동안, 사상 처음으로 우리 사회 전체가 미몽 상태에서 실제로 조금씩 동요하고 있는 것처럼 느껴진다. 우리의 집단적 두뇌는 잠귀신의 늪에서 빠져나오려고 이제 막 움찔거리기 시작했다. 우리 모두가 힘껏 잡아끈다면, 우리가 그토록 절실하게 필요한 거대한 시스템의 변화는 2년 전보다는 더 가능성이 있다고 느껴진다. 그리고 우리는 잘 하면 제 시간에 맞출 수도 있을지도 모른다.

코로나19는 전 세계가 거대한 변화를 직전에 앞두고 요동치는 순간에 우리를 강타했다. 팬데믹은 모든 사람의 생명에 즉각적인 위협을 가함으로써, 확실히 우리로 하여금 삶에서 진정으로 중요한 것이 무엇인지에 대해서 성찰하게 만들었다. 각국의 봉쇄조치는 인류에게 뒤로 물러서서 잠시 멈추고 다시 생각해볼 기회를 주었다. 이 책은 예전의 시스템이 어떻게 작동하고 있었는지, 어떠한 변화가 필요한지, 그리고 그 이유와 방법에 대해 살펴봄으로써 그러한 성찰을 돕고자 한다.

그래서 구체적으로 이번 개정판에서 새로워진 내용은 무엇일까? 이 책의 기본 전제나 주요한 흐름을 바꾸어야 한다거나 수치적인 분석에서도 수정해야 할 필요성은 발견하지 못했지만, 이번 개정판을 통해서 어느 정도의 빈틈을 메우고 일부 중요한 내용을 업데이트할 수 있는 기회를 가질 수 있었다.

물론 책 전체를 살펴보면서 필요한 모든 곳에서 뉘앙스를 수정하고 내용을 최신으로 업데이트했으며, 일부 도식들도 개선되었다. 그리고 꽤나 많은 부분에서 나는 '기후변화'라는 문구를 우리가 현재 직면한 상황을 더욱 잘 설명해주는 용어인 '기후 비상사태'로 바꾸었다. 코로나19 상황임을 고려해서, 질병과 관련한 내용을 좀 더 추가했다. 그리고 이메일로 받은 약 700개의 피드백을 살펴보고 이를 바탕으로 책 전반에 걸쳐서 좀 더 유용한 방향으로 내용을 수정하고 보강을 할 수 있었다. 따라서 《플래닛 B(Planet B)는 없다》의 이번 개정판은 초판보다 훨씬 더 높은 수준의 협업을 통해 만들어진 성과라고 할 수 있다.

새롭게 들어간 주제에 대해서 이야기하면, 변화에 있어서 새롭게 부상하는 중요한 촉발 장치를 언급했다. 그래서 이번 개정판에는 짧지만 별도의 섹션을 마련해서, 멸종저항과 학생들의 등교 거부 파업을 포함해서 기후 비상사태와 관련한 시위 전반에 대한 내용을 다룬다. 그리고 최근에 새롭게 부상한 질문들 가운데에서 비즈니스 업계가 대응해야 하는 몇 가지 사항이 있다. 즉, 탄소상쇄(carbon offset) 정책이 과연 효과가 있을 것인가, '순 제로(net zero, 중립)'란 무엇인가, 어떤 식으로 투자해야 하는가, 보다 나은 세상을 위해서 수조 달러에 달하는 자금이 쓰이게 하려면 우리의 금융자산 포트폴리오를 어떻게 관리해야 하는가와 같은 질문들에 대해서 참고할 만한 내용을 좀 더 추가했다. 마지막으로 우리 모두가 지금 당장 이러한 변화에 동참

해야 한다는 요구가 훨씬 더 강해졌다는 사실을 감안해서, '나는 무엇을 할 수 있는가?'라는 장을 통해서 그러한 내용을 자세히 설명했다.

우리는 모두 현재 변화의 여정에 있고, 나는 이번 개정판이 그 전보다도 그러한 부분을 더욱 많이 반영하고 있기를 희망한다.

즐겁게 읽으시기를!

마이크 버너스-리

초판
서문

새로운 시대에 접어든 걸 환영합니다

기록이 시작된 이후로 우리 인류는 에너지를 마음껏 사용해왔으며, 그 소비량은 해를 거듭할수록 거의 계속해서 증가해왔다. 지난 50년 동안의 에너지 소비 증가율은 연평균 2.4퍼센트로, 이는 대상 기간 전체의 세 배 이상에 해당하는 기록이었다. 지난 세기 동안의 증가율은 매년 1퍼센트 정도였으며, 이런 식으로 역사를 되짚어 가보면 그 증가율이 좀 더 낮은 수준에서 안정세를 유지하고 있는 것처럼 보일 수도 있다. 그렇지만 약간의 차이는 있다 하더라도 에너지 소비는 계속해서 증가해온 사실이다. 우리는 에너지 공급을 늘리는 것은 물론이고, 그 에너지를 보다 효율적이고 창의적으로 사용함으로써 끊임없이 더욱 강력한 존재가 되어왔다. 이런 식으로 우리는 우연적인 요소에 의도적인 설계를 더해서 이 세계에 미치는 영향력을 점점 더 키워왔다. 그러는 동안 우리 지구의 피로 회복력은 대체적으로 동일한 수준에서 유지되었기 때문에, 힘의 무게중심에 변화가 생기면서 이제는 균형추가 기울어지게 된 것이다. 역사를 통틀어서 세상을 지배했던 수많은 문명은 지구라는 공간을 우리가 그 어떤 행동을 가하든 견뎌낼 수 있는 거대하면서도 아주 튼튼한 공간으로 취급해왔다. 그리고 일반적으로 말하면, 이런 식의 접근법은 우리에게 그다지 문제를 일으키지 않았다.

하지만 지난 몇십 년 사이의 어느 시점에선가 상황이 바뀌었다. 그것이 정확히 언제인지에 대해서는 논쟁이 있을 수는 있지만, 비교적 최근에 일어난 일이라고 할 수 있다. 약 100년 전인 제1차 세계대전 기간이었다면, 우리가 지구를 파괴하기 위해서 온갖 노력을 다했다고 하더라도, 지구 전체를 다 날려버릴 수는 없었을 것이다. 하지만 50년 전으로 돌아가 보면, 특히나 핵에너지가 등장하면서, 자칫 큰 실수라도 한다면 우리가 모든 걸 완전히 끝장낼 수도 있다는 것이 명백해졌다. 그리고 현재, 우리는 자칫 큰 실수까지 할 필요도 없다. 오히려 우리가 실수하지 않기 위해서 최대한의 노력을 기울이지 않는다면, 지구 전체의 환경을 파괴하게 될 것이다. 그리고 50년 후의 미래가 된다면, 그리고 이러한 에너지 사용 추세가 계속된다면, 세계는 훨씬 더 취약해질 것이고, 그와 비교해서 우리의 힘은 더욱 거세져 있을 것이다.

인류의 에너지 사용 증가세가 어느 정도인지를 살펴보기 위해서 또 한 가지 예를 들어보자. 2004년 12월 26일, 아시아에서는 끔찍한 쓰나미가 발생해서 23만 명이 사망했다. 이 책을 읽고 있는 사람들의 대부분이 기억하고 있는 아마도 가장 커다란 자연재해일 것이다. 이 쓰나미로 인해서 방출된 에너지는 전 세계의 인류가 동시에 24시간 동안 사용할 수 있는 양에 맞먹는 수준이었다. 150년 전만 하더라도 인류 전체가 이만한 양의 에너지를 축적하고 사용하는 데까지는 한 달 정도가 걸렸을 것이다. 현재는 18시간밖에 걸리지 않는다.[2]

이러한 '큰 인류와 작은 행성'이라는 증상은 이제부터 유용하게 쓰일 이름을 하나 갖게 되었다. 바로 '인류세(Anthropocene)'라는 이름이다. 나는 이 용어를 '인간의 영향력이 생태계 변화의 지배적인 요인이 된 시대'라는 의미로 사용할 것이다.

이러한 '인류세'에 도달하는 과정은 마치 산성도(pH)를 측정하기 위한 적정(滴定, titration) 실험과도 같았다. 즉, 알칼리 용액이 들어있는 플라스크 안에 (산성도를 알고 있는) 산(acid)을 한 방울씩 떨어트린 후에 플라스크의 내용물이 중화되는 시점을 측정해서 해당 알칼리 용액의 원래 산성도를 계산하는 것이다. 시간이 오래 지나도 플라스크 안의 색깔은 전혀 변하지 않는다. 알칼리 성질이 여전히 우세하기 때문이다. 그러다 어느 순간이 되면, 단 한 방울만 더해도 균형이 뒤바뀌게 된다. 플라스크는 산성으로 바뀌고, 붉은색이었던 리트머스 시험지는 푸른색으로 변한다. 그리고 플라스크 내부의 세계는 완전히 다른 공간으로 바뀐다. 지구를 대상으로 진행한 실험에서 우리는 그 안에서 인간의 힘을 점점 더 추가해왔지만, 지난 수천 년 동안에는 지구의 회복력이 여전히 우세했다. 비록 일부 다른 종들을 전멸시켜버리기는 했어도, 우리는 이 세계를 하나의 크고 튼튼한 놀이터처럼 대하면서 대체적으로는 잘 지내왔다. 그러던 세계가 갑자기 금방이라도 부서질 듯 연약해졌다. 우리가 그 안에서 노는 방식을 완전히 바꾸지 않는다면, 이 놀이터는 부서질 것이다. 그리고 이처럼 특수한 적정 실험은 미치광이의 실험이라고도 할 수 있었다. 만약에 과학 실험실에서라면, 균형점에 점점 가까워질수록 우리는 산을 점점 조금씩 천천히 떨어트릴 것이다. 하지만 지구라는 실험실에서 우리는 점점 더 빠른 속도로 우리의 힘을 쏟아붓는다.

과거에는 인류가 개발 속도에 맞춰서 언제나 팽창할 수 있었다. 하지만 어느새 지금은, 그리고 최소한 가시적인 미래에는 그렇게 할 수 없다. 이것은 엄청난 변화다. 광활한 우주에는 인간이 거주 가능한 다른 행성이 존재할 수 있다는 의견이 있기는 하지만(이 점에 대해서는 필자가 뒤에서 반박할 것이다), 그런 사람들을 대표하는 물리학자인 스티븐 호킹(Stephen Hawking)조차도 이렇게 말했다. "우리는 최소한 100년 내에는 우주에 자급자족할 수 있는 식민지를 건설하지 못할 것이다. 그렇기 때문에 그전까지는 매우 조심해야만 한다."[3]

플래닛 B(Planet B)는 없다.[4]

모든 것에 대한 안내서

이 책은 이 작은 행성 위에서의 삶에 대한 커다란 그림을 다룬다. 이 책은 우리가 현재 마주하고 있는 중차대한 선택에 대한 실용적인 지침서다. 삶을 악화시킬 수 있는 위협을 떨쳐버리고 예전보다 더 잘 살 수 있는 기회를 잡을 것인가, 아니면 뿌리칠 것인가에 관한 내용이다. 이러한 도전 과제가 전 지구적인 차원의 속성을 갖고 있기는 하지만, 우리 각자가 어떠한 차이를 만들어낼 수 있을 것인가에 관한 내용을 다룬다.

몇 년 전만 하더라도 내가 하는 모든 연구는 오직 기후 비상사태에만 초점이 맞추어져 있었다. 그 이유는 단지 기후변화가 중요했기 때문만이 아니었다. 인류세라는 도전 과제는 오늘날의 환경, 정치, 경제, 기술, 과학, 사회의 이슈들이 잔뜩 뒤섞인 한 그릇의 수프라고 비유할 수 있다. 그리고 당시에는 기후변화를 그 수프의 나머지 재료들과 별도로 분리해서 사안을 단순화하는 것이 유용하면서도 실용적인 것처럼 보였기 때문이었다. 그러나 나는 갈수록 점점 분명하게 알 수 있었다. 즉, 기후 비상사태는 다양한 분야들이 복잡하게 얽힌 도전 과제로 다루어야만 한다는 것이었다.

그리고 기후파탄이 환경에 대한 문제를 가시적으로 보여주는 것이기는 하지만, 기후변화가 (인류세 시기의) 유일한 문제도 아니며 그렇다고 마지막 남은 문제가 아니라는 사실도 더욱 분명해졌다. 우리는 기후변화라는 한 가지의 사안에 대해서만 하더라도 수십 년 동안이나 경고를 들어왔다. 하지만 우리는 그 사실을 부정하면서 지금까지의 시간을 허비해왔다. 처음에는 그러한 문제 자체를 부정했고, 그다음에는 거기에 필요한 본질적인 해결책을 부정했다. 그리고 실제로 도움이 될 수 있는 전 지구적인 종류의 합의를 이끌어내야 했지만, 그 과정은 굳이 말할 필요도 없이 서투른 방식을 거치면서 귀중한 시간을 허비한 것이다. 인류세의 시기에는 우리에게 던져지는 모든 도전 과제들에 대해서 (기후변화의 경우처럼) 그토록 엄청난 경고가 있을 것이라고 기대할 수는 없다. 우리는 훨씬 더 짧은 기간에 기후변화만큼이나 형태를 파악하기 힘든 문제에 대응해야 할 수도 있기 때문에, 글로벌 거버넌스를 연습하는 것이 좋을 것이다. 정확히 어떤 문제들이 있을까? 바로 그게 핵심인데, 우리는 그것이 무엇인지 아직은 모른다. 우리가 반드시 알아야 하는 중요한 한 가지는, 우리가 얼마나 많이 모르는가 하는 것이다.

내가 이 책을 안내서라고 부르는 이유는 개인적인 사안부터 정부 차원에 이르기까지 모든 수준에서의 의사결정을 내리는 데 정보를 제공하려는 의도를 갖고 있기 때문이다. 이 책에는 정책 입안자와 유권자들, 비즈니스 리더들을 위한 메시지들과 함께 일상생활에서의 조언들도 섞여 있다. 그중 일부는 내가 최후의 저지선에 대한 '집중 치료'라고 부르는 것과 연관되어 있다. 즉, 기후 비상사태, 식량 안보, 생물다양성과 같은 문제처럼 이미 알려져 있고 가시적인 도전 과제를 어떻게 관리할 것인가 하는 문제를 다룬다. 이러한 내용과 엮여 있어서 쉽게 떼어낼 수 없는 문제들로는 이러한 유형의 도전 과제들을 어떻게 하면 사전에 미리 잘 차단할 수 있을 것인가 하는 질문, 즉, '장기적인 지구의 건강'을 개선하기 위한 보다 심층적이며 근본적인 질문들이 있다.

나는 여러분이 이와 관련한 사실과 통계, 그리고 분석 내용을 즐기면서 균형 잡힌 시각을 갖게 되기를 바란다. 그중 일부는 우리가 살고 있는 방식을 적나라하게 보여주면서 확실히 우리 모두를 숨 막히게 만들 수도 있겠지만, 좀 더 잘 할 수 있는 기회를 제공할 수도 있을 것이다.

나는 이렇게 모든 것을 한자리에 모아놓고 다룰 수밖에 없었는데, 그 외의 다른 접근 방식으로는 이 사안을 제대로 들여다볼 수 없었기 때문이다. 먹을거나 에너지, 또는 기후 비상사태와 관련한 기술적인 질문들을 분야별로 따로따로 살펴본다거나, 혹은 가치관이나, 경제, 또는 우리가 생각하는 다양한 방식들과 분리해서 살펴보는 것은 더 이상 통하지 않는다. 이러한 모든 요소들은 너무나도 필연적으로 복잡하게 얽혀 있어서, 기존과 같은 '한 번에 하나씩' 살펴보는 접근법은 적절하지 못하다. 우리는 이런 모든 복잡한 문제를 동시에 한꺼번에 살펴봐야 하며, 다양한 학문이나 '렌즈'를 사용해서 들여다봐야 하는 것이다.

즉, 이 책에서는 아주 커다란 그림부터 세부적인 부분으로 깊숙이 들어갔다가 다시 빠져나오는 방식으로 전개될 것이며, 한 개의 학문 분야를 통해서 살펴보다가도 필요가 생기면 다른 분야의 관점에서 들여다볼 것임을 의미한다. 나는 이러한 방식이 신나는 놀이기구를 타는 것처럼 느껴지기를 바란다.

백 번이 넘는 강연과 워크숍과 세미나를 진행하면서, 나는 지금까지 생각할 수 있는 거의 모든 질문을 받았던 것 같다. '이 문제를 누가 주도해야 할까요?' '인류는 근본적으로 너무나도 이기적이기 때문에 기후 비상사태를 제대로 다룰 수 없지 않을까요?' '제가 비행기를 이용하지 않는다고 해도, 그 자리를 다른 사람이 앉지 않을까요?' '저는 70억 인구 중에서도 겨우 작은 한 개의 점일 뿐인데, 제 할 일만 하는 것이 무슨 의미가 있을까요?' '경제성장을 중단시켜야만 할까요?' '결국 인구 증가의 문제로 귀결이 되나요?' '그런 문제가 있다는 것을 우리 모두가 알고 있는데, 군이 왜 저까지 신경을 써야 하나요?' 등등. 나는 순진하게도 저탄소 세상이 도래하게 되면 생활이 덜 복잡해지고 단순해지기 때문에 우리의 삶에 더 많은 자유와 기회가 주어질 것이라는 헛된 상상에 취해 있었다. 그리고 던컨 클라크와 함께 《시급한 질문》을 쓰면서, 나는 거의 대부분의 사람이 기후 비상사태에 대한 아주 기초적인 사실을 이해하는 데 있어서도 얼마나 멀리 동떨어져 있는지를 매일매일 깊이 절감했다. 기후 비상사태라는 문제를 제대로 마주보기를 바라는 것은 거의 사치에 가까웠다. 그 책을 쓰는 동안 나는 그런 생각에서 비롯되는 암울함을 이겨내야만 했다.

그리고 그 이후로는 비록 작기는 하지만 아주 많은 희망의 근거를 제공해주는 실제적인 움직임들을 목격하게 되었다. 나는 반성을 해보았고, 내 생활방식의 위선과 딜레마를 떨쳐버리기 위해 애썼다. 비행기를 타지 않을 때는 이게 다 무슨 소용이 있을까 하는 생각이 들었고, 그래서 비행기를 타면 죄책감이 들면서, 그런 이중적인 상황에 처한 나 자신이 어리석게 느껴졌다. 나는 자전거 타기를 좋아하는데, 그러면 일터에 가서도 몰골이 꾀죄죄한 것에 대한 그럴듯한 변명거리가 되기도 한다. 그렇지만 내 친구가 퇴근해서 집까지 자전거를 타고 가다가 넘어지는 바람에 머리 부상을 당했다는 이야기를 듣고는 흐느껴 울기도 했다. 그렇게 해서 내가 지금까지 세상의 거대한 모든 딜레마와 갈등을 경험해보았기 때문에 이런 책을 쓸 수 있게 된 것일까? 물론 그럴 리 없다. 나는 그저 생각하고, 대화하고, 센스메이킹 (sense-making)* 하는 일을 많이 했을 뿐이다. 그래서 나는 똑똑한 머리를 가진 수많은 사람을 선택했다. 그렇게 그들과 가능한 많은 협업을 진행했고, 이제는 그 내용을 책으로 옮겨야 할 때가 된 것이다.

---

*　　사람들의 집단적 사고에 대해서 의미를 부여하는 작업

이 책은 어떻게 하면 우리에게 효과가 있으면서도 앞으로 맞이할 새로운 맥락에 맞는 새로운 생활방식으로 전환할 수 있는지에 대한 내용을 담고 있다. 즉, 지구를 망가트릴 수 있는 힘이 있는데도 그렇게 하지 않고 인류가 번성할 수 있는 삶의 운영방식을 탐구해 보는 책이다.

모든 것이 전 지구적인데, 나 혼자서 무엇을 할 수 있는가?

이것은 우리 시대의 중대한 질문들 가운데 하나다.

우리의 집단적 능력이 커지고 인구 또한 증가하면서, 우리 각자는 집단 전체의 더욱 작은 부분이 되어간다. 지구라는 행성 위에서 멈출 수 없는 궤적으로 발전해온 인류 전체의 시간을 보면 우리 개개인은 마치 작은 얼룩이나 개미처럼 느껴지기가 쉽다. 그리고 우리가 나아가고 있는 방향을 좋아하든 그렇지 않든 간에, 우리 각자는 그 누구든 거의 아무런 영향력을 가지지 못한다고 생각하기 쉽다.

충분히 이해할 수 있는 우려다. 나중에 살펴보겠지만, 전 지구적인 시스템의 차원에는 우리들 개인뿐만 아니라 수많은 조직 내에도, 그리고 심지어는 국가가 수행한 대부분의 노력에 대해서도 면역력을 갖고 여전히 작용하고 있는 강력한 피드백 메커니즘(feedback mechanism)이 존재한다. 현재의 인류는 증가하는 에너지와 효율성, 그리고 테크놀로지가 이루는 역동적인 상호관계와 지속적인 궤적에 예속된 존재로 볼 수 있다. 따라서 우리는 지금까지 이러한 관계나 궤적의 광범위한 추세를 거의 보지 못했거나, 어쩌면 우리가 그러한 추세에 미칠 수 있는 영향력이 전혀 없을 수도 있다. 대표적으로 하나만 예를 들어서 냉혹하게 말하면, 지금까지 기후위기와 관련해서 취해온 모든 조치를 다 합쳐봤자 지구 전체의 온실가스 배출 증가에 미치는 영향은 거의 없었거나, 심지어는 감지할 수 있는 영향이 제로(0)였다고 말할 수 있다. 지금까지는 에너지와 기술이 우리에게 언제나 수없이 많은 좋은 것들을 가져다주었을지도 모르지만, 갑자기 어느 순간이 되자 그것을 더욱 엄격하게 통제하지 않는다면 지금처럼 똑같은 길을 계속 가는 것이 위험한 일이 되고 말았다. 그리고 그러한 통제력을 얻고 싶다면, 우리 인류는 판돈을 더욱 많이 걸고 기존의 게임 방식을 바꿀 필요가 있을 것이다.

우리에게는 새로운 문제 해결 기법이 시급히 필요한데, 우리가 참고할 만한 내용은 문제의 본질이 대체로 더욱 단순했던 시절에 갈고 닦았던 것들이다. 그리고 우리는 지난 수 세기에 걸쳐서 깊숙하게 자리 잡아 온 습관의 결을 다루고 있는 것이기 때문에, 우리의 사고방식을 하루아침에 바꾼다는 것은 결코 간단한 일이 아니다.

이러한 문제를 바라보는 한 가지 방식은 우리의 진화 양상에 다시 균형을 맞출 필요가 있다고 말하는 것이다. 우리 인류는 탁월한 기술력을 갖고 있지만, 바로 그 탁월한 기술력이 인류 전체를 다른 방향으로 빠르게 진화해야만 하는 상황으로 몰아넣었다. 우리의 삶은 그 이전의 어느 때보다도 더욱 나아질 수는 있지만, 우리의 기술적인 천재성과 견줄 수 있는 아주 색다르면서도 보완적인 사고 능력을 발전시키지 않는다면 그런 일은 일어나지 않을 것이다.

지금까지 상황이 이렇게 되도록 우리가 고삐를 옥죄지 못했다는 사실은, 전 지구적 시스템 수준의 문제에 대해서 우리가 아무런 영향력을 행사할 수 없는 무기력한 존재라는 증거일까? 개인적으로는 그렇게 생각하지는 않지만, 이 책에서는 이 질문을 진지하게 다뤄볼 것이다. 우리는 거대한 시스템의 역학을 탐구해볼 것이고, 이를 통해서 우리 개개인이 실제로 어떻게 역할을 할 수 있는지 질문을 던질 것이다. 나는 대부분의 사람이 추정하는 것보다 우리 각자가 훨씬 더 큰 영향력을 갖고 있다고 생각하지만, 어떤 것들이 변화를 만들 수 있고 그렇지 못한 것은 어떤 것들인지를 훨씬 더 현명하게 이해할 필요가 있다. 우리의 행동이 미치는 즉각적이며 직접적인 효과를 뛰어넘어서 생각해야 하고, 그러한 행동이 만들어내는 파문에 대해서 더욱 많은 질문을 던져야 하며, 한 사람의 개인이나 기업, 국가가 취하는 행동이 시스템의 나머지 부분에 의해서 그 효과가 잦아들거나 상쇄되는 것이 아니라 더욱 배가될 수 있는 방법을 생각해야 한다.

다른 사람들에게 어떻게 하라고 말하는 것은 내 성격과 맞지는 않지만, 그래도 이 책에는 수많은 제안 사항이 담겨있다. 내가 그렇게 한 이유는 우리 각자가 할 수 있는 것은 아무것도 없다고 생각하기 쉽지만, 실제로는 그렇지 않다는 것을 모든 사람이 알았으면 했기 때문이다. 내가 제안하는 내용들은 아주 간단한 것들도 많다. 그리고 걱정하지 않아도 되는 것은, 이 책은 완벽한 사람이 되기 위한 생활 방식을 알려주는 지침서가 아니라는 것이다. 나조차도 그런 사람과는 거리가 멀고, 여러분도 반드시 그렇게 되어야 하는 것은 아니다. 그렇지만 여러분도 나처럼 이러한 사안에 대해서 조금은 관심이 있을 것이고, 개인적인 수준부터 전 지구적인 차원에 이르기까지 모든 규모에서 합리적인 것이 무엇인지에 대해서 알고 싶을 것이다. 따라서 나는 여러분이 이 책을 통해서 실생활에서 활용할 수 있는 내용을 발견할 수 있기를 바란다.

이 책이 기반을 두고 있는 가치는 무엇인가?

가치라는 아주 중요한 주제에 대해서는 마지막 부분에 별도의 장을 마련해두었으며, 그곳에서 우리는 앞으로의 수백 년 동안에 걸쳐서 우리 인류의 번영을 도와줄 수 있는 것과 그렇지 못한 가치가 무엇인지에 대해서 순전히 실용적인 관점에서 바라보게 될 것이다. 그전에 여기에서는 이 책이 기반을 두고 있는 가치를 몇 가지만 언급하도록 하겠다. 만약 여러분이 이러한 가치들이나 그와 상당히 비슷한 것들과 함께 어울려 살 수 없다면, 이 책을 계속해서 읽을 필요가 없을지도 모른다. 적어도 나는 그런 분들의 시간을 아껴준 셈이다.

나는 모든 사람이 인간으로서 본질적으로 동등한 가치를 갖고 있다는 관점에서 이 책을 썼다. 부자인 사람, 가난한 사람, 흑인, 백인, 미국인, 유럽인, 아프리카인, 중국인, 시리아인, 무슬림, 불교도, 기독교인, 무신론자 등, 모든 사람은 본질적으로 동일한 가치를 갖고 있다. 많은 사람에게는 이런 사실이 너무나도 명백한 것이어서 굳이 이렇게 글로 쓸 필요가 없겠지만, 우리가 마주하는 수많은 생각의 이면에 있는 가치들은 그것이 경제, 먹을거리 정책, 기후 정책은 물론이고 인류세 시기의 번영을 위해서 생각할 수 있는 거의 모든 것에 영향을 미치고 있는데도 명시적으로 드러나지 않는 경우가 너무나도 많다. 아주 확실히 말하면, 모든 사람에게 본질적으로 동등한 가치가 있다는 원칙은 보편적이며 누구에게나 동일하게 적용된다. 세계의 모든 지도자에게도, 진짜 뉴스를 공급하는 사람들은 물론이고 가짜 뉴스를 공급하는 사람들에게도, 지칠 줄 모르는 국제 구호 노동자들에게도, 좌익에게도, 우익에게도, 억만장자들에게도, 빈곤한 이들에게도, 당신의 아이들에게도, 다른 사람들의 아이들에게도, 심지어는 가족들과 저녁 식사를 하고 있을 때 전화를 걸어와서는 일어나지도 않은 사고에 대비하라고 설득하는 콜센터의 직원들에게도 동일하게 적용된다. 한 사람의 본질적인 가치는 그 사람을 둘러싼 환경이나, 그 사람이 살아오면서 했던 선택이나 자신을 위해 내렸던 결정과는 무관하다.

다른 생물들에 대해서 말하면, 그들 역시 존중받을 자격이 있다. 인간에게 그들이 식량과 의약품의 재료로 필요하기 때문이 아니라, 그들 역시 지각(知覺)을 가진 존재이기 때문이다. 내 아들이 나에게 이런 걸 물어본 적이 있다. 만약에 쥐며느리와 인간 배아의 크기가 같다면, 둘 사이에 어느 것이 더 가치가 높은 거냐고 말이다. 나는 이런 질문에 대해서 대답을 하려는 것이 아니다. 이 책은 그저 모든 생명이 중요하다는 생각을 바탕에 둔다.

나는 이 책 전반에서 이러한 가치관을 꾸준히 유지하기 위해 노력할 것이지만, 쉽지는 않을 것이다. 그 이유는 일상생활은 물론이고 정치적인 영역에서 일어나는 수많은 일이 실제로는 이러한 단순한 원칙과 극명하게 모순되기 때문이다. 그리고 분명히 말하지만, 필자인 내 삶의 수많은 부분이 이러한 가치들과 충돌한다는 것을 찾아내기 위해서 굳이 기를 쓰고 달려들 필요는 없다. 나는 다른 사람들과 마찬가지로 성인군자가 아니다.

이러한 가치들에 원칙적인 수준에서 대체적으로 동의한다면, 여기에 담긴 몇 가지 함의를 살펴보도록 하자. 이러한 가치가 말해주는 것은, 자신의 나라를 위해서 좋은 것을 원하기는 하지만, 다른 나라를 희생시키는 것을 원하지는 않는다는 것이다. 자신의 나라가 '위대하게' 또는 '다시 한번 더 위대하게'* 되기를 바란다면, 다른 나라의 '위대함'을 희생시키지 않기 위해서 주의를 기울여야 한다. 그리고 자신의 아이들을 최고로 대해주고 싶다면, 그것이 다른 사람의 아이들을 희생시키지 않는 방식이어야 한다는 것이다. 그리고 우리는 나이든 부모님들에게 최고의 의료 서비스를 받게 해주기 위해서 병원을 찾을 수도 있는데, 그런 과정에서 도움이 절실한 이들이 받아야 하는 의료의 기회를 희생시키지 않도록 주의해야 한다. (이게 어려운 일이라는 것은 나도 경험으로 안다.) 또 하나의 예를 들어보겠다. 만약에 여러분의 나라가 유럽연합(EU)에 머물러 있어야 하는지 마는지를 결정하는 투표를 해야 하는 경우에도, 자기 자신의 이해관계뿐만 아니라 자신의 나라 전체와 EU 전체, 그리고 더 넓은 세계의 이해관계도 고려해야 한다는 것을 의미한다. 그리고 쇼핑을 하러 갈 때면, 여러분이 구입하는 것은 그냥 하나의 제품에서 그치는 것이 아니라, 그 제품을 만드는 데 관여한 모든 사람의 영향이 모두 하나로 깃들어있는 것임을 의미하는 것이다. 광고산업에서는 이러한 사실을 거의 철저하게 무시하며 숨기고 있지만, 우리는 그 부분에 대해서 귀를 기울일

---

*   도널드 트럼프는 2016년 미국 대통령 선거에서 'Make America Great Again'라는 슬로건을 내걸었다.

방법을 찾아야 한다.

우리가 목표로 하는 것은 무엇인가?

거의 모든 사람을 만족시킬 수 있는 보편적인 비전을 도출하는 것이 가능할까? 기후 파괴 행위를 중단하자는 아이디어는 반드시 필요한 조치일 수는 있지만, 사실 이러한 생각은 우리 대부분을 전혀 열광시키지는 못하는 제안이다. 오히려 우리가 현재 즐기고 있는 것들을 포기해야 하는 주장이라는 누명을 쓰는 경우가 많다. 그리고 우리 인간 모두는 뭔가 불쾌한 것을 생각하고 싶어 하지 않기 때문에, 그런 생각은 쉽게 외면해버리기 쉽다. 어쨌든 우리의 심리는 그런 식으로 작동한다. 미래에 대한 비현실적인 환상 역시도 효과가 없다. 이상적이기는 하지만 불가능하다는 인식을 심어주기 때문이다.

다행히도 현실적으로 다양한 범위의 개선책들이 있으며, 충분히 흥분해도 좋을 만한 것들이다. 지금까지 우리는 인간이 경험하는 것의 질적인 측면에 대해서는 그다지 주의를 기울이지 않아왔다. 거대한 이슈를 다루게 되면 모든 것을 더욱 나은 것으로 만들기 위해서 재설계(reengineer)할 수 있는 기회가 우리에게 주어진다. 바람직한 미래가 어떤 모습인지에 대해서 충분한 시간을 들여서 상상하지 않는다면, 우리는 결국엔 '늘 그랬던' 방식으로 움직이게 된다. 뭔가 더 나은 방식이 있는지에 대해서 진짜 제대로 생각하지 않기 때문이다.

우리는 모두 뭔가를 바라보는 방식이 각자 다르기 때문에, 나는 지나치게 엄격한 처방을 내리고 싶지는 않다. 대신에 여기에서 나는 우리가 목표로 설정할 수 있다고 생각하는 것과 우리 대부분이 원할지도 모르는 것을 개략적으로 제시하고자 한다. 내가 완벽할 것이라고 는 생각하지 않지만, 그래도 우리가 좀 더 거리를 좁힌다면 보다 나은 삶이 될 것이다. 그리고 이러한 방향으로 머리를 맞대려는 시도만 으로도 좋은 경험이 될 것이다.

이제 시작해보자. 이 책은 다음과 같은 노선의 미래를 지향한다.

공기가 더욱 상쾌해진다. 삶이 보다 건강하고, 더 오래 살고, 보다 느긋하고, 훨씬 재미있고, 더욱 신이 난다. 식단은 다양하며, 맛있고, 건강한 먹을거리들이다. 더욱 많은 사람이 사교 활동을 위해서나 육체 활동을 위해서 원하는 만큼 얼마든지 밖으로 나간다. 여행이 쉬워진다. 하지만 교통수단에서 보내는 시간은 줄어든다. 우리는 각자에게 의미 있는 삶을 더욱 자유롭게 살아갈 수 있으며, 다른 사람들도 그런 동등한 권리를 누릴 수 있는 기회를 침해하지 않는다. 도시는 활기에 넘치며, 시골에는 야생동물이 많이 산다. 우리의 일은 더욱 재미있으며, 압박감이 있다고 하더라도 그것은 대부분 자기 자신을 몰아붙이는 즐거운 스트레스다. 정치와 언론, 그리고 사실을 다루는 모든 영역에서 우리는 더욱 높은 수준의 신뢰와 진실을 기대하고, 요구하고, 얻어낸다. 우리는 주변 사람들과 관계가 더욱 돈독해지고, 지구촌 공동체와도 기민하게 연결되어 있다. 우리는 다른 사람들을 위해서 더 많은 시간과 관심을 기울이며, 우리의 주변에서 일어나고 있는 일들에 대해서도 잘 알게 된다. 우리는 즐거움을 얻기 위해서 서로 경쟁할 수도 있지만, 진정으로 중요한 것은 그 어느 때보다도 더욱 잘 협력하는 것이다.

물론 이들 가운데에는 아직 더 구체적으로 살을 붙여야 하는 것도 아주 많고, 우리 각자가 그 안에서 정확히 어떻게 살아갈지에 대해서도 다양성이 존재한다. 세부적인 내용들은 여러분 각자가 아주 자유롭게 추가해도 되며, 하나뿐인 지구(Planet A) 위에서 여러분 각자에게 개인적으로 잘 어울리는 생활방식이 어떤 것인지에 대해서도 생각해볼 수 있겠다.

이 책은 최종 결론이 아니다

이 책의 많은 부분에서는 대체로 자명한 근거를 제시하고 있다. 제시되는 자료들의 상당수는 그 자체로 근거를 제시한다. 하지만 간혹 내가 해석한 부분에 대해서는, 독자 여러분도 수긍할 수 있기를 바란다. 물론 나는 어떠한 주제에 대해서도 최종적인 결론을 썼다고 생각하지 않는다. 내가 제시하는 내용은 모두 개요라고 할 수 있으며, 얼마든지 개선될 수 있는 것들이다. 나는 이 책이 합리적인 출발점이 되기를 희망한다. 만약 내가 틀린 점이 있다면, 여러분이 그걸 알아채는 것이 논의의 발전을 위해서는 좋은 일일 수도 있다. 그리고 시급한 사안이라면 격렬한 논의가 펼쳐지기를 바란다. 더욱 나은 방향을 위한 것이라면, 내가 쓴 내용에 대해서 그 어떤 이의를 제기한다 하더라도 기쁘게 받아들일 것이다. 그리고 내가 놓친 부분이 있다고 생각한다면, 여러분이 그 빈틈을 메워주기를 바란다. 그렇게 한다면 결국에는 여러분이 이해한 것이 내가 쓴 내용보다 더욱 나은 것이 될 것이다. 건설적인 피드백과 개선점에 대해서는 Mike@TheresNoPlanetB.net으로 메일을 보내주시기 바란다. 이러한 나의 노력에도 결점이 있기는 하겠지만, 한 번에 한 개의 렌즈만을 가지고 사안을 하나씩 들여다보는 것보다는(물론 각각에 대해서는 더욱 잘 들여다볼 수는 있을 것이다.), 모든 것을 한 자리에 놓고 살펴보는 거친 스케치가 더 낫다고 확신한다.[5]

트위터를 사용한다면, #NoPlanetB 해시태그를 사용해서 아이디어를 공유해도 좋을 것이다.

먹을거리 01

인류는 현재 먹을거리를 어떻게 얻고 있으며, 미래에는 어떻게 하면 이를 개선할 수 있을까? 무엇을 할 수 있고, 우리 각자는 무엇을 할 수 있을까?

우리는 전 세계의 먹을거리 체계를 살펴봄으로써 커다란 그림에 대한 여정을 시작할 텐데, 먹을거리라는 것은 사람들에게 가장 근원적인 에너지의 원천이며 현재는 그 어느 때보다 중요하기 때문이다.

우리의 육지와 바다는 동시에 다양한 측면에서 관리해야 한다. 세계의 인구는 계속해서 증가하고 있으며, 우리는 그들에게 건강하고 맛있는 저탄소의 식단을 제공해야 한다. 하지만 이러한 목표는 현재 출혈이 심한 생물다양성을 보존하거나 개선하면서 달성되어야 한다. 물론 이런 피해는 기후변화 때문만이 아니라 우리가 직접 해를 끼친 부분도 있을 것이다. 그렇기 때문에 우리에게는 이러한 목표를 달성해야 하는 책임이 있다. 그리고 대유행성 전염병은 물론이고, 점점 더 우려가 커지고 있는 항생제 남용으로 인한 위기 상황, 그리고 플라스틱 오염의 폭발과도 같은 상황을 막아야만 한다. 플라스틱 문제는 불과 지난 50년 동안 우리에게 서서히 나타난 것이긴 하지만, 현재까지 알려진 바로는 우리는 영원히 플라스틱 오염과 함께 살아가야 할 것으로 보인다. 이런 문제들만 하더라도 어떻게 처리해야 할지에 대해서 아직까지 제대로 알지 못하고 있는 상태인데, 전체적인 상황을 보면 마치 이것은 아주 작은 일부분에 불과한 것처럼 보인다. 예를 들어서 토지 문제를 보면, 우리는 우선 주거를 위한 땅이 필요하고, 휴식을 취하기 위한 녹지도 필요하다. 그리고 우리는 탄소를 다시 가두어줄 역할을 맡기기 위해서도 대지가 필요할 것이다.

그러나 이런 식의 설명은 지극히 인간 중심적인 사고방식이다. 만약 내가 동물들 역시 지각을 가진 존재이기 때문에 중요하다고 다시한번 언급한다면, 얼마나 많은 독자가 나를 히피로 취급하면서 항의편지를 보내올 것인지 상상하기 어렵다.

문제가 이렇게 복잡하기는 하지만, 다행히 비교적 간단한 분석 방법들이 있어서 중요한 사안 몇 가지는 아주 명쾌하게 정리할 수 있다. 여러분이 먹을거리와 관련한 정책 입안자이든, 먹을거리 생산자이든, 소매업자이든, 또는 단순히 먹을거리를 소비하는 사람이든 관계없이, 모든 사람이 알아야 한다고 생각하는 중요한 메시지 몇 가지를 전달하고자 한다. 이러한 메시지들은 우리 모두가 어떻게 도움이 될 것인지에 대해서 많은 부분을 이야기해준다.

우리는 얼마나 많은 에너지를
섭취해야 하는가?

인간이 활용하는 전체 에너지의 5퍼센트는 여전히 가장 원시적인 방식으로 소비된다. 바로 입을 통해서 말이다. 우리는 매일 평균 2,350칼로리를 섭취해야 하지만, 실제로는 그보다 180칼로리를 더 먹는다.[6]

• •

매일 섭취해야 하는 2,350칼로리라는 수치는 전 세계 인구의 다양한 연령, 성별, 신체 사이즈, 생활 방식 등을 고려해서 계산된 것이다. 이를 시간당 전력으로 환산하면 114와트(W)에 해당한다.*

쉬운 이해를 위해서 비교하면, 이는 대형 플라즈마 TV에 필요한 전력량과 비슷하며, 전기주전자를 켜 놓으면 이것보다 약 15배 많은 전력이 소모된다.[7]

---

*   1칼로리(kcal)는 약 1.16와트(W)에 해당한다. 따라서 $\dfrac{2350}{24(\text{시간})} \times 1.16 ≒ 114(\text{W})$

전 세계에서 얼마나 많은 먹을거리를 기르고 있는가?

전 지구적 차원에서 보면, 우리는 1인당 매일 5,940칼로리의 먹을거리를 기른다. 이는 평범한 사람이 건강을 유지하기 위해서 매일 섭취해야 하는 2,350칼로리의 약 2.5배에 해당하는 수치다.

• •

이런 통계수치를 놓고 보면, 지구라는 행성에는 먹을거리가 넘쳐나고 있을 것이라고 생각할 수도 있다.

하지만 지역적인 편차가 크다. 북아메리카에서는 필요한 칼로리보다 무려 8배나 더 많은 먹을거리를 기른다. 유럽과 라틴아메리카에서는 사람이 섭취해야 하는 양보다 '불과' 4배 정도의 먹을거리를 기른다. 하지만 사하라 사막 남쪽의 아프리카 지역에서는 필요한 칼로리보다 겨우 1.5배의 먹을거리를 기를 뿐이다.

그렇다면 이런 의문이 생길 수 있다. 세계에는 대체 왜 굶주리는 사람이 있는 것이며, 미국인들은 저렇게 많은 칼로리를 가지고 무엇을 하는 것인가?

이 질문의 해답을 찾기 위해서, 우리는 먹을거리가 산지부터 식탁에 오르기까지의 여정을 자세히 들여다봐야 한다.

우리가 기르는 먹을거리에
무슨 일이 일어나고 있는가?

1인당 1,320칼로리 정도는 손실되거나 낭비되고, 810칼로리는 바이오연료를 위해 사용되며, 무려 1,740칼로리는 동물들의 먹이로 쓰인다.

(고기를 사랑하는 사람들은 긴장을 풀고 계속 읽으시길 바란다. 자신이 원하지 않는다면, 100퍼센트 채식주의자나 비건이 될 필요는 없다.)

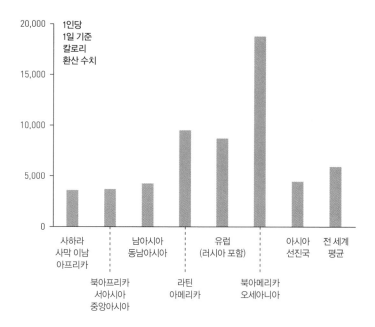

전 세계 다양한 지역에서 매일 기르고 있는 식용 가능한 식물 기반 먹을거리
(1일 1인당 칼로리 수치로 환산)

· ·

이 간단한 그래프는 전 세계의 먹을거리 및 대지 활용 시스템과 관련한 복잡성을 전부 걷어내고, 우리에게 놀라우면서도 중요한 시각을 제공해준다.[8] 모든 수치는 하루 한 사람 기준의 칼로리로 환산한 것이다. 나는 지속가능한 먹을거리라는 문제에 대해서 거의 10년 이상 아주 많은 관심을 기울이고 있었기 때문에, 이 문제를 이미 상당히 잘 알고 있다고 생각했다. 하지만 최근 들어서 처음으로 관련한 수치들을 자세히 분석해봤더니 이렇게 놀라운 결과가 드러났다.

하루 한 사람 기준으로 5,940칼로리에 해당하는 먹을거리에서 무슨 일이 일어나고 있는지를 이제부터 살펴보겠다. 산지에서부터 식탁에 오르는 여정의 맨 처음 시작 단계에서는 두 가지 손실이 발생한다. 340칼로리는 수확조차도 되지 않는다. 수확이 되지 않는 원인으로는 선진국의 지나치게 까다로운 품질 기준을 충족시키지 못하는 것, 공급이 수요를 초과하는 과잉 생산을 들 수 있다. 그렇게 되면 먹을거리는 충격적이게도 땅에 그대로 버려지게 된다. 하지만 손실의 대부분은 수확 과정의 비효율성 문제인 경우가 많으며, 이는 개선의 여지가 있기는 하지만, 그렇다고 해서 수확과정에서 손실을 완전히 없앨 수는 없다. 여기에 더해서 330칼로리 이상은 보관과정에서 손실된다. 이는 주로 가난한 나라들에서의 문제이며, 그 원인은 밀폐할 수 있으며 건조한 상태로 보관할 수 있는 장소가 없기 때문인 경우가 많다. 정말 그렇다면, 여기에는 손실을 줄일 수 있는 충분한 여지가 있는 셈이다.

이 단계를 거친 후에도 무려 5270칼로리가 남아있는데, 이렇게 남은 먹을거리는 네 가지 핵심 분야에 할당된다.

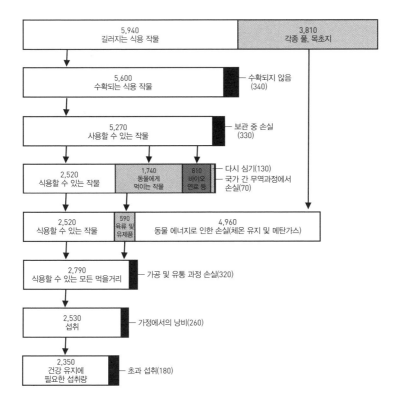

산지에서 뱃속에 들어가기까지 전 세계 먹을거리의 여정. 모든 수치는 칼로리/1일/1인으로 환산.[9]

　　130칼로리의 적은 분량은 다시 땅에 파종된다. 이렇게 하면 우리
가 내년에 먹을 수 있는 걸 수확할 수 있기 때문에 좋은 아이디어다.
그리고 810칼로리는 비식용의 용도로 사용되는데, 주로 바이오연료
로 쓰인다. 그리고 동물들이 무려 1,740칼로리를 먹는다. 그래도 사
람이 먹을 수 있는 식물은 아직도 2,520칼로리가 남아있다.

이후의 과정에서는 유통과 식품 가공처리 과정으로 손실량이 비교적 적으며, 오히려 그 이후에 가정에서 상당한 양이 버려지게 된다. 그렇게 해서 육류와 유제품까지 합하면, 평범한 사람은 하루에 2,530칼로리를 먹게 되는데, 이는 평범한 사람이 건강한 식단을 위해서 섭취해야 하는 양보다 180칼로리가 많은 수치다.

세계의 먹을거리 공급량은 초과 상태인데, 왜 영양이 부족한 사람들이 있는가?

이런 일이 발생하는 이유는, 그런 사람들에게 건강한 식단을 구매할 여유가 없거나 선택권이 없기 때문인 경우가 거의 대부분이다.

• •

비록 전 세계적인 수준에서는 먹을거리를 상당히 과다섭취하고 있기는 하지만, 약 8억 명이 (충분한 칼로리를 얻지 못하는) 영양결핍에 시달린다. 그리고 여기에 더해서 20억 명 이상은 단백질 부족이나 철분, 아연, 비타민A, 요오드와 같은 필수 미량영양소(micronutrient)의 결핍과 같은 형태의 소위 '숨은 굶주림(hidden hunger)'으로 고통받는다.[10]

이러한 문제를 바라보면서 내놓을 수 있는 생각 하나는, 모든 사람이 건강한 식단을 누릴 수 있게 하려면 다음과 같은 네 가지 조건이 형성되어야 한다는 것이다.

① 모든 영양소가 충분히 생산되어야 한다.
② 이런 먹을거리는 모든 사람이 물리적으로 접근할 수 있는 범위까지 운반되어야 한다.
③ 모든 사람이 그러한 영양소를 소비할 여력이 있어야 한다.
④ 사람들이 자신들의 여력으로 고를 수 있는 범위 내에서 건강한

식단을 선택할 수 있어야 한다.

오늘날, 첫 번째 조건은 이미 충족되었다. 칼로리만 보면 14퍼센트가 남아도는 상태다. 랭커스터대학교의 동료들과 함께 인간에게 필수적인 다른 영양소들에 대해서도 동일하게 분석했는데, 이 역시 비슷한 결론을 얻을 수 있었다.[11]

그리고 현대의 공급망은 금전적으로 이윤을 만들어낼 수만 있다면 전 세계의 어느 곳이라도 물류를 전달할 수 있는 능력이 있다. 그렇기 때문에 두 번째와 세 번째 조건은 부의 분배라는 문제로 귀결되는데, 이에 대해서는 뒤쪽에서 좀 더 자세히 살펴볼 것이다. (309-327페이지 참조)

네 가지의 기준을 모두 염두에 두고 오늘날의 먹을거리 공급과 인구의 측면까지 고려하면, 모든 사람이 건강한 식단을 누릴 수 있게 한다는 과제는 오직 두 가지 중요한 문제로 귀결된다. 바로 돈과 선택권이다. 오늘날 그 누구든 건강한 식단을 누릴 수 없는 주된 이유는 바로 불평등이다. 이 문제를 해결하지 않는다면, 총공급량에서 어떤 변화가 생기더라도 굶주림이라는 문제는 영원히 고착화될 가능성이 높아 보인다. 확실히 말하지만, 부의 분배라는 문제를 들여다보면, 문제는 절대적인 부가 아니라 상대적인 부와 관련되어 있다는 것을 알게 될 것이다.

선택권이라는 것은 교육, 문화, 정신 건강, 개인적인 취향 등과 결합된 복잡한 문제다.

중요한 것은, 오늘날에는 세계적으로 먹을거리가 부족해서 굶는 사람은 없다는 것이다. 현재의 문제점은 이렇게 풍부한 영양소를 전 세계에 어떻게 나눌 수 있는가 하는 것이다.

많은 사람이 비만으로
몸이 터져버리지 않는 이유는 무엇인가?

다행이라면, 과체중이 되면 에너지 효율성이 떨어진다는 것이다. 그렇지 않았더라면, 우리 중의 상당수는 정말로 폭발했을 것이다.

• •

우리가 매일 초과로 섭취하는 180칼로리의 열량이 모두 체중으로 바뀐다면, 평범한 사람들도 매년 약 8킬로그램씩 체중이 불어날 것이다.[12] 그렇게 된다면 몇 년만 지나더라도 대참사가 벌어진다. 다행이라면, 체중이 불어나게 되면 에너지 효율성이 떨어진다는 것이며, 온종일 가만히 있어도 더 많은 에너지가 연소된다는 것이다.*

하지만 모든 사람이 건강한 체중을 유지하고 있으며 그들 모두가 건강을 유지하는 데 꼭 필요한 양만을 섭취한다면, 현재 영양 공급의 문제를 겪고 있는 십억 명 이상의 사람들에게 제공할 수 있는 먹을거리를 남겨둘 수 있을 것이다.[13] 또한 분명한 것은, 그렇게 적당량의 먹을거리만을 섭취함으로써 얻게 되는 건강상의 이점도 있다는 것이다. 물론 말하는 건 쉽지만, 실천하기는 쉽지 않을 것이다.[14]

---

*   여기에서 말하는 효율성이란 신진대사의 효율성이 아니라, 열역학적인 측면에서의 에너지 효율성이다. 즉, 체중이 늘면 몸에 열이 많아진다거나 하는 식으로 에너지가 낭비된다는 말이다.

그렇다면 우리는 이제 시각을 바꿔서 동물의 역할에 대해서 살펴볼 것이다. 앞에서 우리는 전 세계의 먹을거리를 칼로리의 측면에서 따져보았는데, 이 도표의 중간에서는 동물과 관련한 부분이 갑자기 불쑥 튀어나와서 적잖이 신경 쓰이게 만든다.

우리는 동물로부터
얼마나 많은 열량을 얻는가?

동물은 사람들의 먹을거리 공급망에서 육류와 유제품의 형태로 590칼로리를 기여한다. 하지만 동물은 풀과 목초지에서 3,810칼로리를 먹는 것은 물론이고, 사람이 식용할 수 있는 먹을거리를 하루 한 사람 기준으로 1,740칼로리를 먹는다.

• •

농장에서 기르는 보통의 동물은 그들이 먹는 열량의 고작 10퍼센트만 육류나 유제품의 먹을거리로 만들어낸다. 그 나머지의 열량은 체온을 유지하거나, 돌아다니거나, 트림으로 메탄가스를 배출하거나, 배설물을 만들어내는 데 사용된다. 농장 동물들이 먹는 모든 먹이의 3분의 2 이상은 우리 인간이 직접 섭취할 수 없는 각종 풀과 목초지에서 얻는 것들이다. 하지만 우리는 농장의 동물들에게 식용할 수 있는 작물도 먹이고 있는데, 그 총량은 인류 전체에게 필요한 칼로리의 4분의 3을 넘는다.

우리 사람은 목초지의 풀을 먹을 수는 없지만, 현재 동물들의 먹이 생산을 위해 사용되고 있는 대지의 일부는 식용 작물을 위해서 사용될 수도 있고, 그러고도 남는 대지의 일부는 생물다양성을 위해서 매우 유용한 용도로 배정될 수 있을 것이다.

에너지 효율성의 측면에서 보면, 두 가지 원칙을 적용할 수 있다. 첫째, 동물을 죽이는 것보다는 달걀이나 우유를 얻는 것이 에너지 전환율의 측면에서 더 좋다는 것이다. 둘째, 동물의 체온을 유지해야 하거나, 돌아다녀야 한다거나, (부자연스러울 정도로) 오래 살아야 하는 것이 아니라면, 낭비되는 에너지가 줄어들 수 있다는 것이다. 그래서 에너지 전환의 효율성을 살펴보면 쇠고기는 (일반적으로 3퍼센트 정도로) 특히나 낮은 수준이며, 달걀과 우유는 (18퍼센트 정도로) 가장 높은 편이다. 분명한 것은, 그리고 어찌 보면 부당한 것은, 이러한 분석은 동물을 지각을 지닌 존재로서 전혀 고려하지 않는다는 사실이다.

동물은 우리의 단백질 공급에 있어서 얼마나 도움이 되는가?

도움이 안 된다. 전 세계의 농장에서 자라는 동물들은 자신들이 섭취한 단백질의 거의 4분의 3을 파괴하는데, 이들 단백질의 대부분은 사람이 식용할 수 있는 먹을거리에서 얻는 것이다.

• •

평범한 사람이 건강을 유지하려면 하루 50그램의 단백질을 섭취해야 한다. 그런데 끊임없이 성장하는 전 세계의 육류 및 유제품 산업은 이러한 사실을 이용해서 자신들을 방어하는 논리를 펼치기도 한다.

단백질이 산지에서 식탁에 오르기까지의 과정은 칼로리를 분석했던 것과 동일한 방식으로 추적할 수 있다. 그렇게 하면, 몇 가지 신화가 파괴된다는 것을 알 수 있다. 첫째, 우리가 식용할 수 있는 식물성 단백질을 동물들에게 먹이지 않는다면, 훨씬 더 많은 단백질을 얻게 된다는 것이다. 둘째, 전 세계에는 칼로리의 잉여 수준보다도 훨씬 더 많은 단백질의 여분이 존재한다는 것이다. 이 부분은 칼로리보다도 단백질을 고르게 분배하는 것이 더욱 어렵다는 점을 고려하면 문제가 더욱 복잡해진다. 단백질과는 다르게 칼로리는 그 섭취량을 우리가 어느 정도는 스스로 조절할 수 있다. 만약 어떤 사람이 필요한 양보다 두 배의 칼로리를 규칙적으로 섭취한다면, 우리의 몸은 그걸 좀

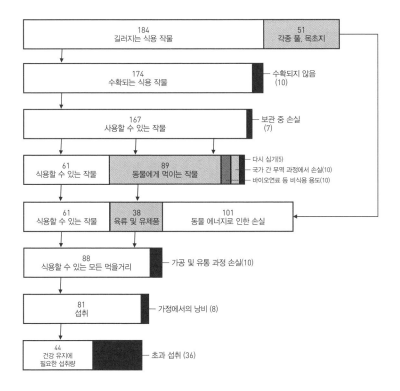

산지에서 뱃속에 들어가기까지 전 세계 단백질의 여정.[15] 모든 수치는 단백질(그램)/1일/1인으로 환산.

더 쉽게 느낄 수 있다. 반면에 단백질도 그렇게 많이 섭취하면 건강을 해칠 수 있지만, 그 사실을 당장에 몸으로 체감하기는 쉽지 않다.

그리고 사실 동물들은 단백질을 구성하는 모든 아미노산을 만들어내지는 못한다. 동물이 저장하거나 분해할 수 있는 필수 아미노산은 겨우 9가지다.

철분, 아연, 비타민A를 얻기 위해서 동물이 필요한가?

그렇지 않다. 동물은 철분과 아연의 함량을 줄이는 반면, 고구마 100그램에는 우리가 하루에 필요한 비타민A 함량이 모두 들어있다.[16]

· ·

단백질과 함께 이러한 세 가지 영양소는 '숨은 굶주림'의 주요한 원인이다. '숨은 굶주림'이라는 것은 칼로리 이외의 다른 영양소 결핍을 설명하기 위해서 사용되는 용어다.[17]

동물은 철분과 아연 모두의 함량을 줄이는 것으로 밝혀져 있다. 그래도 육류를 통해 섭취하는 철분은 인간이 좀 더 쉽게 소화할 수 있기 때문에, 철분과 관련된 이야기는 더욱 복잡하며, 육류의 철분은 단순한 그램당 함량을 넘어서는 가치가 있다. 그러나 설령 이런 점을 고려한다고 하더라도, 동물들은 이러한 미네랄의 함량을 줄이는 것이 사실이다. 동물이 식용 작물을 통해서 먹어치우는 철분은 그들이 육류와 유제품을 통해서 우리에게 돌려주는 양의 10배가 넘는다. 그리고 식물보다는 육류를 통해서 철분을 얻을 때 생물학적 이용가능성이 4배 높아진다는 보수적인 요인을 적용한다고 하더라도, 동물을 거치게 되면 철분의 함량은 줄어들게 된다. 한편, 동물이 식용 가능한 작물을 먹은 후에 육류와 유제품을 통해서 우리에게 되돌려주는 아연의 함량은 (원래 식물이 가지고 있던 양의) 5분의 1 미만이다.

비타민A는 조금 다르다. 비타민A는 인간에게 필수적인 여러 영양소 가운데에서도, 동물이 인간이 식용할 수 있는 작물을 소비해서 그 이상의 함량을 만들어낼 수 있는, 몇 안 되는 영양소 중의 하나다. 그래서 비타민A를 제조해서 식품에 일상적으로 첨가하기 이전의 시절에는, 이러한 사실이 우리의 식단에 더욱 많은 가금류와 유제품이 필요하다는 주장을 펼치는 데 아주 좋은 구실을 제공해주었다. 하지만 성분 강화 기법이 등장함으로써, 사정이 매우 크게 바뀌었다. 비타민A는 오일이나 심지어 밀가루에도 아주 쉽고 저렴하게 첨가할 수 있고, 이러한 성분 강화 기법은 영국과 미국을 비롯해서 수많은 나라에서 일상적인 것이 되었다. 흥미로운 사실은, 중국은 이러한 강화 기법이나 육류 및 유제품의 도움이 없이도 비타민A의 공급에 여유가 있는 몇 안 되는 나라 중 하나라는 것인데, 이는 고구마가 비타민A를 공급해주기 때문이다. 여러분의 식단에서 비타민A가 부족할까 봐 걱정이 된다면, 이 맛있는 채소를 겨우 100그램만 추가해도 709마이크로그램(㎍)이라는 풍부한 양의 비타민A를 얻을 수 있다. (참고로 비타민A의 일일 권장량은 700~900마이크로그램이다.) 그리고 고구마는 선박을 통해서도 운송이 쉽기 때문에, 여러분이 세계의 어느 곳에서 살고 있든 관계없이, 지속가능하면서도 아주 훌륭한 식재료가 된다. 이렇게까지 화려하지는 않더라도, 당근이나 올리브, 그리고 잎이 무성한 녹색 채소들도 대부분 아주 훌륭한 먹을거리들이다.[18] 마지막으로, 설령 이런 방법을 이용하기가 쉽지 않다면, (굳이 육류를 먹지 않고) 비타민 알약을 삼키는 것도 간편하고 저렴한 최후의 수단이 될 수 있다.

전반적으로 봐서, 동물성 식품은 오늘날 미량영양소 문제를 해결하고자 할 때 적절한 해결책이 아니다. 예외가 있다면 글로벌 식품산업에서 소외되어 있으면서도 적절한 의료 서비스를 받을 수 없는 세계의 일부 지역에서는 도움이 될 수도 있다. 다양한 식단이나 보충제 및 성분 강화 식품을 이용하기 쉽지 않은 이런 지역에서는, 약간의 육류 섭취가 여러 필수적인 미량영양소의 부족분을 보충해주는 간단한 방식이 될 수 있는 것이 사실이다. 하지만 이 책을 읽을 수 있는 사람들에게까지 이러한 상황 논리가 전부 적용되지는 않을 것이다.

동물들에게 얼마나 많은 항생제가 투여되는가?

지구상에 존재하는 모든 항생제의 약 3분의 2를 동물들이 먹어치운다.[19] 실제 수치로 환산하면 매년 63,151톤이다.[20] 그리고 그중 일부는 육류와 우유를 통해서 우리에게 되돌아온다.

• •

현대의 기술이 좋은 것이라는 가장 강력한 주장 가운데 하나는, 그것이 우리의 건강에 도움이 되고 기대수명을 늘려준다는 것이며, 우리 대부분은 그러한 혜택을 누릴 수 있다. 그러나 항생제에 대한 신화가 무너지면서, 향후에는 엄청난 양의 항생제들이 버려지게 될 것이다. 실제로 그런 현실이 가까워진 것으로 보인다. 하지만 항생제에 대한 내성의 증가하는 것과 차세대의 대안을 개발하는 것 사이의 치열한 경쟁을 보고 있으면, 엄청나게 끔찍한 결과가 지금 당장 닥칠 수 있을지도 모른다는 두려움이 든다. (이런 현실이 나에게 더욱 실감나는 이유는, 지난 5년 동안 항생제가 없었더라면 나는 분명 죽었을 것이기 때문이다. 그리고 부모님 두 분 역시 그랬을 것이며, 하마터면 내 딸은 다리를 잘라내야 했거나 더욱 심각한 상황에 놓였을 가능성이 아주 높았기 때문이다.) 항생제가 정말로 필요한 심각한 상황에 놓이게 되면, 항생제가 없는 세상은 상상하는 것만으로도 먼 세상의 이야기가 아닌 생생한 악몽으로 바뀌게 된다.

동물들에게 항생제를 투여하는 목적은 주로 성장을 촉진하기 위한 것이고, 질병을 치료하기 위한 것보다는 예방하기 위한 것이다. 개발도상국에서의 식습관이 잘못된 방향으로 빠르게 바뀌고 있고, 농업 역시 집약적인 방식으로 변화해가면서, 이렇게 전 세계에서 사용되는 항생제의 양은 급격하게 증가하고 있다. 그 결과 동물들은 항생제에 반응하지 않는 내성균(resistant strain)을 만들어내고 있고, 그런 균이 우리에게까지 옮겨오고 있다. 그렇다고 해서 이런 모든 상황에 대한 책임을 농부들에게만 돌릴 수는 없다. 왜냐하면 인간은 별 쓸모도 없이 항생제를 많이 섭취하고 있기 때문이다.

나는 무엇을 할 수 있고, 어떤 대책이 있을까?

세계보건기구(WHO)는 모든 사람에게 기본적인 조언을 제공한다.[21] 그중에서 핵심적인 내용 몇 가지는 다음과 같으며, 여기에 더해서 식단에 대한 나의 의견도 덧붙인다.

- 꼭 필요한 경우가 아니라면 항생제를 섭취하지 않는다. 꼭 필요한 경우라면 복용 지침을 따른다.
- 치료가 아닌 예방을 위해서 일상적으로 항생제를 사용하는 농장에서 만들어진 육류와 유제품을 줄인다. (그 외의 다른 방법을 알고 있지 않다면, 최악의 상황을 가정하는 것이 상당히 안전하다.) '유기농' 제품을 고를 때에는 항생제 사용의 제한 여부도 포함한다.[22]
- 위생 상태를 청결히 하고 백신을 철저히 접종해서 혹시 모를 감염을 사전에 방지한다.

- 농부들은 성장 촉진이나 질병 예방을 위해서 항생제를 사용해서는 안 된다. 질병 예방을 위해서라면 백신 접종과 함께 농장의 위생 상태를 청결하게 관리한다.

공장식 축산이 팬데믹의
발생 가능성을 높이는가?

그렇다. 코로나19는 오늘날의 농업 관행이 촉진했을 가능성이 아주 높다.

· ·

나는 지금 코로나바이러스(코로나19)가 여전히 전 세계를 공포에 떨게
하고 있는 상황에서 이 글을 쓰고 있다. 코로나19는 동물로부터 인간
에게 전염된 신종 전염병이다. 다른 생물종으로부터 인간에게 전염
된 대유행병은 지난 수 세기 동안 여러 차례 창궐했는데, 대표적으로
는 에볼라바이러스와 인체면역결핍바이러스(HIV)가 있으며, 그 외
에도 지난 500년 동안 조류에게서 15가지의 인플루엔자가 사람에게
전염되었다. 그리고 이러한 빈도수는 점점 더 증가해왔다. 코로나19
는 일부에게는 치명적이기는 하지만, 그렇다고 해서 인류 전체에 재
앙을 가할 수 있는 능력을 보여주지는 않는다. 따라서 이번 팬데믹에
서는 인류의 아주 일부만이 희생될 것으로 보인다. 코로나19는 증상
이 나타나기 전에도 전염성이 매우 강한 것처럼 보이지만, 그래도 최
소한 지금까지 지켜본 바에 따르면, 에볼라바이러스나 2004년의 사
스(SARS)에 비해서는 훨씬 덜 치명적이다. 그래서 이번 팬데믹을 비
교적 가볍게 넘길 수 있다 하더라도, 우리에게 경각심을 일깨우는 계
기로 생각해야 할 것이다.

이 글을 쓰고 있는 지금, 나를 포함한 많은 사람이 과연 이번 팬데 믹이 우리 인류가 그토록 절실하게 필요한 대대적인 재설계 프로젝 트에 착수하는 순간이 될 수 있는지를 알아내기 위해 노력하고 있다. 그런데 이번 장은 먹을거리가 주제이므로 이런 질문을 던져보자. 도 대체 우리의 식단이나 농업 시스템과 팬데믹이 무슨 관계가 있다는 것인가?

우리는 코로나19가 어떻게 발생했는지에 대해서 아직까지는 모두 자세히 알지는 못하지만, 코로나19와 같은 팬데믹이 우리 인류의 어 떤 부분을 위험에 처하게 하는지는 비교적 명확히 알고 있다.

첫째, 수많은 동물이 비좁은 공간에 밀집해 있으면 어떤 바이러스 든 더욱 위험한 형태의 변종으로 빠르게 만들어낼 수 있는 조건이 형 성된다. 공장식 축산이 바로 이런 조건에 해당하는데, 그런 곳에서는 엄청나게 많은 동물이 비좁은 공간에 몰려 있다. 특히나 양계장이 그 렇기는 하지만, 양계장만 그런 것은 아니다.[23] 공장식 축산에서는 고 기의 품질을 개선하고 생산량을 늘리기 위해서 유전적으로 가까운 종을 복제한다. 이는 동물들 사이의 바이러스 확산과 바이러스의 변 이를 더욱 용이하게 한다. 효율성을 추구하는 공장식 축산은 중국에 서 의외의 결과를 만들어냈다. 기존의 육류시장에서 밀려난 소규모 의 농가들이 야생동물을 축산업의 형태로 기르기 시작한 것이다. 코 로나19의 경우에는, 내가 다른 글에서도 썼다시피, 그 기원은 박쥐였 을 것이며, 그다음에 축산 농가의 포유류를 중간 단계로 거쳐서 인간 에게 전염되었을 것으로 보인다.[24]

그렇다면 해결책은 무엇일까? 우리의 식단에서 육류를 줄이고, 동물들이 어떻게 길러지는지에 좀 더 많은 신경을 쓰는 것이다. 동물들 사이에 더욱 많은 공간을 확보해주어야 한다. 유전적으로 가까운 종들 사이의 복제를 줄여야 한다. 전 세계의 육류 시장을 더욱 잘 규제해야 한다. 위험에 처한 종들이 '동종요법'* 치료를 위해서 거래되는 걸 줄여야 한다.

---

*　인체의 질병 증상과 유사한 증상을 일으켜서 병을 치료한다고 주장하는 일종의 유사과학이자 대체의학. 이 때문에 많은 야생동물이 희생되고 있다.

대두 생산은 삼림파괴에
얼마나 많은 영향을 미치는가?

콩을 욕해서는 안 된다! 문제는 콩을 소와 양에게 먹일 때 발생하는 것이다.

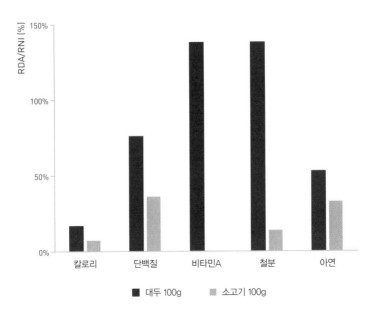

100그램의 대두와 100그램의 소고기에 포함된 칼로리, 단백질, 미량영양소의 함량 비교. 영양섭취권장량(RDA)* 및 영양섭취참고량(RNI)**과 비교했을 때의 백분율.

---

*   건강한 사람들의 97.5퍼센트가 건강을 유지하기에 충분한 권장량. 미국에서 만든 기준.

**   누구에게나 건강할 정도로 충분한 섭취량. 영국에서 만든 기준.

‥

그램 단위로 계산을 해보면, 대두에는 소고기나 양고기보다 인간에게 필요한 거의 모든 영양소가 더 많이 포함되어 있다. 그런데 이런 대두를 소나 양에게 먹이면, 그중에서 겨우 10분의 1만 고기로 되돌려 받게 된다. 인간의 영양 측면에서는 재앙인 셈이다. 대두를 재배하기 위해서 숲의 나무들이 베여 없애진다는 나쁜 평판이 있는데, 이는 비난의 화살이 잘못된 것이다.

대두에 관한 두 번째 오해는 맛이 없다는 것이다. 하지만 대두는 두유나 두부로 먹어도 맛있고, 그냥 콩으로 먹어도 맛이 괜찮다.

농업의 탄소발자국은
얼마나 되는가?

먹을거리 및 토지와 관련된 탄소 배출은 전 세계 탄소 배출량의 23퍼센트를 차지하고 있으며, 이는 무시하기에는 너무나도 큰 수치다.[25]

• •

기후 비상사태에 대해서 관심을 깊게 가진 대부분의 사람은 화석연료를 땅속에 남겨두기 위해 노력하느라 너무 지친 나머지, 먹을거리와 토지에 대해 살펴볼 에너지가 그다지 남아있지 않은 것 같다. 이해할 수는 있지만, 그렇다고 흡족한 것은 아니다. 그 이유는 먹을거리와 토지에서 배출하는 온실가스만으로도 기후에 미치는 영향이 엄청나게 크기 때문이다. 그러나 기후변화 논쟁에서는 그 관련성이 거의 주목받지 못한다.

인류의 온실가스 배출량을 이산화탄소 기준으로 환산한 수치(CO_2e)*로 대략 살펴보면, 매년 500억 톤의 탄소발자국을 남긴다. 그리고 이 중에서 23퍼센트는 먹을거리와 토지에서 나온다. 농업에서 최대의 이산화탄소 배출원은 삼림파괴이며, 이들 대부분은 결국엔

---

* CO_2e, carbon dioxide equivalent

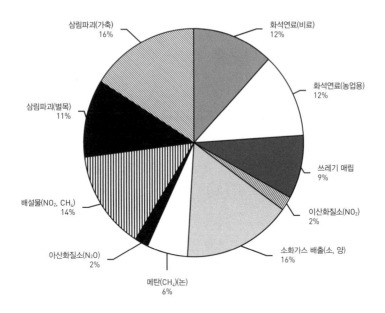

삼림파괴(가축)
16%

화석연료(비료)
12%

화석연료(농업용)
12%

삼림파괴(벌목)
11%

쓰레기 매립
9%

배설물(NO_2, CH_4)
14%

이산화질소(NO_2)
2%

아산화질소(N_2O)
2%

소화가스 배출(소, 양)
16%

메탄(CH_4)(논)
6%

인류의 온실가스(GHG) 배출에서 23%를 차지하는 먹을거리 및 농업 부문의 세부 항목별 내용

고기 생산을 위한 것이다. 그리고 벌목도 일부를 차지한다. 나무들이 잘려나가면 우리는 그 나무 안에 저장되어 있던 탄소를 잃는 것으로 끝나지 않는다. 더욱 중요한 것으로는, 이후 몇 년 동안 그 나무가 심어져있던 토양 안에 저장되어 있던 대부분의 탄소 역시 잃게 된다는 것이다. 비료를 만드는 데 사용되는 화석연료, 그리고 농업용 장비를 구동하고 이동시키는 데 필요한 화석연료는 비교적 작은 비중을 차지한다. 하지만 CO_2 외에도, 전 세계 메탄 배출의 주된 요인은 먹을거리와 토지이며, 그러한 메탄의 최대 배출원은 (되새김질과 트림을 하는 소, 양, 염소 등의 되새김동물이 뿜어내는) 소화가스이며, 논(rice paddy)에 물을

채우거나, 제대로 관리되지 않는 쓰레기 매립지에서 썩어가는 음식물도 기여한다. 아산화질소(N_2O) 배출 총량의 3분의 2 정도 역시 먹을거리가 요인이다.

다른 먹을거리들의
탄소발자국은 얼마나 되는가?

• •

아래의 표는 38,000곳 이상의 농가가 환경에 미치는 영향을 거대한 메타분석(meta analysis)* 기법으로 분석한 내용을 기반으로 만든 것이다.[26]

평범한 사람들이 건강을 유지하기 위해서는 하루에 약 50그램의 단백질을 섭취해야 하는데, 아래의 표에서는 사람들이 단백질을 얻는 다양한 경로에 대한 탄소발자국을 보여준다. 그중에서는 소와 양이 가장 높은 영향을 끼치고 있는데, 그 이유는 이들이 되새김질을 하기 때문이다. (트림을 해서 메탄을 내뿜는다는 뜻이다.) 그리고 소를 키우기 위해서는 토지를 개간해서 먹이를 만들고 방목할 공간도 만들어야 하기 때문에, 소고기는 삼림파괴와도 상당한 관련이 있다. 유제품은 육류보다는 탄소 배출에 미치는 영향이 작은데, 그 이유는 동물들을 죽이는 대신에 계속해서 단백질을 생산하는 역할로 살려두는 것이 (유제품 산업으로서는) '효율성'이 더욱 높기 때문이다. 육류 생산에서는, 다른 커다란 동물들보다는 닭이 더욱 효율적이다. 닭들은 빨리 자라

---

*   동일한 연구 주제에 대해서 기존에 이미 수행된 수많은 연구를 종합해서 통계적으로 다시 분석하는 연구 기법

온실가스(GHG) 배출량(단위: CO$_2$로 환산한 kg)

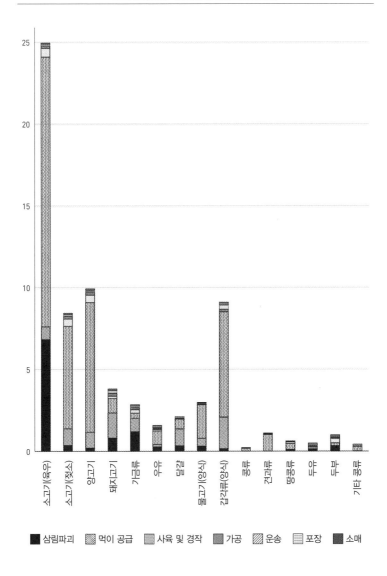

범례: ■ 삼림파괴　▨ 먹이 공급　▨ 사육 및 경작　▨ 가공　▨ 운송　▨ 포장　■ 소매

가로축: 소고기(육우), 소고기(젖소), 양고기, 돼지고기, 가금류, 알, 달걀, 물고기(양식), 갑각류(양식), 콩류, 견과류, 땅콩류, 완두, 두부, 기타 콩류

일반적인 단백질 공급원에서 얻는 단백질 50g당 온실가스 발자국, 공급과정의 단계별로 세분화

온실가스(GHG) 배출량(단위: CO_2로 환산한 kg)

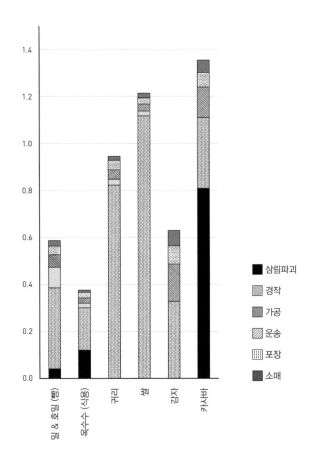

주요 탄수화물 공급원 1,000칼로리당 온실가스 배출량, 공급과정의 단계별로 세분화

는데, 특히 항생제를 듬뿍 먹인다면 더욱 빨리 성장한다. 그리고 실내의 밀집한 공간에 가둬둔다면 굳이 돌아다니거나 몸을 따뜻하게 유지하기 위해서 별다른 에너지를 낭비하지 않아도 된다. (상자글 참

조) 육류와 유제품을 만드는 동물들에게 먹이를 공급하기 위해서 토지의 이용이 변화했다는 사실에 주목하기 바란다. 그리고 식물성 단백질 공급원이 얼마나 놀라울 정도로 낮은 영향을 미치는지도 주목하기 바란다.

주요한 탄수화물 공급원들은 전체적으로 탄소를 적게 배출하지만, 쌀은 최악의 결과로 나타난다. (다음 질문 참조) 옥수수는 광합성 작용이 특히나 탁월한 작물이기 때문에 가장 좋은 결과가 나타난다. 카사바를 생산할 때 삼림이 많이 파괴된다는 것을 주목하기 바라며, 삼림파괴는 옥수수의 생산에서도 비교적 영향이 크고, 밀의 생산에서도 약간의 비중을 차지한다.

육류 중에서는 닭고기가 가장 나은가?

온실가스 배출량의 관점에서 보면, 닭고기는 가장 '환경적으로 친화적인' 육류라고 생각할 수 있으며, 환경을 걱정하지만 고기를 끊지 못하는 사람들에게는 최선의 선택이 될 수도 있다. 탄소와 관련해서는 닭고기가 이렇게 빛을 발하기는 하지만, 가금류 농장은 지역 환경이나 지구의 환경 모두에 다른 여러 문제의 온상이 된다.

(육류를 얻기 위한 목적으로 사육되는) 육계는 아주 빠른 속도로 길러지게 되며, 이는 골격 기형 및 선천적인 심장 결함 등을 포함해서 동물복지와 관련한 수많은 문제를 야기한다. 사육장 안에 가능한 한 많은 조류를 몰아넣게 되면 전염병과 박테리아성 질병 모

두의 확산을 촉진하게 된다. 항생제를 많이 사용하면 단기적으로는 박테리아 예방에 도움이 되겠지만, 결국에 항생제 저항성(antimicrobial resistance, AMR)을 높이는 데 기여하게 된다. 따라서 이러한 축산 시스템이 가진 어려운 고충은 뭐냐 하면, 동물들에게 항생제를 사용함으로써 다른 변종 질병에 대한 항생제 내성을 기를 것인가, 아니면 항생제의 사용을 포기함으로써 인간에게 감염될 수도 있는 대유행병의 리스크를 감수할 것인가 하는 것이다. 두 경우 모두 인간에게는 난감한 상황이라고 할 수 있다. 확실하면서도 가장 윤리적인 해결책은 존재한다. 닭들을 자유롭게 방목하는 것이다. 그리고 최근 몇 년 사이에 공장식 사육으로 인한 수많은 환경적인 영향이 나타나면서, 닭들을 자유롭게 방목해야 한다는 수요가 증가하고 있고, 이와 관련하여 제정되는 법률도 늘어나고 있다.

이러한 영향 중에서 가장 주목해야 하는 것은 바로 오염이다. 닭의 배설물은 각종 영양소로 가득 차 있는데, 특히 인산염(phosphate)이 많이 들어있다. 수백 수천 마리의 조류를 야외에서 기르면 엄청난 배설물이 발생하는데, 만약에 비가 내리거나 홍수가 발생한다면 이러한 배설물이 농장이나 목초지에서 씻겨 내려갈 수 있다. 오물 속에 포함된 영양소는 지역의 하천과 식수 공급원에 부영양화(富營養化, eutrophication)를 일으키는데, 이는 해로운 녹조들을 무성하게 자라나게 한다. 게다가 닭들은 주로 콩을 먹는데, 이는 주로 해외에서 수입된 것으로 삼림파괴를 비롯해서 다른 여러 가지의 해로운 농업 관행과도 연관되어 있다.[27]

내가 채식인이나
비건이 되어야 하는가?

훌륭한 생각이다! 먹을거리의 안정적인 공급과 기후 및 생물다양성을 위해서는 육류와 유제품을 적게 섭취하는 것이 아주 중요하다. 하지만 자신이 원하지 않는다면, 우리가 모두 그런 길을 가야 할 필요는 없다.

• •

전 세계의 육류 및 유제품의 일부는 여전히 풀을 먹인 동물에게서 얻는다. 그리고 그러한 식물의 일부는 작물을 기르는 데 적합하지 않은 땅에서 자란다. 물론 그런 땅들이 탄소포집(carbon capture)이나 생물다양성처럼 환경을 위한 다른 목적으로 사용되는 것이 더 나을 수도 있을 것이다. 그러나 우리 인간은 스스로 소화시킬 수 없는 영양소를 소화시킬 수 있게 변환시켜주는 동물의 역할을 무시해서는 안 된다. 동물들은 우리 인간의 식단에 다양성과 건강을 더해줄 수 있지만, 그래도 현재 전 세계의 육류 및 유제품 소비량의 절반 정도를 줄일 필요가 있다는 것은 부정할 수 없는 사실이다. 즉, 가장 부유한 국가들에서 육류 소비를 50퍼센트 이상 줄여야 한다. UN의 식량농업기구(FAO)에서는 2050년이 되면 1인당 육류 및 유제품 소비가 23퍼센트 증가할 것으로 예상하고 있는데, 이러한 전 세계의 현행 추세를 역전시켜야 한다는 것을 의미한다.

물론 식단에서 육류와 유제품 모두를 줄이는 방향이 가장 도움이 되기는 하지만, 먹이전환효율(food conversion rate, FCR)*은 육류보다는 유제품이 더 높기 때문에 고기를 유제품으로 바꾸는 것도 도움이 된다.

좋은 소식이 한 가지 있다면, 육식을 하는 대부분의 사람이 자신의 건강 증진을 위한 것만이 아니라 식단을 다양하게 만드는 방법으로도 이러한 변화를 이뤄낼 수 있다는 것이다. 개인적인 견해이긴 하지만, 맛이나 식감을 비교해 볼 때 채식 버전의 해기스(haggis)**가 전통적인 해기스에 비해서 결코 뒤지지 않는다고 생각한다. 이 글을 쓰고 있는 현재에 있어서 또 하나의 좋은 소식은 많은 선진국에서 비건주의(veganism, 완전 채식주의)가 힘을 얻으면서, 전 세계의 중산층에게도 완벽한 롤모델을 제공한다는 점이다.

육류와 유제품의 소비를 줄이는 것 역시 우리의 먹을거리에서 탄소를 줄이는 데 좋은 출발점이 되는 것으로 밝혀졌다. (참고로 내가 탄소라고 말할 때는 대부분 온실가스를 대신해서 표현하는 것이다.) 나는 예전부터 먹을거리로 인한 온실가스 배출에 대해서 광범위하게 글을 써오고 있는데, 대표적으로는 나의 첫 번째 책인《거의 모든 것의 탄소 발자국 (How Bad Are Bananas, The Carbon Footprint of Everything)》을 비롯해서, 다소 염치없기는 하지만 탄소 및 식단과 관련한 여러 편의 학술논문도 발표했다.[28] 이러한 모든 저술 활동을 한마디로 요약하면, 가장 시급한 과제는 되새김동물인 소와 양고기를 줄이는 것이다.

---

*   동물의 몸이 먹이 투입량을 원하는 결과물로 전환하는 비율.

**   양의 내장을 다른 재료들과 함께 양의 내장에 넣어서 만든 스코틀랜드의 전통 음식.

그렇다고 극단적인 형태까지 갈 필요는 없고, 그저 절제하고 선택의 폭을 넓히는 것이 중요하다. 채식인들이라면 "오늘 저녁에 파스타 먹을까, 감자 먹을까, 쌀밥을 먹을까?"라고 물을 수 있겠지만, 메뉴를 고를 수 있는 여유가 있는 사람들이라면 "오늘 저녁에 고기 먹을까, 콩 요리를 먹을까, 아니면 달걀 요리를 먹을까?"라고 묻는 것만으로도 우리의 전체적인 먹을거리 시스템에 충분한 변화를 일으켜서 2050년의 인구를 먹여 살릴 수 있는 여유를 만들어낼 수 있다. 그리고 동시에 더욱 많은 토지를 생물다양성을 위해서 사용할 수 있으며, 원한다면 바이오연료를 위해서도 어느 정도의 땅을 풀어줄 수 있을 것이다. (이에 대해서는 117페이지의 '얼마나 많은 먹을거리가 바이오연료에 사용되는가?'와 195페이지의 '바이오연료는 미친 생각인가?' 부분을 참조하기 바란다.)

지금까지 살펴본 것처럼 우리가 고기를 먹을 때는 어떤 종류의 고기를 먹느냐에 따라서 환경에 대한 영향이 다르기는 하지만, 그래도 모든 육류는 식물성의 대체 먹을거리에 비해서 환경에 미치는 영향이 더 크다는 것을 알 수 있다. 탄소발자국의 관점에서 순위를 매기면, 콩류와 곡물, 대두가 확실히 적은 탄소로 우승을 차지했고, 유제품과 가금류 제품은 본선까지 진출했으며, 붉은 육류는 예선 탈락이라고 할 수 있다.

육류 및 유제품 소비 습관에 있어서, 가게에서 할 수 있는 일은 무엇인가?

육류 및 유제품을 대체할 수 있는 제품을 맛있고 매력적으로 보이게 만드는 것이다.

. .

사람들 사이에 널리 퍼진 속설이 있다. 즉, 슈퍼마켓에서는 소비자들이 구매하기를 원하는 제품을 팔아야 하기 때문에, 선반에 어떤 제품을 올려놓을지를 매장에서 통제할 수 없다는 것이다. 이건 말도 안 되는 이야기다. 슈퍼마켓들은 상당한 노하우를 가지고 있으며, 자신들에게 가장 이윤이 많이 남는 제품을 소비자들이 고르게 할 수 있다. 지난 10여 년 동안 나는 먹을거리를 판매하는 소매업체와 협업해왔는데, 그들은 자신들이 가진 영향력을 완벽하게 이해하고 있었다. 그들은 식료품 업계에 일대 혁신을 일으키려는 회사도 아니었고, 자신들과 경쟁하는 대형 슈퍼마켓들에 비해서 시장에서 받는 압력이 덜한 것도 아니었다. 하지만 자신들이 때로는 지속가능한 먹을거리들을 구매하고 싶게끔, 매력적으로 보이게 할 수 있음을 이해하고 있었다. 내가 그들과 했던 협업의 대부분은 그 회사가 그런 일을 하도록 좀 더 부추기는 것이었다. 때로는 내가 소매업의 현실을 망각할 때도 있었는데, 그럴 때면 그들이 그런 사실을 나에게 상기시켜주기도 했다. 하지만 때로는 개선의 여지가 있는 새로운 영역을 발견하곤한다. 제철 채소들을 내놓고, 육류의 대체상품을 맛있어 보이게 만들며, 크리스마스 행사 전단지를 채식 위주의 상품들로 가득 채웠다. 지속가능성을 해치는 수입산 화훼보다는 지역에서 제철에 만개하는 다양하면서도 새로운 종류의 꽃들을 진열하고, 소비자들에게는 남은 음식들을 활용하는 방법에 대해서 조언하기도 했다. 물론 아직도 더 발전되었으면 하는 부분이 있기는 하지만, 그래도 내가 목격했던 전반적인 변화는 상당히 의미심장하면서도 진정성 있는 것이었다.

슈퍼마켓들이 시도했을 때 가장 효과가 좋은 것으로는, 판매하는 먹을거리의 구성에서 육류 및 유제품과 그것을 대체하는 제품 사이의 비율에 변화를 주는 것이다. 앞에서 살펴봤듯이 환경에 미치는 영향력은 육류와 유제품이 가장 높으며, 그중에서도 그러한 영향력의 최정점은 소고기가 차지하고 있었기 때문이다. (그 뒤를 근소한 차로 뒤쫓고 있는 것은 치즈다.)

음식점들은 무엇을 할 수 있는가?

육류가 포함된 메뉴를 고를 때와 마찬가지로, 고객들은 채식이나 비건 메뉴를 고를 수 있어야 하고 실제로도 아무런 불편 없이 즐길 수 있어야 한다. 굳이 여기에 글로 적어야 하나 싶을 정도로 뻔한 내용인 것 같기는 하지만, 이런 선택권은 아직까지 보편화되어 있지 않다. 음식점들은 채식 메뉴와 비건 메뉴의 종류를 늘려야 하고, 자신들이 제공하는 다른 메뉴와 마찬가지로 맛있고, 먹음직스럽고, 많은 영감을 주는 음식을 만들어야 한다.

농부와 정부는 무엇을 할 수 있는가?

여기에는 고려해야 할 요소가 많이 있다. 영양소의 생산, 생물다양성, 기후변화라는 이슈와 함께, 축산업, 주민들의 생계, 지역사회, 전통 등을 포함하는 중요한 문제들이 존재하는 것이다. 내가 살고 있는 지역에는 양떼를 이용해 관광객을 끌어들여야 한다고 주장하는 사람도 있다. 우리는 실재하는 현실을 직시하고 관련된 사람들을 존중하면서, 이러한 다양한 시각들을 열린 마음으로 투명하게 고려해야 한다.

이런 문제 중에서는 과학에 의해서 명백하게 드러나는 사안들도 있다. 전 세계에서 공장식으로 사육되는 동물의 수를 줄여야 하며, 이런 동물들에게 곡물 기반의 사료를 적게 먹여야 한다는 것이다. 그리고 비료와 항생제의 사용에 더욱 세심한 주의를 기울여야 한다. 대지들 중에는 생물다양성이나 방목지를 제외한 다른 어떠한 용도에도 적합하지 않은 곳들이 있다. 따라서 그러한 땅을 활용할 때에는, 한 공간에 지나치게 많은 개체수를 방목하게 되면 토양의 탄소는 물론이고 생물다양성까지도 파괴할 수 있다는 것을 명심해야 한다. 올바른 방식으로 해당 장소에 적합한 동물들을 방목한다면, 땅속에 탄소도 저장하면서 토양을 비옥하게 할 수 있다.

그리고 올바른 방식으로 이런 일을 처리하기 위해서는 단순히 단기간에 산출량을 극대화하기 위해서 요구되는 것보다는 더욱 많은 일거리가 필요하며, 따라서 더욱 많은 일자리가 필요할 것이다. 대지를 제대로 돌보기 위해서는 세심한 주의와 기술과 노력이 필요하다. 따라서 대지를 보호하면서 지속가능한 먹을거리 체계를 구축하는 일은, 우리에게 거대한 생계수단으로서의 기회를 제공해준다. 이는 분명 농부들과 지역 공동체에는 좋은 소식일 것이다.

그리고 농부들이 어떤 지원을 받든 간에 그들 자신이 지속가능성을 높일 수 있는 영역이 있기는 하지만, 그래도 적절한 인센티브와 보조금이 주어진다면 분명히 이런 노력이 한결 더 쉬워질 것이다. 농부와 과학자, 정부는 이를 실현하기 위해서 현명하게 협력해야 한다.

한 가지 작물이 어떻게
5억 톤이 넘는 CO_2e를 줄여줄 수 있는가?

쌀을 재배하는 일반적인 방식을 개선하는 것만으로도, 세계 전체 온실가스 발자국의 1퍼센트 이상을 줄일 수 있다.

• •

이 내용은 중요하지만 잘 알려져 있지는 않은 이야기다. 여기에서는 트랙터나 화물트럭, 선박 등 공급과정 전반에서 사용되는 화석연료와 관계된 이야기를 하는 것이 아니다. 그보다는 비료의 사용에 있어서 보다 신중을 기하고, 논에 물을 채우는 것도 신중하게 생각해야 한다.[29] 논에서 배출하는 메탄은 먹을거리 공급과정에서 배출하는 모든 온실가스 배출량의 약 6퍼센트를 차지한다. 나는 중국의 강들을 찍은 사진을 본 적이 있는데, 그 사진 속의 강물은 비료의 과도한 사용으로 밝은 초록색을 띄고 있었다. 작물의 산출량 역시 비료의 과도한 살포로 인해서 악영향을 받고 있을 것이다. 간단한 문제처럼 보일 수도 있지만, 좀 더 많은 관심을 갖기 전까지는 실질적인 진전을 이뤄내기 어렵다. 나는 영국의 슈퍼마켓 체인인 부스(Booths)에 지속가능한 방식으로 생산된 쌀을 공급할 업체를 찾기 위해서 지금까지 몇 년 동안 노력해오고 있다. 그러던 중에 '지속가능한 쌀 컨소시엄(Sustainable Rice Consortium)'이 유력한 후보로 떠오른 적이 있다. 하지만

이 컨소시엄은 부스가 자신들에게 자금 지원을 해주길 바라고 있었지만, 정작 그들은 지속가능한 쌀 생산자들과는 그 어떠한 관계도 맺지 못하고 있다는 사실이 밝혀졌다. 아무튼 현재 기준으로 보면, 모든 주요한 탄수화물 공급원들 중에서 온실가스 배출량이 가장 많은 것은 쌀이며, 그 수치는 다른 작물들보다 2배가량 많다.

우리 각자는 무엇을 할 수 있을까?

더욱 지속가능한 공급처를 찾기 전까지 당분간은, 자신이 먹는 양보다 쌀을 더 적게 구입하는 것이 좋다. 만약 괜찮은 공급처를 찾는다면, Mike@TheresNoPlanetB.net으로 연락을 하시기 바란다. 주변의 친구들과 가게들에도 이야기를 전한다. 여러분이 이야기를 전하는 사람들에게 이 문제를 이해시키도록 한다.

가게에서는 무엇을 할 수 있을까?

지속가능한 쌀의 공급처를 찾아서 소비자들에게 내놓는다.

농부들은 무엇을 할 수 있을까?

비료를 조금만 사용한다. 그렇게 하면 비용도 절약될 것이다. 그리고 논에 물을 채울 때는 신중하게 생각한다. 그런 다음에는 지속가능 생산 인증을 받아서 매출을 늘리는 데 활용한다.

로컬푸드가
최선인가?

일부만 사실이다. 일반적으로 먹을거리의 탄소발자국에서 운송과정이 차지하는 비중은 작기 때문이다.

• •

먹을거리의 탄소발자국에서 운송과정이 차지하는 비중은 작은 부분에 불과하다. 필자가 부스(Booths)를 위해서 수행한 최근의 연구에 따르면, 소비자가 계산대에서 제품을 구매하는 시점을 기준으로 탄소발자국을 계산했을 때, 모든 제품의 탄소발자국에서 운송과정이 차지하는 비중은 6퍼센트에 불과했다.[30] 먹을거리의 온실가스 배출에서 가장 큰 부분은 경작 과정에서 나타났다. (73페이지의 '농업의 탄소발자국은 얼마나 되는가?' 부분 참조.)

먹을거리의 운송과정이 정말로 크게 문제가 되는 것은, 비행기에 실어서 나르는 경우다. 영국에서 이에 해당하는 사례로는, 캘리포니아에서 들여오는 포도와 각종 베리(berry)류, 인도양에서 들여오는 신선한 참치, 아프리카에서 들여오는 새싹 채소, 그리고 가장 해로운 것으로는 저 멀리에서 들여오는 아스파라거스가 있다. (먹을거리는 아니지만, 수많은 꽃 역시 비행기를 타고 운송되기 때문에 동일한 원칙이 적용될 수 있다.)

반면에 배에 실으면, 지구 반대편에서 실어오는 경우에도, 먹을거리 공급을 비교적 지속가능하게 할 수 있다. 운송에 필요한 에너지가 상당히 적기 때문에, 햇볕이 잘 들고 대지가 비옥한 곳에서 생산된 영양분이 자체적으로는 먹을거리에 대한 수요를 충족시킬 수 없는 인구가 과밀한 지역으로 옮겨지는 중요한 흐름이 만들어진다. 그리고 도로를 통해서 수백 킬로미터를 운송하는 것도 끔찍한 재앙은 아니다. 물론 맥주처럼 무거운 화물에 대해서라면, 거리가 짧을수록 더 나은 것은 사실이다. 즉, 맥주를 한 잔 마신다면, 자신이 살고 있는 지역의 양조장에서 만들어진 것이 다른 어떤 대안보다도 낫다. 물론 영국에서는 국토의 정반대편에 있는 창고에서 실어 날라야 하는 경우도 있기는 하지만 말이다. 그리고 지역에서 자란 것이라고 하더라도 추운 겨울철에 에너지가 집약된 온실에서 재배된 토마토는, 지구 반대편의 따뜻한 지역에서 배를 통해서 수입된 대체 상품보다도 지속 가능성 면에서 한참은 뒤떨어질 수 있다. (그리고 꽃의 경우에 제철이 아닌 품종을 온실에서 키우는 것은, 그걸 비행기에 실어서 수입하는 것과 크게 다를 바 없다.)

21세기에는 항공으로 운송하는 먹을거리가 설 자리는 없다.

간단히 말해서 지속가능한 세계가 된다면, 항공으로 운송하는 먹을거리는 아예 사라질 것이다. 그 때까지 우리는 가능하면 비행기로 나르는 먹을거리는 피함으로써 도움이 될 수 있고, 푸드마일(food mile)을 크게 줄일 수도 있다. 그리고 수천 킬로미터 떨어진 곳에서 수입된 제품보다는, 지역에서 만든 로컬 맥주를 마시는 것이 좋다.

어떤 제품이 항공기로 운송된 것인지를 확인하는 간단한 방법을 소개하겠다. 우선 해당 제품의 원산지를 확인한 다음, 그것이 선박이나 기차, 화물트럭을 통해서 장거리를 이동하는 동안 변질되지 않을 만큼 오랜 시간을 견딜 수 있는지를 따져보면 된다. 예를 들면 바나나와 사과, 오렌지는 일반적으로 장거리 이동을 견딜 수 있지만, 딸기, 포도, 아스파라거스는 대체적으로 그렇지 못하다. 원산지가 자신이 사는 지역이라고 하더라도 제철이 아니라면 분명히 온실에서 길러졌을 것이며, 따라서 비행기로 실어 나른 것만큼이나 나쁘다고 할 수 있다. 영국을 예로 들면, 1월인데 스코틀랜드에서 생산된 딸기가 있다면 충분히 그럴 가능성이 크다.

(여기에서 잠시 언급하면, 이와 관련한 자세한 내용은 나의 첫 번째 책인《거의 모든 것의 탄소발자국》에서 찾아볼 수 있다.)

슬프지만 협소한 관점에서 바라보면, 작물은 한 품종만 단일경작하고, 소들은 과밀한 공간에서 사육하고, 비료와 살충제에 의존하며, 항생제를 들이붓는다면(65페이지 참조) 단기적으로는 괜찮을 수 있고, 심지어는 수익도 최대로 거둘 수 있다. 이처럼 자유시장 경제를 지탱하는 시스템은 인류세 시기의 어려움을 다루기에는 부적절하기 때문에, 우리에게 필요한 대안은 생물다양성을 관리하는 것이다.

그다지 유쾌하지 않은 내용이 많았지만, 그래도 외면하지 않고 여기까지 읽느라 수고했다는 말을 하고 싶다. 지금까지 우리는 결코 만만치 않은 현실을 살펴봤으며, 이제는 우리의 먹을거리와 대지 문제를 해결하기 위해서 무엇을 할 수 있는지를 살펴봐야 할 차례다.

물고기의 현실은
어떠한가?

전 세계에서는 매년 8,000만 톤의 물고기를 잡거나 양식한다. 이는 한 사람이 매년 12킬로그램, 또는 매일 30그램을 먹을 수 있는 양이다. 이러한 수치는 주의만 잘한다면 겨우 지속가능한 정도의 수준이다.

• •

어업이라는 것은 작은 어촌에서 카누를 타고 물고기를 잡는 것에서 머나먼 대양에서 작업하는 거대한 저인망 어선에 이르기까지 범위가 아주 넓다. 대형 어선들은 노예와 다름없는 선원들이 올라타서 수익이 되는 것이라면 무엇이든지 남획하며, 각국 정부의 규제를 피하기 위해서 먼 바다에서 재급유해가면서 어획물을 나른다.[31] 이렇게 생산되는 어획량의 대략 절반은 산업화된 방식의 저인망 어업과 양식에 의한 것이며, 나머지 절반은 작은 배에서 손으로 잡아올리는 것이다. 그리고 매년 약 1,000만 톤의 어획 부산물이 잡히는데(1인당 매일 4그램에 해당하는 양), 이들은 실수로 잡혔다가 거의 죽은 상태로 다시 바다에 내던져지게 된다. 세계의 많은 가난한 나라에서는 소규모 어업이 현재 (아연, 철분, 칼슘, 그리고 단백질까지[32]) 필수 영양소의 중요한 공급원이 되고 있다. 이러한 영양분을 얻기 위해서 첫 번째로 기댈 수 있는 곳은 산업형의 저인망 어업에 의해 초토화되지 않은 소규모의 어업이다. 그리고 두 번째는 해외의 시장에서 팔리지 않는 토착 어종들이 있기는 하지만, 이 부분에서 전 세계의 가난한 이들은 이러한 물고기를 구입할 여력이 없다. 세 번째로는 기후변화로 인해서 일부 어종의 이동 패턴과 서식지에 변화가 일어날 가능성이 있는데[33], 이는 일부 지역 공동체에는 심각한 결과로 이어질 수 있다.

전 세계의 어류 자원은 엄청난 압력을 받는다. 해양관리협의회(MSC)는 현재 전 세계 어류 자원의 90퍼센트가 완전히 또는 과도하게 남획되고 있는 것으로 추정한다.[34] 따라서 물고기가 탄소 배출량에서 차지하는 비중이 상대적으로 낮기는 하지만, 총공급량을 늘릴 수 있는 여지는 더는 없으며, 오히려 전 세계가 물고기의 소비를 줄여야 할 것 같다. 그렇게 하지 않는다고 하더라도, 세계에서 좀 더 잘 사는 지역에 사는 사람들은 자신들이 비교적 쉽게 물고기를 즐길 수 있는 반면에, 다른 곳에서는 그러지 못하는 사람들이 있다는 것을 좀 더 신중하게 생각해야 한다.

그렇다면 양식이 대안일까? 슬프지만 양식된 물고기들은 헤엄치는 동물을 공장식 축산으로 기른 거라고 할 수 있다. 따라서 양식을 하게 된다면, 전 세계에서 이뤄지고 있는 공장식 축산과 관계된 모든 문제가 여기에서도 발생하는 것이다. 그리고 동물들에게는 사람이 먹을 수 있는 먹이를 주지만, 물고기들의 먹이는 영양학적으로 그다지 좋은 수준이 아니다. 양식 물고기들은 오염된 화학물질과 항생제로 가득한 먹이가 주어지는 경우가 많다. 과밀화된 양식 환경도 공장식 축산에서 보이는 모습과 비슷하다. 지속가능한 방식으로 잡힌 자연산 물고기는 지속가능한 영양간식으로 여겨질지도 모르지만, 양식 물고기는 그렇지 못하다.

해양관리협의회(MSC)는 지속가능한 물고기 브랜드를 인증해주고 있지만, 그에 대한 신뢰도는 우리가 바라는 것만큼 높지는 않을 수도 있다. 이 부분에서 우리는 대어를 낚았다고 할 수 있다. 왜냐하면 이 협의회는 '영리를 추구하는' 조직인 것으로 밝혀졌기 때문이다. 예를 들면 이들은 대형 어로행위에 대한 인증을 해주면서 1,000만 파운드(165억 원)*의 수익을 올린다. (신뢰할 수 있는 단체를 구별하는 방법에 대해서는 421페이지를 참조하기 바란다.) 참고로 어선들 중에는 어느 날에는 비교적 지속가능한 방식인 대낚기(pole and line fishing)로 물고기를 잡고, 그 다음 날은 같은 배에서 저인망 방식을 사용해서 무차별적으로 물고기를 남획하는 어선들이 있다. 그리고 필자가 이 글을 쓰고 있는 현재 MSC에서는 이들에게 지속가능한 어업이라는 인증을 해주려 한다는 의혹을 받고 있다.[35]

---

*   파운드화 환율은 2022년 11월 기준이다.

우리가 아는 농어가
진짜 농어가 아니라던데?

실제로는 파타고니아 메로(Patagonian toothfish)인 이 물고기는 현재 시장에서 칠레 농어(Chilean Seabass)라는 이름으로 바뀌어서 팔린다.

• •

물고기의 가격과 인기는 그 물고기의 맛이나 영양소와는 별로 관계가 없는 것 같다. 다만 모든 것이 마케팅과 연관되어 있는 것으로 보인다. 한 가지만 예를 들면, 파타고니아 메로는 1970년대 말에 캘리포니아의 어느 어류 상인이 마케팅을 하기 전까지는 그다지 인기 있는 어종이 아니었다. 그 상인은 이 물고기를 새로운 별미라며 칠레 농어라는 이름으로 소개했다.[36] 그러자 그 가격이 킬로그램당 60파운드(85달러)까지 치솟았다. 그런데 사실 이 물고기는 농어가 아니다! 슬프게도 이러한 인기의 결과, 한때는 남쪽 대양의 심해에서 흔히 볼 수 있었으며 길이는 2미터 이상에 무게는 100킬로그램 이상까지 자라던 이 물고기의 개체수는 현재 위협적인 수준으로 줄어들었다. (참고로 필자는 심해의 기준을 해저 300미터에서 3.5킬로미터 이상의 깊이까지를 의미하는 것으로 활용했다.) 그리고 성체의 나이가 45살인 이 물고기의 개체수를 회복하려면, 당연히 그 나이에 해당하는 45년이 걸린다. 현재 칠레 농어, 아니 파타고니아 메로의 80퍼센트 이상이 규제를 벗어난 어업을 통해서 우리에게 들어오고 있는 것으로 여겨진다.

잘 모르는 소비자들을 위해서 보다 친숙하게 들리는 이름으로 개명을 한 물고기는 많이 있다. 그런 또 하나의 사례로는 '마녀(witch)'라는 이상한 이름이었다가 '토베이 서대(Torbay sole)'라는 좀 더 맛있는 이름으로 바뀐 물고기가 있다. 비슷한 예로는, 뭔가 좀 징그럽게 들리는 '슬라임헤드(slimehead)'라는 이름에서 이국적인 느낌의 '오렌지 러피(orange roughy)'로 바뀐 것도 있다.

식용으로 먹기에 거부감이 덜 드는 이름으로 바꾸는 것은 괜찮을 수도 있지만, 적어도 개체수의 몰살로 이어지지는 않아야 할 것이다.

어떻게 하면 물고기를
지속가능하게 할 수 있을까?

• •

개인이 할 수 있는 일은 무엇일까?

채식을 하지 않는 사람들도 지킬 수 있을 만한 여섯 가지 지침을 소개한다.

- 물고기는 가끔 먹는 별미라고 생각한다. 전 세계적으로 1인당 하루 평균 30그램을 섭취한다는 것은, 기존의 어업 관행과 투명성을 크게 개선해야만 지속가능한 목표가 될 것이다. 그렇게 된다고 하더라도 필요한 영양소를 얻기 위해서 주로 물고기에게 의존하는 사람들이 있기 때문에, 우리 대부분은 그보다 적게 먹어야만 할 것이다. 그렇기 때문에 30그램의 섭취량이라는 것은 일주일에 한 번만 먹거나, 더 적은 양으로 두 번에 나누어 먹는 것이 좋을 것이다.

- 좋은 생선가게를 찾는다. 자신들이 판매하는 물고기가 어디에서 왔는지, 그리고 노예노동이나 남획 등을 최소화해서 잡은 물고기라는 것을 설득력 있게 말해줄 수 있어야 한다. 또한 그날 판매하는 물고기 중에서 가장 지속가능한 방식으로 잡은 물고기가 어떤 것인지도 조언해줄 수 있는 곳이 좋다. 구체적으로 살

펴보면, 지속가능한 먹을거리 신탁(Sustainable Food Trust)[37]에서는 다음과 같은 질문을 던져보라고 제안한다.

▶ '오늘 괜찮은 물고기를 추천해 주실 수 있을까요? 저는 뭔가 다른 걸 찾고 있는데, 이왕이면 지속가능하고 윤리적인 방법으로 잡은 것이면 좋겠어요!'

▶ '이 물고기가 어디에서 어떤 방식으로 잡힌 것인지, 아니면 양식된 것인지 말씀해주실 수 있을까요?'

▶ '특별히 이 양식장이나 중개상으로부터 물고기를 들여오는 이유가 있을까요?'

▶ '이런 종류의 물고기와 관련해서 환경적이며 윤리적으로 고려해야 하는 점은 무엇일까요?'

▶ '계절에 따라서 제가 먹어야 할 물고기가 다른가요?'

- 이름도 모르고 유명하지 않은 어종들도 포함해서 다른 종류의 물고기들에게도 선택의 여지를 열어둔다. 그렇게 하면 식단이 더욱 흥미로워질 수도 있을 것이다. 그리고 가능하다면 그 물고기를 가장 맛있게 요리하는 방법을 알려주는 사람에게서 구입한다.

- 가격이나 마케팅이 품질을 보증해주지는 않는다는 걸 명심한다. 실제로 그렇지 않을 수도 있기 때문이다. 그런 면도 중요할 수 있지만, 더욱 윤리적이고 지속가능한 먹을거리를 위해서 좀 더 많은 것을 따져보도록 한다.

- 지속가능성과 관련한 라벨을 세심하게 살펴봐야 하지만, 이 부분도 주의해야 한다. 예를 들면, '돌고래 친화적(dolphin friendly)'이

라는 라벨은 가다랑어 품종의 모든 참치에 붙어있는데, 이는 소비자들이 착각하기 쉬운 표시다. 왜냐하면 참치는 원래 돌고래의 곁에서 나란히 헤엄을 치지 않기 때문이다.* '대낚기(Pole and Line)'라는 라벨은 아마도 여전히 가치가 있을 것이다. 하지만 슬프게도, 우리의 소비 방식이 노예노동에 얼마나 기여하는지를 효과적으로 알려주는 라벨은 존재하지 않는다.

- 해양보존협회(MCS)는 '좋은 물고기 가이드(Good Fish Guide)'라는, 가치 있으면서도 쉽게 이용할 수 있는 안내서를 발간하고 있다.[38] [해양관리협의회(MSC)와 혼동하지 말 것]

가게들은 무엇을 할 수 있을까?

- 자신들에게까지 오는 유통망을 이해하도록 한다. 지속가능한 방식으로 공급받고, 손님들에게는 자신이 하는 일을 알린다. 해양관리협의회(MSC)의 지속가능성을 위한 가이드라인에 더욱 깊이 주의를 기울인다. 악명 높은 브랜드는 피하고, 누구나 다 아는 브랜드라고 하더라도 새롭게 발견된 사실이 있다면 불매운동을 하는 것도 두려워하지 않는다.

---

* 대형 어선에서는 커다란 그물로 참치를 대량으로 끌어올릴 때 돌고래가 함께 걸려 올라오는 경우가 많다. 그래서 환경단체 등에서 이를 문제 삼으며 비판하기 시작했고, 참치 산업계에서 자신들의 그물에는 돌고래가 걸리지 않았다는 것을 의미하는 표시로 '돌고래 친화적'이라는 라벨을 붙이기 시작했다. 그렇기 때문에 돌고래 친화적이라기보다는, 돌고래에게 피해를 주지 않았다는 것이 더욱 정확한 표현이다. 그리고 자신들의 그물에 돌고래가 걸리지 않았다는 것일 뿐, 다른 어종이 부획물로 잡히지 않았다는 것은 아니며, 그 외의 환경적인 피해가 전혀 없음을 보증하는 것도 아니다.
(참조) https://en.wikipedia.org/wiki/Dolphin_safe_label

- 지속가능성을 잘 염두에 두고 물고기의 품목을 다양화하며, 손님들이 물고기에 대한 입맛을 다양화하고 관심을 더욱 넓힐 수 있도록 교육을 한다. 손님들에게 자신이 이런 활동을 하는 이유를 알린다.
- 항공으로 운반된 어종은 피한다. 지구의 반대편에서 건너온 물고기가 필요하다면, 제대로 얼린 다음 배를 타고 먼 길을 돌아서 오는 것이 훨씬 더 나은 선택이다.
- 마지막으로, 손님들이 물고기가 귀중하면서도 제한된 자원이라는 것을 이해할 수 있게 돕는다. 손님들이 위에서 소개한 질문을 던질 때, 직원들이 제대로 대답할 수 있도록 준비시킨다.

정부는 무엇을 할 수 있을까?

- 자국의 수역에서 지속가능한 방식으로 조업이 이루어질 수 있게 한다. 외국 어선들이 불법 어획을 하고 국경선 분쟁 등의 문제도 있기 때문에 생각만큼 쉽지는 않겠지만, 그래도 중요한 도전 과제다.
- 자국 국민들에게 물고기가 중요한 영양 공급원이라면, 자국민들이 저렴한 가격으로 물고기를 구입할 수 있을 때까지는 해외 시장에 진출하지 않도록 한다.
- 업계를 감시하고, 노예노동은 최선을 다해서 근절시키도록 한다.

어업인들은 무엇을 할 수 있을까?

무척 명백하기 때문에 군이 따로 언급할 필요가 있을까?

- 남획하지 않는다.
- 잡은 물고기는 가능한 한 전부 먹을 수 있도록 한다.
- 가능하면 현지에서 판매한다.
- 노예노동을 하는 어선을 띄우지 않는다.
- 규정을 준수한다.

그렇다면 우리는 이제 버려지는 먹을거리를 살펴볼 텐데, 이는 전 세계의 칼로리 및 단백질 흐름 도표에서 두드러진 두 번째로 커다란 문제다.

어떤 먹을거리가
어디에 어떻게 버려지는가?

1인 기준으로 하루에 버려지는 1,320칼로리 중에서 48퍼센트는 곡물이다. 이
는 중국과 미국의 인구 전체를 먹여 살리기에도 충분한 칼로리다. 이러한 전체
손실량의 거의 3분의 2는 수확과정이나 그 직후의 보관과정에서 발생한다.

버려지는 단계 / 지역	수확	수확 이후	가공	유통	소비	합계
아프리카	4%	4%	1%	1%	‹1%	10%
아메리카	9%	2%	1%	1%	9%	22%
아시아	17%	21%	3%	7%	5%	53%
유럽	4%	3%	1%	1%	6%	15%
세계 전체	34%	30%	5%	10%	20%	100%

버려지는 단계 / 먹을거리 유형	수확	수확 이후	가공	유통	소비	합계
곡물	15%	17%	‹1%	3%	13%	48%
뿌리 및 덩이줄기	3%	4%	‹1%	1%	1%	9%
유지식물 및 콩류	13%	8%	‹1%	1%	1%	23%
과일 및 채소	3%	1%	‹1%	2%	2%	9%
육류	‹1%	‹1%	2%	2%	2%	5%
물고기 및 해산물	‹1%	‹1%	1%	1%	‹1%	2%
우유	‹1%	‹1%	2%	1%	1%	4%
먹을거리 전체	34%	30%	5%	10%	20%	100%

산지에서 입속에 들어가기까지의 여정에서 버려지는 전체 칼로리의 지역별, 먹을거리 유형별, 단계별
비율. (반올림 등의 오차가 있기 때문에, 합계와 각 구성 요소를 더한 값이 동일하지 않을 수 있다.)

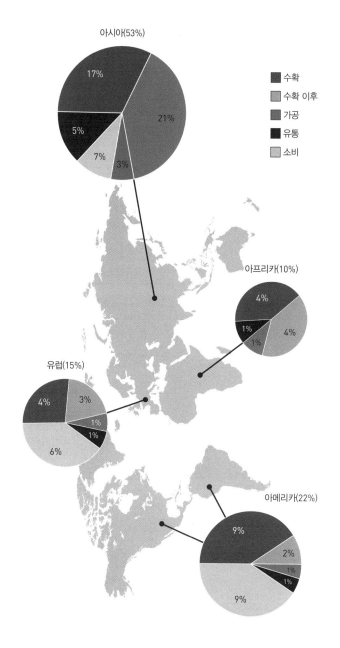

아시아(53%)

17%
21%
5%
7%
3%

■ 수확
수확 이후
가공
■ 유통
소비

아프리카(10%)

4%
1%
1%
4%

유럽(15%)

4%
3%
1%
1%
6%

아메리카(22%)

9%
2%
1%
1%
9%

먹을거리는 어디에서 어떻게 버려지는가? (오세아니아는 포함되지 않았지만, 1% 미만으로 추정)

104

. .

육류와 유제품을 지나치게 많이 먹지 않는 식으로 식단을 바꾸는 것 다음으로 가장 중요한 것은, 아마도 먹을거리의 낭비를 줄여서 더욱 충분한 영양소들이 돌아다닐 수 있게 하는 일이 될 것이다.

우리 주변의 모든 곳에서 먹을거리가 낭비된다는 사실에 대해서 화를 내는 건 쉽다. 이 정도로도 괜찮을 수는 있지만, 이런 상황을 더욱 진지하게 개선하고 싶다면 먹을거리가 어디에서 얼마나 버려지는지를 좀 더 가까이에서 살펴보는 것이 좋다. 그런 다음에야 우선순위를 정할 수 있다. 버려지는 양과 관련된 통계는 톤으로 표기되는 경우가 많지만, 이런 통계는 실질적인 도움이 되지 않는다. 왜냐하면 그런 통계에서는 1킬로그램의 수박이 폐기되는 것과 1킬로그램의 소고기나 치즈가 버려지는 것을 동일하게 평가하기 때문이다. 그래서 나는 버려지는 먹을거리의 양을 칼로리의 수치로 이야기를 할 것이다. (단백질도 상당히 중요하긴 하지만, 단백질로 분석해도 결과는 상당히 비슷하게 도출된다.[39])

전체 음식물 낭비에서 20%를 차지하는 것은 소비 단계인데, 그중에서도 4분의 3은 전 세계 인구의 4분의 1이 살고 있는 유럽과 아메리카 대륙에서 나온다. 그리고 좀 더 심각하지만 눈에 잘 띄지 않는 것은, 손실되는 칼로리의 34퍼센트가 수확 단계에서, 그리고 30퍼센트는 저장 단계에서 발생한다는 것이다. 음식물 낭비의 절반 이상은 아시아에서 발생하는데, 이곳에서 손실이 가장 큰 부분은 수확 이후의 보관 단계(세계 전체 폐기량의 21퍼센트)와 수확 단계(17%), 그리고 유통 단계(7%)다.

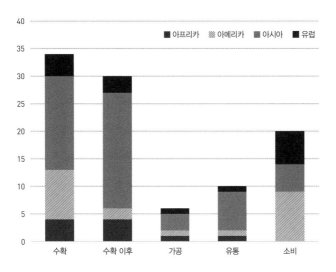

지역 및 처리 단계에 따른 전 세계의 음식물 낭비 현황

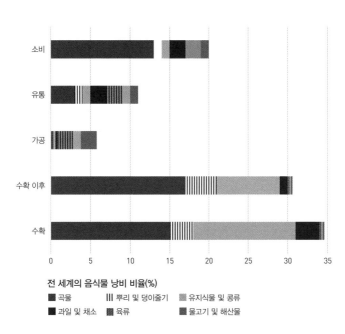

전 세계의 음식물 낭비 비율(%)

- 곡물
- 뿌리 및 덩이줄기
- 유지식물 및 콩류
- 과일 및 채소
- 육류
- 물고기 및 해산물

먹을거리의 종류 및 처리 단계에 따른 전 세계의 음식물 낭비 현황. 전체 칼로리 손실에서 48퍼센트를 차지하는 것은 곡물이다. 육류, 물고기, 유제품은 합해서 9퍼센트를 차지한다.

음식물 낭비와 관련된 문제는 지역마다 다르다. 유럽에서는 가정 및 요식업체에서 낭비하는 양이 가장 많다. 아메리카에서는 소비 단계의 폐기 수준은 유럽과 비슷하지만, 수확 단계의 손실이 더 크다. 아시아와 아프리카에서는 가정에서 버려지는 것보다는 수확과 그 뒤의 저장 단계에서 가장 큰 손실이 발생한다. 즉, 소비자들의 부주의함보다는 먹을거리산업 내부에 문제가 있는 것이다.

낭비되는 먹을거리의 종류를 살펴보면, 곡물이 전체 칼로리 손실의 48퍼센트를 차지하고 있으며, 반면에 육류, 물고기, 유제품은 합해서 9퍼센트밖에 되지 않는다.

전 세계의 음식물 낭비를 어떻게 하면 줄일 수 있을까?

음식물 낭비를 절반으로 줄이면 전 세계의 먹을거리 공급량이 20퍼센트 늘어난다.

. .

개발도상국에서는 수확과 저장을 좀 더 효율적으로 하면 된다. 선진국이나 세계의 부유한 나라들에서는 구입한 것을 가능하면 다 먹는 것이 좋다. 필요한 것을 요약하면 가난한 나라들에서는 비교적 간단한 시설이라고 할 수 있고, 부유한 나라들에서는 문화적인 변화라고 할 수 있다.

개인이 할 수 있는 일은 무엇일까?

구입한 건 전부 먹는다. 너무 명백해서 굳이 언급할 필요가 없는지도 모르겠지만, 선진국들은 이 부분에서 놀라울 정도로 성적이 좋지 못하다. 그러니 무엇을 구입해야 할지 또는 저녁에 무엇을 먹을지 결정하기 전에 냉장고를 한 번 들여다보는 것이 좋다. 실제로 다 먹을 것이라는 확신이 없으면, '1 + 1 행사' 상품은 사지 않는다. 남은 음식물을 활용할 수 있는 좋은 방법을 배운다. 유럽과 아메리카 대륙의 가정과 요식업계에서 버리는 것만 줄여도 전 세계의 먹을거리 공급량이 10퍼센트 늘어난다.

음식점들은 무엇을 할 수 있을까?

손님들이 먹을 수 있을 만큼만 그릇에 덜어먹을 수 있게 도와준다. 셀프 서비스나 음식의 양을 정할 수 있게 하는 것도 좋은 방법이다. 그리고 물론 남은 음식물을 가져갈 수 있도록 (재활용할 수 있는) 상자나 봉투를 제공한다.

음식물 낭비를 줄이기 위해서 가게는 우리를 어떻게 도울 수 있을까?

가게들이 가장 크게 도움을 줄 수 있는 일은 고객들이 음식물 낭비를 줄이도록 장려하는 것이다. 그것은 가게들 자체가 좋은 롤모델이 되어야 하는 것이기도 하다.

슈퍼마켓들은 손님이 먹을 것만 구입할 수 있게 도와주어야 한다. 일부 관리자들에게는 이것이 상업적으로 자살행위처럼 들릴 수도 있지만, 그렇게 한다면 고객들의 신뢰도 많이 얻을 수 있고 가게와의 공생관계가 형성되어 오히려 이득이 될 수도 있다. 가게들이 원래 잘하는 재고관리나 할인행사 이외에도, 내가 우리 지역의 슈퍼마켓 체인인 부스(Booths)에서 시도했던 실험들 가운데 성공 사례가 몇 가지 있다.

- 1+1 행사 상품은 다음에 사게끔 한다.
- 과일과 채소를 낱개로 팔아서, 사람들이 꼭 필요한 양을 살 수

있게 한다.

- 신선식품 판매대의 직원들을 교육해서 1인 가구의 손님들에게 는 혼자 먹을 만큼의 분량을 살 수 있게 도와준다.
- 남은 음식물을 보관할 수 있는 다양한 제품을 판매한다.
- 남은 음식물을 활용해서 만들 수 있는 메뉴를 홍보한다. (특히, 크리스마스나 추수감사절 직후)

물론 가게들도 자체적으로 폐기물을 줄인다면 좋은 모범이 될 것이다. 그리고 가게들이 남은 먹을거리를 버려버린다면 고객들은 당연히 화가 날 수밖에 없으니, 그런 경우가 있다면 (푸드뱅크 같은 곳에) 기부를 하도록 한다.

이 글을 쓰고 있는 지금, 나는 인턴 직원인 샘(Sam)과 사무실을 함께 쓰고 있다. 그는 거의 매주 자신의 동네 슈퍼마켓에 호의를 베풀어주고 있는데, 먹을거리를 찾아 그들의 쓰레기통을 뒤짐으로써 (음식물을 버린 것에 대해서) 슈퍼마켓 직원들이 느낄 수도 있는 양심의 가책을 줄여주는 것이다. 그는 주기적으로 가방에 이런저런 제품들을 가득 담아서 출근하곤 하는데, 그 양은 아직 학생인 그의 인맥만으로는 다 처리할 수 없을 정도다. 우리는 그걸 어떻게든 사람의 입속에 집어넣기 위해서 최선을 다한다. 그래서 우리 사무실은 가끔은 푸드뱅크처럼 느껴지기도 한다. 유일한 차이가 있다면 그렇게 모인 먹을거리들을 정말로 어려운 사람들에게 제공하는 것이 아니라, 나처럼 중년의 사람들이 권장량 이상으로 더 많은 케이크를 먹는 경우가 더 흔하다는 것이다. 슈퍼마켓들도 어려움은 있다. 유통기한이 거의 다가

온 제품들은 원래 가격의 10분의 1에 내놓아도 팔리지 않을 뿐만 아니라 기부하기도 쉽지 않기 때문이다. 샘이 가져오는 음식물들은 별로 위험하지 않고 보기에도 괜찮은 것들이기 때문에 우리는 모두 안전하다고 생각하지만, 슈퍼마켓이라면 그래도 훨씬 더 주의를 기울여야 한다. 아무튼 이러한 이유 때문에 실제 푸드뱅크를 통해서 먹을거리를 유통할 만한 시간이 충분치 않게 된다. 이에 대한 한 가지 해결책으로는 유통 기한이 지나기 전에 먹을거리를 급속히 냉각시키는 것이 있기는 하지만, 이렇게 하려면 슈퍼마켓의 입장으로서는 그냥 쓰레기통에 버리는 것과 비교해서 추가 비용도 발생하고 번거로운 작업도 늘어나기 때문에 그걸 모두 감당할 수 있을지는 의문이 드는 방법이다.

슈퍼마켓들은 왜 음식물 낭비에 더 많은 신경을 쓰지 않을까?

사실 슈퍼마켓들은 이미 신경을 많이 쓰고 있는데, 버려지는 음식물을 처리하는 데 비용이 아주 많이 들기 때문이다. 운영이 잘 되는 슈퍼마켓들은 버려지는 음식물이 0.5퍼센트 미만인 반면, 유럽의 일반적인 가정에서는 구입한 먹을거리의 거의 4분의 1이 버려진다.

• •

음식물 낭비와 관련한 문제는 헤드라인을 자주 장식하는 주제인데, 실제로는 다른 것들보다 영향력이 심각하지는 않다고 밝혀진다. 예를 들어 유럽과 미국의 소매점들은 이미 먹을거리를 버리지 않기 위해 강력한 인센티브제도를 시행하는데, 버려지는 음식물을 처리하는 데 비용이 아주 많이 들기 때문이다. 그리고 같은 이유로 제조 과정에서 낭비되는 수준도 상당히 낮은 편이다. 따라서 슈퍼마켓들이 푸드뱅크에 기부할 수도 있는 음식물을 쓰레기통에 버리지 않는 것이 좋고, 또한 그들이 모범적인 역할을 하는 것도 중요하지만, 우리는 음식물 낭비가 영양소 손실이라는 전체적인 문제에서는 아주 작은 부분에 불과하다는 것을 인식해야 한다. 결국 좀 더 큰 관점에서 바라보면, 음식물 낭비는 전 세계 식단에서 육류와 유제품의 소비 수준이 증가하는 것보다는 덜 심각한 문제임을 기억해야 한다.

팔지도 못하고 먹지도 못하는 먹을거리는 어떻게 처리해야 할까?

사람이 먹을 수 있는 음식은 가능하다면 언제나 사람이 먹게 해야 한다. 땅에 묻는 건 피해야 한다. 정원의 퇴비로 만드는 건 조심해야 한다. (먹는것이외의) 다른 방법들에 대해서는 지나친 흥분을 삼가야 한다.

• •

슈퍼마켓에서는 모든 먹을거리를 판매하기 위해서 가능한 모든 조치를 했는데도, 여전히 판매하지 못하는 음식물들이 남게 마련이다. 아래의 표는 우리가 랭커스터대학교에서 수행한 최근의 연구를 기반으로 만든 것인데, 이를 통해서 영국의 소매업체들이 선택할 수 있는 방법에 대한 이해를 도와준다.[40] 이 표에서는 온실가스 배출의 관점에서 각각의 폐기 방식이 음식물 낭비를 억제하는 데 얼마나 효과적인지를 보여준다. 100퍼센트라는 것은 문제가 완전히 해결되었다는 것을 가리키며, 0퍼센트는 문제를 전혀 억제하지 못했음을 나타내는 것이다. 그리고 마이너스 수치들은 전부 이러한 폐기 방식이 실제로는 더 많은 온실가스를 배출함으로써 문제를 더욱 악화시켰다는 것을 가리킨다.

온실가스 배출 억제(%)	빵	치즈	과일 및 채소	물고기	육류	평균
기부	100%	100%	100%	100%	100%	100%
동물에게 먹이기	24%	7%	1%	41%	5%	6%
혐기성 소화법*	20%	4%	5%	19%	4%	6%
거름으로 만들기	3%	1%	-1%	5%	1%	1%
소각	11%	2%	-2%	1%	1%	1%
매립(배출가스를 모아서 전력 생산에 활용)[41]	-44%	-7%	-12%	-26%	-7%	-10%
매립(배출가스를 모아서 연소시킴)	-61%	-10%	-16%	-36%	10%	-14%
매립(배출가스를 모으지 않음)	-227%	-37%	-61%	-136%	-36%	-53%

여러 가지 다양한 방법으로 먹을거리를 폐기하는 경우에 대한 온실가스 발자국의 감축량. 사람이 섭취하기 위해 기부하는 경우를 제외한 다른 모든 방법이 말 그대로 쓰레기라고 할 수 있다.

　가장 먼저 눈에 띄는 점은 먹을거리를 기부해서 사람이 먹게 하는 방법을 찾는 것이 가장 좋은 해결책이며, 만족스럽게 여겨질 수 있는 유일한 방법이라는 것이다. 물론 푸드뱅크가 이를 가져가야 하기 때문에 운송 비용이 더 발생하기는 하지만, 운송으로 인한 영향은 크지 않은 것으로 밝혀진다.

　땅에 매립하는 방식은 모두 메탄가스를 만들어내기 때문에 상황을 더욱 악화시키는데, 메탄은 완전히 포집할 수 없으며 매우 강력한 온실가스다. 일부 매립지에서는 다른 곳들보다도 더 많은 메탄가스를 누출하는 곳도 있다.

　그 사이의 중간에 있는 여러 가지 방식은 그럴듯하게 보이기는 하지만, 상황을 악화시키지 않는 수준에 그치는 정도다. 빵과 물고기는 일반적으로 칼로리가 풍부한 다른 음식물들보다 탄소발자국 수치가 낮은데, 이는 빵과 물고기를 매립해서 그 배출가스로 전력을 만들기보다는 동물에게 먹이거나, 소각하거나, 또는 혐기성 소화법으로 처리하는 것이 조금 더 유리함을 의미한다.

개인이 할 수 있는 일은 무엇일까?

각 가정에서도 지금까지 살펴본 내용을 많이 실천할 수 있다. 직접 다 먹지 못하는 먹을거리가 있다면 친구나 이웃들에게 나눠줄 수 있다. 여러분이 쓰레기통에 머리는 음식물들이 매립될 것인지 아닌지는 아마도 지역 당국의 결정에 달려있을 것이다. 내가 사는 지역에서는 일반적으로 (회색 쓰레기통인) '그레이 빈(grey bin)'에 버리는 음식물들은 소각로의 연료로 바뀌게 된다.

한 가지 주의할 점은 여러분의 집 정원에서 남은 음식물로 거름을 만든다면, 혐기성 방식이 아니라 호기성(aerobically) 방식으로 썩히기 위해서 충분히 자주 뒤집어서 산소를 공급해줘야 한다는 것이다. 그렇지 않다면 여러분의 정원에 메탄가스를 펑펑 뿜어내는 최악의 매립지를 만들어두고 있는 것과 같다고 할 수 있다.

동물 먹이와 음식물 낭비 다음으로, 먹을거리와 관련하여 전 세계의

---

*   Anaerobic digestion. 혐기성(무산소 상태에서도 스스로 생장하는 성질) 미생물을 활용해서 유기물을 분해하는 방법.

영양소 흐름 도표에서 두드러지는 세 번째로 중요한 문제는 바이오 연료에 관한 것이다.

얼마나 많은 먹을거리가
바이오연료에 사용되는가?

1인당 매일 810칼로리다. 이는 전 세계의 모든 사람이 매일 크기 10인치의 마르게리타 피자 한 판을 바이오연료에 투입한다는 것과 같다.[42] 그렇게 해서 만들어지는 바이오연료는 석유를 연소시키는 일반적인 자동차 한 대를 겨우 0.5마일(800미터) 운행할 수 있는 정도다.

· ·

동물 먹이와 음식물 낭비 다음으로는, 인류의 먹을거리 공급에서 세 번째로 크게 손실을 일으키는 것은 바이오연료인 것으로 보인다. 좀 더 정확하게 말하면, 이 수치는 '식용 이외의 용도'를 모두 고려한 것이며, 여기에는 화장품, 의약품, 페인트, 플라스틱 등을 비롯한 다른 용도까지 포함된다. 그래도 가장 많이 차지하는 것은 바이오연료다. 바이오연료가 정말 말도 안 되는 아이디어라는 것에 대해서는 뒤쪽 (195페이지)에서 살펴볼 것이다. 한 사람에게 하루에 필요한 칼로리를 공급할 수 있는 양의 밀로 만드는 동력으로는 내 차인 시트로엥 C1 과 같은 소형 휘발유 자동차를 겨우 1.5마일(2.4km) 움직일 수 있을 뿐이다. 자동차에 바이오연료를 사용하는 것이 대중화된다면, 굶주림은 더욱 심해질 것이다. 저탄소 세상을 향해 나아가는 상황에서, 우리는 이걸 정신 나간 것으로 여겨야 한다. 이러한 위협 상황을 좀 더 간단히 설명하면, 화석연료를 땅속에 그대로 묻어둘 수 있을 정도로 탄소 가격을 높게 설정한다고 하더라도, 자유시장경제 체제에서는 밀을 사람의 입에 들어가게 하기보다는 바이오연료로 곧장 보내는 것이 수익성이 더욱 높을 수 있다.

세계에는
얼마나 많은 농부가 필요할까?

현재 전 세계에는 13억 명 이상의 농부가 있다. 좋은 소식이라면 세계의 인구가 부족하지 않다는 것이다.

• •

현재는 땅에서 일하는 사람들의 수가 줄어들고 있다. 그러나 2050년이 되면 노동연령 인구가 10억 명 정도 늘어날 것이다. 세계의 인구가 90억, 100억, 110억 명으로 치솟게 되면, 모든 사람에게 일자리를 주고 바쁘게 움직이게 만든다는 것은 점점 더 어려워지게 된다. 그런 상황에서도 사람을 고용하는 데는 비용이 들기 때문에, 자유시장 경제 체제에서는 농업에서도 단위 면적당 필요한 농부의 수를 최소한으로 줄이려고 할 것이다. 하지만 많은 기술이 발달한 상황에서도, 먹을거리를 효율적으로, 친환경적으로, 심지어는 아름다운 방식으로 길러내기 위해서는 여전히 사람의 보살핌과 관심이 필요하다. 그리고 이는 사람들이 지구 위에서 시간을 보내면서 할 수 있는 일 중에서, 근본적으로 가장 긍정적인 활동 중의 하나일 것이다. 따라서 더욱 많은 사람이 땅 위에서 일하도록 장려하기 위해서는 하향식의 개입이 필요하다. 이 책 전반에서 보게 되겠지만, 신자유주의의 자유시장은 우리에게 필요한 것을 줄 수 없는 것으로 밝혀지고 있다.

각국 정부에 한마디를 하고자 한다. 자유시장 자체는 우리의 대지를 보살필 수 없기 때문에, 상황이 제대로 돌아가게 하기 위한 책임의 대부분은 여러분에게 있다. 지속가능한 농업 체제를 갖추기 위해서는 각국 정부들이 올바른 농업 방식을 장려하고 보조금을 지급하는 프로그램을 수립하여야 한다.

신기술은 세계의 먹을거리 공급에 있어서 어떻게 도움이 될까?

지금까지 보았던 것처럼, 사회적으로 충분히 변화하고 낭비를 줄이며, 기후변화로 인한 부정적인 영향이 없다면 새로운 기술은 필요 없을 수도 있다. 하지만 기술을 주의 깊게 적용한다면 우리의 삶을 상당히 수월하게 만들어줄 수 있다.

· ·

즉, 기후변화로 인해서 대지의 생산성이 심각하게 저하되지 않는 한, 우리 인류가 살아가기 위해서 새로운 기술이 꼭 필요한 것도 아니며, 오직 기술만으로 모든 문제를 해결할 수 있는 것도 아니라는 것이다. 그리고 이후의 몇 페이지를 살펴보면, 생물다양성을 더욱 중시하는 농업 체계로 전환하는 것을 방해하는 기술은 더는 설 자리가 없다는 것을 알게 될 것이다. 하지만 기후변화로 인해서 먹을거리의 생산량이 감소하거나 인구가 2050년에 예측되는 97억 명보다 많아진다면, 추가 조치가 필요해질 것이다.

유전자 변형에서 실험실 배양육(lab meat)이나 태양열을 이용하는 관개 시스템에 이르기까지 다양한 신기술들이 떠오르고 있다. 이들 모두는 주의 깊게 적용할 필요가 있는데, 그렇지 않는다면 내가 열거한 이런 기술들의 일부는 나에게는 악몽 같은 이미지를 떠오르게 한다. 이런 기술들로 인해서 오히려 육류와 유제품 생산을 줄여야 하는 현실에 대한 전 세계적인 반감이 생겨날 수도 있다. 이러한 신기술들에 대해서 알아야 할 중요한 점은, 이러한 기술이 우리 인류와 지구 모두를 위해서 우호적인 방식으로 사용된다면 유용할 수도 있지만, 기술 그 자체만으로는 모든 사람이 충족한 세상이나, 생물다양성이 보존되거나, 인간과 자연의 본질적인 관계가 복원되는 세상을 만들어내지는 못할 거라는 것이다. 그렇기는 하지만, 몇 가지 유용한 핵심 기술에는 다음과 같은 것들이 있다.

- 실내 식물 재배: 그다지 낭만적인 현실은 아니지만, 먹을거리를 가장 효율적으로 재배하는 방식은 실내에 식물들을 위한 특수한 타워 블록을 만들어서 기르는 것이다. 이러한 방식은 흔히 수직농장(vertical farm)이라고 불리는데, 이곳의 조명은 태양전지판에서 전력이 공급되고, 모든 영양소는 최첨단 모니터링 도구와 최신 알고리즘에 의해 최적화되어서 세심하게 투입된다.

- 실험실 배양육: 실내 식물 재배보다 매력적인 개념은 아닐지도 모르지만, 실험실 배양육은 현재의 육류산업 대부분에서 상당한 개선을 이끌어낼 수 있다.[43] 아마 맛도 좋을 것이며, 효율적인 동시에, 더욱 인도적인 방식이 될 것이다.

- 물 처리 기술: 관개(irrigation) 및 담수화(desalination) 과정에서 친환경 에너지를 덜 사용하면서 먹을거리 생산을 더 늘리는 기술이다. 간단히 말해서, 사막에서 먹을거리를 만드는 것이다. 대표적으로 그래핀(graphene)*은 전력 생산에서 태양열의 혁명을 제공하는 동시에 담수화의 효율성 측면에서도 엄청난 발전을 약속한다.

- 옥수수처럼 광합성 효율성이 더 뛰어난 품종의 쌀 개발. (일반적인 쌀 품종의 C3 광합성보다는 옥수수 등에서 이뤄지는 C4 광합성의 효율이 더 뛰어나다고 한다.) 빌&멜린다 게이츠 재단(Bill & Melinda Gates Foundation)에서 관련 프로젝트에 1,400만 파운드를 지원한다.[44]
- 유전자 변형: 주의 깊게 적용해서 자유롭게 이용할 수 있다면, 이러한 기술은 영양소 함량은 높이고, 온실가스 배출은 줄이며, 물 소비는 줄이고, 기후변화에 대한 적응성은 더욱 키운 품종으로 수확량을 더욱 늘리는 데 도움이 될 것이다.
- 음식물의 낭비를 줄이는 앱. 이런 앱이 계속해서 등장하면서, 빨리 먹어야 하는 음식이 필요한 사람들에게 연결시켜주고 있고, 먹을거리가 낭비되지 않고 좋은 일에 쓸 수 있게 도와준다.

최첨단의 신기술에 의한 해결책보다 훨씬 더 간단한 것은 비료를 신중하게 사용하고 논에 채우는 물의 양을 줄이는 노력처럼 이미 잘 알려진 모범 사례를 확산하는 것이다.

[내용 업데이트] 지난 12개월 동안 나는 탄수화물과 단백질이 산업화된 시설에서 만들어지는 것을 관찰했다. 그렇게 해서 알게 된 것은 이러한 방식이 식물성 기반의 먹을거리보다 훨씬 더 효율적이라는 점이었다.[45] 일반적인 태양광 패널은 태양에너지의 약 20퍼센트를 전기로 변환할 수 있는데, 핀란드의 한 실험시설에서는 약 20퍼센

---

* 탄소로 구성된 흑연이 얇은 한 층으로 배열되어 펼쳐진 물질. 흔히들 '꿈의 나노 소자'라고 불린다.

트의 효율로 전기에너지를 탄수화물 형태로 저장할 수 있다고 말한다. 즉, 이곳에서는 햇빛을 탄수화물로 저장할 수 있는데, 그 효율성은 4퍼센트*라는 놀라운 수치다. 이는 에너지 효율성의 측면에서 보면, 밀을 생산할 때보다 50배나 더 효율적인 것일 수 있음을 의미한다. 단백질 생산에서도 이러한 효율성의 이점을 얻을 수 있을 것으로 보인다. 만약 그렇다면, 먹을거리 생산을 위해서 1헥타르(hectare) 면적에 태양광 패널을 설치할 때마다 생물다양성을 위해 사용할 수 있는 여분의 대지가 50헥타르 만들어질 수 있다는 것이다.

개인적으로는 이것이 먹을거리 문제에 대해서 지금 당장 적용할 수 있는 매력적인 해결책은 아닌 것처럼 보이지만, 생물다양성을 개선하여 기후위기 상황에 대처하면서 모든 사람에게 먹을거리를 제공하는 데 도움이 된다면, 그것도 나름대로 가치가 있다. 물론, 이 방식은 태양열 발전을 위해 필요한 자원에 대해서 더욱 압박을 가하게 될 것이다. 그리고 지구에 대한 더욱 세심한 접근법이 동반되지 않는다면, 기후재앙이 닥치는 것과 생물다양성이 붕괴되는 것은 막기 힘들며, 결국 우리는 공장에서 만든 먹을거리를 먹게 될 거라는 사실을 명심해야 한다.

---

* 　　20퍼센트의 20퍼센트, 0.2×0.2=0.04(4%)

2050년에 세계 인구가 97억 명이 된다는데, 어떻게 하면 충분한 먹을거리를 생산할 수 있을까?

지금까지 살펴본 것처럼, 중요한 것의 우선순위를 매겨본다면 ① 사람이 먹을 수 있는 음식물로 동물을 사육하는 관행 줄이기, ② 낭비를 줄이기, ③ 바이오연료의 제한, ④ 신기술을 주의 깊게 적용하는 것이다.

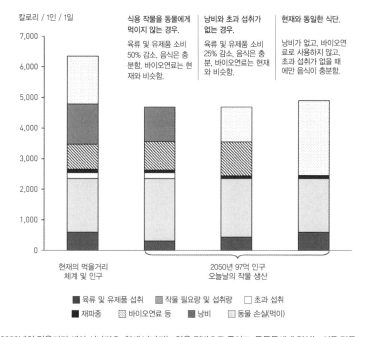

2050년의 먹을거리 예상 시나리오. 현재 낭비되는 양을 절반으로 줄이고, 동물들에게 먹이는 식용 먹을거리의 양을 80퍼센트 줄인다면, 2050년에도 97억 명을 충분히 먹여 살릴 수 있다. 이는 현재 전 세계에서 한 사람이 매일 평균적으로 섭취하는 육류와 유제품의 양을 절반으로 줄여야 함을 의미한다. 반면에, 육류와 유제품의 1인당 섭취량을 현재처럼 유지한다면, 음식을 낭비하기 않고, 바이오연료도 사용하지 않으며, 과다하게 섭취하는 일도 벌어지지 않는 한, 우리는 먹을거리가 부족한 상황에 놓일 것이다.

앞의 도표는 현재와 동일한 수준의 작물 생산량을 기반으로 2050년의 시나리오를 몇 가지 예상해본 것이다.[46] 여기에서는 (2050년에 예상되는 인구인[47]) 97억 명으로 인구가 늘어난 상황에서, 육류 및 유제품의 소비 수준과 음식물이 낭비되는 정도에 따라서 각각 어떤 결과가 나타나는지를 보여준다. 각각의 시나리오에서 보면, 바이오연료 항목은 소기의 목적을 위해 사용되어서는 안 된다는 점에 주목하기 바란다. 오히려 바이오연료와 관련된 수치는 시스템 내에서 생물다양성과 탄소격리(carbon sequestration) 등 환경적인 목적을 위해서 대지를 자유롭게 할 수 있는 여분의 수용력에 대한 하나의 척도로 파악할 수 있을 것이다.

한편, 앞의 표는 전체적인 먹을거리 공급에 대해서 보여준다. 그리고 아무리 먹을거리 공급이 충분하다고 하더라도 그 대부분은 부유한 사람들이 빨아들일 것이며, 가난한 사람들을 소외될 거라는 사실을 기억해야만 한다.

왜 우리 모두가 먹을거리 공급망에 대해서
알아야 하는가?

$\cdot\cdot$

공급망에 대한 지식을 갖는다는 것은 먹을거리의 모양과 맛, 가격 등에 대해서 아는 것만큼이나, 우리가 그 이면에 있는 것에 대해서도 인식한다는 것이다. 우리의 마음속에서 어떤 품목의 이력은 그 품목 자체의 일부가 되어야 한다. 여기에서 열거한 것은 음식과 관련된 내용이긴 하지만, 인류세(Anthropocene) 시기를 살고 있는 현재에는 우리가 돈을 소비하는 모든 부분에서 이러한 본질적인 원칙이 적용되어야 한다.

자신의 공급망에 대해서 안다는 것은 그것이 인류와 지구 모두에게 미치는 영향이 무엇인지를 이해한다는 것을 의미한다. 어떤 제품이나 브랜드가, 1년 중의 어느 시기에, 어느 나라에서 온 것들이 저탄소와 지속가능한 세계를 위해서 조화를 이루고 있는가? 어떠한 공급망이 불평등을 해소하는 데 기여하고 있는가? 먹을거리가 비행기를 타고 왔는지, 온실에서 자랐는지 아니면 자연의 햇빛을 받으며 자랐는지를 알아야 한다. 만약 그런 정보를 알기가 어렵다면, 물어봐야 한다. 음식점이나 사업체를 운영한다면, 여러분이 가진 지식과 실천 방식을 손님들과 공유할 수 있을 것이다.

이러한 폭넓은 이해와 함께, 슈퍼마켓의 식품 구매 담당자들은 해당 먹을거리가 생산된 지역과 관련한 이슈들을 자세히 이해하고 있어야 하고, 슈퍼마켓의 관리자들은 이러한 시스템이 가능하게 만들어야 한다. 구체적인 이슈들은 품목마다 모두 다르기 때문에, 구매 담당자들은 자신의 업무에서 이를 중점적으로 고려해야 한다. 어떤 사람들은 노동환경이나 급여를 중요하게 생각할 것이다. 그리고 어떤 사람들은 비료의 사용을 중요하게 생각할 수도 있다. 또는 삼림파괴나 항공운송이 이루어졌는지, 또는 육류의 대체품이 무엇인지 등 아주 많은 이슈를 고려할 수 있을 것이다.

음식 전문가는 물론이고 일상생활에서 쇼핑을 하는 사람들까지, 우리가 돈을 소비하는 모든 행위는 우리의 미래의 모습에 대해서 투자를 하는 것이다. (328페이지 참조) 우리는 모두 좀 더 발달되어야 하는 공급망에 우리의 돈을 투입해야 한다. 우리가 소비하는 돈이 결국엔 어떤 결과가 나타날 것인지를 물어봐야 한다. 누가 더 부유해지고, 그렇게 부유해진 사람들은 그 돈을 다시 어떻게 투자를 하게 되는가? 먹을거리를 구입하는 것은 강력한 행동이다.

먹을거리를 얻는 대지와 바다에 어떤 투자가 필요한가?

• •

우리의 숲을 지키고 먹을거리의 지속가능성을 높이는 계획에 대한 투자가 필요하다. 그리고 탄소를 땅속으로 다시 돌려보낼 수 있는 새로운 농업 방식에 대한 연구가 필요한데, 더욱 일반적으로는 여러 다양한 농업 관행이 토지와 생물다양성에 미치는 영향을 연구를 해야 한다.

그다지 필요하지 않은 것은 생물다양성을 희생시키는 대가로 수확량을 늘리는 기술에 대한 연구개발이다.

개선이 필요한 사항의 상당수는 수십억 달러의 투자가 필요하지는 않은 것들이다. 가장 중요한 것은 놀라울 정도로 간단한 움직임인데, 소고기를 줄이는 것에 특별히 중점을 두고 육류와 유제품 섭취를 줄이는 방식으로 식습관을 변화시키는 것이다. 이러한 변화만으로도 온실가스가 현저히 줄어들고, 우리의 토지에서 생산되는 영양분이 증가할 것이며, 대지에 대한 압박을 완화함으로써 삼림파괴를 막는 데 중추적인 역할을 할 수 있다. 여기에 필요한 인프라를 위한 순투자액은 완전히 없애거나 훨씬 더 적어야 한다! 그리고 먹을거리 공급망 전체에서 음식물 낭비를 줄여야 하는데, 다시 말하지만, 필요한 인프라는 거창하지 않아야 한다.

다만 핵심적인 두 가지 영역에서는 투자가 필요하다. 첫 번째는 연구 분야다. 우리는 여러 다양한 경작 관행이 환경에 미치는 영향에 대해서는 그다지 알지 못하며, 특히 농업 시스템이 탄소를 저장하는지 아니면 배출하는지, 만약 그렇다면 그 수치는 얼마인지에 대해서는 충분히 알지 못한다. 생물다양성을 독려하면서 효율적으로 작물을 기르는 방법을 연구해야 한다. 요즘에는 기존의 육류제품이 아닌 대체육류가 유망하게 떠오르고 있는데, 이에 대해서도 연구를 더 많이 해야 한다. 그리고 액체 탄화수소(liquid hydrocarbons)를 생산하기 위해서 토지를 이용하는 방법도 이해해야 하는데, 액체 탄화수소는 미래의 저탄소 세상에서도 비행을 계속하기 위해서는 거의 확실히 필요하게 될 물질이다.

투자가 필요한 두 번째 부문은 농민들이다. 토지를 가장 잘 다루는 방법은 가장 저렴한 방식이 아니라는 것을 이해해야 한다. 먹을거리를 생산하고, 온실가스 배출량을 줄이고, 생물다양성을 독려하는 일을 정말로 잘하고 싶다면, 세심한 주의와 관심이 필요하다. 여기에는 수많은 사람이 필요하다. 좋은 소식이라면 우리에게는 그 어느 때보다도 더 많은 인력이 있으며, 조만간 20억 명의 인력을 추가로 더 확보하게 될 것이라는 사실이다. 지난 몇 세기 동안 우리는 땅에서 일하는 사람들의 수를 최소화하기 위해서 노력해왔다. 인력이 풍부하다는 사실을 고려하면, 이건 터무니없는 생각이다. 우리는 더 많은 사람을 고용해서 우리의 대지를 돌보고 우리의 먹을거리를 길러내는 작업에 더욱 세심하게 주의를 기울일 수 있도록 해야 한다. 우리는 그들이 올바른 일을 할 수 있도록 농부들에게 투자하고 보조금을 지급해야 한다. 여기에 필요한 자금은 전혀 도움이 되지 않는 화석연료에 대한 보조금 지급을 중단하고 회수해서 마련할 수 있다. 그리고 화석연료에 상당한 세금을 부과한다면 더욱 큰 도움이 될 것이다.

.

먹을거리 실천 요약:
나는 무엇을 할 수 있고, 어떤 대책이 있을까?

• •

전 지구적 차원에서 가장 도움이 될 만한 사항은 다음의 다섯 가지다.

- 육류와 유제품 섭취를 줄이는 방향으로 식습관 트렌드를 바꾼다.
- 1세대 및 2세대 바이오연료를 제한한다.[48] (농업 시스템에 대한 바이오 연료산업계의 압력을 없애고, 생물다양성을 지원하는 농업 관행을 가능하게 하기 위한 것이다.)
- 비료, 농약, 물의 사용처와 효율성을 개선한다.
- 세제에서 인산염을 제거한다.
- 육지, 바다, 담수에 대한 보호구역을 확대한다.[49]

개인적인 차원에서 누구나 실천할 수 있는 것은 다음과 같다.

- 생물다양성을 가능하게 하는 농업 방식으로 만들어진 먹을거리를 구입해서 먹는다. 다시 한번 말하지만, 육류와 유제품의 섭취를 줄이고 그중 특히 소고기와 양고기를 적게 먹어야 한다. 또 낭비를 줄이고, 물고기 섭취는 적당하게 유지해야 하며, 언제나 지속가능한 방식으로 얻은 것을 섭취한다. (98-100페이지 참조)

- 자신의 먹을거리 공급망을 이해하고, 자신이 좋아하는 곳에서 먹을거리를 구입한다. 이런 방식으로 자신이 먹는 음식 안에 내재된 탄소, 항생제, 삼림파괴, 노예노동 등을 최소화할 수 있다. 그리고 우리가 먹을 걸 삼킬 때마다 그 뒤에 숨어있는 생물다양성과 노동의 질을 극대화해야 한다. (328페이지의 투자 부문 참조)

02

기후와
환경에 대한
추가 내용

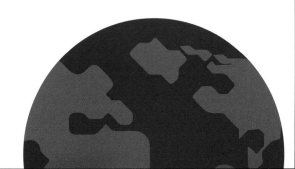

먹을거리 체계에 대해서 살펴보는 과정에서, 우리는 환경적으로 커다란 도전 과제 몇 가지를 이미 언급했다. 하지만 에너지 공급을 논의하려면, 그보다 먼저 기후 비상사태에 관해서 좀 더 광범위하게 살펴볼 필요가 있다. 비록 여기에서는 간략하게 살펴보겠지만, 그들 각각의 주제는 실제로는 모두 책 한 권으로 만들어서 논의할 만한 가치가 있는 내용들이다.

이번 장은 온통 나쁜 소식들로 가득 찬 것처럼 보일 수도 있겠지만, 그래도 참고 견디기 바란다. 내가 짧게 요약하긴 했지만, 우리는 이러한 현실을 직시해야만 한다. 그렇게 해야만 이 책의 뒷부분에서 다루게 될 기회와 해결책을 논의할 때에도, 그리고 우리에게 필요한 것에 대해서도 전체적인 시각에서 바라볼 수 있을 것이다.

기후 비상사태에 대해서 모든 정치인이
반드시 알아야 하는 14가지 사실은 무엇인가?

'정치인들이 반드시 알아야 하는 사실'이라고 쓴 이유는, 이런 14가지 사실을 전부 알지 못하는 사람들은 정치인의 자질이 없다는 의미다. 이제부터 소개하는 내용에 대해서는, 부록에서 좀 더 구체적으로 설명한다.

∙ ∙

① 현재의 과학으로는 지구의 온도가 2℃ 상승하는 것은 아주 위험하지만, 1.5℃는 그 위험성이 훨씬 덜 할 것이라고 한다. 파리기후협약(Paris Climate Agreement)에서 그렇게 말한다. 전 세계의 상당수 국가가 여기에 합의했다. 그 이후에 트럼프에 의해 미국이 탈퇴하긴 했지만,* 다른 모든 국가는 굳건하게 버틴다.

② 우리가 경험하는 온도 상승은 우리가 지금까지 연소시킨 탄소의 총량과 대략 비례할 것이다. 여기에서 우리에게 '누적 탄소 예산(cumulative carbon budget)'이라는 것이 주어지는데, 우리는 이 예산의 대부분을 이미 지출한 상태다.

③ 가장 중요한 온실가스인 이산화탄소의 배출은 지난 160년 동안

---

* 미국은 조 바이든 대통령이 공식 취임 첫 날인 2021년 1월 20일에 파리기후협약의 재가입 신청서에 서명했고, 한 달 뒤에 승인되었다.

기하급수적으로 증가해왔다. 물론 개별 연도에 따라서 언제나 조금씩 증감하였고, 대공황이나 두 차례의 세계대전 당시에는 약간 줄어들기는 했지만 그 시기가 지나고 나면 다시 반등했는데, 이런 사실에 대해서는 다른 방식으로 설명할 수도 있다. 그러나 아주 오랜 시간 동안 꾸준히 매년 1.8퍼센트씩 온도가 증가해왔다는 현저한 추세에 비하면, 이러한 몇 가지 사례는 그저 잡음 정도에 불과하다.

④ 우리는 아직 이러한 탄소 배출 추세를 역전시키지 못했다. 가장 최근의 데이터를 살펴보더라도, 지금까지 논의된 기후변화에 대한 논의나 조치들에 의해서 탄소 배출 추세가 꿈틀거렸다는 증거는 거의 없거나 전혀 없다. (이런 현실을 직시해야만 문제를 좀 더 진지하게 다룰 수 있는 기회를 가질 수 있다. 이러한 냉혹한 관찰 결과는 우리가 투입해야 할 해결책의 본질이 무엇인지를 말해준다.)

⑤ 탄소 모델을 연구하는 사람들로부터 최근에 몇 가지 긍정적인 소식이 들리기도 했지만, 현재와 같은 탄소 배출 속도로는 1.5℃와 2℃ 사이에서 우리에게 남아있는 가용한 탄소 예산이 빠르게 감소할 것이다. 현재의 추세라면, 1.5℃에 맞춰진 예산을 2030년에서 2040년 사이에 전부 소진할 것으로 보인다.

⑥ 제동장치가 작동하기까지는 오랜 시간이 걸릴 것이다. 탄소의 순배출량이 0이 되기 전까지는, 온도 상승이 멈추지 않을 것이다.

⑦ 화석연료는 채굴되면 거의 모두 연소될 것이기 때문에, 그대로 땅속에 묻혀있어야만 한다.

⑧ 사람들은 반동효과(rebound effect)에 대해서 무시하거나 얼버무리

기도 하고, 완전히 이해하지 못하는 경우도 많다. 하지만 이러한 반동효과가 있기 때문에, 많은 사람이 도움이 될 거라고 생각하는 몇 가지 핵심적인 조치가 실제로는 전혀 도움이 되지 않을 것이며, 그 자체만으로는 결코 도움이 되지 않을 것이다. 그러한 조치들에는 거의 모든 신기술과 효율성 개선 방안 등이 포함된다.

⑨ 재생에너지의 증가는 필수적이기는 하지만, 이것만으로는 기후 비상사태를 대처하기에는 충분하지 않다. 반동효과와 함께 언제나 더욱 많은 에너지를 원하는 인간의 욕구 때문이다.

⑩ 그렇기 때문에 화석연료를 땅속에 그대로 남겨두기 위해서는 실효성 있는 전 세계적인 합의가 시급히 이루어져야 한다. 단편적인 조치들은 전 지구적인 시스템의 수준에서는 영향력을 발휘할 수 없다. 기업들은 자신들이 배출하는 탄소를 공급망 안에 밀어 넣을 것이고, 부유한 국가들은 자신들의 탄소를 다른 나라들에 수출할 것이며, 이런 수많은 방법을 통해서 탄소 배출은 글로벌 시스템 내의 어딘가로 간단히 이동하게 될 것이기 때문이다.

⑪ 탄소 외에 다른 온실가스도 관리해야 한다. (1장 참조)

⑫ 화석연료를 시추하고 연소하는 것을 비용이 아주 많이 들게 하거나 불법화해야 한다. 물론 전 세계적인 차원에서 다른 제재 방안이 있다면 그것도 생각해 볼 수 있다.

⑬ 이러한 합의는 모든 사람에게 적용되어야 할 것이다. 물론 일부 이해당사자들은 이러한 합의가 자신들을 가난하게 만드는 것이기에 그런 상황을 참고 견뎌야 할 가능성이 있기는 하지만,

전반적인 수준에서 전 세계가 여기에 서명하고 잘 작동하게 만들어야 할 것이다. 그것이 얼마나 힘들지가 중요한 것이 아니라, 그러한 도전 과제에 직면하는 것이 그것을 해결하기 위한 필수적인 첫걸음이 된다는 것이 중요하다.

⑭ 그리고 대기 중에 있는 탄소를 다시 뽑아낼 필요가 있다. 물론 그러기 위한 적절한 방법이 무엇인지는 아직 모르고 있기는 하지만 말이다. 지금까지 취한 조치들이 실패하면서 우리가 이미 너무나도 많은 위험에 노출되어 있기 때문이다.

위의 14가지 사항을 받아들이려면 어느 정도의 시간이 필요할 수도 있다. 이 부분에서는 잠시 멈추고 생각을 해보는 것도 좋다. 각각에 대해서는 부록에서 더욱 자세히 설명해놓았다.

환경적으로 고려해야 하는 사항으로는 기후 비상사태만 있는 것이 아니다. 이제부터는 다른 거대한 도전 과제들에 대해서도 살펴볼 텐데, 이들은 방송에서 충분히 소개되지 않는 경우가 많다.

생물다양성 현황은 어떠한가?
그리고 생물다양성은 왜 중요한가?

• •

육지와 바다 모두에서 우리는 문제를 향해 나아간다는 걸 안다. 몇 가지만 살펴보아도 삼림파괴, 단일경작을 위한 토지 개간, 과도한 방목, 어류 남획, 수많은 독소 배출, 플라스틱을 비롯한 오염물질 등의 문제들이 혼재되어 있고, 이러한 상황은 모두 바뀌어야 한다. 하지만 우리가 얼마나 빨리, 얼마나 많은 관심을 쏟아야 하는 것인가?

경고 : 심약한 독자들은 다음 단락에서 조금은 무서움을 느낄 수도 있다. 나도 넘어가고 싶지만, 그럴 수는 없다.

전 세계에 얼마나 많은 생물종이 있는지, 그리고 우리가 얼마나 빠르게 그들을 없애버리고 있는지는 정확히 모른다. 하지만 추정할 수 있는 자료들은 있다. 모든 종류의 식물과 동물, 그리고 균류는 물론이고 단세포 유기체들까지 모두 포함하면 지구상에는 아마도 500만에서 1,000만 종의 생물종이 있는 것으로 추정된다.[50]

가장 거대했던 육상동물은 약 1만 년 전에 사라졌다는 것을 알고 있으며, 현재 지구촌 어딘가에 남아있는 종들은 매년 0.01퍼센트에서 0.1퍼센트의 비율로 사라진다.[51] 즉, 현재 지구상에 1억 종의 생물종이 있다면, 지금도 매년 1,000~1만 종이 사라져간다. 현미경으로 봐야만 확인할 수 있는 종을 제외하면, 2017년 현재 '멸종위기'로 분류된 생물은 약 25,000종이 있는 것으로 추정되는데, 이는 세기 전환기의 11,000종에서 늘어난 수치다.[52] 그리고 아직 살아남은 생물종들 가운데에서도, 그 개체수가 바닥으로 떨어지고 있는 것이 많다. 세계자연보호기금(WWF)이 약 4,000종을 조사한 바에 따르면, 1970년 이후로 이들의 개체수는 무려 58퍼센트 감소했으며[53], 날벌레에 대한 어느 연구를 보면 이들은 불과 27년 만에 그 개체수의 비중이 75퍼센트라는 엄청난 수치로 줄어들었음을 확인했다.[54]

(나는 그러지 않지만) 만약 순전히 실용적이면서도 인간 중심적인 관점에서 생명체들을 대한다면, 현재의 생물다양성을 보존해야만 하는 절대적인 필요성을 입증하기는 간단하지 않다. 예를 들면 파리가 줄어든다면 인간이 살아가기에는 좀 더 편할 것이라고 생각하기가 쉽고, 호랑이나 북극곰의 개체수가 우리의 일상생활과는 별로 관계가 없다고 느낄 수도 있다. 생태계는 조금 더 손질을 해야 살아남을 수 있을 것이고, 그렇게 하더라도 모든 인류의 필요를 충족시킬 수 있을 것이라고 생각할 수도 있다. 이런 방식으로 세상을 바라본다면 이 얼마나 처참할 정도로 슬픈 일인가. 그러나 이런 사고방식을 받아들인다면, 우리가 택할 수 있는 가장 쉬운 길은 그에 대한 리스크를 감당하는 것이 될 것이다. 하지만 관련된 증거들을 세심하게 평가해보면, 그로 인한 리스크가 엄청날 것이라는 점이 아주 분명해진다. 가장 쉽게 예상할 수 있는 점으로는 작물, 동물, 물고기의 수확량이 떨어진다는 것과, 병충해에 대한 내성이 떨어질 거라는 것이다.[55]

그런데 어느 날 갑자기 우리가 너무 멀리까지 와버렸다는 사실을 깨닫는다면 어떻게 할 것인가? 그때는 대멸종을 되돌릴 방법은 없다.

해양 산성화는 무엇이며
왜 중요한가?

이산화탄소에 의해 유발되며, 잠재적으로는 기후변화만큼이나 심각한 문제다.

• •

미국 해양대기청(NOAA)의 전직 청장인 제인 루브첸코(Jane Lubchenco)는 해양 산성화를 지구온난화의 사악한 쌍둥이라고 설명했지만,[56] 기후변화에 대한 보도에서 이에 대한 언급은 이상할 정도로 적어서 그 분량이 5퍼센트에도 미치지 못한다. 해양 산성화를 간단히 말하면, 화석연료를 연소시켜서 나오는 이산화탄소가 바닷속으로 들어가고, 그로 인해 바다의 산성화가 일어나서 바다생물의 껍질과 뼈를 생산하는 능력을 약화한다는 것이다.[57] 이로 인해서 바다생물들이 타격을 받는 다면, 그 고통은 해산물을 좋아하는 모든 이에게도 전해질 것이다. 세계은행(World Bank)에서 생물다양성 관련 수석 자문위원을 지냈던 토마스 러브조이(Thomas Lovejoy)는 이를 두고 '해양 먹이사슬의 뒤통수를 치는 것과 같다'고 설명한다.[58] 그리고 이로 인한 잠재적인 결과는 해양 생태계의 심각한 붕괴이다. 이런 일이 일단 벌어지고 나면, 그것을 되돌린다는 것은 거의 불가능할 것이다. 해산물을 먹을 수 없게 된다는 것은 아주 사소한 부분에 불과할 것이다.

방송에서 기후 비상사태에 대해서는 많이 볼 수 있지만, 이 문제는 왜 그러지 못할까? 아마도 모든 사람이 기후변화를 논의하는 데 너무나도 지친 나머지, 에너지가 바닥난 것일 수도 있다. 그리고 아마도 기후변화의 영향에 대해서는 우리가 최소한 홍수나 빙하가 녹는 것을 상상할 수 있는데 비해서, 해양 산성화의 영향은 좀 더 추상적으로 보이기 때문일 수도 있다. 우리는 온갖 나쁜 소식들과 심각한 문제들 때문에 지쳐 있다. 다행이라면 이에 대한 해결책은 우리가 기후 비상사태에 대응하는 과정에서 함께 도출될 수 있으며, 그렇기 때문에 기후위기의 해결을 위해 박차고 나서야만 하는 동기가 더욱 강해질 수 있다는 것이다.

어떤 조치가 필요하며, 우리 개개인은 무엇을 할 수 있는가?

기후 비상사태와 마찬가지로, 개인적 차원에서 취할 수 있는 행동은 탄소발자국을 줄이는 한편, 전 세계가 화석연료를 땅속에 그대로 둘 수 있는 문화적 조건과 정치적 조건을 만들기 위해서 우리가 가진 모든 노력을 다하는 것이다. 그리고 정책적 조치 역시 전 세계의 온실가스 배출에서 이산화탄소를 줄여야 한다는 점에서는 동일하지만, 탄소포집과 저장에 있어서는 수중에 저장된 탄소가 다시 해양으로 유출되지 않도록 하는 것이 필수적이라는 것을 명심해야 한다.

세계에는 얼마나 많은
플라스틱이 존재하는가?

현재까지 약 90억 톤이 생산되었다.[59] 이 중 54억 톤은 매립지에 버려졌거나 육지나 바다에 흩어졌다. 만약 이렇게 버려진 플라스틱을 전부 모아서 비닐 랩으로 만든다면, 지구 전체를 두르고도 남는다.[60]

전 세계에 버려진 플라스틱을 전부 모아서 비닐 랩으로 만든다면, 지구 전체를 두르고도 남을 만한 양이다.

• •

현재 전 세계에서는 매년 4억 톤 이상의 플라스틱을 생산한다. 지금까지 만들어진 모든 플라스틱 중에서 여전히 사용되고 있는 것은 3분의 1 미만이고, 소각된 것은 10분의 1 미만이며, 재활용된 것은 7퍼센트에 불과하다. 60퍼센트 정도가 쓰레기의 형태로 어딘가에 돌아다니는 것이다. 플라스틱을 매립한다면, 적어도 플라스틱 안에 포함된 탄소가 생겨난 곳이자 원래 속해있던 땅속으로 되돌려 보냈다고 주장할 수는 있다. 기후변화의 관점에서는 이것이 최고의 종착점이될 수 있다. 매년 약 400만~1200만 톤의 플라스틱이 결국엔 바다로들어가고 있는데[61], 그런 플라스틱은 세계에서 가장 외딴 해변에서,대양의 바닥에서, 그리고 새들의 위장에서 발견된다. 그리고 때로는우리의 먹을거리 유통망으로 되돌아오기도 하는데, 예를 들면 영국에서 잡히는 물고기의 3분의 1에서 플라스틱이 발견된다.[62]

이렇게 자연세계를 맹목적으로 파괴한 인류에게 가장 암울한 요소 중 하나는 이러한 미세한 플라스틱 조각들이 거의 영원히 그곳에머물러 있을 것이라는 사실이다. 지금부터 몇천 년이 지난 후에 아무것도 없는 깨끗한 해변의 모래를 채집해서 현미경으로 들여다보면,그 안에는 인간이 만든 다채로운 색깔의 작은 알갱이들이 반짝이고있을 것이다. 불과 지난 수십 년 동안에 아무런 생각 없이 던져버린행동의 결과다. 아무리 청소를 많이 한다고 해도 소용없다.[63] 그리고바다에 포함된 플라스틱의 양은 앞으로 30년 동안 약 5,000만 톤에서1억 5,000만 톤으로 세 배 정도 늘어날 것으로 보인다.[64]

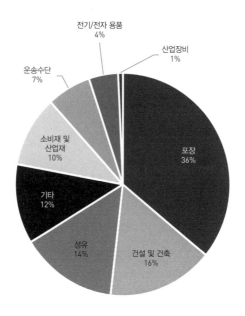

전기/전자 용품
4%

산업장비
1%

운송수단
7%

소비재 및
산업재
10%

기타
12%

섬유
14%

건설 및 건축
16%

포장
36%

2015년에 전 세계에서 생산된 플라스틱의 각 산업 분야에서의 사용량(단위, %).
2015년에 생산된 플라스틱의 3분의 1 이상은 포장 용도로 사용되었다.

 모든 플라스틱의 3분의 1 이상이 일회용 포장에 사용된다. 긍정적인 면에서 살펴보면, 재활용 비율이 역대 평균 9퍼센트에 불과했던 수준에서, 현재는 거의 20퍼센트까지 올랐다는 사실이다. 하지만 부정적인 면을 살펴보면, 이는 플라스틱 생산량의 전체적인 증가세에 비하면 재활용 비율은 여전히 미미한 수준이다. 그렇기 때문에 매년 버려지는 플라스틱의 양은 줄어드는 것이 아니라 여전히 증가한다.[65]

화석연료는 연소되는 게 나은가, 아니면 플라스틱으로 만드는 게 나은가?

어려운 선택이다! 이상적이라면 처음부터 땅속에 있는 것이 최선이다. 매립이라는 방식도 많은 문제가 있기는 하지만, 적어도 탄소를 다시 땅속으로 되돌려 보내는 방법이다.

· ·

오늘날 겨우 1년 동안 생산되는 석유만 전부 플라스틱으로 만들어도, 현재 전 세계에 존재하는 모든 플라스틱보다도 2배나 많은 양을 생산할 수 있다.[66] 말도 안 되는 이야기처럼 들릴 수도 있지만, 세계가 점점 화석연료의 사용을 줄여야 한다는 필요성에 대한 공감대가 점차 커지면서, 이미 석유기업들은 자신들의 석유 재고량을 플라스틱 공장에 더 많이 팔기 위해 노력하고 있는 것으로 보인다. 기후 비상사태가 심각한 것은 사실이지만, 이산화탄소를 플라스틱 폐기물로 바꾸는 것은 더욱 심각한 문제다. 따라서 만약 누군가 여러분에게 이런 내용으로 사업 제안을 해온다면, 그것이 무엇인지에 대해서 제대로 알려주기 바란다. 플라스틱은 독소라고 말이다.[67]

에너지 03

이번 장은 현재와 미래의 에너지에 대한 큰 그림을 들여다볼 것이다. 즉, 여러 다양한 에너지원과 에너지 전환의 실현 가능성, 그리고 인류에게 있어서 근본적으로 더욱 심층적인 도전 과제 등을 살펴보는 여정이다.

앞에서 먹을거리와 기후 및 환경에 대해서 살펴본 우리는 이제 그런 모든 부분과 불가피하게 얽혀 있는 에너지 시스템으로 시선을 돌린다. 지구를 좋은 쪽으로든 나쁜 쪽으로든 바꿀 수 있는 능력을 주는 것은 에너지 공급 체계다. 이렇게 공급되는 에너지의 상당 부분은 여전히 먹을거리의 형태로 소비된다. 그리고 바이오연료에 의해 공급되는 에너지는 겨우 몇 퍼센트에 그치는 반면, 우리의 에너지 공급과 온실가스 배출에서도 가장 큰 역할을 하는 것은 화석연료다.

먼저, 우리는 뒤로 물러서서 커다란 관점에서 접근할 것이다. 즉, 우리가 얼마나 많은 에너지를 사용하는지, 그러한 에너지를 어디에서 얻고 있는지, 그것을 어디에 사용하고 있는지를 개략적으로 살펴볼 것이다. 그런 다음에는 앞으로 무엇을 할 수 있는지를 살펴볼 것이다. 물론 에너지와 관련한 도전 과제 중에서도 가장 시급하게 '집중치료'가 필요한 측면은 기후 비상사태에 대처하는 것이다. 우리는 기술적인 차원에서 고무적으로 실현할 수 있는 해결책을 찾아볼 것이다. 하지만 대중적으로는 널리 알려져 있지만 효과가 없는 내용들에 대해서는 그 허구성을 파헤쳐 볼 것이다. 그런 아이디어 중에서는 심각하게 위험한 것들도 있다.

그런 다음에는 에너지 성장의 근본적인 역학을 들여다볼 텐데, 이는 이러한 문제를 이해하는 데 반드시 필요한 것이다. 이러한 지점은 정책 입안자의 대다수가 제대로 파악하지도 못하거나 대충 얼버무린다. 그런 정치인들이 대다수라는 사실이 섬뜩할 정도인데, 과연 그들이 자신의 역할을 제대로 하고 있는지에 대한 의구심을 들게 한다. 아무튼 이러한 기초적인 사실들을 명확하게 하는 것은 우리 인류와 지구 모두를 위해서 집중치료는 물론이고 장기적인 건강을 돌보는 데에도 아주 큰 도움이 될 것이다.

그럼 시작해보자!

우리는 에너지를
얼마나 많이 사용하는가?

우리 인간은 지구의 대지 표면에 닿는 에너지의 약 7,000분의 1을 사용한다. 평범한 사람들은 매일 59kWh의 에너지를 사용한다.[68] 이는 휘발유 약 6리터에 해당하는 양인데, 이 정도의 휘발유로는 상당히 연비가 좋은 자동차의 경우라면 약 70마일(113km) 정도를 운행할 수 있다.

. .

대신에 만약 이 에너지가 전기의 형태로 공급된다면, 평범한 사람들의 하루 에너지 사용량으로는 비슷한 크기의 전기차를 280마일 (451km) 정도 운행할 수 있다. 또는 토스터나 전기주전자라면 영원히 가동할 수도 있다.* 그리고 59kWh의 에너지를 비행기 마일리지로 환산하면 100마일 정도다. 이러한 에너지가 사람의 먹을거리로 바뀐다면, 22명에게 하루에 필요한 열량을 모두 제공할 수 있다.

　참고로 이 수치는 음식의 조리에 필요한 열과 함께(나무를 땐다고 가정), 우리가 먹는 음식의 열량을 모두 포함한 것이다. 이와 관련하여

---

*　　일반적인 토스터기의 소비전력은 800W 정도이고, 전기주전자는 1.8kW 정도이기 때문에, 하루에 59kWh의 전력이 꾸준히 공급된다면 이론적으로는 이들 기기를 영원히 켜놓을 수 있다는 계산이 나온다. 토스터기 800W×24시간(h)=19.2kWh, 전기주전자 1.8kW×24시간(h)=43.2kWh.

우리가 먹는 음식을 에너지 수치로 바꾸기 위한 공식을 만드는 것이 중요한데, 앞에서 살펴본 것처럼 먹을거리와 에너지 체계는 토지의 사용을 통해서 서로 긴밀하게 얽혀 있기 때문이다.

　물론 우리가 모두 같은 양의 에너지를 사용하는 것은 아니다. 보통의 일반적인 유럽인들은 전 세계 평균보다 매년 거의 2배를 사용하고, 보통의 미국인들은 매년 거의 4배 가까이 사용하는 반면, 일반적인 아프리카 사람들은 겨우 5분의 1 정도만 사용한다. 난방이 되지 않는 집에서 자는 사람들은 전 세계 평균치의 겨우 3퍼센트만 사용하고 있는 반면[69], 개인 제트기를 타고 혼자서 여행하는 사람들은 평균보다 약 1,000배의 에너지를 사용하게 된다.

에너지를 사용하는 방식은
그동안 어떻게 변해왔나?

에너지 사용량은 언제나 증가해왔다. 그리고 그 성장률 역시 계속해서 상승해왔다. 우리는 현재 50년 전보다 세 배 이상 많은 에너지를 사용한다.

• •

우리는 거의 매년 그 전년보다 더욱 많은 에너지를 사용해왔다. 단기적으로 주춤하는 경우는 있겠지만, 그래도 최소한 이집트인들이 인간(노예)의 힘으로 피라미드를 짓기 시작한 이후로, 그리고 아마 그보다 훨씬 오래전부터 일반적으로 증가 추세를 보였다. 즉, 우리가 에너지를 더욱 많이 가질수록, 우리는 오히려 더욱 많은 에너지를 얻기 위해서 에너지를 사용해왔으며, 그리고 에너지를 사용하는 방식과 그것을 확보하는 방식에서 효율성을 더욱 높이고 그 방법을 다각화하기 위해서 우리가 가진 에너지를 사용해왔다는 것이다. 에너지 사용의 증가와 에너지 혁신, 그리고 효율성은 언제나 함께 개선되어왔다. 이 세 가지는 속도를 높이면서 하나의 팀으로 함께 질주해왔다. 이 책의 서문에서 나는 이러한 에너지 사용의 증가로 인해서 우리는 최근에 뜻하지 않게 인류세의 시기에 접어들었다고 말했다. 인류세는 우리 인류가 연약한 지구에 비해서 거대하고 강력한 영향을 미치고 있는 시대를 말한다. 그리고 인류세의 시기가 도래하면서 이 세계

전 세계 주요 에너지 소비량(단위: 엑사 줄*)

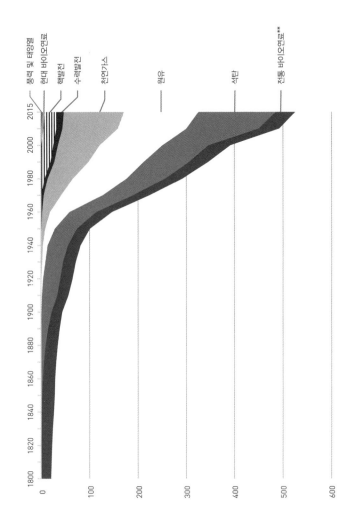

전 세계의 주요 에너지 소비량(1800~2015). 이 그래프는 1800년 이후의 인류의 에너지 사용량이 증가했음을 보여주고 있는데, 새로운 에너지원이 등장한다고 하더라도 기존의 에너지원을 대체하는 것이 아니라 오히려 동반해서 증가하고 있음을 알 수 있다.

가 정말로 심각하게 잘못되는 것을 바라지 않는다면, 우리는 지금까지와는 완전히 다른 방식으로 삶을 살아가야 한다. 그것도 서둘러서 말이다.

시간이 지나면서 성장률도 꾸준히 상승했다. 몇 세기 전만 해도 에너지 사용량의 성장률은 1년에 겨우 1퍼센트에도 한참 미치지 못할 정도로 아주 낮았을 것이다. 200년 전부터 50년 전 사이에 그 성장률은 연평균 약 1퍼센트였고, 지난 50년 동안 그 연평균은 무려 2.4퍼센트에 이른다.

그리고 역사에서는 새로운 에너지원이 계속해서 세상에 등장했다. 나무, 그다음에는 석탄, 그다음에는 석유, 그다음에는 가스가 등장했고, 그리고 비중이 작기는 하지만 수력, 원자력, 풍력, 태양열도 존재한다. 앞의 그래프를 간단히 살펴보면, 새로운 에너지원이 등장했다고 하더라도 일반적으로는 다른 에너지원의 감소로 이어지지는 않았음을 알 수 있다. 우리는 새로운 에너지원으로 기존의 에너지원을 대체하는 대신에, 오히려 그 사용량을 늘리는 데 사용해온 것이다. 예외가 있다면 나무 연료의 사용량이 약간 줄었다는 것이다. 요즘에는 모든 시선이 재생에너지에 쏠려있는데, 우리는 이러한 사실을 경계해야 한다.

최근 몇 년간의 추이를 살펴보면, 이러한 성장 추세가 꺾였다는 사실을 알 수 있다. 지난 10년간의 연평균 성장률은 1.6퍼센트이며, 지

---

*   exa joule, 10^{18} J. 에너지의 단위.

**   나무(장작) 등을 말한다.

난 5년간은 1.3퍼센트 정도로 낮았다. 영국석유(BP) 측의 발표에 따르면, 2016년에는 겨우 1.0퍼센트의 성장률을 기록했다고 한다. 일부에서는 이에 대해서 흥분하기도 하는데, 이러한 수치를 조심스럽게 다뤄야 하는 이유에 대해서는 몇 페이지 뒤에 있는 미래의 에너지 사용에 대해 살펴보면서 설명하겠다. 일단 지금은, 단기적으로는 언제나 잠깐 오를 수도 있고 내려갈 수도 있다는 정도로만 이야기해두자.

우리는 에너지를
어디에 사용하는가?

약 5퍼센트는 인간의 신체에 에너지를 전달하기 위한 먹을거리에 사용된다. 그리고 38퍼센트는 규모에 관계없이 사람과 물자를 실어 나르는 운송에 사용된다. 그 나머지는 크게 가정용 에너지와 비즈니스용 에너지로 상당히 균등하게 나뉜다.

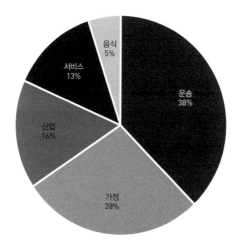

영국의 최종 용도별 에너지 사용 현황

· ·

가정용 사용은 28퍼센트인데, 여기에는 음식 조리와 우리를 따뜻하게 하는 것이 포함되며, 우리를 시원하게 하는 냉방 용도의 사용량도 점점 증가한다. 산업용 사용량 16퍼센트의 상당 부분은 역시 먹을거리의 생산과 보존에 사용되며, 교통 인프라 및 운송 수단의 활용, 주택 건설 및 유지를 위해서도 활용되는데, 주택과 관련해서는 조리 및 난방기구가 모두 포함된다. 그러니까 지난 수천 년 동안 그랬던 것처럼, 요즘에도 인간의 에너지 사용에서 압도적인 대부분을 차지하는 것은 어떤 식으로든 먹고, 돌아다니고, 몸을 따뜻하게 하는 용도인 것이다. 이러한 수치는 영국의 통계를 기반으로 한다.[70]

우리는 에너지를
어디에서 얻는가?

83퍼센트는 화석연료에서 나온다. 핵에너지는 2퍼센트 미만을 제공한다. 재생에너지원은 거의 4퍼센트를 차지하는데, 그중 3분의 2가 수력발전이다.[71]

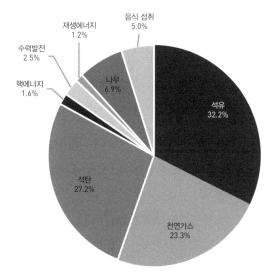

2017년 기준으로 인류의 에너지 공급량은 18.6TW이며, 여기에는 음식 섭취도 포함된다. 이는 1인당 2.5kW(또는 1인당 매일 59kWh)다.

· ·

핵발전으로 얻는 작은 부분과 조력발전에서 나오는 미미한 양을 제외하면, 우리는 에너지를 전부 태양으로부터 공급받는다고 할 수 있다. (조력발전은 달에서 오는 거라고 말할 수 있다.*) 그런 에너지의 대부분은 아주 오래전에 식물이 사로잡아서 땅에 묻힌 것이며, 그것이 바로 우리가 현재 점점 더 빠른 속도로 앞으로 나아가게 해주고 있는 화석연료다. 오늘날 에너지 공급의 6분의 1은 식물, 바람, 비, 태양 전지판 등 (과거가 아닌) 현대의 햇빛에서 얻는다. 식물은 일반적으로 광합성을 통해서 지구의 육지에 닿는 햇빛의 1~2%를 사로잡는다. 그리고 우리는 그러한 에너지의 일부를 먹을거리, 나무, 현대적인 바이오연료 등의 형태로 활용한다.

태양광 패널은 식물들보다 태양에너지를 훨씬 더 많이 사로잡을 수 있다. 저렴한 패널도 16퍼센트를 활용할 수 있고, 좀 더 효율적인 (하지만 좀 저 비싼) 버전은 22퍼센트를 이용할 수 있다. 비교적 머지않은 미래에는 아마도 약 40퍼센트까지 올라갈 수 있을 것이다. 태양은 육지와 바다를 가열하고, 이를 통해서 대기가 팽창하고 순환하며 물이 증발함으로써, 결국엔 비와 눈을 만들어낸다. 이런 식으로 태양에너지의 작은 일부분이 바람과 물의 에너지로 변환된다. 그리고 우리는 풍력 터빈과 수력 터빈을 활용해서 그러한 에너지의 일부를 얻어내는 것이다.

---

*   조력발전이 활용하는 조수 간만의 차는 달의 중력 작용에 의한 것이다.

왜 여기에 있는 도표에서는, 다른 자료들에서와는 달리, 재생에 너지가 차지하는 비중이 훨씬 더 작아 보이는가?

내가 제시하는 재생에너지와 핵에너지의 수치는 여러분이 다른 곳에서 보던 것보다 작을 수 있는데, 그 이유는 내가 단지 2.6이 라는 계수를 곱하지 않았기 때문이다.

그런데 대체 이런 계수는 애초부터 왜 곱하는 것인가? 원래 이 러한 개념은 1kWh의 전기를 만들기 위해서는 2.6kWh의 화석연 료가 필요하다는 계산에서 가져온 것인데, 그 이유는 발전소의 효율이 떨어지기 때문이다. 이런 이유로 2.6이라는 할증계수를 적용하는 것인데, 이는 모든 화석연료를 전기로 만든다면 그럴 수 있다.

하지만 실제로는 그렇지 않다. 그리고 오늘날의 에너지 공급 체 계를 그대로 두고 기존의 발전소에 있는 모든 화석연료를 재생 에너지원으로 대체한다고 가정한다면 (발전의 효율성을 감안할 때) 2.6이라는 계수가 적절할 수는 있겠지만, 우리의 공급 체계에서 재생에너지원 자체가 차지하는 비중이 점점 더 커지면서, 그런 경우는 점차 없어질 것이다.

우리는 난방을 위해서 태양에너지와 바람 에너지를 점점 더 많 이 이용하게 될 것이다. 이런 경우에는 1kWh의 전기가 1kWh의 화석연료보다 2.6배나 더 많은 열을 제공하는 것이 아니며, 동일 하게 1kWh의 에너지를 제공하는 것이다.

만약 내가 BP가 매년 내놓는 세계 에너지 사용 현황 보고서에서

처럼 이러한 할증계수를 적용했다면, 앞의 도표에서 핵에너지
는 5퍼센트, 수력에너지는 6.5퍼센트, 그리고 기타 재생에너지
는 3퍼센트 정도로 덜 초라해보였을 것이다.[72]

지금까지는 우리가 에너지를 어디에 사용하고 어디에서 얻는지를
살펴봤고, 이제는 오늘날의 에너지 공급 체계에서 가장 커다란 문제
에 대해서 잠시 들여다볼 차례다.

화석연료는
얼마나 나쁜가?

우리는 모두 석탄과 석유, 가스에 무척 감사한 빚을 지고 있지만, 이제는 그것들을 땅 밖으로 꺼내는 것을 당장 멈춰야 한다.

• •

화석연료는 현대사회에 수많은 좋은 일을 가능하게 해주었는데, 아마도 가장 중요한 것으로는 우리의 건강을 증진하고 기대수명을 늘려주었다는 점이 될 것이다. 하지만 이제는 화석연료를 태우는 과정에서 배출되는 탄소가 커다란 문제라는 점이 명백해졌기 때문에, 우리는 가능한 한 빨리 화석연료를 떨쳐버려야 한다.

화석연료가 해롭다는 것에 대한 초간단 요약

엄청나게 많은 과학자가 수행한 광범위하면서도 상세한 연구에 따르면, 인간이 초래한 기후변화를 일으키는 가장 커다란 원인이 화석연료의 연소로 인해서 발생하는 온실가스라는 것과 이번 세기의 어느 시점에는 이것이 인류에게 정말로 심각한 위험이 될 것이라는 사실에는 논쟁의 여지가 없다. 그리고 그것이 정확히 언제인지, 그리고 얼마나 심각할지에 대해서는 그 누구도

알 수 없다. 기후변화의 속도를 늦추고 그 추세를 역전시키기까지는 오랜 시간이 걸리기 때문에, 심각한 증상이 나타나기 수십년 전에 미리 선제적인 조치가 취해져야 한다. 이러한 조치의 필요성에 대해서 몇 년 동안 논쟁을 했는데도, 우리는 지금도 여전히 점점 더 빠른 속도로 대기 중에 온실가스를 뿜어낸다. 어렵게 이뤄낸 2015년의 기후변화에 대한 파리기후협약에서는, (트럼프 집권 이전의 미국을 포함하는) 전 세계의 거의 모든 나라가 긴급한 조치가 필요하다는 데에만 의견을 같이 했을 뿐이다. 이렇게 간단하면서도 중요한 이정표를 세우는 데만 해도 아주 오랜 시간이 걸렸지만, 정작 필요한 조치를 이뤄내는 데에는 여전히 크게 미치지 못하는 실정이다. 우리는 화석연료의 연소를 신속히 중단시키고 그것을 깨끗한 에너지나 '재생 가능한' 에너지원으로 대체해야 한다.

기후 비상사태에 대해서 모든 사람이 알아야 할 사실 14가지에 대해서는 481-510페이지의 부록을 참조하기 바란다.

기후 비상사태에 대해서 모든 사람이 알아야 한다고 생각하는 사실 14가지에 대해서는 부록에서 좀 더 자세하게 설명해놓았다. 지금 이 부분에서는 본문의 흐름상 이어지는 질문으로 바로 이어 나가고 싶기 때문에, 이와 관련한 자세한 내용은 이렇게 부록으로 빼놓았다. 나는 기후변화 이외의 사항에 대해서도 좀 더 넓게 살펴보고 싶고, 더욱 커다란 사안에 대해서도 보다 심층적으로 살펴보고 싶다. 즉,

기후 비상사태가 단지 하나의 증상에 불과한 것인지, 인류가 어딘가 미지의 바다를 통과하는 길을 어떻게 하면 찾아낼 수 있는지, 그리고 우리 중 누구라도 도움이 될 만한 것이 있는지 실질적으로 살펴보고자 한다. 그렇긴 하지만, 논의의 속도를 빠르게 해서 뒤쪽에 있는 내용들을 훑어보고 여기에 나열된 모든 지점을 확인하는 것도 가치가 있을 것이다. 왜냐하면 그런 내용들도 모두 필수적이고 대단히 흥미롭지만, 아직까지 널리 알려지지는 않았기 때문이다. 나는 핵심적인 사항들을 간결하게 정리하려고 노력했다. 그리고 여러분에게 선택권이 주어진다면, 내가 간추려 놓은 이러한 14가지에 대해서 이해하지 못하는 정치인들이 있다면 그들에게는 절대로 투표하지 않았으면 한다.

지금까지는 화석연료를 버려야 한다는 점을 짚어봤으니, 이제 그에 대한 대안들을 살펴보는 것이 좋을 것이다. 그중에는 놀라운 것들도 있고, 어떤 것들은 한계가 있으며, 또 어떤 것들은 쓸모없거나 오히려 더 해롭다.

태양으로부터 오는 에너지는
얼마나 되는가?

지구의 표면에 도착하는 태양에너지의 양은, 1시간 기준으로 전 세계 사람 1인 당 무려 16,300kW이다.[73] 이 정도의 에너지라면 올림픽 규격의 수영장에 가득찬 물을 매일 끓이기에도 충분한 수준이다.[74]

• •

이러한 에너지의 대부분은 사람의 손길이 닿지 않는 바다에 내려앉는다. 지구의 육지 구역에 도착하는 양은 3분의 1 이하다. 하지만 그래도 우리가 현재 사용하는 에너지보다 2,000배나 많은 양이며, 지구상의 모든 사람이 각자 2,700개의 전기주전자를 항상 켜둘 수 있을 정도다. 또는 전 세계의 인구가 영원히 비행하는 데 필요한 에너지보다도 10배 정도 많은 수준이다.[75] 따라서 이 정도의 에너지라면 우리 인간뿐만이 아니라 다른 동식물들에게도 에너지가 풍부하다고 생각할 수도 있다.

태양에너지를 우리가 에너지원으로
활용할 수 있는가?

지구 전체 표면의 0.1퍼센트에 못 미치는 정도의 면적(가로 세로 각각 367km의 넓이)*만 태양전지판으로 덮으면 오늘날의 에너지 수요를 충족시킬 수 있다.[76]

· ·

비록 현재 인류의 에너지 공급 체계에서는 1퍼센트에도 미치지 못하고 있기는 하지만, 태양광 발전은 충분히 흥분할 만한 가치가 있다. 이 기술은 현재 성숙 단계에 접어들고 있는데, 이는 불과 몇 년 전에 많은 사람이 예측했던 것보다도 훨씬 더 빠른 속도다. 태양열 발전은 지난 10년 동안 매년 평균 50퍼센트라는 경이로운 성장세를 보였다.[77] 태양열은 현재의 에너지의 수요를 충족시키는 것 이상의 잠재력을 갖고 있는데, 우리가 마음만 먹는다면 화석연료를 땅속에 그대로 남겨둘 수도 있다. 에너지 수요를 충족시킬 수 있는 면적을 계산할 때 나는 에너지 전환 효율이 16퍼센트에 불과한 저렴한 태양 전지판을 근거로 산출했다. 하지만 시중에 출시된 고품질 패널의 효율은 이미 22퍼센트 정도이며, 이후에 더 개선된다면 아마도 몇십 년 내에

---

*   367km×367km=134,689km^{2}이므로, 지구 육지 전체 면적인 약 1억 4,890만 (148,900,000)km^{2}의 0.1퍼센트인 148,900km^{2}보다 적은 면적이다.

40퍼센트 정도까지 올라갈 수 있을 것이다.[78] 그리고 나의 계산에서는 태양열 발전과 함께 수반되어야 하는 여러 가지 기술적인 어려움들도 일단은 고려하지 않았는데, 그중에서도 전기에너지의 저장이나, 장거리 송전, 그리고 비행기의 연료를 대체하는 문제 등이 아마 가장 힘든 과제일 것이다. 하지만 이런 도전 과제들을 자세히 연구한다면, 이들 모두 해결할 수 있는 방법을 찾아낼 것이다. 그리고 이 방식에서는 태양 전지판을 만드는 데 필요한 재료가 부족할 것으로 보이지도 않고, 그것을 제작하는 과정에서 눈에 띄는 환경적인 문제도 발견되지 않는다. 물론 세계에는 태양열이 풍부한 곳도 있고 그렇지 못한 곳도 있기는 하지만, 전체적인 태양에너지가 풍족하기 때문에 모든 지역에서 현재 수준으로 충분한 에너지를 가질 수 있을 것이다. 영국이나 네덜란드처럼 인구는 많지만 일조량이 충분하지 않은 나라에서는(이에 대해서는 뒤쪽에서 자세히 논의할 것이다.), 풍력이나 수력과 같은 다른 재생에너지원이 도움이 될 것이다.

만약 현재의 설치 속도를 유지하기만 한다 하더라도, 우리는 불과 30년 만에 현재의 모든 에너지 수요량을 충족시킬 수 있을 것이다. 그리고 태양광 발전의 가격도 설치율이 두 배로 오를 때마다 약 20퍼센트씩 내려가고 있는데, 이러한 추세는 오랫동안 지속될 수도 있다.[79] 문제는 규모가 커질수록, 성장률을 유지하는 것이 훨씬 더 힘들어진다는 것이다. 그래도 성장세는 엄청나긴 하겠지만, 이러한 감소 추세는 좋지 않은 것이다. 태양열이라는 특효약에 대한 회의론자들은 과거의 사례를 들어서 에너지 체계의 전환에는 오랜 시간이 걸렸다는 점을 지적한다. 즉, 동물을 이용하던 것에서 석탄으로, 증기기관에서 내연기관으로 에너지 체계가 바뀌는 데 오랜 시간이 걸렸다는 것이다.[80] 그 반대의 주장으로는, 다른 수많은 생물종에 대해서는 말할 것도 없고 인류 자신을 위해서 에너지 전환을 시급해야 해야 한다는 필요성이, 그것도 전 세계적으로 이렇게 널리 인정된 절박한 과제가 그 전까지는 없었다고 말한다. 그렇기 때문에 우리는 과거의 사례와는 다를 것이다. 확실한 것은, 우리 인류가 의도적인 영향력을 충분히 행사할 수 있다는 것이다!

우리가 최대로 확보할 수 있는
태양광 전력의 양은 얼마인가?

에너지 사용량이 현재와 같은 수준의 2.4퍼센트로 지속된다면, 300년 후에는 지구의 거대한 땅덩어리 구석구석 모든 곳에 태양 전지판을 덮어야 할 것이다. 즉, 식물과 동물들을 위한 공간이 남아있지 않게 된다는 것이다. 일광욕도 할 수 없고, 먹을거리는 실험실에서만 얻게 될 것이다.

• •

이 모든 것은 역사상 처음으로 우리가 과연 에너지 사용의 증가 추세를 의도적으로 제한하는 데 성공할 수 있을 것인가에 달려있다. 에너지 사용량이 증가한다는 것은 더욱 많은 태양 전지판이 필요하다는 것이다. 만약 우리의 에너지 사용량이 100년마다 약 10배씩 증가하는 장기적인 추세가 지속된다면, 2117년에는 지구 육지 면적의 약 1퍼센트를 태양 전지판으로 뒤덮어야 한다는 것을 의미한다. 2217년이 되면 10퍼센트가 필요하고, 그리고 300년이 지나면 현재 수준의 효율성을 가진 태양 전지판을 마른 대지 위의 거의 모든 구석구석에 덮어야 할 것이다. 즉, 먹을거리를 기르기 위한 공간도 없게 되고, 사람의 피부에 직접 햇빛을 받을 수 있는 기회도 없으며, 다른 육상 생물들이 사용할 공간도 사라진다는 것을 의미한다. 이러한 계산에서는 오늘날의 태양광 발전소에서 흔히 볼 수 있는 태양 전지판들 사이

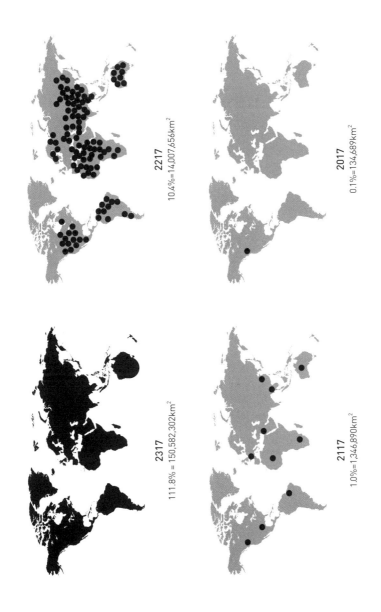

2217
10.4%=14,007,656km²

2017
0.1%=134,689km²

2317
111.8%=150,582,302km²

2117
1.0%=1,346,890km²

현재의 에너지 사용량 증가 추세가 계속되는 경우에 태양 전지판으로 덮어야 하는 지구 육지 표면의 비율. 검은색 점의 크기는 실제 비율에 맞춘 것이다.

의 간격은 전혀 없다고 가정했다. 간단히 말해서, 우리의 에너지 사용량을 억제하지 않으면, 우리는 지구의 육지가 점차 거대한 태양 전지판처럼 바뀌어 가는 풍경에 익숙해져야만 한다. (만약 그런 풍경이 아름답다고 생각된다면, 현재의 드넓은 주차장도 아름답다고 할 수 있을 것이다.)

이론적으로는 태양 전지판의 효율을 3배 정도 높이는 것이 가능할 것이다. 그렇게 된다면 우리에게 추가로 50년의 시간을 벌어주겠지만, 역시 그 시간마저 지나고 나면 먹을거리를 기를 땅은 사라질 것이다. 그리고 바다의 수면 전체에도 태양 전지판을 확장할 수 있다면, 또다시 50년의 시간이 추가되어서 대략 2400년까지는 버틸 수 있을 것이다.*

우리가 인류의 에너지 수요가 증가하는 것을 늦출 수 있다면, 화석연료나 핵분열 및 핵융합 에너지 없이도, 또는 토지를 다른 용도로 내어주지 않고도 에너지 부족이라는 현상을 정말로 종식할 수 있다. 하지만 우리가 에너지 성장세를 통제할 수 없다면, 그 시점이 문제일 뿐 결국에는 한계점에 도달할 것이다.

---

* 바다가 육지보다 2배 넓지만, 여유시간이 훨씬 더 많이 증가하지 않고 겨우 50년밖에 늘어나지 않는 것은, 에너지의 사용량이 100년마다 10배로 빠르게 증가하기 때문이다.

햇빛을 가장 많이
받는 나라는 어디인가?

상위 5개국은 오스트레일리아, 러시아, 중국, 브라질, 미국이며, 이들이 전 세계의 육지에 쏟아지는 모든 햇빛의 36퍼센트를 쓸어담는다.

• •

아래의 지도에서, 각국이 받는 햇빛의 총량은 국토 면적의 크기에 비례한다. 한편, 색이 짙을수록 1인당 받는 햇빛이 더욱 많다는 것을 의미한다.[81]

상위 5개국은 팽팽하게 경쟁하고 있다. 드넓은 사막을 보유한 오스트레일리아가 지구 전체 햇빛의 7.5퍼센트를 받아들이면서 1위를 차지하고 있고, 미국은 6퍼센트를 조금 넘으면서 5위에 올라 있다. 러시아는 훨씬 더 북쪽에 있기는 하지만 영토가 워낙 넓기 때문에 이 상위 그룹에 속할 수 있었다.* 러시아의 영토는 중국보다는 1.5배, 미국보다는 2배나 더 넓다.

전체 일조량 수치가 유용한 이유는, 재생에너지와 먹을거리 생산에서 가장 큰 역할을 할 수 있는 곳이 어디인지를 알려줄 수 있기 때

---

*   위도가 높아지면 태양의 고도가 낮아지기 때문에, 육지 면적이 동일하더라도 내리쬐는 햇빛의 양이 적어지게 된다.

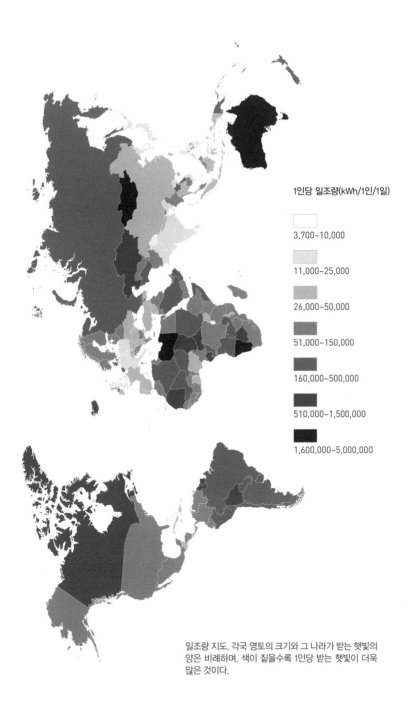

1인당 일조량(kWh/1인/1일)

3,700~10,000

11,000~25,000

26,000~50,000

51,000~150,000

160,000~500,000

510,000~1,500,000

1,600,000~5,000,000

일조량 지도. 각국 영토의 크기와 그 나라가 받는 햇빛의 양은 비례하며, 색이 짙을수록 1인당 받는 햇빛이 더욱 많은 것이다.

문이다. (이에 대해서는 뒤에서 좀 더 자세히 살펴볼 것이다.) 그렇지만 복잡한 문제들도 존재한다. 브라질은 영토가 넓기는 하지만 우리는 그곳의 열대우림을 보호해야 하기 때문에, 브라질 땅의 대부분은 태양 전지판 설치나 먹을거리 생산을 목적으로 사용하지 않는 것이 좋다. 러시아에 비치는 햇빛의 상당 부분은 얼어붙은 황무지에 내리쬐는데, 이지역은 농사를 지을 수도 없고 태양 전지판을 설치하더라도 태양의 고도가 낮기 때문에 다른 지역보다 상대적으로 많은 수를 설치해야 한다. 오스트레일리아의 사막이 현재로서는 농업에도 적합하지 않기 때문에 이러한 태양광 발전을 위한 완벽한 입지 조건으로 보인다.

1인당 일조량을 살펴보면 전 세계의 에너지와 먹을거리 생산에서 한 나라가 얼마나 큰 영향력을 가질 수 있는지가 아니라, 저탄소의 세상에서 어떤 나라가 느끼는 상대적인 에너지의 풍족함이 어떤 것인지를 알 수 있다. 오스트레일리아가 바로 이런 조건에 아주 잘 맞는데, 이곳의 1인당 일조량은 영국에 비해서 무려 200배에 달한다. 바로 이러한 전략적인 이해관계가 있기 때문에, 심지어 신자유주의적인 성향이 가장 강한 오스트레일리아의 정부는 저탄소 세상을 목표로 정책을 강력하게 추진한다. 오스트레일리아는 석탄을 땅속에 그대로 놔두는 것이 손해가 되기는 하겠지만, 이처럼 친환경 에너지가 풍부하기 때문에 그러한 부분을 충분히 상쇄하고도 남을 것이다.

지도에서 아프리카가 크게 보이는 것은 놀랍지 않은 일이다. 그리고 대부분의 아프리카 국가가 주로 고무적일 정도로 짙은 색을 보이고 있는데, 인구가 증가한다면 색이 훨씬 더 옅어질 것이다.

1인당 햇빛을 가장 적게 받는 나라는 어디인가?

1인당 일조량 부문에서 최하위권은 방글라데시, 네덜란드, 한국, 벨기에, 영국, 르완다, 일본이다.

• •

이 목록에는 3개국이 더 있었지만, 인구가 1,000만 명이 되지 않아서 제외하였다. 가난한 방글라데시는 기후변화의 결과로 물에 잠길 위험에도 노출되어 있고, 1인당 매일 받는 일조량도 3,700kWh에 불과하다. 현재 가장 품질이 뛰어난 태양 전지판이라도 그 위에 내리쬐는 햇빛의 20퍼센트 정도만을 활용할 수 있기 때문에, 만약 이 나라 육지의 8퍼센트가 태양 전지판으로 덮여 있다면, 오늘날 전 세계의 평균 에너지 사용량을 맞출 수 있을 것이다. 이번 계산에서도 태양 전지판 사이에 빈틈이 없다고 가정했지만, 사실 그보다 더 심각한 문제가 있다. 바로 인구 증가가 부담을 가중시키는 것인데, 농사를 짓기에도 모자란 땅의 8퍼센트를 다른 용도로 빼앗기게 되면 수많은 사람을 먹여 살려야 하는 이 나라로서는 심각한 위협이 될 것이다. 방글라데시가 에너지와 먹을거리를 수입하지 않고 발전한다는 것은 어려운 일인데(이에 대해서는 뒤에서 살펴볼 것이다.), 이 두 가지를 얻기 위해서는 그에 상당하는 다른 필수품목을 수출해야만 할 것이다.

인구도 많고 꽤 추운 영국도 1인당 일조량이 방글라데시의 2.5배 밖에 되지 않으며, 영국인들은 부유하면서도 에너지 소비량이 많은 생활방식을 영유한다. (혹시나 해서 하는 말인데, 영국은 여전히 살기 좋은 곳이다. 비록 날씨가 좋지 않고, 인구도 많으며, 그리고 개인적인 견해로는 민주주의라는 것에 대해서 뭔가 오해를 하고 있기는 하지만 말이다.) 이들은 풍력, 파력, 조력 분야에서 큰 잠재력을 갖고 있으며, 심지어는 수력도 언제든 꺼내어 들 수 있다. 원자력도 갖고 있다. (원자력에 대해서는 몇 페이지 뒤에서 논의할 것이다.) 영국은 충분히 저탄소 에너지 체제로 전환할 수 있을 것으로 보이지만, 다른 많은 나라에 비해서 그 해결책은 특이하면서도 복잡한 내용을 담아내야 할 것이다.

앞의 일조량 지도에서 (면적이 넓은) 인도가 옅은 색으로 표시된 이유는 인구가 워낙 많기 때문이다. 그래도 1인당 일조량은 방글라데시보다 3배 많고, 일본에 비해서도 10퍼센트 더 많다. 유럽은 전반적으로 옅은 색으로 비쩍 말라 보인다.

햇빛이 비치지 않을 때는
어떻게 해야 하는가?

네 가지 기본적인 해결책이 있다.

① 햇빛이 비칠 때 에너지를 저장한다.

② 다른 에너지원으로부터 에너지를 공급한다.

③ 에너지 수요와 일조량을 일치시킨다.

④ 태양은 어디에선가는 언제나 비추고 있을 것이기 때문에, 세계의 다른 지역에서 전력을 전송한다.

• •

태양이 지속적으로 비추지 않는 것은 극복해야 하는 문제이기는 하지만, 그래도 당황할 만한 사안은 아니다.

단기 저장의 경우 배터리와 용량과 관련한 기술이 빠르게 발달하고 있으며, 에너지 생산과 수요의 타이밍이 일치하지 않는 문제에 대해서도 차량과 가정에서 배터리를 사용해서 이를 해결하고자 하는 아이디어가 제시된다. 배터리는 거의 모든 기계장치에 들어갈 수 있지만, 그 자체가 무겁기 때문에 장거리 항해나 비행을 하기에는 심각한 문제가 있으며, 제조에서도 상당한 자원을 채굴해야 한다.[82] 그리고 아무리 효율이 좋아도 배터리는 시간이 지나면 방전된다. 수력발전은 그 잠재력이 제한적이기는 하지만 중요한 역할을 한다. 여분의 전기가 펌프를 작동시켜서 물을 위쪽으로 끌어올리며, 필요한 경우가 되면 펌프가 물을 반대로 흘려보내고 터빈에서 전기를 생산하게 된다. 이 과정은 상당히 효율적이며, 수력발전 체계는 한 번 지어 놓으면 물질적인 자원이 거의 필요하지 않은 영구적인 해결책이 된다. 하지만 수력발전의 범위는 댐의 저수 용량에 의해서 제한될 수밖에 없으며, 새로운 댐을 건설하려는 시도는 대개 환경적으로 엄청난 부담을 동반하게 된다.

태양열 전기 에너지를 오늘날의 (오염을 유발하는) 대부분의 자동차와 비행기에서도 곧바로 이용할 수 있는 매우 편리하고 영구적인 형태의 액체 탄화수소로 변환하는 것도 가능하다. 이 과정에서의 에너지 변환 효율성은 약 60퍼센트다. 상당한 손실이기는 하지만 깜짝 놀랄 만한 수준은 아니다. 그 탄화수소를 다시 전기 에너지로 전환하지만 않는다면 말이다. 탄화수소가 전기로 전환된다면 그 손실은 더욱 크며 최종적으로 우리가 얻게 되는 에너지는 원래 시작했던 것의 20퍼센트밖에 되지 않는다.

재생에너지는 모두 전력 생산이 꾸준하지 못하기 때문에 향후를 위해서 저장을 해야 한다는 커다란 문제를 갖고 있는데, 바로 이 점에 있어서 수소가 아주 흥미진진한 잠재력을 제시한다. 우리는 전기 에너지를 수소연료로 바꿀 수 있는데, 그 효율성은 무려 80퍼센트다. 그런 다음 우리가 원하는 만큼 오랫동안 저장할 수 있으며, 그것을 사용할 때는 맨 처음에 투입한 양의 60퍼센트를 전기에너지로 만들어준다. 그리고 여기에서는 다른 추가적인 재료를 채굴하지 않아도 된다. 그리고 수소는 가볍기 때문에 다루는 것이 무척 까다롭기는 하지만, 그래도 초장거리 전력 송신의 가능성을 열어준다.

그 외에도 플라이휠(flywheel)에서 압축공기에 이르기까지 에너지를 저장하기 위한 많은 기술이 개발되고 있다.[83]

햇빛이 비추지 않을 때의 전기 생산과 관련해서는, 바람과 물, 그리고 바이오연료를 신중하게 사용하는 방식이 모두 조연의 역할을 할 수 있을 것이다. 중기적으로는 제한적인 경우에만 핵에너지를 잠시 이용하는 방법도 있을 수 있다. 관련 내용은 191페이지에 있다.

수요와 일조 시간을 일치시키는 문제에서는, 차량을 낮 시간에 충전하고, 대형 냉각시설은 전력망의 수요에 맞게 유동적으로 운영하며, 가정에서는 전력 수요가 정점인 시간대를 피해서 사용하는 방안도 있다. 이를 가능하게 해주는 스마트 기술과 이러한 문화를 장려하는 합리적인 가격 체계는 우리가 모두 합심한다면 모두 이룰 수 있는 것들이다.

마지막으로, 전력 송신이라는 도전 과제로 시선을 돌려보면, 중국은 자국의 한쪽 끝에서 다른 쪽 끝으로 전기를 보낼 수 있는 거대한 송전선 체계를 구축하는 데 투자한다. 물론 중간에 손실도 있을 것이고, 중국을 가로지르는 것보다 훨씬 더 먼 거리로 송전한다는 것은 지역들 간에 서로 낮과 밤이라는 시차가 있을 수도 있지만, 그래도 점점 더 해볼 만한 방식이 되어간다.

전체적으로 보면 꾸준하지 못한 전력 생산과 그것을 저장한다는 문제에 필요한 해결책들은 모두 훌륭히 우리에게 다가온다. 중요한 요소는 투자다.

바람에너지는 얼마나 유용한가?

지구의 육지에 내려앉는 태양에너지 중에서 약 2퍼센트는 바람에너지로 전환된다.[84]

· ·

그런데 대부분의 바람은 높은 곳에 있는 제트기류라서 전혀 접근할 수 없다. 그 외에도 낮은 고도에 있는 바람도 대부분은 먼 바다에 있어서 주로 육지와 가까운 연안 지역에 자리하는 풍력발전소에서 이용하기는 어렵다. 육지와 해안가에 부는 저고도의 바람인 경우에도, 여러 가지 지리적인 제약이 있기 때문에 실제로 활용할 수 있는 지역은 극히 일부에 불과하다. 면적이 $10km^2$ 이상인 대형 풍력발전소에서도 육지 면적 1제곱미터당 겨우 1W 정도의 전력만 생산할 수 있다. 이는 대기 중에서 이용할 수 있는 운동에너지에 한계가 있기 때문이며[85], 또한 대형 풍력발전 시설에서는 수많은 터빈이 있기 때문에 이들을 거치면서 공기의 유속이 느려지게 된다. 영국처럼 바람이 거센 나라에서도 풍력발전이 도움이 되기는 하지만, 에너지 문제 해결의 중추가 될 수는 없다. 영국의 영토 전체를 하나의 거대한 풍력발전소로 만든다고 하더라도 1인당 하루에 겨우 87kWh를 생산할 수 있다.[86]

물론 이 수치만 하더라도 현재의 전 세계 1인당 평균 에너지 사용량보다 50퍼센트 가까이 많은 것이기는 하지만, 현재의 영국 내 에너지 수요에는 여전히 미치지 못하는 수준이다. 그런데 이러한 불행한 시나리오에서는, 리치먼드 공원(Richmond Park)*과 스카펠 파이크(Scafell Pike)**는 물론이고 세인트 폴 대성당(St Paul's Cathedral)까지 영국 땅 모든 곳에 풍력 터빈을 설치한다고 가정한 것이다. 그리고 영국에서는 이미 풍력에 반대하는 로비가 거세지고 있으며, 내가 가정해본 시나리오이긴 하지만 만약 이런 계획이 실제로 추진된다면 나조차도 반대하고 나설 것이다.

---

*   런던에 있는 영국 최대의 도심 공원.
**   영국 잉글랜드의 최고봉.

1인당 바람의 양이
가장 많은 나라는 어디인가?

. .

앞에서도 살펴봤다시피, 바람은 태양열 발전과 같은 잠재력은 없지만, 그래도 여전히 유용하게 기여할 수 있다. 다음에 보이는 지도는 세계 각국의 영토 위로 부는 바람의 운동에너지를 살펴봄으로써, 이러한 가능성을 가늠해 보고자 한 것이다.[87] 이는 아주 거친 방식으로 살펴본 것이며, 각 지역의 지형적인 조건이나 연안의 활용 가능성도 고려하지 않은 것이다.

많은 측면에서 햇빛과 바람은 서로 닮았는데, 인구밀도가 높고 일조량이 많지 않은 지역에서는 바람의 도움도 그다지 기대할 수 없다. 고무적인 점은, 연안 지역의 바람이 풍부한 유럽에서는 굳이 해상의 바람을 고려하지 않더라도, 햇빛보다는 확실히 바람의 영향이 더 크고 지도의 색깔도 조금 더 짙게 나타난다는 것이다.

전반적으로 바람은 태양열보다는 제약이 훨씬 심하긴 하지만, 그래도 일시적으로는 에너지 체계의 중요한 일부가 될 수 있다. 일조량이 적은 일부 지역에서도 부분적으로는 바람을 보다 잘 이용함으로써 보상을 받을 수 있고, 바람이 가장 강하게 부는 날이나 계절은 보통 일조량이 가장 적은 시기라는 것도 조금은 도움이 된다.

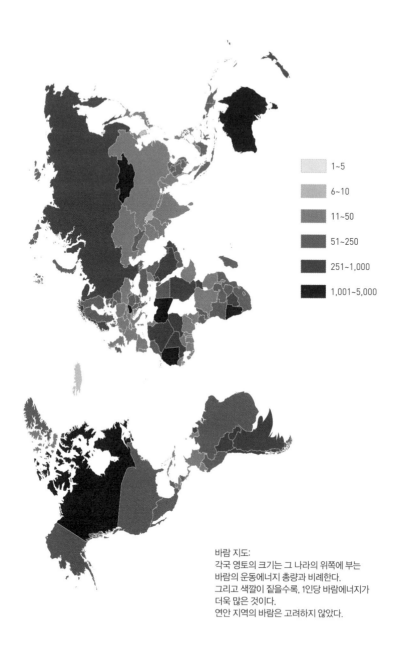

바람 지도:
각국 영토의 크기는 그 나라의 위쪽에 부는
바람의 운동에너지 총량과 비례한다.
그리고 색깔이 짙을수록, 1인당 바람에너지가
더욱 많은 것이다.
연안 지역의 바람은 고려하지 않았다.

	1~5
	6~10
	11~50
	51~250
	251~1,000
	1,001~5,000

빗물보다 태양이
더 좋은 이유는 무엇인가?

만약에 우리가 땅 위에 떨어지는 모든 빗방울을 발전용 터빈에 쏟아 넣을 수 있고, 그런 모든 빗방울이 땅 위를 흘러서 바다에 도착하기까지의 모든 과정에서 방출하는 위치에너지*를 전부 활용할 수 있다고 하더라도, 수력발전은 겨우 오늘날의 에너지 수요를 충족시킬 수 있을 뿐이다.

• •

수력발전은 전 세계적으로 성장세를 보이지만, 현재 지형적으로 물리적인 한계에 부딪히기 시작한다. 어떤 고도에서 얼마나 많은 비가 내리는지를 알 수 있으면, 전 세계 강우량의 이론적인 위치에너지의 최댓값을 합리적으로 계산해낼 수 있다.** 즉, 지상에 내리는 모든 빗

---

*   수력발전의 기본 원리는 물의 위치에너지를 전기로 변환하는 것이다.

**   위치에너지(E_p)는 물체의 질량(m)과 높이(h)로 계산되며, 이를 식으로 표현하면 $E_p = m \times g \times h$가 된다. ($g$는 중력가속도 $= 9.8 \frac{m}{s^2}$) 한라산 정상인 백록담을 예를 들어서 계산해보면, 백록담의 면적은 약 330,000㎡이고, 제주도의 연평균 강우량은 1,800mm(1.8m)이기 때문에, 백록담에 1년 동안 내리는 빗물의 부피는 330,000㎡ × 1.8m = 594,000 ㎥이다. 물의 비중(specific gravity)은 1이기 때문에, 물 1ℓ의 질량은 1kg이며, 1ℓ는 0.001㎥이기 때문에, 물 594,900㎥의 질량은 594kg이다. 즉, 한라산 백록담에 연간 내리는 빗물의 질량(m)은 594kg인 것이다. 백록담의 해발고도(h)는 1,950m이기 때문에, 이를 위치에너지(E_p)에 넣어서 계산하면, $E_p = m \times g \times h = 594kg \times 9.8 \frac{m}{s^2} \times 1,950m = 11,351,340 kg \cdot m^2/s^2$이다. 그리고 과학적으로는 $kg \cdot m^2/s^2$를 에너지의 단위인 J(줄)로 표기한다. 즉, 백록담에 1년 동안 내리는 빗물이 해수면을 기준으로 갖는 위치에너지는 11,351,340J이다.

방울을 완벽하게 효율적인 터빈에 통과시켜서 빗방울이 떨어진 지점에서 해수면에 도달할 때까지의 모든 에너지를 계산할 수 있다는 것이다. 그 값은 누구의 추정치를 활용하느냐에 따라서 현재 전 세계 에너지 사용량의 3분의 2에서 100퍼센트를 조금 넘는 수준 사이에서 산출된다.[88] 이건 마치 수력발전의 가능성이 훨씬 더 높다는 것으로 들릴 수도 있지만, 지상에 떨어지는 모든 빗방울의 위치에너지를 포획하는 것이 터무니없는 아이디어라는 것을 명심해야 한다. (그리고 고맙게도, 그건 모든 산에서 내려오는 하천을 막아야 하는 것이며, 그리고 정말로 진지하게 이를 원한다면 · 자그마한 모든 물줄기도 막아야 하는 것이기 때문이다.) 그렇기 때문에 우리는 물이 가진 위치수두(potential head)* 총량의 5퍼센트를 터빈에 통과시킬 수 있다고 가정하겠다. 지형적인 제약조건도 있고, 거대한 댐을 건설하는 데에는 일반적으로 환경적인 문제와 함께 사회적 비용도 상당히 소요된다는 점을 고려하면, 이 정도의 수치가 적당할 것 같다. 그리고 우리가 사용하는 터빈의 에너지 전환 효율은 80퍼센트로 가정하겠다. 이를 근거로 계산하면, 현재 전 세계의 수력발전 생산량인 0.45테라와트(TW)는 그 잠재적인 최대치의 이미 3분의 2 정도이거나, 그 이상일 수도 있다.[89]

이런 나의 계산이 조금 거칠기는 하지만, 태양열은 적어도 이번 세기 동안에는 그 이용에 제한이 없지만 수력발전은 이미 최대치에 근접한다는 것을 확실하게 보여준다. 즉, 활용도를 조금은 높일 수는 있겠지만 큰 기대를 할 수는 없다.

---

*   물의 위치에너지를 높이로 나타낸 값.

핵에너지는
끔찍한 생각인가?

그렇다. 하지만 기후변화라는 위기와 핵에너지의 안전성이 많이 개선되었다는 점을 고려한다면, 냉전 시절의 낡은 주장들을 재검토해야 한다. 핵에너지를 신뢰할 수 있으며 공정한 분석은 드물지만, 에너지 체계에서 핵에너지가 과도기적인 역할을 할 수 있는지를 반드시 제대로 분석해야 한다.

· ·

1980년대의 양극화된 논쟁 이후로 많은 것이 바뀌었다. 원자력을 옹호하는 진영에서는, 우리의 에너지 체계에는 전례가 없을 정도로 집중적인 처방이 필요하며, 원자력 산업은 과거보다 훨씬 더 안전해졌다고 말한다.

그러나 핵폐기물의 반감기가 줄어든 것은 아니며, 반감기는 여전히 무척 길다. 핵폐기물이 한 번 생성되면, 그것은 우리와 함께 수만 년을 지내야 한다. 그리고 정말로 끔찍한 사고가 일어날 수도 있고, 고의적인 테러의 가능성은 그것이 존재하는 한 거의 영원히 전 세계를 괴롭힐 것이다. 일촉즉발의 상황이 이미 여러 차례 발생했고, 그런 상황을 일으킬 수 있는 테러의 가능성이 어느 정도인지에 대해서도 우리는 알지 못한다.

하지만 우리가 에너지 공급에서 크나큰 어려움을 겪고 있는 것 역시 엄연한 현실이다. 그리고 화석연료는 반드시 땅속에 그대로 묻혀 있어야 한다. 그래서 끔찍하긴 하지만, 몇 가지 현실적인 측면은 살펴볼 수 있을 것이다. 핵에너지는 태양열보다 엄청나게 비싸 보이긴 하지만, 이렇게 직접적으로 비용을 비교하는 것은 중요한 사실을 간과하는 것일 수도 있다. 즉, 핵에너지는 꾸준하면서도 일정하게 전력을 생산할 수 있는데, 이는 태양열이나 바람에너지는 불가능한 것이다. 인구 1인당 일조량이 비교적 낮은 대표적인 나라는 영국과 일본인데, 이러한 국가에서는 핵에너지가 안정적으로 기반을 받쳐주는 상황에서, 복잡하면서도 변칙적인 바람, 물, 파도가 정교하게 혼합된 에너지 체계를 수립할 수 있을 것이다.

이를 제대로 평가하기 위해서는 비용, 편익, 리스크, 기회비용, 소요 시간 등을 포함해서 고도의 복잡한 분석이 필요하다. 그리고 신뢰할 수 있는 사람들이 분석해야 한다. 그들은 더욱 넓은 맥락에서 핵에너지가 어떠한 위치에 있는지를 평가할 수 있어야 한다. 그들은 공정하면서도 전문적인 평가를 할 수 있는 제대로 된 전문성과 지식을 갖추어야 하며, 그리고 여기에 참여하는 동기가 올바르다는 것을 확신할 수 있어야 한다. 바로 이 점이 중요하다. 원자력산업은 신뢰를 얻지 못하고 있으며, 역사적으로 살펴보면 충분히 그럴 만한 이유도 존재한다. 정치권과 산업 전반에 걸쳐서 거대한 기득권이 형성되어 있다. 영국에서는 현재 원자력 산업계의 여러 다양한 영역 간에 서로 적절한 협업이 이루어지지도 않으며, 새로운 기술을 충분히 이용할 수 있는 통합된 솔루션을 모색하기 위해서 에너지 분야의 다른 이들과 머리를 맞대거나 힘을 모으는 경우도 거의 없다. 이 책의 뒷부분에서 가치와 신뢰에 대한 내용으로 별도의 장이 마련되어 있는 것도, 어느 정도는 이러한 핵에너지와 관련된 문제 때문이다.

리스크는 제쳐두고라도, 우리는 핵에 대한 기대를 제한적으로 유지해야 한다. 현재 전 세계의 에너지 공급에서 핵에너지가 차지하는 비중은 1.6퍼센트로 아직은 주변부 역할을 하고 있지만, 앞으로 중요한 수십 년 동안 핵에너지는 그 입지를 크게 확장하기 위해 분투할 것이다. 현재는 새롭게 계획하고 있는 것보다는 수명이 다해서 퇴역해야 하는 원자력발전소가 더 많은데, 원자력발전소 하나를 건설하는 데에는 수백만 개의 태양전지판을 설치하는 것보다 훨씬 더 많은 비용이 든다.

핵을 완강하게 반대하는 견해를 보이는 가진 사람들은 핵에너지가 없는 저탄소의 미래에 대한 좀 더 확실한 계획을 내놓아야 한다. 이와 마찬가지로 핵을 지지하는 사람들은 "핵에너지를 이용하면 탄소 없는 세상을 만들 수 있다"라는 주장을 뒷받침할 좀 더 확실한 계획이 필요하며, 우리가 앞에서 살펴본 재생에너지나 에너지 저장 기술만을 통해서는 그러한 미래를 실현할 수 없다는 것을 입증해보여야 한다.

핵융합은 모든 문제를
해결해줄 것인가?

그 해답은 무한한 에너지를 가진 우리 인간이라는 생물종을 신뢰할 수 있느냐에 달려있다.

• •

어떤 이들은 핵융합이 인류에게 에너지 문제를 영원히 종식해줄 수 있는 위대한 해결책이 될 수 있다고 말한다. 이런 생각에 고개를 끄덕이기에 앞서서, 우리를 인류세의 시기로 이끈 장본인은 에너지의 과다한 공급과 그로 인해 유발된 수많은 위험 요소였다는 것을 명심해야 한다. 이런 문제를 해결하기 위해서 더욱 많은 에너지를 공급하는 것은 마치 숙취를 없애기 위해서 아침에 술을 더 마시는 '해장술' 같은 것이라고 할 수 있다. 나도 오래전에 딱 한 번 해장술을 마셔보았는데, 별로 권하고 싶지는 않다.

다행스러운 점이라면, 핵융합이 우리의 에너지 체계 안으로 편입되지 않게 할 수 있는 몇 가지 돌파구가 아직 남아있을 것이라는 사실이다. 핵융합이 얼마나 빠르게 그 모습을 갖추게 될지에 대해서는 정확히 모르지만, MIT의 연구진에 따르면, 미국에서는 2033년이 되면 핵융합이 전력망에 전기를 공급할 수 있을 것이라고 한다.[90] 즉, 그전까지 우리는 어떻게든 인류세에 맞서 힘겨루기를 해야 한다.

바이오연료는
미친 생각인가?

한 사람에게 하루에 필요한 열량을 충분히 제공할 수 있는 양의 밀을 바이오연료로 만들면, 토요타 코롤라 모델을 겨우 1.1마일(1.8km) 정도 움직일 수 있을 뿐이다.

• •

먹을거리와 연료를 바꾼다고 가정하면, 이건 말도 안 되게 비싼 거래다. 내가 여기서 예로 드는 건 소위 말하는 '1세대' 바이오연료인데, 이는 식용작물을 사용해서 만든 액체 탄화수소다. 미국에서는 자국의 인구 전체를 먹여 살릴 수도 있는 것보다 훨씬 더 많은 열량의 먹을거리가 이런 식으로 사용된다.[91] 만약 셀룰로오스(cellulose)를 액체 연료로 만들 수 있는 방법을 찾아내고 고효율 에너지작물을 활용할 수 있다면(2세대 바이오연료), 그 수치는 더욱 좋아지겠지만 그것도 다섯 배 정도에 불과하다. 미리 말하면, 여행 및 이동을 다루는 4장에서 토지의 활용도 측면에서 바이오연료의 효율성이 태양열보다 떨어진다는 것을 수치로 제시할 것이다. 그래도 여기에서 주목해야 할 점은, 바이오연료가 화석연료로부터의 전환에 있어서 중요한 역할을 하지는 못한다는 것이다. 그 이유는 이렇게 한심한 정도로 적은 탄화수소를 얻기 위해서, 모든 사람을 먹여 살려야 하는 그렇잖아도 어려운 도전 과제에 어마어마하게 추가적인 압박을 가하고 있기 때문이다. 물론 먹을거리 생산에 활용할 수 없는 불모지에서는 고효율 에너지 작물이 어느 정도의 역할을 할 수는 있을 것이다. 그리고 작물의 잔해들도 활용할 수 있을 것이다. 바이오연료에 대한 주요 연구 중 하나를 살펴보면, 이러한 두 가지 방식과 함께 버려지는 음식물을 활용함으로써 얻을 수 있는 잠재력이 현재 에너지 수요의 약 20퍼센트에 해당한다고 한다.[92] 물론 이는 바이오연료가 생물다양성과 토질에 미치는 부작용을 고려하지 않은 것이다. 불모지를 활용하기 위해서는 다른 생태계 서비스(ecosystem service)*를 위협하지 않기 위해서 극도로 주의해야 하며, 바이오연료로 활용하기 위해서 농업 체계에서 작물의 잔해를 가져간다면 토양의 유기물들을 감소시키는 조치라는 것을 인식해야 한다.

어떤 이들은 (아마도 '3세대' 바이오연료라고 할 수 있는) 해조류가 해결책이 될 것이라고 말한다. 미세조류(microalgae)는 놀라울 정도로 빠르게 성장하며, 현재 전 세계 탄소고정(carbon fixation)** 수치의 40퍼센트를 책임진다. 모든 해조류는 기름을 만들어낼 수 있다. 이러한 미세 유기체들의 종류는 수백만 종이 존재할 수 있으며, 효과적인 바이오연료 개발과 유전자 조작을 위한 풍부한 자원을 제공해줄 수 있는 잠재력을 갖고 있다. 그러나 해조류는 (양식 및 유전자 조작을 위한) 적절한 종을 선택하는 것에서 기름으로 가공하고 정유하는 것에 이르기까지

---

*   인간에게 직접적인 혜택은 없지만, 전체적인 환경에는 도움이 되는 간접적인 혜택.

**   대기 중의 이산화탄소를 유기물로 변환하는 과정.

수많은 어려움이 있기 때문에 상업성이 매우 낮다.[93] 엑손(Exxon)이 이 분야에 1억 달러를 투자했지만 결국 철수하고 말았다. 결국 해조류가 에너지 전환 계획에 포함될 가능성은 거의 없어 보인다.

그래서 이번 질문에 대답하면, 적정한 바이오연료가 완전히 엉터리인 것은 아니지만, 그렇게 되지 않으려면 상당한 주의를 기울여서 접근해야만 한다. 조심스럽게 다룬다면 바이오연료는 에너지 체계에서 작지만 가치 있는 역할을 할 수 있다. 만약 저탄소 세상을 향하는 과정에서 규제되지 않은 자유시장이 바이오연료의 운명을 정할 수 있게 내버려둔다면, 그것은 끔찍한 재앙이 될 수 있다. 즉, 바이오연료가 가난한 사람들에게 필수적인 먹을거리를 제공하기보다는 부유한 사람들에게 더욱 많은 이윤을 가져다주는 용도로 활용될 수 있으며, 에너지 작물의 생산을 위해서 수많은 자연 서식지가 파괴되는 광경을 목격하게 될 수도 있다.

마지막으로, 감자튀김(프렌치프라이)을 튀기고 남은 기름으로 자동차를 구동시킨다는 아이디어가 있는데, 이건 그 자체로는 문제가 별로 없다. 다만, 이런 기름을 얻으려면 사람들이 그만큼의 감자튀김을 먹어야 한다는 것을 의미하는데, 이런 감자튀김이 부유한 나라에서는 간식거리일 수도 있지만, 그것이 어쩌면 부실한 식단으로 죽어가는 수십억 명에게는 상당한 도움이 될 수도 있다는 걸 알아야 할 것이다.

수압파쇄를
꼭 해야 하는가?

수압파쇄법(fracking)의 장단점에 대해 신뢰할 수 있는 분석을 하고, 아주 뛰어난 규제 방안을 갖추기 전까지는 그렇지 않다. 이런 조건을 갖춘다 하더라도 이론적으로는 그럴 여지가 있을지도 모른다. 하지만 그럴 가능성은 거의 없다.

• •

천연가스는 석탄이나 석유보다 온실가스는 적게 배출하면서 더 많은 양의 열을 만들어낸다. 따라서 저탄소 세상을 향해 가는 과정의 전환기에 수압파쇄법으로 시추한 가스를 사용하는 것에 대한 이론적인 가능성을 고려해볼 수는 있다. 즉, 석탄과 석유에서 손을 떼면서 재생에너지의 발전 속도를 높이는 과정에서 천연가스를 사용한다는 것이다. 하지만 그래서는 안 되는 이유가 몇 가지 있다.

- 첫째, 수압파쇄법의 대상이 메탄가스라는 것이다. 100년 동안 미치는 효과를 따져보면, 우리가 그토록 해결하려고 하는 이산화탄소보다 메탄의 영향력이 25배나 더 강력하다. 기후변화에 대처하기 위해서 최선을 다한다고 하더라도, 메탄층의 어느 한 곳이라도 대기 중으로 유출된다면 그 모든 노력이 허사가 된다. 수압파쇄 과정에서 심각한 가스 유출 사고라도 발생한다면 그

로 인한 악영향은 석탄보다도 훨씬 더 해로울 것이다. 나는 지금 시추 과정에서 유출되는 것만을 말하는 게 아니라, 시추를 마쳤거나 폐쇄된 가스 유전이 미래의 어느 시점에 약간이라도 무너지는 경우를 말하는 것이다. (한편, 대기 중에서 메탄의 반감기는 겨우 12년이다. 그렇기 때문에 100년이라는 시간을 놓고 보면, 메탄이 미치는 피해의 대부분은 초기에 집중된다. 다시 말해서, 비교 기간을 50년으로 더 짧게 놓고 본다면, 메탄이 이산화탄소보다 거의 50배나 더 강력하다는 것을 의미한다.)

- 둘째, 수압파쇄를 실행하는 프로세스 자체만으로도 엄청난 에너지가 든다는 것이다. 그렇기 때문에, 설령 아무런 사고가 발생하지 않는다 하더라도 탄소의 측면에서는 그다지 유리하지 않다고 할 수 있다.

- 셋째, 영국에서는 수압파쇄 분야의 선도기업인 카드릴라(Cuadrilla)가 지금 당장 사업 승인을 받는다고 하더라도, 실제 생산에 들어가려면 10년 정도가 걸린다는 것이다. 이때쯤이면 영국은 이미 석탄을 전혀 사용하지 않고 있을 것이다. 수압파쇄로 시추한 가스를 다른 나라들이 석탄 사용을 중단하는 용도로 수출할 수도 있겠지만, 이건 수압파쇄법을 지지하는 진영에서 내세우는 논리가 아니기 때문에 현실성은 그다지 없어 보인다.

- 넷째, 수압파쇄 과정에서는 우리의 상수원을 오염시킬 수 있는 화학물질이 사용된다는 것이다. 미국에서는 주민들이 거주하는 지역에서 멀리 떨어진 곳에서 시추를 하기 때문에 이 점이 크게 문제가 되지 않을 수도 있다. 그러나 영국에서는 (그리고 인구밀도가 높은 나라들에서는) 심각한 문제가 된다.

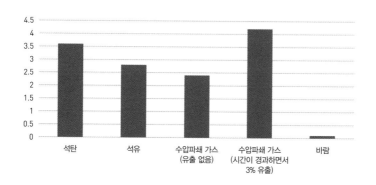

1kWh의 전력을 생산하는 데 사용되는 이산화탄소의 양(kg)

석탄 / 석유 / 수압파쇄 가스 (유출 없음) / 수압파쇄 가스 (시간이 경과하면서 3% 유출) / 바람

다른 대안들과 비교한 수압파쇄 가스의 탄소 집약도(carbon intensity). 가장 최상의 시나리오에서는 수압파쇄 가스가 석유보다 나을 뿐이고, 시간이 경과하면서 단지 3퍼센트의 가스만이라도 대기 중으로 유출된다면, 오히려 석탄보다도 더 나쁜 선택이 된다.

수압파쇄법이 좋은 아이디어가 되려면, 이런 모든 문제가 신뢰할 수 있는 방식으로 검증되어야 한다. 이런 면에서 수압파쇄 논쟁은 원자력을 둘러싼 논쟁과 비슷하다. 필요한 모든 정보에 접근할 수 있는 충분한 전문성을 갖추었고, 이 일을 할 수 있는 자원을 갖고 있으며, 무엇보다도 기득권 세력의 재정적인 이해관계로부터 충분히 자유로워서 공정하게 분석할 수 있다고 믿을 수 있는 사람들이 분석을 해야 한다. 이런 분석이 없이는 수압파쇄법에 대해서 열광해서는 안 된다. 하지만 영국의 상황은 이런 것과는 거리가 멀고, 앞으로도 올바른 방향으로 움직일 것 같은 기미가 전혀 보이지 않는다. 우리가 인류세라는 복잡한 문제를 헤쳐나갈 수 있는 길을 찾으려면 훨씬 더 높은 수준의 신뢰가 필요하며, 수압파쇄는 그러한 신뢰가 필요한 수많은 사례 중의 하나일 뿐이다. 또 다른 제약조건이 있다면, 역시 신뢰가 필요한 사안인데, 화학물질이나 메탄가스가 유출되지 않도록 최고 수준의 규제가 필요하다는 것이다.

요약하면, 아무리 좋은 상황을 고려한다 하더라도, 수압파쇄로 얻을 수 있는 혜택은 온실가스 배출의 측면에서는 거의 아무런 의미 없는 수준일 수 있다. 그리고 이 문제를 둘러싸고 거대한 신뢰의 간극이 존재한다는 점을 감안할 때, 수압파쇄는 '안 된다'고 단언하고 더욱 생산적인 분야로 관심을 돌리는 것이 낫다.

지금까지는 청정에너지라고 알려진 방법에 대한 내용들을 살펴보았고, 이제는 전 세계 에너지 사용의 핵심적인 역학관계에 대해서 시선을 돌릴 차례다. 이번 주제는 기후행동에 있어서 일반적으로 알려진 지식의 많은 부분에 도전을 제기한다. 이러한 부분을 이해하는 것은 엄청나게 중요하지만, 에너지 정책을 입안하는 사람들은 관련 내용을 전혀 파악하지 못하거나 대충 얼버무리는 경우가 많다. 슬픈 현실이라고 할 수 있다.

재생에너지를 많이 사용하면 화석연료를 적게 사용하게 될까?

꼭 그렇지는 않다. 중요한 문제는 우리가 재생에너지를 석탄, 석유, 가스 대신에 사용할 것인가, 아니면 함께 사용할 것인가이다.

• •

앞에서 지난 150년 동안의 에너지 사용에 관한 역사를 살펴봤을 때 알 수 있었던 것처럼, 새로운 에너지원이 등장한다고 하더라도 다른 에너지원의 사용량이 줄어들지는 않았다. 석유가 석탄 사용량의 증가세를 조금 완화하기는 했지만, 그럼에도 석탄의 사용량은 계속해서 증가했다. 그 뒤에도 천연가스가 등장했지만, 오직 석유의 증가세만 누그러트렸을 뿐이다. 새로운 에너지원이 나타나면 우리는 일반적으로 에너지를 더 많이 사용하게 되었다. 물론 한동안은 비교적 에너지가 풍부하다고 느껴져서, 다른 에너지원에 대한 갈증이 조금은 누그러지는 측면은 있었다.

태양열을 비롯한 다른 재생에너지들의 사용량이 급격히 늘어난다면 화석연료를 비교적 쉽게 내려놓을 수 있는 시간을 줄 수는 있겠지만, 이것만으로는 그런 일이 저절로 일어나지는 않을 것이다. 정책 입안자들은 이런 점을 잘 헤아릴 필요가 있다. 그렇지 않은 사람들에게는 절대로 투표하지 말아주기 바란다.

에너지 효율과 관련한 문제는 무엇인가?

에너지를 어디에 사용하든 관계없이 에너지 효율이 높아지면 수요가 더욱 증가한다는 것이다.

• •

1865년, 윌리엄 스탠리 제번스(William Stanley Jevons)는 영국이 석탄을 더욱 효율적으로 사용한다고 해도, 그에 대한 수요는 감소하는 것이 아니라 오히려 더욱 증가하게 될 것이라는 점을 발견했다.[94] 이후로 이런 현상은 제번스의 역설(Jevons Paradox)이라고 불려왔다. 에너지의 효율이 좋아지면 많은 이가 추측하듯이 수요가 줄어들기보다는 자연스럽게 총수요의 증가로 이어진다는 것이다. 이러한 역설은 1865년에 그랬던 것처럼 현재 시점에도 똑같이 적용되며, 지금까지도 에너지 및 기후 정책에 있어서 엄청난 영향을 미쳐왔다. 그의 발견은 처음에는 선뜻 이해가 되지 않을 수도 있지만, 곰곰이 생각해보면 완벽하게 일리가 있는 주장이다. 이런 식으로 살펴보자. 어떤 가정에서 하룻밤을 따스하게 보내는 데 1톤의 석탄이 필요하고, 이 가정에서 올해의 마지막 밤을 따뜻하게 보내면서 새해 첫날을 맞이하기 위해서 1톤의 석탄을 아껴둔다고 상상해보자. 이제 좀 더 효율이 좋은 난로가 발명돼서, 같은 1톤의 석탄으로 이틀 밤을 따뜻하게 보낼 수 있게 되었다고 상상해보자. 이제 그들이 가진 석탄의 가치는 두 배가 되었고, 조금만 더 노력해서 석탄을 추가로 구입하면 1년에 3일 밤을 따뜻하게 보낼 수 있게 되었다. 이 가족은 새롭게 단열재를 설치할 수 있고, 하룻밤 정도는 별도의 난방 없이 보내면서 석탄을 좀 더 아낄 수도 있을 것이다. 그리고 어느 추운 날 밤에는 따뜻하게 타오르는 난로 곁에서 일하면서 석탄을 좀 더 살 수 있는 돈을 마련할 수 있다. 그런데 이렇게 수요가 아주 많이 증가하면 규모의 경제가 작동하게 되고, 또한 시추 기술을 높이기 위한 투자도 늘어나면서 석탄의 단가가 내려가게 된다. 그리고 이런 순환이 계속된다. 이것은 제번스의 역설이 작동하는 방식을 간단하게 그려본 것이긴 하지만, 그래도 그 원리를 이해할 수 있었기를 바란다.

지난 몇 년 동안 거의 모든 분야에서 효율성이 몇 배나 향상되었다. LED 조명의 에너지 효율은 석유랜턴이나 가스램프의 수백 배에 달한다. 정보를 종이에 저장하는 것보다는 마이크로칩을 사용하는 것이 수백만 배는 효율적이며, 클라우드(cloud)는 그보다도 더 효율적이다. 전차의 효율은 말이 끄는 마차는 말할 것도 없고 증기열차보다 몇 배나 더 효율적이다. 그러나 그렇게 효율이 높아지는 것과 함께 우리의 에너지 사용량 역시 증가했으며, 오히려 효율이 높아졌기 때문에 그렇게 될 수 있었다.

실제로 우리는 효율이 높아졌는데도 더욱 많은 에너지를 사용하는 것이 아니라, 효율이 높아졌기 때문에 더욱 많은 에너지를 사용할 수 있게 되었다는 사실을 알 수 있다. 이쯤에서 잠시 멈춰 서서, 이러한 사실이 에너지의 정책에 미치는 엄청난 함의에 대해서 생각해보기 바란다. 즉, 효율성이 향상되면 우리에게 얼마큼의 에너지가 주어지든 더욱 많은 이득이 될 수 있지만, 의도적으로 제약을 가하지 않는다면 에너지의 총사용량은 더욱 증가하는 결과로 이어지게 된다.

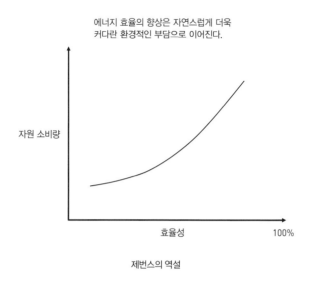

에너지 효율의 향상은 자연스럽게 더욱
커다란 환경적인 부담으로 이어진다.

제번스의 역설

그렇다고 해서 이중유리창을 모두 없애고 자동차 타이어의 바람을 전부 빼야 한다는 것은 아니다. 나는 에너지 효율의 향상이 미래에 전혀 쓸모가 없다고 말하는 것이 아니다. 다만 그 자체로는 전혀 유익하지는 않다는 점을 말하고 있는 것이다.

(지난 몇 년 동안 제번스의 역설이 뜨거운 논의 주제였다는 사실을 언급할 필요가 있다. 더욱 자세한 내용과 이를 부정하는 주장이 왜 틀렸는지에 대해서는 주석을 참고하기 바란다.[95])

그런 문제가 있다면, 에너지 효율화가
우리에게 해줄 수 있는 것은 무엇인가?

물론 더욱 뛰어난 효율성이 절실하게 필요하긴 하지만, 그것이 소비량의 증가로 이어지지 않는 법을 배워야 한다.

· ·

우리는 에너지 효율성이 지금까지 익숙했던 것과는 다른 방식으로 작동하게 만들어야 한다. 지금부터 에너지 효율이 향상되면서 생기는 여유분의 에너지에 대해서, 우리는 그것을 의도적으로 저축해야만 한다. 그것이 소비 욕구를 더욱 자극해서 무수히 많은 반동효과(rebound effect)가 나타나고, 그래서 저축해 놓은 에너지를 모두 탕진해버리는 일이 발생해서는 안 된다. 이것은 소비하는 시점에 있어서 매우 다른 접근법을 제시한다. 이것이 가능하려면 자원의 총사용량을 제한해야 하며, 특히 화석연료를 제한해야 한다. 화석연료의 사용량이 강제로 줄어든다면, 반동효과도 사라질 것이다. 에너지 사용의 역학관계도 바뀔 것이다. 에너지 효율은 이제는 사상 처음으로 더욱 나은 삶을 위한 힘이 되어줄 것이며, 환경에 미치는 피해도 없을 것이다. 이러한 조건이라면 에너지 효율은 우리가 원하며 바라는 것을 얻기 위한 핵심적인 경로의 하나가 될 것이다. 또 하나의 핵심적인 경로는 앞에서 살펴본 깨끗한 에너지를 만들어내는 것이다. 세 번째의 중요한 경로는 이 책의 뒤쪽에서 자세히 살펴볼 텐데, 간단히 말하면 세계에 가장 크게 피해를 주는 것들을 덜 원해야 한다는 것이다. 이게 그렇게 말도 안 되는 생각일까? 이에 대해서는 뒤에서 살펴보도록 하겠다.

디지털 경제가 저탄소 세상을 가능하게 만들고 있을까?

ICT산업에서는 자신들의 기술 자체가 탄소발자국을 보상해주기도 하지만, 그것 이상으로 세상을 효율적으로 만들어주기 때문에 ICT가 저탄소 세상을 불러온다는 논리가 지배적이다.[96] 물론 정보를 종이에 기록하는 것보다는 디지털 형태로 저장하는 것이 수백만 배는 더 효율적이다. 그리고 따져보면 직접 만나서 회의를 하는 것보다는 화상으로 컨퍼런스 콜을 하는 것이 수천 배는 더 효율적이다. 하지만 정보를 효율적으로 저장할 수 있게 되면서, 우리가 현재 수백만에 수백만 배나 많은 정보를 저장하고 있는 것 역시 사실이다. 그렇다고 종이에 기록하는 관행이 사라진 것도 아니다. 그리고 화상통화가 보편화되면서 비행기를 타야 하는 경우가 줄어들었기는 하지만, 때로는 동영상 기술이 없었다면 모르고 지냈을 수도 있는 사람들을 알게 되면서 오히려 비행기를 타야 하는 경우가 생기기도 한다. 전 세계적인 탄소 배출량의 제한이 없는 상태에서, 이러한 수많은 반동효과가 생겨난다면 효율성 덕분에 아낄 수 있었던 탄소 절감효과가 사라지게 된다. ICT는 또한 물류를 효율적으로 개선하면서, 그 때문에 오히려 물동량이 크게 증가하는 반동효과로 이어지게 만든다.

따라서 ICT가 효율성을 개선한다는 업계의 주장 자체는 사실이다. 우리의 삶의 질을 희생시키지 않고도 탄소 배출량을 좀 더 쉽게 제한할 수 있게 해준다. 그러나 ICT 산업이 그러한 배출량의 제한을 강하게 추진하지 않는 한, 기술 자체가 저탄소 세상을 가능하게 만든다고 주장할 수는 없다. 실제로는 정반대일 수 있기 때문이다.

지금까지 에너지의 역학관계에 대해서 충분히 살펴봤기 때문에, 이제는 전 세계의 배출량을 실질적으로 감소시킬 수 있는 방안이 무엇인지를 논의해 볼 수 있을 것이다.

깨끗한 전기를 생산하는 것이 화석연료에서 벗어나는 과정에서 가장 쉬운 부분에 불과하다는 이유는 무엇인가?

재생에너지로 전기를 얻는다면 발전소에서 석유나 석탄으로 생산하는 전기의 2.5배를 대체할 수 있다. 하지만 난방용 열원을 대체하는 것은 쉽지 않다.

．．

에너지의 종류에 따라서 더욱 적합한 용도가 다르기는 하지만, 다른 종류의 에너지로 전환을 할 때는 거의 언제나 손실이 발생한다. 특히 발전소에서 석유나 석탄으로 전기를 얻기 위해서 증기 터빈을 가동하는 경우, 거의 아무런 용도로도 사지 못하는 열의 형태로 60퍼센트 이상의 에너지가 소실되는 반면, 전기로 전환되는 비율은 40퍼센트에도 미치지 못한다.[97] 태양열, 바람, 수력으로 얻는 전력은 (터빈을 돌리기 위해서 물을 끓여야 하는 중간 단계를 거치지 않고) 시작부터 전기의 형태로 얻어지기 때문에 이런 문제가 발생하지 않는다.* 즉, 이러한 재생에너지원으로 얻는 전력 1킬로와트시(kWh)는 석유나 석탄으로 얻는 전

---

* 태양열은 햇빛이 태양광 패널에 부딪히는 순간에 발생하는 광전효과(photoelectric effect)에 의해서 전기가 만들어지고, 수력발전에서는 물이 직접 터빈을 돌리며, 풍력발전에서는 바람이 직접 블레이드를 돌린다. 반면에, 화력발전소에서는 석탄과 석유를 태워서 물을 끓인 다음, 물이 끓으면서 발생하는 증기로 터빈을 돌린다. (210쪽으로 이어짐)

력 2.5킬로와트시(kWh)와 같다고 할 수 있다. 그래서 아직은 깨끗한 에너지로 전환해 나가는 초기 단계이기는 하지만, 이러한 특성이 재생에너지에는 가점 요인이 된다.

그리고 거의 같은 이유로 지상의 운송 수단에서도 비슷한 가점 요인을 적용할 수 있다. 전기 모터와 내연기관 엔진의 효율성을 비교하면, 같은 양의 에너지를 액체 탄화수소 형태로 변환해서 사용하면 차량을 2~3배 더 멀리까지 운행할 수 있다.

그런데 우리가 모든 전기를 재생에너지원으로부터 얻어내고 모든 운송 수단이 전기로 가동되는 시점에 도달하게 된다면, 우리는 열원으로서도 화석연료를 대체해서 재생에너지를 사용하고 있어야 한다. 하지만 이 부분에서 재생에너지는 가점을 전혀 얻지 못한다. 그 이유는 전기를 이용해서 난방을 하거나 용광로를 가열하는 것보다는, 석탄이나 석유, 가스를 태워서 열을 발생시키는 것이 훨씬 더 효율적이기 때문이다. 그래서 이러한 분야에서의 에너지 전환은 상당히 어려운 과제를 안는다. 따라서 재생에너지가 기여하는 비율이 어느 정도인지를 이야기할 때는, 그것이 에너지 사용량 전체에 대한 것인지, 아니면 전력 생산에서 차지하는 비중을 말하는 것인지를 명확하게 구분해야 한다.

원자력발전에서도 우라늄이 핵분열을 일으켜서 발생하는 에너지로 물을 끓여서 그 증기로 터빈을 돌린다. 따라서 화력발전과 원자력발전에서는 언제나 많은 양의 폐열이 발생한다. 화력발전소와 원자력발전소가 강가나 바닷가에 많은 것도, 이러한 폐열을 식히기에 유리하기 때문이다. 그리고 이러한 발전소가 위치한 곳에서는 폐열을 식히면서 배출되는 온배수 때문에 주변의 수온이 상승하면서 생태계에도 좋지 않은 영향을 미치게 된다.

깨끗한 에너지로의 전환에 있어서 마지막 도전 과제는, 과연 항공 부문에서도 재생에너지를 사용할 수 있을까 하는 것이다. 현재 시점으로 보면 이 분야에서는 액체 탄화수소가 필요하다. 그런데 재생에너지를 이용해서 액체 탄화수소를 얻을 때의 에너지 전환 효율은 0.6 정도에 불과하다. 즉, 태양열로 얻은 전기 2kWh를 투입하면 겨우 1kWh의 항공연료를 만들어낼 수 있는 것이다.

재생에너지로 만든 전기 1kWh는
얼마나 많은 화석연료를 대체할 수 있을까?

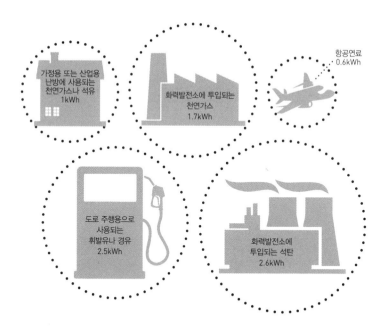

재생에너지로 얻은 1kWh(킬로와트시)의 전기로 대체할 수 있는 화석연료의 양은 용도에 따라서 크게 다르다. (원의 크기는 각 분야에서 대체할 수 있는 화석연료의 양을 의미한다.)

어떻게 하면 화석연료를
땅속에 계속 가둬둘 수 있을까?

청정에너지 자체로는 큰 도움이 되지 않고 에너지 효율을 향상하는 것도 그 자체로는 전혀 도움이 되지 않기 때문에, 어쩔 수 없이 시추할 수밖에 없겠지만, 그래도 제약은 두어야 한다.

• •

깨끗한 에너지만으로는 총 에너지 수요를 모두 다 메울 수 없기에, 화석연료가 이러한 간극을 메울 수 있다. 우리가 지금 당장 이용할 수 있는 두 개의 수단은 청정에너지의 공급을 늘리는 것과 에너지에 대한 수요를 줄이는 것이다. 그리고 세 번째 수단은 화석연료의 공급을 제한하는 것이다. 그렇게 해야 탄소 배출에 영향을 미치는 반동효과를 단단하게 틀어막을 수 있다.

깨끗한 에너지의 공급을 늘리려면, 우리는 적극적으로 투자해야 한다. 여기에는 (특히 태양열과 같은) 재생에너지의 공급을 본격적으로 개시하고 그에 필요한 기반시설을 갖추는 것과 함께, 저장이나 송전 등 태양열이 실효를 거두는 데 필요한 기술 분야에 대한 연구개발도 해야 한다. 이 모든 것은 해낼 수 있는 것들이다. 여기에 필요한 자금은 어떻게 마련할 수 있을까? 운이 좋다면, 화석연료의 사용을 중단함으로써 회수되는 엄청난 비용을 투자할 수 있는 기회가 마련된다.

어제의 에너지 체계에서 내일의 에너지 체계로 전환하는 과정에는 수많은 비즈니스 기회가 있을 것이고, 일자리 창출의 측면에서도 전체적으로 긍정적인 영향을 줄 것이다. ('인류세의 시기에 적합한' 비즈니스와 일자리는 그 개념에서부터 약간의 재작업이 필요한데, 이에 대해서는 뒤에서 논의할 것이다.)

화석연료의 공급을 제한하면서 재생에너지가 무척 훌륭해져서 석탄에 대한 관심이 사라지고 그걸 캐내는 게 귀찮아질 정도가 되기를 바라는 것은 소용없는 일이다. 그리고 이러한 흐름에 세계의 일부만 동참한다면 우리가 원하는 결과를 얻기 힘들다. ('부록: 기후 비상사태에 대한 기초 지식'에 있는 9번 포인트 참조) 화석연료를 땅속에 가둬두기 위해서는 강제성 있는 국제협약이 필요하다. 협약의 내용이 지키기에는 너무나 어렵다고 해도 관계없다. 그 외에 다른 어떤 방안도 실효성이 없기 때문이다. 가야 할 길이 너무 멀리 있기는 하지만 2015년의 파리기후협약은 이를 위한 중요한 진전이었다. 그러나 마라케시와 본에서 개최된 이후의 기후 회담에서는 진전된 것이 거의 없었다.

그러한 협약이 체결되려면, 먼저 그 전에 몇 가지 조건이 충족되어야 한다. 우리가 가진 총탄소예산(carbon budget)*에서 남아있는 화석연료의 양이 얼마인지에 대한 내용이 어떻게든 공유되어야 하고, 이러한 국제협약이 세계의 각국에 미치는 영향이 어떻게 다른지를 고려해야 할 것이다. 모든 이를 위해서 작용하는 것이 아니라면 합의되지

---

*   지구의 기온이 일정 수준 이상으로 오르지 못하게 한다는 목표 안에서 우리에게 아직 남아있는 탄소 배출량.

않을 것이기 때문이다.

기후변화의 초기 단계도 세계의 각 지역에 따라서 매우 다른 양상으로 나타난다. 몰디브는 물에 잠기고, 방글라데시는 홍수를 겪으며, 캘리포니아에서는 산불이 발생한다. 그리고 러시아는 처음에는 작물의 수확량이 증가하고, 1년에 12달 내내 얼지 않는 부동항의 숫자가 늘어날 가능성이 크며, 그러는 한편으로는 (영구동토층이 녹으면서) 더욱 많은 화석연료 매장량을 이용할 수 있게 된다. 그리고 탄소를 제한하면 가난한 나라들에서는 깨끗한 에너지 체계로 전환되는 효과보다는 오히려 국민의 복지에 나쁜 영향을 주게 될 것이다. 반면에 부유한 국가들에서는 에너지와 행복 사이의 연관성이 이미 오래전에 무너졌을 수도 있다. GDP와 행복 사이의 연관성이 깨져버린 것처럼 말이다.

이러한 국제협약은 각국에 미치는 서로 다른 영향을 이해해야 하고 세계가 아직 경험하지 못했던 국제적인 페어플레이 감각도 필요하기 때문에 체결하기가 쉽지는 않을 것이다.

하지만 그러한 어려움이 있다고 하더라도 우리가 화석연료를 땅에 묻어두기 위해서 국제협약을 체결해야 한다는 현실은 바뀌지 않는다.

이를 통해서 이득을 보는 이들은 손해를 보는 사람들에게 보상을 해야만 한다. 이것이 가능하려면 저탄소 세상이 모든 이해당사자에게 미치는 영향을 충분히 이해해야 하고, 또한 이러한 합의를 가능하게 만들 수 있는 강력한 페어플레이 정신과 서로에 대한 충분한 호의가 필요하다. 이런 요구 조건이 지금 당장은 멀게만 느껴지는 이유는, 우리가 여전히 이러한 변화가 불가능하다고 여겨지는 낡은 습관과 사고방식에 얽매여 있기 때문이다. 그래서 이 책의 뒷부분에서는 이러한 변화를 이뤄내는 방법에 대해서 살펴볼 것이다.

이러한 목표를 위해서는 문화적인 측면과 정치적인 영역에서도 변화가 필요하며, 그리고 각 지역 차원에서, 국가의 차원에서, 그리고 전 세계적인 수준에서 우리 사회가 운영되는 방식도 바뀌어야 한다. 이러한 필수적인 분야들에 대해서는 이후의 장들에서 하나씩 살펴볼 것이다.

화석연료를 가장 많이 보유한 이들은 누구이며, 그들은 어떻게 대처할 것인가?

화석연료를 가장 많이 가진 상위 5개국은 모두 잠재적인 태양에너지도 그만큼 많이 보유한다. 오스트레일리아는 웃음을 터트릴 테지만, 베네수엘라와 같은 몇몇 국가는 적절히 조절되지 않는다면 어쩔 수 없이 타격을 감수해야만 한다.

• •

다음의 표에서는 화석연료의 매장량이 가장 많은 11개국을 보여준다. 이 나라들은 전 세계에 지금까지 확인된 매장량의 80퍼센트 이상을 보유하고 있다. 아래의 표는 이 나라들이 전 세계의 화석연료 매장량에서 보유하고 있는 비율과 전 세계의 일조량에서 차지하고 있는 비중을 비교한 것이다. 조심스럽기는 하지만, 우리는 이러한 자료를 세계의 에너지 무대를 주름잡고 있는 이 나라들에 깨끗한 에너지로 전환한다는 것이 어떤 의미를 가지는지에 대한 가늠자로 활용할 수 있을 것이다. 아래의 표는 그러한 전환에 대한 사고가 불러일으키는 감정이 희망인지 아니면 두려움인지에 대해서 간단한 통찰력을 제시해줄 수 있다. 상위 5개국은 미국, 중국, 러시아, 오스트레일리아, 인도이며, 이 나라들은 화석연료와 일조량이 모두 풍부하기 때문에 이러한 전환이 위협일 수도 있지만 상당한 기회가 될 수도 있다. 특히 오스트레일리아는 앞에서도 언급했듯이 품질이 안 좋다고 소

전 세계의 화석연료 매장량에서 차지하는 비율

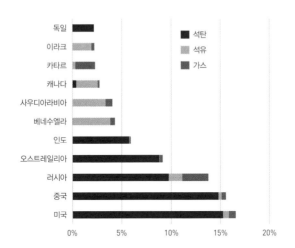

전 세계의 육지에 내리쬐는 일조량에서 차지하는 비율

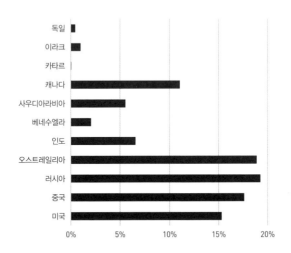

화석연료 매장량 상위 국가들과 그들이 전 세계의 일조량에서 차지하는 비율

문난 자국의 석탄 대신에 태양에너지가 주는 혜택을 누리게 될 것이다. 캐나다와 사우디아라비아의 상황도 좋아 보인다.

반면에 베네수엘라는 석유산업에서 세계적인 산유국으로서 중요한 위치를 차지하고 있지만, 일조량에서는 상대적인 빈곤 국가로 나락할 처지에 놓여있다. 이런 상황은 이라크는 물론이고 전 세계의 태양광 혁명을 주도하고 있는 독일조차도 마찬가지다. 이 표를 보면 알 수 있듯이, 석유 매장량은 엄청나지만 국토의 면적이 너무 작아서 충분한 일조량을 확보하지 못하는 카타르에는 저탄소 세상으로의 전환이 엄청나게 위협적인 상황으로 보인다.

국제협약을 맺는 데 이러한 사실이 가지는 의미는 무엇인가?

화석연료 매장량과 일조량을 비교한 것은 승자와 패자를 가려내기 위한 기준이 전혀 아니다. 여기에는 에너지 체계에 전환을 일으킬 수 있는 자원은 무엇인지, 태양열 이외의 다른 에너지원도 이용할 수 있는지, 각국의 일조량을 실제로 활용할 수 있는지 등 고려해야 하는 수많은 다른 요인이 존재한다. 적도 부근에서는 일조량이 비교적 조밀하고 태양이 1년 내내 비치는 반면, 러시아와 캐나다에서는 햇빛의 세기가 약해지며 일조량도 주로 여름철에 집중된다.* 그렇기는 해도 앞의 표는 저탄소 세상으로의 전환이 갖는 의미가 전 세계의 각

---

*   위도가 높아질수록 태양의 고도는 낮아지기 때문에 육지의 면적이 같아도 저위도 지역보다 비치는 일조량이 적다. 그리고 위도 48도 이상의 고위도 지방에서는 여름철에 해가 지지 않는 백야현상이 나타나지만, 겨울철에는 해가 뜨지 않는 밤이 지속되기 때문에, 일조량 자체가 연중 일정치 않다는 문제가 있다.

나라에는 모두 다를 수 있다는 것을 다시 한번 강조해서 보여준다. 어떤 나라들은 기쁨에 겨워서 손뼉을 치겠지만, 다른 나라들은 충분히 위협적인 상황에 놓여있을 수도 있다. 이렇게 나라별로 다양한 이해관계를 고려하지 않는다면, 어떻게 전 세계적인 합의가 도출될 수 있단 말인가? 우리는 정녕 카타르가 빈곤의 나락으로 떨어지기를 바라는가? 그런 것이 아니라면, 전 세계 모든 나라의 상황도 고려하고, 그 나라들의 시선으로 세상을 바라보아야 한다.

물속으로 가라앉고 있는 나라의 처지와, 겨울에도 얼지 않는 부동항을 찾고 있으며, 얼어붙어있던 동토가 녹으면 비옥한 농지로 활용할 수 있고, 또한 그곳에 매장되어 있던 풍부한 화석연료를 더욱 많이 활용할 수 있는 거대한 영토를 갖고 있는 나라의 처지에서는 기후 비상사태에 대응해야 하는 긴박함이 전혀 다를 것이다.

이 책의 뒤쪽에서는 아직은 불가능해 보이지만 반드시 필요한 국제협약에 대한 내용과, 아이들이 자라면서 그리고 성인들도 나이가 들어가면서 배워야 하는 나눔이라는 거대한 질문에 대해서도 조금 더 자세히 살펴볼 것이다.

공기 중의 탄소를
다시 뽑아낼 필요가 있을까?

필요한 행동의 속도, 깨끗한 에너지의 공급량과 총에너지 수요 사이의 차이, 그리고 현재까지 인류의 에너지 중독성 등을 고려할 때 반드시 요구되는 조치다. 하지만 우리의 선택권은 한정되어 있거나 부작용을 겪는다.

• •

기온 상승을 2도 이내에서 제한하기 위한 모든 시나리오가 대기 중에서 탄소를 다시 빼내는 것에 의존하고 있기 때문에 탄소포집(carbon capture)은 아주 중요하다. 우리가 최종적으로 어떤 수준에서 배출량을 제한하든 간에, 우리는 여전히 기후변화로 인한 악영향에 어떤 식으로든 직면하고 있을 것이며, 따라서 우리가 미처 예상하지 못한 종류의 훨씬 더 심각한 변화가 촉발될 위험성이 있다. 이 모든 것을 고려할 때, 탄소를 격리하는 기술을 개발하고 활용하는 것은 완벽하게 합리적이라고 할 수 있다.

가장 단순하면서도 더욱 자연스러운 해결책은 나무를 심는 것이다. 한 연구에서는[98], 전 세계적으로 약 1조 그루의 나무를 심을 수 있는 잠재력이 있는데, 이 정도면 100년 동안 7,500억 톤의 이산화탄소(CO_2)를 흡수할 수 있다고 말한다. 이는 현재 배출량을 기준으로 20년 분량에 해당한다. 이것은 아주 고무적인 수치이기는 하지만, 크게 보면 일회적인 조치라는 것을 기억해야 한다. 이렇게 조성한 숲이 나이가 들게 되면, 탄소포집 능력이 훨씬 줄어들기 때문이다. 따라서 배출량을 줄이지 않고 이 카드를 사용한다면 문제가 발생할 수밖에 없다. 탄소를 제거하기 위한 그 외의 자연스러운 전략으로는 농업 관행의 개선을 통한 토양 탄소격리(soil carbon sequestration)나 최근에 해양식물의 면적이 급감한 지역에 해조류를 심는 것과 같은 해양 이식(ocean planting) 등의 방법이 있다. 이런 모든 전략은 건강하기도 하고 중요한 것이기는 하지만, 위에서 말한 나무 심기처럼 그 효과에는 한계가 있을 수밖에 없다.

탄소포집 및 저장(CSS) 기술을 연소 시점에서 사용하는 것은 엄밀한 의미에서의 제거는 아니지만, 이 기술은 현재 자금지원만 된다면 언제든지 본격적으로 개시할 준비가 되어 있는 수준이다. 이 기술은 우리의 에너지 체계 안에 화석연료가 계속해서 존재한다면 유용하겠지만, 대형 연소시설에서만 사용되기 때문에 전 세계의 탄소 배출 처리에서 담당하는 역할은 미미한 수준일 것이다. 여기에서 한 걸음 더 나아간 것이 바로 탄소포집 및 저장 기술과 결합한 바이오에너지(BECCS)인데, 이는 간단히 말하면 바이오연료를 길러서 태운 다음에, 여기에서 발생하는 탄소를 모아서 그것을 땅속에 영원히 가둬둔다는 것이다. 이 아이디어는 기후의 영향이 심각한 상황에서 응급처방으로 사용할 수 있는 비상 대책의 하나로 고안된 것이긴 하지만, 기후위기를 완화할 수 있는 주류의 길을 개척해왔다. 하지만 어느 정도의 규모가 될 수 있는지는 아직은 입증하지 못했고, 탄소를 영원히 가둬두기 위한 기법들이 우리가 바라는 것만큼 영구적인 조치가 아닌 것으로 판명될 수도 있다. 만약 그렇다면 그것은 재앙이 될 것이다. 그리고 탄소를 자연스럽게 묻어두는 다른 모든 기법과 마찬가지로, 이 방식은 저류기회(storage opportunity)*가 얼마나 존재하느냐에 따라서 한계가 있을 수밖에 없다. BECCS는 또한 우리의 먹을거리와 토지 시스템에 압박을 가하는 것이기 때문에, 1장에서 논의한 문제들에 대처하는 것을 더욱 어렵게 한다.

　기계적인 수단을 활용한 공기 직접포집 및 탄소저장(DACCS)은 이 과정에 동력을 공급할 수 있는 추가적인 재생에너지원이 발견될 수 있다는 점에서 적어도 이론적으로는 판도를 바꾸는 기술이 될 수 있다. 안타깝게도 우리는 아직 DACCS를 적당한 규모로 관리하지도 못하고 있으며, 기술적으로도 여전히 불완전하다. 우리는 아주 오랜 기간 엄청난 자금을 쏟아부으면 우리가 원자폭탄 제조법을 알아낼 때처럼 빠르게 이 기술의 규모를 키울 수 있는지,** 아니면 여전히 암 치료법을 완전히 알아내지 못한 것처럼 더디게 진행될 것인지를 확실히 알지 못한다. 그리고 DACCS는 BECCS가 가진 것과 동일한 리스크를 갖고 있는데, 탄소 저장 기법이 우리가 생각했던 것만큼 영구적이지 않은 것으로 드러날 수도 있다. 그리고 만약 그렇다면, 역시 재앙이 될 수 있다. 나는 던컨 클라크(Duncan Clark)와 함께 2013년에 출간한 《시급한 질문(The Burning Question)》에서 이처럼 불확실한 신기

＊　　지층에 무언가를 채워 넣을 수 있게 비어있는 공간.

＊＊　원자폭탄을 만들기 위해 진행되었던 맨해튼 프로젝트(Manhattan Project)는 1942년에 시작해서 겨우 3년 만인 1945년에 실전에 사용되었다.

술에 의지하는 것은 현명하지 못하다고 언급했다. 이 글을 쓰고 있는 현재로서는, 물론 불편한 선택이기는 하지만, 우리는 DACCS를 포함해서 활용할 수 있는 모든 수단을 강구해야 한다고 생각한다.

바이오 숯(Biochar)은 땅 위에 숯을 뿌려서 탄소를 포집하는 것이다. 이런 저장 방법은 영구적이지는 않지만, 그래도 수백 년 동안은 지속될 수 있기 때문에 충분한 가능성이 있다고 할 수 있다. 물론 한계가 있는 방법이기는 하지만, 토양을 비옥하게 해주는 추가적인 이점이 있기 때문에 1장에서 살펴본 먹을거리나 토지와 관련한 모든 문제에도 도움이 될 것이다.

마지막으로, 강화된 암석 풍화작용(enhanced rock weathering)도 유용하기는 하지만 제한적인 방식이다. 이미 지금도 매년 수십억 톤의 이산화탄소가 암석의 풍화작용을 통해서 자연스럽게 사라지진다. 현무암이나 듀나이트(dunite)를 잘게 으깨서 땅위에 얇은 층으로 뿌려 나오면 이런 풍화작용이 '강화'되기 때문에, 이산화탄소를 좀 더 빠른 속도로 흡수하게 된다. 어느 연구에 따르면, 듀나이트를 사용하는 경우의 비용은 1톤당 60달러에 불과하며, 매년 950억 톤이라는 엄청난 양의 이산화탄소를 흡수할 수 있는 잠재력을 갖고 있다고 추산된다. 이는 현재 전 세계 배출량의 두 배가 넘는 수치다. 하지만 듀나이트에는 크롬이나 니켈과 같은 해로운 원소가 포함되어 있다는 것이 커다란 단점이다. 그래서 듀나이트 대신에 현무암을 사용하면 이산화탄소 1톤을 포집하는 데 200달러의 비용이 드는데, 이렇게 하면 토양에 칼륨이 첨가되기 때문에 땅이 더욱 비옥해지는 추가적인 장점이 있다.[99]

하지만 앞의 연구에 따르면, 현무암을 사용해서 포집할 수 있는 이산화탄소의 양은 매년 50억 톤에도 미치지 못할 것으로 추산되는데, 판도를 바꿀 수 있을 정도는 아니지만 그래도 상당한 가치를 지닌 방법이라고 할 수 있다. 암석 풍화작용을 활용하면 지하나 바닷속의 깊은 공간에 이산화탄소를 저장할 때와 같은 리스크가 없으며, 단일 품종의 조림(forestation)을 통해서 대량으로 포집하는 방식에서 나타날 수 있는 토지 사용의 문제점도 나타나지 않는다.

우리는 아마도 이런 모든 방법 외에도 더욱 많은 수단이 필요할 것이다. 하지만 분명히 말하면, 그 어떤 마이너스 배출(negative emission) 기법이 만들어진다고 하더라도 애초에 탄소를 대기 중에 내뿜는 걸 방지하는 것보다 우선할 수는 없다.

탄소가
상쇄될 수 있을까?

마이너스 배출은 그 범위가 제한되어 있기 때문에, 애초에 배출량을 줄이는 것이 최우선이다. '탄소중립(net zero)'이라는 목표는, 배출량을 줄이는 것과 탄소를 제거하는 것이라는 두 부분으로 나눠서 접근할 필요가 있다. 그렇지 않다면, 남아있는 배출권을 다른 이들과 거래하는 것이 당연시될 것이며, '상쇄'라는 그럴 듯한 표현으로 양심의 가책이 덜해지게 될 것이다. 탄소를 상쇄한다는 아이디어들은 대부분 터무니없는 것이지만, 이러한 값비싼 대책들 가운데에서도 한두 가지 정도는 나름 합리적인 것으로 보일 수도 있다.

• •

탄소상쇄라는 아이디어를 쉽게 설명하면, 배출로 인한 피해를 복구하기 위해서 탄소를 줄이는 활동에 자금을 지원하는 것이다. '자발적 탄소상쇄(voluntary offset)' 시장이 바로 탄소상쇄를 위한 것이다. 이 아이디어에 따르면 비행기를 타는 것이든, 기존의 생활방식이든, 심지어는 기업 활동까지도 전부 탄소중립이라고 부를 수 있다. 왜냐하면 자신이 만들어낸 탄소발자국만큼 돈을 지급하고 그 대신에 다른 누군가가 대신 그만큼의 탄소를 줄이면 되기 때문이다.

　최근의 추세는 (내가 비판하지는 않는 것인데) 기후 비상사태를 선언하고 순 배출량을 제로(0)로 만들기 위한 목표를 설정한다는 것이다.

기업을 비롯해서 많은 이가 기존의 생활방식이나 비즈니스 모델을 너무 많이 바꾸지 않을 수 있는 가장 쉬운 방법이 애초에 탄소를 줄이는 것이 아니라 자신들이 배출하는 탄소를 '상쇄'하는 것이 아니냐고 묻는다. 이런 방안은 항공사들을 비롯한 수많은 기업이 가끔씩 우리에게 군침이 돌 정도로 저렴한 가격으로 서비스를 제공한다는 점에서 상당히 구미가 당기는 개념이다. 전 세계의 자발적 탄소상쇄 시장은 2019년에 3억 달러의 규모로 급성장했는데, 이들은 1억 톤이라는 엄청난 양의 이산화탄소를 상쇄시켰다고 주장한다.[100] 이는 1톤당 겨우 3달러의 비용으로 탄소를 절약한 것이 된다. 즉, 런던에서 샌프란시스코를 비행기로 왕복하면서 발생시키는 기후 피해를 겨우 6달러로 복구할 수 있다는 말이 되고, 보통의 영국인들이 자신의 생활방식을 그대로 누리면서 발생시키는 탄소를 매년 겨우 40달러(30파운드)의 비용으로 상쇄시킬 수 있다는 말이 된다. 이것이 사실이라면, 나도 지금 당장 여기에 등록해서 탄소와 관련한 모든 걱정을 내려놓을 것이다. 그리고 전 세계에서는 매년 1,700억 달러라는 사소한 비용으로 동일한 효과를 거둘 수 있을 것이다. 이는 전 세계 GDP의 0.2퍼센트에 불과한 수치다. 너무 훌륭해서 믿을 수 없을 정도이지만, 면밀하게 들여다보면 허황된 꿈이라는 것이 드러난다.

이런 소위 말하는 '상쇄' 방식은 다음과 같은 몇 가지 간단한 질문으로 평가해보아야 한다.

① 실제로 대기 중에서 탄소를 제거하는 것인가? (너무 명확해서 굳이 말할 필요도 없겠지만, 절대로 그렇지 않다.)

② 효과를 검증할 수 있는가?

③ 어쨌든 해야 할 필요가 있는 일인가? (이 질문에 답하기는 매우 어렵거나 불가능하다. 마이너스 배출과 관련된 기법들은 전부 잠재적인 한계를 갖고 있고, 그 모든 방안만으로도 이미 매우 엉망인 상황이기 때문이다.)

④ 환경적으로 막대한 비용이나 리스크를 수반하는가?

그러면 이제 비용은 가장 적게 들지만 엉터리에 불과한 것에서 시작해서 효과는 가장 강력하지만 엄청난 비용이 드는 것에 이르기까지 가장 많이 알려진 유형의 상쇄 방안들을 살펴보자.

가장 저렴한 방식들을 살펴보면 대기 중에서 탄소를 전혀 뽑아내는 것과는 전혀 상관없이, 다른 이들이 탄소를 줄이는 데 도움을 준다는 아주 의심스러운 주장이 있다. 예를 들면, 아프리카의 마을들을 위해서 연료의 효율이 더욱 뛰어난 난로를 구입해준다거나, 절대 일어나서는 안 되는 삼림파괴로부터 숲을 보호해야 한다는 당연한 소리를 하거나, 재생할 수 있는 전기를 지원하는 방안도 있다. 하지만 애초부터 탄소발자국을 만들어내지 않는 것이 중요하지, 상쇄라는 그럴 듯한 표현을 사용해서 자신들이 배출하는 탄소에 대한 일종의 면죄부로 활용해서는 안 된다.

그다음으로 저렴하며 훨씬 더 신뢰할 수 있는 방식은 식물들을 이용해서, 특히 나무의 광합성 작용을 통해서 이산화탄소를 제거하는 것이다. 하지만 이러한 조림 사업이 실제로 진행되는지를 검증하는 일은 상당히 어려울 수도 있는데, 특히 프로젝트가 지구 반대편에서 진행되는 경우라면 더욱 그럴 것이다. 선택할 수 있는 검증 장치가 산더미처럼 쌓여 있다고 하더라도, 우리의 돈이 우리가 생각했던 곳으로 실제로 흘러가는지, 그리고 그 나무가 자신만의 투자에 의해서 심어진 것인지를 확인하기는 쉽지 않다. 이런 문제들을 해결할 수 있다고 생각한다면, 나무를 심는 것은 의심할 여지 없이 중요할 일이 된다. 하지만 앞에서도 살펴봤다시피, 이런 방법은 그 효과에 한계가 있다는 문제가 있기 때문에, 애초에 배출량을 줄이지 않고 이러한 방안만을 사용한다면 결국엔 조림사업으로 만들어진 감소분을 모두 불태워버리고 탄소가 가득 찬 세상을 맞이하게 될 것이다. 예를 들면 2020년 1월에, 현재는 컴캐스트(Comcast)의 일원이 된 영국의 미디어 기업인 스카이(Sky)가 탄소중립 전략의 일부로 수중에 숲을 조성하는 것이라고 할 수 있는 해조류 조림사업에 착수했는데, 이를 통해서 스카이는 자신들이 생각하는 것을 얻을 수 있었다. 탄소 배출권을 저렴한 가격에 구입할 수 있었던 것이다. 하지만 이 사업 역시 그 효과는 제한적이다.

그리고 양조장과 레스토랑 체인을 운영하는 브루독(Brewdog)도 2020년에 비즈니스 운영과 공급 방식에서 모두 강력한 탈탄소(decarbonisation) 프로그램을 개시한다고 발표했다. 이들은 이러한 프로그램으로 즉시 효과가 발생할 것이며, 스코틀랜드에 있는 자사 소유의 토지 한 곳을 포함해서 여러 지역에 세심하게 관리되고 생태적으로 민감한 숲을 조성함으로써 대기 중의 탄소를 (자신들이 배출하는 양보다) 두 배나 더 뽑아낼 것이라고 주장했다. 개인적으로는 기업들이 기후변화에 대응해서 취하는 조치의 대표적인 사례라고 생각한다. 사실 이 사업에는 필자도 관여했음을 밝히는 바다. 이 사업에 조언할 수 있었고 우리 직원들이 인증을 받은 65개의 조림 프로젝트를 심사한 후에 소수이기는 하지만 아주 만족할 만한 사업들을 찾아낼 수 있어서 매우 행복했다.

이러한 자연스러운 제거 방식 다음으로는 좀 더 기술적인 탄소포집 기술들이 있다. 이런 기술들은 거의 모두가 많은 비용이 소요되고, 리스크도 수반되며, 그 효과에도 한계가 있다.

탄소 저장 기술이 정말로 영구적이며 아무런 리스크 없이 개발되고, 세계의 재생에너지 생산량도 한계가 없다고 가정하면, 위에서 제시한 검증 테스트를 모두 통과할 가능성이 가장 높은 방식은 공기 직접포집(DACCS) 기법이며, 탄소상쇄와 관련된 아이디어 중에서도 그 자리를 가장 잘 지켜낼 수 있는 방안이라고 할 수 있다. 문제는 현재 탄소상쇄 시장에서의 거래되는 배출권의 평균 가격은 톤당 3달러인데 비해서, DACCS의 가격은 톤당 1,000파운드가 넘는다는 점이다. 그리고 이 글을 쓰고 있는 시점을 기준으로 현재 전 세계에서 상용화되어 있는 유일한 시설은 아이슬란드에 있는 작은 시범 시설인데, 이곳에서 제거하는 탄소의 양은 매년 50톤 정도로 적다.[101] 좋은 소식이라면 다양한 선구적 기업들이 현재 이 기술을 개발하고 있다는 것이며, 이 기업들을 믿을 수 있다면, 배출권의 가격이 톤당 100달러 이하로 내려갈 가능성도 충분히 있다. 게다가 이론적으로는 DACCS 기법을 이용해서 대기 중에서 제거할 수 있을 것으로 예상되는 탄소의 양은 비교적 제한이 적은 편이다.

탄소상쇄, 탄소중립과 관련해서 생각해야 하는 목표를 요약하면 다음과 같다.

① 탄소 배출을 줄이는 것이 필수적이며, 마이너스 배출은 대안이 아니다. 여기에서 언급한 소위 탄소상쇄라고 하는 방안은 모두 자금을 투자받는 데는 좋을 수 있지만, 이것은 탄소를 줄이는 것과는 별개의 활동이며, '상쇄'라는 용어를 사용하면 (실제로 탄소가 줄어드는 것처럼) 오해의 소지가 있다.

② 탄소중립을 위한 모든 목표는 탄소를 줄이는 목표와 탄소를 제거하는 목표로 나누어 생각할 필요가 있다. 그러지 않는다면 탄소상쇄라는 방안을 배출량을 줄여야 하는 책임을 회피하기 위한 구실로 사용하고 싶은 유혹이 생기게 된다.

③ 탄소를 제거한다는 모든 방식은 각자 한계를 갖고 있다. 다만 DACCS는 예외가 될 수는 있는데, 그럼에도 불구하고 이 방식은 리스크가 있고 비용이 아주 많이 들며, 여전히 실험 중인 기법이며, 오히려 전 세계의 에너지 수요를 증가시킬 위험성도 갖고 있다.

④ 이러한 리스크에도 불구하고, 탄소상쇄라는 용어를 사용하는 기법들 가운데에서는 DACCS가 가장 합리적인 메커니즘일 것이다. 그리고 자연적인 제거 기법들은 제대로 검증되고 발전된다면 단기적으로 사용할 수 있을 것이다.

2100년에 우리는 얼마나 많은 에너지를 사용하고 있을까?

현재와 같은 매년 2.4퍼센트의 성장세가 지속된다면, 2100년에는 현재보다 7배 많은 에너지를 사용하게 된다.

• •

역사를 살펴보면, 에너지의 역학관계가 아주 근본적으로 바뀌지 않는다면, 이런 오래된 패턴의 성장세가 지속될 가능성이 아주 높다. 좀 더 구체적으로 말하면, 현재와 같은 2.4퍼센트의 증가율이라도 그렇다. 물론 아주 장기간에 걸쳐서 증가율을 계산하고 지난 10년 동안 성장세가 약간 주춤했다는 사실에 근거해서 이러한 증가율이 더 낮다고 주장할 수도 있다. 또는 지난 몇 세기 동안 에너지 사용량이 급격하게 늘었다는 사실을 근거로, 증가율이 오히려 더 높다고 주장을 할 수도 있다.

이러한 역학관계를 바꿀 수 있는 것은 두 가지가 있는 것으로 보인다. 하나는 인류세의 시기에 제대로 대처하는 데 실패해서 인류 문명이 크게 붕괴하는 것이다. 이 책은 그런 일이 일어나지 않게 할 수 있는 방법을 모색하고자 하는 것이다.

둘째는 우리 인간이 성숙해지는 것이다. 우리는 '성장'이라는 것이 물리적인 힘을 더욱 많이 갖는 걸 의미하는 게 아니라는 사실을 이해하게 되었다. 우리는 좀 더 조심하고, 우리가 사는 곳을 망쳐버리지 않고, 좀 더 온화한 생물이 되는 법을 배운다. 우리 인류가 지금까지 발전시켜 온 문명을 전혀 양보하지 않고도 그렇게 할 수 있다고 확신한다면, 그것은 그저 지금처럼 에너지 공급과 사용량을 증가시킬 뿐이다.

미래를 내다보는 수정구슬 같은 것은 없지만, 지금까지 논의된 부정적인 시나리오 중에서 한두 가지가 이번 세기 안에 일어난다고 하더라도 그리 놀라운 일은 아니다.

수많은 기관이 에너지와 관련한 정교한 시나리오를 만들고 있으며, 때로는 예측 모델을 내놓기도 한다. 어떤 곳에서는 에너지 사용량이 저절로 줄어들 거라고 보기도 한다.[102] 어떤 이들은 우리가 조심스럽게 접근하지 않아도 에너지에 대한 인간의 욕구가 저절로 식어버릴 거라고 내게 말하기도 했다.

그들의 이론에 따르면 우리의 사고방식이 꽤 바뀌지 않더라도 어느 시점에 이르면 에너지 사용량이 정점에 도달할 것이며, 지금 현재에도 우리가 바라는 모든 에너지를 이미 보유하고 있을 수도 있다고 말한다. 이런 견해를 지지하는 이들은 일부 선진국들에서 에너지 증가세가 둔화되거나 소비량이 줄어드는 추세가 나타나기도 하는 경우를 가리키면서, 가난한 나라들도 이를 따라한다면 모든 이가 충분한 에너지를 갖게 될 것이라고 말한다.

나는 이러한 모든 주장이 상상력의 부족으로 인한 것이며, 우리가 더욱 많은 에너지를 원하게 되리라는 것을 간과한다고 생각한다. 고대 이집트인들이 노예를 100배쯤 더 거느리고 있으면 더 이상의 노예를 원하지 않게 될 거라고 생각하는 것과 같다.

이번 세기에 에너지의 효율성이 향상되고 새로운 혁신이 일어난다고 하더라도 에너지 소비 욕구가 어떻게 더욱 늘어날 것인지에 대한 한 가지 예를 들어보면, 그래핀(graphene)을 이용한 여과 기술이 점차 현실화되면서 바닷물을 농업용수로 담수화하는 것이다. 이 기술은 사막에서도 농사를 지을 수 있는 엄청난 가능성을 열어준다. 멋진 생각이지만 이로 인해서 에너지 수요가 새롭게 엄청나게 늘어날 것이다. 또 다른 유형의 예시로는 아직 초기 단계에 있는 우주관광이 될 수 있을 것이다. '자연스럽게 정점에 도달할 것'이라는 주장의 마지막 약점은 특정한 국가의 사례만 보고 전 세계의 에너지 추세를 추론하는 것이 도저히 불가능하다는 것이다. 왜냐하면 에너지 사용의 증가세는 전 세계적인 차원에서 나타나고 있으며, 어떤 한 곳에서 효과가 있었던 일은 다른 곳에서 일어난 무언가에 의해서도 영향을 받은 것일 수 있기 때문이다.

에너지 문제가 걷잡을 수 없을 정도로 심각해질 수 있을까?

장기적으로 보면, 이것은 커다란 문제다. 어떻게든 우리는 에너지 공급을 더는 늘리지 않는 선에서 만족할 필요가 있다. 개인이나 지역 차원에서는 이러한 목표를 달성한 경우도 있다. 전 세계적인 차원에서는 이것이 도전 과제라고 할 수 있다.

• •

내가 아는 사람 중에서는 에너지 사용량이 언제나 그래왔던 것처럼 계속해서 상승하게 될 거라고 말하는 이들이 있다. 어떤 사람들은 자연스럽게 저절로 증가세가 멈출 거라고 말하기도 한다. 어떤 이들은 우리 인간이 지금의 현실에 너무도 부적합한 존재이기 때문에 스스로 멸종할 거라고 말하기도 한다. 어떤 이들은 우리가 언제나 그래왔던 것처럼 괜찮을 거라고 말하기도 한다. (그런데 아마 공룡들도 멸종하기 전에 자신들 사이에서 그렇게 말했을 것이다.) 어떤 이들은 시장 논리에 따라서 태양열 전력이 화석연료를 대체할 것이라고 희망적으로 말하기도 한다. 어떤 이들은 에너지 체계의 전환이 언제나 그래왔던 것처럼, 깨끗한 에너지로의 전환이 오래 걸릴 것이라고 말하기도 한다. 어떤 이들은 전 세계적인 협력이 인간의 역량을 넘어선 것이라고 말하기도 한다. 어떤 이들은 불평등이라는 것이 원래부터 '인간의 본성'에 의해 결정된다고 말하기도 한다. 어떤 이들은 인간이 아주 끔찍한 경험을 할 때만 현실을 깨닫기 때문에, 그런 불가피할 정도로 끔찍한 경험이 우리에게 닥칠 때까지 기다리는 편이 낫다고 말하기도 한다. (그리고 그런 이들은 대체로 유난히 끔찍한 경험을 이야기하는 경향이 있다.)

나는 이런 모든 견해가 결정론이라는 인상을 받는다. 나는 결정론자가 아니다. 만약에 어떤 과학자가 인간에게는 자유의지라는 것이 없다는 것을 입증해 보일 수 있다고 말한다면, 나는 그런 주장을 받아들이지 않을 것이다. 자유의지가 존재하든 그렇지 않든, 나는 사실 그 누구도 그것을 증명할 수 없다고 생각하고, 그것에 대해서 길게 논의하는 것도 그다지 좋은 생각은 아닌 것 같다. 다른 모든 사람과 마찬가지로, 나도 나라는 존재가 내 상상력의 산물일 가능성을 고려해 본 적도 있었고, 실제로 그런 가능성을 배제할 수는 없다. 하지만 현실을 관찰해보면, 자유의지를 가진 것처럼 살고 있는 사람들이 더욱 긍정적인 삶을 사는 경향이 있다. 바꿔 말하면, 결정론은 어려운 일에 도전하려는 것을 피하기 위한 일종의 핑계라고 생각된다.

우리는 오랫동안 몸에 배어있는 습관을 바꾸려고 노력해야 한다. 에너지 사용을 증가시키는 동력이 우리에게 아주 깊게 배어있다.

우리가 에너지 사용량을 신중하게 통제하려면, 인류가 모두 상황을 개선하기 위해서 노력해야만 한다.

이 책의 내용이 진행되면서 우리는 그러한 변화를 가능하게 만들 수 있는 근본적인 주제들에 대해서, 여러 증거를 통해서 좀 더 깊게 들여다볼 것이다. 우리가 과연 그러한 변화를 이뤄낼 수 있는지에 대해서도 탐구해볼 것이다. 나는 시도해볼 만한 것이 아주 많다고 생각한다. 우리가 그러한 전환을 이뤄내지 못할 것이라고는 확실하게 증명되지 않았다. 그러나 우리는 새로운 방식으로 사고하는 방법을 배워야 할 것이다. 아무리 험난하더라도 우리는 이러한 상황으로 들어가야만 한다. 언젠가는 우리 인류가 더욱 성숙해져야 하기 때문이다.

에너지 해결책
요약

- 우리는 화석연료를 땅속에 그대로 놔두어야 하고, 깨끗한 에너지의 공급을 늘려서 그것을 대체해야 한다. 깨끗한 에너지가 화석연료의 사용을 증가시켜서는 안 된다.

- 화석연료를 땅속에 그대로 놔두려면 전 세계적인 합의가 필요하다. 파리기후협약은 그런 의도를 밝힌 것이긴 하지만, 그것을 반드시 이뤄내겠다는 확고한 약속과는 거리가 멀다.

- 효율성을 키우는 것은 매우 중요하긴 하지만, 그 자체만으로는 에너지 수요를 감소시키지는 않는다. 오히려 그 정반대의 효과가 더욱 일반적이다. 효율성이 향상되면 자원의 생산량이 오히려 더욱 증가하는 결과가 수반되기 때문에, 에너지의 총수요는 줄어드는 것이 아니라 늘어나게 된다.

- 깨끗한 에너지의 혁명을 가로막는 기술적으로 커다란 장벽은 존재하지 않는다.
  - ▶ 현재로서는 에너지 공급 체계에 미치는 영향이 미미하기는 하지만, 지금까지 전 세계에서 가장 유망한 재생에너지는 태양이며, 엄청난 잠재력을 갖고 있다. 우리 세계가 지금까지 지켜봐 왔던 그 어떤 에너지 전환보다도 훨씬 더 빠르게 태양열을 본격화해야 할 것이다.

▶ 지원 기술도 필수적이지만, 적절한 투자가 이루어질 때에만 제 시간에 도달할 수 있을 것이다.

▶ 바람과 수력은 유용하지만 한계가 있다.

▶ 핵은 위험하고, 영구적인 오염물질을 만들어내며, 비용이 많이 들고, 빨리 활용하기가 매우 어렵다. 하지만 우리가 현재 놓여있는 난감한 현실을 감안할 때, 그리고 다른 에너지원에 비해서 비교적 공급이 안정적이며, 또한 이용할 수 있는 거의 모든 에너지원이 필요하다는 사실 때문에, 1인당 일조량이 적은 국가들의 에너지 공급에 일조할 수 있을 것이다.

▶ 바이오연료는 먹을거리 공급과 생물다양성을 위협할 수 있기 때문에 극도로 주의해야 한다.

이 책에서는 이러한 기술적인 해결책들에 대해서 개략적으로 살펴봤을 뿐이지만, 그러한 기술들이 존재하며 빠르게 성장한다는 사실을 충분히 이해할 수 있었기를 바란다. 또한 어렵거나 골치 아픈 내용이 없었기를 바란다. 그리고 우리가 에너지 체계를 변화시켜 가면서 삶의 질을 향상할 수 있는 기회도 많이 존재한다.

• 현재의 도전 과제가 가진 규모와 시급성, 그리고 지금까지 보여온 인간 본성의 대응을 감안할 때, 우리는 관련 기술이 아직 완전히 개발되었거나 충분히 이해되지는 않았다고 하더라도, 대기 중에서 탄소를 다시 뽑아낼 필요가 있는 것은 거의 확실하다.

• 우리의 에너지 수요를 더욱더 제한할수록, 깨끗한 에너지 체계로 더 쉽게 전환될 것이다. 그리고 어느 시점이 되면, 에너지 성장세를 멈추어야 할 것이다. 이쯤 되면 충분하다는 것을 배워야 한다.

에너지 :
나는 무엇을 할 수 있을까?

에너지 사용에 있어서의 개인적인 조언들은 이미 많이 들어왔을 것이라고 생각하기 때문에, 여기에서는 몇 가지 간단한 내용만 언급하겠다. 더욱 중요한 것은, 시스템을 바꾸기 위한 커다란 도전으로 생각하는 것이다. 여기에서 언급하는 개인적인 행동들은 시스템 전체에 영향을 미치기 위한 것이다.

- 이러한 문제를 잘 이해하고 있고 중요하게 생각하는 정치인들에게 투표한다. 그런 사람이 없다면, 가장 근접한 인물들에게 투표한다. 우리가 원하는 것이 무엇인지를 후보들에게 알리도록 한다.
- 할 수 있다면 에너지 효율적인 유통망과 저탄소 기술 및 관련 인프라를 지원할 수 있는 소비를 한다. 예를 들어서, 자동차를 구입해야 하는 경우에는 가능하면 전기차를 사고, 단열재를 보강하고, 태양광 패널을 설치하고, 화석연료를 지원하기보다는 우리에게 필요한 해결책에 투자하도록 한다.
- 많은 양의 에너지가 필요하지 않은 활동을 좀 더 즐기도록 한다. 예를 들면, 걷기, 독서, 일반적인 모임, 일반적인 사교 활동, 그리고 화석연료를 사용하지 않는 취미 활동 등이 있다.
- 이미 알고 있거나 어딘가에서 쉽게 얻을 수 있는 모든 방법을 활

용해서 에너지 소비를 줄인다. 예를 들면, 기름을 잡아먹는 승용차를 소형차나 전기차, 또는 공유차량으로 바꾸고, 비행기를 적게 탄다. 구입하는 모든 물건에 에너지가 내재해 있다고 생각한다. 쓸모없는 물건을 사지 않고, 좋은 제품을 사서 오래 사용한다.

- 친구들과의 관계를 잘 유지하고, 다른 사람들을 탓하지도 말고, 일과 놀이에 있어서 도움이 되지 않는 습관이나 견해는 버릴 수 있도록 한다.
- 자책하지 않는다. 에너지 발자국을 줄이는 과정에서 즐거움을 찾는다. 삶의 질을 향상할 수 있는 방법을 찾는다. 승산이 있는 분야에 집중한다. 자기 자신에게 결점이 있을 수도 있다는 것을 언제나 인식하고, 열심히 살아간다.

몇 가지만 언급했지만, 우리가 모두 할 수 있는 일들이다.

에너지 문제와 기후위기는 그저 기술적인 문제가 아니다. 우리에게 필요한 전 세계적인 합의를 이뤄내기 위해서는, 그 외에도 수많은 것이 필요할 것이다. 이는 우리를 글로벌 거버넌스, 공정성, 경제, 성장, 불평등, 진실, 신뢰, 가치관, 사고방식 등의 이슈로 끌어들인다. 이런 내용에 대해서는 뒤에서 하나씩 살펴보겠지만, 먼저 여행과 이동 수단이라는 또 하나의 물리적인 이슈를 살펴보아야 한다. 이것은 먹을거리, 토지, 바다, 에너지, 기후와도 필연적으로 얽혀있는 사안이다.

여행 및
이동 수단

04

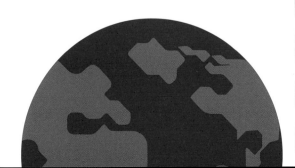

여행과 이동 수단은 전 세계의 에너지 사용량에서 상당히 큰 부분을 차지하고 있으며, 이러한 에너지의 대부분은 액체 형태의 화석연료다. 액체 연료는 이동성과 에너지 함량이라는 측면에서 매우 편리하며, 자동차, 선박, 비행기에서 사용하기에 아주 좋다. 따라서 이러한 액체 연료를 대체하려면 수많은 기술적인 도전에 직면할 것이며 전반적인 인프라 체계도 바꾸어야 한다. 그리고 우리가 이동해야 하는 실질적인 필요성을 줄인다면 이런 변화가 좀 더 수월해질 것이다.

그렇다면 전 세계의 여행 현황을 간략하게 살펴본 후에, 몇 가지 구체적인 사항을 짚어보도록 하겠다.

오늘날 우리는
얼마나 이동하는가?

사람들은 평균적으로 1년에 3,921마일(6,310km)을 이동한다. 이 중에서 57퍼센트는 도로 위에서, 23퍼센트는 걸어서, 7퍼센트는 기차로, 13퍼센트는 비행기로 이동한다.

• •

걸어서 이동하는 것에는 안데스 산맥에서 하이킹을 즐기는 것, 아침에 차 한 잔을 마시기 위해서 냉장고와 전기주전자, 선반 사이를 오가는 것 등 모든 움직임을 포함한다.[103] 세기의 전환기 이후로 이런 모든 형태의 이동 거리가 계속해서 증가해왔다. 걸어서 이동하는 거리는 세계의 인구 증가 추세와 거의 보조를 맞춰서 매년 1.3퍼센트씩 증가해왔다. 비행기로 이동하는 거리는 매년 7퍼센트씩 급상승하면서 10년마다 두 배로 증가해왔으며, 자동차로 이동하는 거리는 4.7퍼센트씩 증가해왔다.[104]

한편, 우리는 자전거를 중요한 이동 수단으로 생각하는 경우가 많은데, 실제로는 자동차나 비행기, 기차, 심지어는 걸어서 이동하는 것과 비교해도 그 기여도가 훨씬 작은 것으로 나타났다. 사실 세계의 수많은 사람은 자전거를 전혀 타지 않는다. 그리고 자전거를 활용하는 사람들도 자전거를 타고 이동하는 거리는 겨우 몇 킬로미터에 불과하며, 냉장고와 주전자 사이를 오가며 자전거를 타지도 않는다. 그리고 우리는 일상생활에서 아주 짧은 거리를 이동하는 경우가 상당히 많은데, 이 경우에도 자전거보다는 그냥 걷는 편이 훨씬 더 낫다. (자전거를 많이 타는) 네덜란드 사람들도 보통 하루에 1.4마일(2.3km)을 타고 있으며[105], 스페인에서는 국민들의 73퍼센트가 자전거를 전혀 타지 않는다고 하는데[106], 이를 평균으로 환산하면 매일 100미터 정도다. 영국에서는 이보다 조금 더 길어서 매일 265미터 정도를 자전거로 이동한다.[107]

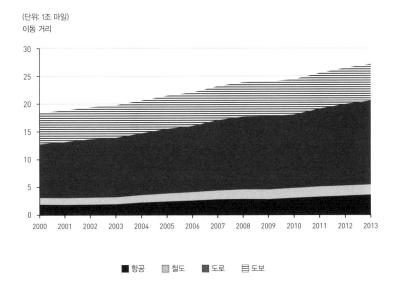

이동 수단별 전 세계의 연간 총 이동 거리

미래에 우리는 얼마나 많은
이동을 원하게 될까?

• •

어떤 사람들은 더욱 멀리 이동하고자 하는 인간의 욕구가 종착점을 향해 간다고 생각한다. 즉, 부유한 나라들에서는 일부 사람들이 멀리까지 여행하는 걸 더는 원하지 않는 단계에 이르고 있으며, 세계의 다른 나라들도 이러한 추세에 동참하고 인구의 증가세가 안정권에 접어든다면 이동에 대한 필요성이 더는 늘어나지는 않을 것이라고 말한다.

이런 주장은 솔깃한 측면이 있기에 나도 그렇다고 믿고 싶다. 비행기를 타고 이동하는 건 어떤 등급의 좌석에 앉아있든, 어떤 영화가 준비되어 있든, 또는 기내식이나 음료가 어떤 것이 제공되든 관계없이 불편할 수밖에 없다는 건 나도 안다. 하지만 우리의 에너지 수요에 대한 증가세가 둔화될 것이라는 주장과 마찬가지로, 나는 여행에 대한 필요성이 자연스럽게 정점에 도달할 것이라는 생각은 상상력의 빈곤이자 근거에 반하는 관찰력의 부족을 드러내는 것이 아닐까 두렵다.

이 글을 쓰고 있는 현재 중국의 국영기업이 영국에서 고속철도망(HS2)을 건설하고 있으며, 버진그룹의 리처드 브랜슨(Richard Branson)은 우주 관광을 추진한다. 한편, 자율주행차량이 상용화된다면, 예를 들어서 아이들이 두고 간 체육용품을 학교까지 가져다주는 등, 우리가 생각할 수 있는 모든 것을 실어 나를 것이고, 자동차를 타면서 소요되는 시간적인 부담감에서 우리를 해방시켜줌으로써, 그야말로 끊임없이 이동하는 세상의 가능성이 열리게 된다.

성장을 추구하는 인류의 근본적인 역학관계를 바꾸지 않는 한, 이동에 대한 욕구가 자연스럽게 줄어들기를 바라는 것은 부질없는 희망일 뿐이다. 여행을 많이 다니면 정말로 삶의 질이 향상되는 것인지는 모르겠지만, 그것과는 관계없이 근거 없는 희망이라는 것은 엄연한 사실이다. 뒤에서 살펴보겠지만, 나는 모든 형태의 성장에 무조건 반대하는 것은 아니다. 그래도 여행에 상한제를 둔다면 도움이 될 것이다.

우리가 화석연료의 사용을 중단하면, 태양 전지판으로 전기를 생산하는 것이든, 바이오연료용 작물을 기르기 위한 것이든, 아니면 단순히 인간의 다리에 힘을 실어줄 먹을거리를 기르기 위한 것이든, 대부분의 이동에 있어서 우리는 어떤 형태로든 대지가 필요할 것이다.

여러 다양한 이동 수단이 가지는 상대적인 지속가능성은 각각의 수단이 제공해 줄 수 있는 제곱미터당 이동 거리와 많은 관계가 있을 것이다. 그래서 지금부터는 몇 가지 이동 수단의 이동 거리를 살펴볼 것이다.

1제곱미터의 대지에서 얻는 에너지로
우리는 얼마나 많은 거리를 이동할 수 있을까?

캘리포니아에서 1제곱미터의 태양광발전(PV) 패널이 생산할 수 있는 전기로는 전기차가 1년에 1,081마일(1,740km) 움직일 수 있고, 전기자전거의 경우에는 무려 21,243마일(34,187km)이나 이동할 수 있다.

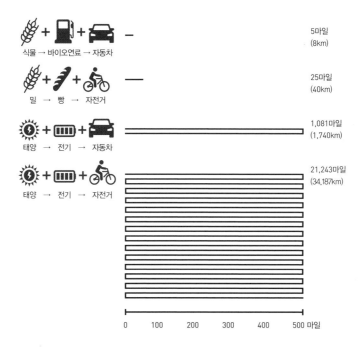

이동 수단별 계산 기준을 소개하면, 자동차는 (전 세계 평균 수준의) 바이오연료로 운행되는 소형차를 가정했고, 자전거는 (여기에서도 전 세계 평균 수준의) 밀로 만든 빵을 먹고 탄다고 가정했다. 전기차는 닛산(Nissan)의 리프(Leaf)를 골랐으며, 전기차와 전기자전거는 모두 캘리포니아의 일조량을 기준으로 계산했다. (전기자전거는 사람이 페달을 전혀 밟지 않는다고 가정했다.)

그 대신에 1제곱미터에서 자란 밀을 먹으면 연간 13마일(21km)을 걸을 수 있고, 자전거를 타면 25마일(40km)을 이동할 수 있다.

• •

버드나무로 생산한 바이오연료를 사용하는 자동차는 기껏해야 5마일(8km)을 운행할 수 있을 뿐이다.

전반적으로 여기에서는 전기자전거와 전기차의 수치가 엄청나게 고무적이다. 이들은 일반적인 자전거나 바이오디젤보다 놀라울 정도로 효율적인데, 심지어는 저렴한 태양 전지판이라도 태양에너지의 16퍼센트를 전기로 변환할 수 있는 반면, 식물이 광합성을 할 때는 일반적으로 2퍼센트 이상을 에너지로 변환하지 못하며, 식물에서 사람이 먹을 수 있는 형태로 만들어지는 에너지는 그보다도 좀 더 적은 양이다. 그 외에도 전기차와 전기자전거가 전기를 역학에너지로 바꿀 때의 에너지 전환 효율성은 최대 80퍼센트인 반면, 내연기관의 효율성은 25퍼센트에 도달하기도 힘들고, 인간의 근육은 60퍼센트 정도로 둘 사이의 중간 정도에 있다.

석유와 천연가스를 사용하는 화력발전소가 모두 단계적으로 폐쇄된다고 했을 때 탄소발자국을 계산해보면, 일반적인 자전거조차도 전기차에 비해서 크게 뒤지게 될 것이다. 하지만 그렇다고 해서 자신의 페달 자전거를 모두 던져버리기 전에 몇 가지 기억해야 할 것들이 있다. 자전거를 타면 건강에 도움이 된다는 점, 모든 전기를 재생에너지원으로 만들기 위해서는 아직도 가야 할 길이 멀다는 엄연한 현실, 여기의 계산에서는 자동차의 제조과정에서 발생되는 환경적인 영향은 고려하지 않았다는 사실, 그리고 마지막으로 중요한 것은 자전거를 타는 게 즐겁다는 것, 그 사실들을 기억해야 한다.

1제곱미터의 땅에서 기른 밀로 바이오디젤을 만들고, 이 과정에서의 에너지 전환 효율이 100퍼센트라고 가정한다고 하더라도, 이 바이오디젤로 자동차를 운행할 수 있는 거리는 1마일 정도에 불과하다. 이를 다른 시각에서 살펴보면, 한 사람에게 하루에 충분한 열량을 공급해줄 수 있는 양의 밀로 바이오디젤을 만든다면 자동차를 겨우 2.7마일(4.3km) 이동시킬 수 있을 뿐이다. 이건 그야말로 터무니없는 거래라고 할 수 있다! 만약 신기술이 개발되어서 버드나무나 다른 셀룰로오스(cellulose) 작물로 바이오디젤을 만들면 이동 거리가 좀 더 늘어날 수 있을 것이다. 하지만 실제로 그렇게 된다고 하더라도, 사람이 하루에 필요한 먹을거리로 자동차를 움직일 수 있는 최대 거리는 20마일(32km) 정도일 것이다. 에너지 관련 정책을 입안하는 모든 이가 새겨들어야 할 아주 중요한 메시지는 바로 이것이다.

어떠한 저탄소 인증제도를 도입한다고 하더라도, 바이오디젤이 우리의 에너지 솔루션에서 주요 역할을 할 것으로 생각해서는 안 된다는 것이다. 그런 길을 간다면 전 세계의 먹을거리 체계에 커다란 부담을 주고, 영양실조가 만연하게 될 위험성이 있다. (117페이지의 '얼마나 많은 먹을거리가 바이오연료에 사용되는가?' 참조)

계산에 대한 자세한 내용과 몇 가지 고려 사항은 언제나처럼 주석에서 확인할 수 있다.[108]

캘리포니아 지역의 1제곱미터 땅에서 태양 전지판 또는 밀이나 버드나무를 길러서 얻는 에너지로 이동할 수 있는 거리

	1제곱미터로 매년 이동할 수 있는 거리
전기자전거(PV)	21,243마일(34,187km)
전차(승객 수송마일*, PV)	4,033마일(6,490km)
닛산 리프 전기차(PV)	1,081마일(1,740km)
테슬라(Tesla) 전기차(PV)	927마일(1,492km)
자전거(빵을 먹고 탐)	45마일(72km)
걷기(빵을 먹고 걸음)	22마일(35km)
에어버스(Airbus) A380 (승객 수송마일) – (셀룰로오스로 얻은 바이오연료)	12마일(19km)
바이오디젤 열차(승객 수송마일, 밀로 만든 바이오디젤)	5마일(8km)
바이오연료 자동차(버드나무로 만든 바이오연료)	5마일(8km)
승마(밀을 먹인 말)	3마일(4.8km)
바이오연료 자동차(밀로 만든 바이오연료)	1마일(1.6km)

---

*   승객 1명을 수송할 수 있는 거리

도심에서의 이동은
어떻게 해결할 수 있을까?

· ·

이상적인 도시는 간소하면서도 돌아다니기 쉬워야 한다. 건물들은 (토지 이용의 효율성을 위해서) 되도록 높이 짓고, 녹지공간을 제외하고는 가까이 붙어 있는 것이 좋다. 도심 지역에서 벗어나면, 집들은 크지 않고 너무 멀리 떨어져 있지 않아야 한다. (건전한 관점에서 보면 그럴 필요가 없고 오히려 공간의 낭비이며, 난방을 유지하기도 어렵다.) 도시가 이렇게 조성되어 있다면, 대부분의 사람이 거의 언제나 도보나 자전거를 타고 원하는 곳으로 이동할 수 있다. 안타깝게도, 대부분의 도시는 이미 거의 모든 기반이 조성되어있는 상태이며, 여기에 새로운 시설을 갖춘다는 것은 쉽지 않다.

미국 캘리포니아의 실리콘밸리에는 불필요한 저층 건물들이 널찍한 간격을 두고 무질서하게 퍼져 있으며, 그중 많은 건물에는 차량이 여러 대 들어가는 차고가 설치되어 있고, 모든 가게에는 별도의 주차장이 마련되어 있다. 그래서 아이들이 친구들의 집에 걸어서 놀러가거나 모든 사람이 5분만 걸으면 시골의 풍경을 접할 수도 있었던 지역이, 현재는 그 누구도 자동차 없이는 어느 곳으로도 이동할 수 없는 도시가 되었다.

도시 계획을 이런 식으로 엉망으로 만들다 보니, 다시 설계하는 것도 쉽지 않다. 바로 인근에 위치한 샌프란시스코는 3면이 바다에 둘러싸여있다는 공간적인 제약 덕분에, 가파른 언덕이 많은 지형인데도 보행자들과 자전거들이 공존하는 도시가 될 수 있었다.

대부분의 도시는 대체로 그들이 가진 건축 재고량(building stock)과 함께 살아야 하며, 여건이 좋든 나쁘든 그것을 최대한 활용해야 한다. 그런 면에서 도심에서의 이동 문제를 해결하기 위해서는 세 가지 대책을 생각할 수 있다.

첫째는 자전거, 전기자전거, 전기차, 그 외의 전기적 탈 것 등 깨끗한 이동 수단을 활용하는 것이다. 둘째는 자전거 도로, 보행로, 지상 및 지하의 철도, 버스, 트램(㎜), 대중교통 연계시스템 등 교통 인프라를 확충하는 것이다. 셋째, 이러한 이동 수단들과 IT 기술을 결합해서, 주머니에서 자동차 열쇠를 꺼내는 것만큼이나 쉽게 우리 모두가 에너지를 적게 사용하는 솔루션을 사용할 수 있게 만드는 것이다.

고정된 노선의 대중교통도 갖추어 놓고, IT 기술을 잘 개발한다면 택시 탑승은 물론이고 유연한 차량 공유 서비스도 활성화할 수 있을 것이다. 이 과정에서는 실시간으로 승객의 특별한 요구 사항을 전달할 수도 있고, 경로를 협상하거나 그에 맞춰서 요금도 조정할 수 있다.

이것이 실현된다면 도로 위에서 주행하는 차량의 수는 줄어들 것이며, 모든 사람이 굳이 차량을 소유해야 하는 필요성도 적어질 것이다. 이는 모두 가능한 일들이다.

실제로 노르웨이의 오슬로는 2019년에 도심에서의 차량 통행을 금지했고, 덴마크의 코펜하겐과 네덜란드의 암스테르담은 이미 자전거가 도시를 실질적으로 장악하고 있다.*

공유 교통수단은 삶을 개선할까, 아니면 악화시킬까?

만약 사람들이 언제나 자기 소유의 차량만 운전하며, 차량 내부를 개인적인 잡동사니들로 가득 채워놓는다면 상황은 더욱 악화될 것이다. 가능하면 가장 적절한 교통수단을 타고 이동하려고 노력하고(여기에서 발생하는 간접비용은 고려하지 않는다.), 다른 사람들과 개방적으로 사회적인 관계를 맺고자 한다면, 훨씬 나아질 것이다.

· ·

자동차 열쇠를 소파 뒤에 떨어트려서 잃어버리지 않는 한, 어딘가로 이동하는 데 자동차가 무척이나 편리하다는 것은 부정할 수 없다. 그렇기 때문에 계획을 아주 체계적으로 세워두지 않는 한, 개인 차량을 소유하는 것이 기본적인 상식이었다. 그리고 이동을 하면서 수많은 잡동사니를 함께 가지고 다녀야 하는 경우에도 개인 차량이 주는 편리함을 대체하기는 어렵다. 개인 차량을 소유하고 있으면 익숙하지 않은 다른 자동차를 운전해야 하는 생각을 하지 않아도 된다. 그러나 우리들 각자의 전용 캡슐을 갖기 위해 지출하는 비용의 대가는 우리가 어떤 목적으로 이동하는 간에 관계없이 언제나 동일한 차량 안에 갇혀있어야 하는 것이고(차량을 여러 대 보유하고 있다면 그렇지는 않을 것이다.), 그리고 새로운 여정은 언제나 자신의 차량이 주차된 곳에서만 시작할 수 있으며, 그리고 차량을 공유함으로써 얻을 수 있는 환경적인 이점이나 비용효율성을 전혀 기대할 수 없다는 것이다.

　오늘날 우리 대부분은 자가용을 보유하고 있으며, 다른 차량을 빌린다는 것은 조금은 어색한 일이라고 할 수 있다. 차량을 빌리려면 시간이 걸리고, 필요할 때 즉시 이용할 수 있는 것도 아니며, 불편한 장소에서 픽업을 하고 반납해야 한다. 그리고 기차를 타고 이동하면서 그 목적지에서부터 차량이 필요한데도 빌리기 어려운 경우가 많다. 전 세계의 차량 공유 시장 규모는 10억 달러 언저리에서 조금씩 줄어들고 있으며, 전체적인 차량 이동에서 차지하는 비중도 아주 적은 편이다.

　상황이 이렇게 되어서는 안 된다. 차량이 활발히 공유된다면, 관련한 인프라가 엄청나게 발달되어 있을 것이고, 대중교통 수단도 훌륭하게 갖춰져 있으며, 이들 모두와 잘 어울리는 앱들도 활성화되어 있을 것이다. 그리고 이동 수단이 필요한 경우에는 자전거나 전기자전거에서 어디에나 쉽게 주차할 수 있는 소형차는 물론이고 가구를 실어 나를 수 있는 승합차에 이르기까지 원하는 여정에 적합한 수단을 쉽게 이용할 수 있을 것이다. 이동에 전혀 불편함이 없는 것 중에서도 가장 크기가 작은 차량을 선택할 수 있고, 이용하지 않을 때에는 관리에 신경을 쓰지 않아도 될 것이다. 만세. 그리고 어디를 가든 그 목적지에서도 공유차량을 이용할 수 있다는 걸 안다면, 기차를 타고 목적지까지 이동할 수도 있을 것이다. 그렇게 된다면 자동차의 수는 줄어들지만 그 활용도는 더욱 높아질 것이다. 그리고 물론, 우리는 훨씬 더 많이 자전거를 타고 다닐 것이다. 공기는 더욱 깨끗해질 것이다. 현재는 북유럽의 도시들이 이런 추세를 이끈다.

전기차를
사야 할까?

먼저 자가용을 정말로 소유해야 하는지를 물어보는 것이 좋다. 그렇지 않다면, 필요해질 때까지는 구입하지 않아도 된다. 그리고 차량을 구입해야 한다면 경제성을 최대한 고려해서 가능한 한 전기차를 사도록 한다. 어쨌든 최대한 미루는 것이 좋다.

• •

기름으로 움직이는 자동차를 운전하면서 발생하는 탄소발자국의 약 3분의 2는 연료로 인한 것이며, 그 나머지는 처음에 자동차를 만드는 과정에서 배출되는 것이다. 따라서 효율성이 매우 떨어지는 자동차가 아니라면, 가능한 한 정성껏 관리하고 오랫동안 사용해야 한다.

  전기차는 내연기관 차량보다 훨씬 더 효율적이기 때문에, 사용하는 전기가 모두 석탄 화력발전소에서 얻은 것이라 하더라도 기름으로 움직이는 차량보다 전기차를 사용하는 경우가 온실가스를 적게 배출한다. 전기차의 이런 효율성은 발전소에서 석탄을 연소시키면서 발생하는 엄청난 양의 온실가스 배출과 전기를 생산하면서 손실되는 에너지를 상쇄하고도 남는 수준이다. 그러나 전체적인 혜택 자체는 미미한 수준이며, 이것도 가능한 한 가장 효율적인 전기차를 구입하는 경우에만 적용되는 것이다. 그리고 안타깝지만, 이런 모든 이

점이 사실이라고 설명하는 계약서에 서명하고 구입한다 하더라도, 그 전기차가 재생에너지로 얻은 전기로 구동된다고 생각하기는 힘들다. 왜냐하면, 가까운 시일 내에 재생에너지가 그 정도로 충분하게 공급되지는 않을 것이기 때문이다. 즉, 재생에너지로 생산한 전기를 모두 소모하게 되면, 결국은 석탄을 투입해서 전기를 더 만들어내는 수밖에 없다.

또한 장거리를 이동하거나 중간에 충전시설이 없다면 100퍼센트 전기차는 실용성이 전혀 없을 것이다. 그런 점이 걱정된다면 50마일 (80km) 정도는 배터리로 갈 수 있고, 필요한 경우에만 연료를 사용해서 발전기가 작동되는 하이브리드 차량을 선택할 수도 있을 것이다. 실용적인 관점에서는, 가능할 때 충전을 할 수만 있다면, 아마도 이동 거리의 90퍼센트 이상은 전기로 주행될 가능성이 크다.

우리의 교통수단을 깨끗하게 만드는 것은 단지 탄소나 에너지의 문제만은 아니며, 당장에 인간의 건강과도 직결되는 것이다.

디젤 차량은
당장 버려야 할 정도로 시급한가?

도심에서 아주 많은 거리를 주행한다면 시급한 문제다.

• •

운전자가 다른 사람들에게 미치는 아주 작은 영향들까지도 전부 고려하면, 혼잡한 도심을 디젤 차량으로 1마일 주행할 때마다, 다른 사람들의 수명을 12분 정도 빼앗는 것이다.

영국에서는 대기오염으로 매년 4만 명이 조기에 사망하고, 자동차로 인해 사망하는 이들은 8,900명에 달한다.[109] 도로 위에서 자동차 사고로 죽는 사람들이 1,775명이라는 사실을 감안하면, 이는 다섯 배가 넘는 수치다.

조금은 다른 이야기일 수도 있지만, 나 자신도 자전거를 타는 사람으로서, 이런 사실을 실감할 수밖에 없다. 이런 통계를 접하고 나면, 버스가 곁을 지나갈 때마다 숨을 참고 싶어질 것이다.

우리를 죽이는 두 가지의 주요 오염원은 작은 입자들과 이산화질소(NO_2)다. 디젤 차량은 휘발유 차량이나 전기차보다도 이 두 물질을 훨씬 더 많이 뿜어낸다. 만약 여러분도 나처럼 가끔씩 도심에서 자전거를 타거나 걸어다닌다면, 이런 오염물질들이 우리 몸에 어떻게 작용하는지가 궁금할 것이다.

미세입자들에 대해서 살펴보면, 가장 작은 것들은 흔히 PM2.5라고 부르는데, 크기가 1밀리미터의 400분의 1도 되지 않는 미세한 입자들이다. 이런 PM2.5는 우리가 숨을 들이마실 때 혈류 속으로 쉽게 침투해 들어올 수 있기 때문에 가장 위험한 입자들이다. 디젤 차량은 일반적으로 이런 입자들을 휘발유 차량보다 15배 정도 많이 만들어 낸다.[110] 그리고 모든 차량에서 나오는 약 10퍼센트 정도의 입자들은 브레이크 패드, 타이어, 노면에서 배출되기 때문에, 이 문제에서는 전기차도 그 책임이 자유로울 수 없다. PM2.5는 날씨에 따라서 다르긴 하지만, 일반적으로 대기 중에서 며칠 또는 몇 주 동안 머물러 있다. 바람이 불면 좀 더 빨리 흩어지긴 하지만, 마찬가지로 다른 곳에서 불어올 수도 있다. 비가 내리면 입자들을 씻어내지만, 건조한 날씨에서는 차량이 지나다니면 지상에 있던 입자들이 떨어져서 대기 중으로 다시 흩날리게 된다. 사람들은 흔히 나무가 미세먼지를 걸러 준다고 생각하는데, 안타깝게도 사실은 그 반대다. 물론 입자들이 나뭇잎의 표면에 내려앉을 수도 있지만, 도심의 붐비는 거리에서는 가로수들이 바람을 막는 장벽의 역할을 해서 입자들이 거리에서 벗어나지 못하게 만든다.

도심에서 운전을 많이 한다면, 배기관에서 뿜어져 나오는 모든 입자는 지나다니는 행인들의 폐 속으로 얼마든지 곧장 들어갈 수 있다. 반면에 시골길에서 운전할 때에는 입자들이 퍼져버리기 때문에, 사람과 마주하기 전에 대기 중에서 사라질 가능성이 훨씬 크다. 따라서 우리가 어디에서 운전하느냐에 따라서 사람들의 건강에 미치는 영향이 크게 차이 난다.

PM2.5와는 다르게, 이산화질소는 그 자리에서 즉시 만들어지지 않는다. 자동차의 엔진이나, 가스의 불꽃, 또는 나무가 불탈 때처럼 공기가 매우 뜨거워지면 질소산화물들이 만들어진다. 이런 질소산화물이 배출된 후 몇 초 혹은 몇 분 뒤에 대기 중의 오존이나 산소와 반응해야만 몸에 해로운 이산화질소로 변하게 된다.[111]

이렇게 지연시간이 있다는 점 때문에, 뉴욕의 타임스 스퀘어 또는 런던의 옥스퍼드 스트리트 주변을 걷는 사람들이나 버스의 바로 뒤에서 자전거를 타고 있는 사람들에게는 좋은 소식이라고 할 수 있다. 왜냐하면 우리의 몸에 들어오기 전에 퍼져서 사라질 가능성이 있기 때문이다. 나쁜 소식이 있다면, 이산화질소는 입자 형태의 오염물질보다 공기 중에 오랫동안 머물러 있는 경향이 있으며, 비에도 씻겨 내려가지 않는다는 점이다. 그래서 시골보다는 도시에 더 많은 양의 이산화질소가 존재하기는 하지만, 우리가 어디에 가서 숨을 쉬든 그 공기 안에는 전 세계에서 배출된 이산화질소가 포함되어 있을 가능성이 있다.

전기차에는 배기관이 없지만, 기존의 전력망에서 얻은 전기를 사용한다면, 발전소에서 그 전기를 생산하는 과정에서 다량의 입자들과 이산화질소가 배출하게 된다.

아래에 있는 그림을 통해서 여러분이 개인적으로 선호하는 것이 무엇인지를 판단하는 데 도움이 되기를 바란다. 이 그림은 여러 다른 상황에서 각각의 차량을 1마일(1.6km) 운전할 때마다 다른 사람들의 수명을 몇 분씩 빼앗는지를 보여주는 것이다.[112] 혼잡한 도시에서 디젤 차량을 5마일(8km) 운전하면, 그 차량이 지나쳐간 사람들에게서 1인시(person-hour)*에 해당하는 수명을 빼앗는 것이다.[113] 따라서 런던에서 택시를 운전하는 분들이라면, 비교적 분명하게 권할 수 있다. 런던의 명물인 블랙캡(black cab)을 휘발유 차량으로 바꾸거나, 그보다 더 나은 전기차로 바꾼다면 다른 모든 사람에게 호의를 베푸는 것이다. 그리고 차량의 크기도 절반으로 줄인다면 더욱 좋을 것이다.

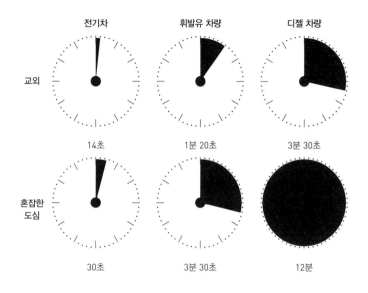

1마일을 운전할 때마다 빼앗는 다른 사람들의 수명.
모든 차량이 (1톤 정도의) 중간 크기이며, 효율이 상당히 높다고 가정했다.

물론 디젤 차량 중에서도 좀 더 깨끗한 차종이 있기는 하다. 이번 주제를 끝마치기 전에 폴크스바겐(Volkswagen)의 배기가스 조작 스캔

---

* 한 사람의 한 시간에 해당하는 분량. 30분씩 2명일 수도 있고, 15분씩 4명일 수도 있다.

들에 대해서 언급해야 할 것 같다. MIT의 연구에 따르면, 폴크스바겐이 만든 배기가스 수치 조작 소프트웨어가 탑재되어 독일에서 판매된 그들의 디젤 차량만 놓고 계산해 봐도, 이로 인해서 조기에 사망할 수 있는 사람들의 수는 이들 차량의 수명이 다할 때까지 1,200명에 이를 것이라고 추산했다.[114] 전 세계에서 판매된 차량들을 모두 포함하면, 이 수치는 훨씬 더 높아질 것이다. 개인적으로는 대량 살상과 이렇게 알면서도 사람들을 죽게 만드는 이런 방식 사이의 차이는 종이 한 장에 불과한 것 같다. 이 스캔들에 책임이 있었던 이들의 일부는 가벼운 비판을 받았고 일자리를 잃기도 했다. 왜 이런 종류의 범죄를 길거리에서 흉기를 휘두르거나 마약을 거래하는 것보다 훨씬 덜 심각하게 대하는 것인지는 개인적으로 잘 이해되지 않는다.

영국에서는 디젤 차량이 탄소 배출 면에서 효율적이라고 생각하기 때문에 큰 인기를 얻게 되었다. 하지만 디젤 차량은 같은 양의 연료로도 몇 마일을 더 주행할 수 있으며, 그런 디젤에도 탄소가 20퍼센트 정도 포함되어 있기 때문에, 실제로 그 효과는 거의 미미하다고 할 수 있다.

이산화탄소, 배출입자, 이산화질소 등을 모두 고려했을 때, 디젤 차량의 순위는 맨 밑바닥에 있는 것이 분명하고, 휘발유 차량은 중하위권에 불과하며, 전기차가 한참이나 상위권에 있다고 할 수 있다. 그리고 어떤 형태의 차량을 선택하든, 소형차를 고르되, 운전은 덜 하고, 공유는 더 많이 하는 것이 좋다.

자율주행 차량은 끔찍한 것이 될까?
아니면 멋진 것이 될까?

그건 모두 우리가 그것을 얼마나 사용하느냐에 따라 달려있다.

· ·

운전자가 없는 자동차는 모든 움직임이 최적화되고 교통의 흐름을 매끄럽게 하기 때문에 더욱 효율적이라는 사실은 의심할 여지가 없다. 하지만 앞에서도 살펴봤다시피, 첫 번째 어려움은 지구 전체의 탄소 사용량에 제한을 두지 않으면 이러한 효율성이 오히려 더욱 커다란 문제를 야기할 수 있다는 것이다. 이러한 문제는 자율주행 차량을 탔을 때 스트레스를 훨씬 덜 받고 더욱 안전하다는 사실 때문에 특히 극심해질 수 있다. 우리는 일터로 향하면서 잠을 잘 수도 있고, 또는 회의를 하러 수백 마일 떨어진 거리를 밤새 이동하는 동안에도 잠을 잘 수 있을 것이다. 그리고 아이들이 아무리 멀리 떨어진 학교에 다닌다고 하더라도 매일 차에 태워서 보낼 수 있을 것이며, 혹여나 아이들이 점심 도시락을 놓고 갔다고 하더라도 자율주행 차량을 다시 보내서 그걸 전달해 줄 수 있을 것이다. 이런 식으로 에너지의 사용량이 증가하게 될 가능성이 어마어마하게 크다.

이런 생활방식이 기본적인 것으로 자리를 잡기 전에, 우리는 조금은 이상하면서도 특이하긴 하지만 필수적인 질문을 아주 조심스럽게 우리 자신에게 던져보아야 한다. 즉, 이러한 혁신으로 과연 우리의 삶의 질이 좋아질 것인가, 아니면 악화될 것인가 하는 것이다. 우리가 어떤 걸 발명했다고 해서, 우리가 억지로 그것에 적응해야 하는 것은 아니다. 물론 뒤에서도 살펴보겠지만, 새로운 문물에 저항하기는 쉽지 않을 것이다. 자율주행 차량 안에서 지내는 경험이 과연 운전대를 잡고있는 경험이나 혹은 자동차를 전혀 타지 않는 생활보다 더욱 나을 것인가? 내 생각으로는 자율주행 차량이 신기하게 여겨지는 시기가 지나고 나면, 비행기가 그랬던 것처럼 어쩔 수 없이 둔감해질 것이다.

자율주행 차량이라는 이슈는 다시 우리에게 두 가지 질문을 던진다. 하나는 우리가 탄소의 양을 제한할 수 있을까 하는 것이다. 또 다른 하나는 좀 더 넓은 차원에서, 우리가 과연 어느 정도의 선에서 만족할 수 있을까 하는 것이다. 두 질문에 대한 대답이 모두 긍정적이라면, 자율주행 차량은 인류세 시기에서 우리가 지속가능한 삶을 살아가는 데 도움을 줄 수 있다. 하지만 그렇지 않다면, 그것은 오히려 상황을 더욱 악화시키기만 할 것이다.

저탄소 세상에서는
어떤 방식으로 비행을 할 수 있을까?

에어버스의 A380 비행기에 550명의 승객이 타고 뉴욕에서 홍콩까지 비행하려면 192톤의 연료가 사용된다. 이는 **최대이륙중량**(max takeoff weight)*의 약 36퍼센트에 해당한다. 화석연료를 사용하지 않을 경우의 도전 과제는, 기내에 충분한 양의 에너지를 실어 나르는 것이다.

• •

저탄소로 비행을 한다는 건 아주 어려운 일이지만, 가능한 해결책은 있을 것이다. 가장 유력한 건 바이오연료를 사용하는 것이다. 하지만 불행하게도 117페이지에서 살펴본 것처럼, 바이오연료와 먹을거리 사이의 균형관계는 전혀 수지타산이 맞지 않는다. 밀로 비행용 바이오연료를 만들면, 여기에 들어가는 밀의 양이면 모든 탑승객에게 필요한 열량을 무려 4년 동안이나 충족시켜줄 수 있으며, 그만큼의 밀을 생산하기 위해서는 캘리포니아의 최고급 땅 1.5제곱마일(3.9km²)의 면적에서 1년 동안 경작해야 한다.[115] 다른 식으로 표현하면, 오늘날의 항공산업에서 연료 공급에 필요한 밀의 양은 전 세계의 모든 사람이 매일 약 2,100칼로리씩 먹을 수 있는 양에 해당한다. 즉, 인류 전

---

* 에어버스 A380의 기체 무게는 약 277톤이며, 최대이륙중량은 약 575톤이다.

체에게 필요한 열량의 먹을거리를 모두 충족시킬 수 있을 만큼 많은 양이다. 기술이 발달하고 억새와 같은 버드나무과 작물로 바이오연료를 만든다면 4배 정도 효율이 좋아질 수는 있지만, 그래도 여전히 우리가 비행하는 걸 다시 생각해봐야만 하는 수준이다.

물론 더 좋은 방법이 있을 수도 있다. 하지만 문제는 전기비행기에서는 배터리를 사용해야 하는데, 배터리는 화석연료만큼 뛰어난 에너지 밀도를 갖고 있지 않기 때문에, 그만큼의 에너지를 내려면 엄청난 양의 배터리를 실어야 하고, 그러면 너무 무거워서 절대로 하늘을 날 수 없다는 것이다. 실제로 제트 연료 1kg이 가진 에너지를 내기 위해서는 최고급 리튬 이온 배터리가 20kg 정도 필요하다. 이런 이유 때문에 나는 전기비행기를 논의할 가치가 없다고 생각한다. 그런데 얼마 전, 영국의 저가 항공사인 이지젯(Easyjet)이 단거리 노선에서 전기비행기를 투입하려고 한다는 이야기를 들었는데, 이에 대해서 좀 더 면밀히 살펴보기로 했다. 참고로 1톤의 하중을 1마일 실어 나르는 데 필요한 에너지의 측면에서 살펴보면, 앞에서 살펴본 A380이 세계에서 가장 효율적인 상용 비행기다. 그리고 A380은 거대하다는 장점이 있다.

최적의 솔루션을 찾기 위해서 나는 내 친구가 개발한 멋진 항공 시뮬레이션 모델을 사용해보았는데, 그 친구는 물리학자이자 파일럿이며, 소프트웨어 엔지니어인 동시에 항공관제 자문위원으로도 일한다. 먼저, 나는 연료 대신에 A380 기내에 배터리를 가득 채운다고 가정했다. 그다음에는 전기비행기가 일반적인 제트비행기보다 저장된 에너지를 동력으로 전환하는 데 있어서 효율이 더 좋다고 가정했다. (화석연료를 연소시킬 때 어쩔 수 없이 발생하는 폐열로 인한 비효율성과 함께, 전기차가 석유차량보다 효율성이 더욱 개선되었다는 사실을 고려하면, 전기비행기의 효율성이 제트비행기보다 2.5배 높다고 가정하면 충분히 합리적이라고 생각된다.) 그 결과 이런 비행기라면 런던에서 베를린까지 600마일(966km) 정도는 충분히 비행할 수 있을 것으로 보인다. 대단하지 않은가! 또한 향후에 배터리의 에너지 밀도가 개선된다면 비행거리 역시 그에 비례해서 늘어날 수 있을 것이다. 그리고 비상 상황에 대비해서 여분의 에너지가 필요할 텐데, 아마도 비상용으로는 여전히 화석연료가 최적일 것이다. 물론 화석연료를 전기로 전환하려면 기내에 발전기가 추가로 필요할 것이다. 결국 전기로 비행하는 게 아예 불가능한 것은 아니라고 할 수 있다.

세 번째 대안은, 아마도 태양열 발전의 혁명이 우리의 바람대로 이루어진다면 가까운 미래에는 장거리 노선에서 아주 좋을 텐데, 태양열 전기를 활용해서 공기 중의 이산화탄소로 비행용 연료를 만든다는 아이디어다. 이 과정에서 약 40퍼센트의 에너지가 손실되기는 하지만, 신경 쓰지 않아도 된다. 뉴욕에서 홍콩까지 승객들을 실어 나르기 위해서는, 승객 한 사람당 25m² 넓이의 태양전지판이 1년 동안 가동되어야 하는 것으로 추산되는데, 이런 태양전지판은 사막의 적당한 곳에 설치한다고 가정했다.[116] 이는 밀로 만드는 바이오연료보다 토지효율성이 270배나 더 높다.[117] 이런 내 계산이 조금 거칠기는 하지만, 전하고자 하는 메시지는 분명히 알 수 있을 것이다. 오스트레일리아가 석탄산업을 떨쳐버리고 이 분야에 집중한다면 얼마나 멋진 기회가 될 수 있는지를 알 수 있다.

이렇듯, 저탄소 세상에서도 비행은 가능할 것으로 보인다. 그러나 이 말은 우리가 그다지 노력하지 않아도 된다는 뜻은 아니다. 우리의 총 에너지 수요와 우리가 가진 비화석 에너지의 양 사이에는 격차가 있을 것이며, 그러한 차이에 대해서는 여전히 화석연료를 사용하게 될 것이다. 그리고 비행기는 엄청난 에너지를 사용한다는 사실을 기억해야 한다. 그렇기 때문에 가능하다면, 비행으로 인한 엄청난 환경적 영향에 대해서 적절한 논의과정을 거치지도 않고 공항을 확장해야 한다고 이야기하는 정치인들에게는 투표하지 않기를 바란다.*

마지막으로, 비행기의 날개 위에 태양전지판을 설치하는 방식도 있는데, 이는 이동이나 여행을 위한 수단보다는 모험을 원하는 사람들만 즐기게 될 것이다.

---

* 영국에서는 최근에 런던의 히드로공항에 제3활주로를 건설해야 한다는 주장을 두고 큰 논란이 벌어졌다. 집권 보수당 진영이 추진했던 이러한 확장계획에 야당인 노동당과 환경단체들이 반대를 했고, 결국 법원에서 제3활주로 건설계획이 온실가스 감축을 위해 서명한 파리기후협약을 위반할 수 있다며 불법이라는 판결을 내렸다.

비행기를 타고 다녀도 될까?

비즈니스를 위한 것이지, 연인과의 여행을 위한 것인지, 즐거움을 얻기 위해서인지, 배낭여행을 위한 것인지에 따라서 다를 수 있다.

‥

비행을 하면 엄청난 탄소발자국이 생긴다는 것은 부정할 수 없는 사실이다. 예를 들어서, 이코노미 좌석을 타고 런던–홍콩 구간을 왕복하면 영국인들의 연평균 탄소발자국의 4분의 1 정도가 만들어진다.[118] 여러분을 힐난하려는 게 아니라, 단지 사실을 말하는 것이다. 비행기를 꼭 타야 하는지는, 그 여행을 가는 목적과 이유에 달려있다. 적절히 절충해야 한다.

만약 비즈니스를 위해 비행기를 타는 경우라면, 그 출장이 세계를 위해서 지속가능한 미래를 만드는 데 도움이 되는지에 달려있을 수 있다. 출장을 통해서 세계에 대한 더욱 폭넓은 견해와 더욱 훌륭한 공감대를 얻을 수 있는지에 따라서 다를 수 있다. 가장 소중하면서도 아끼는 사람이 지구의 반대편에 살고 있다면, 딜레마에 빠질지도 모른다. 하지만 단지 휴가를 즐기기 위한 것이라면 즐거움과 양심 사이에서 갈등이 있을 텐데, 일단 가기로 결정했다면 최대한 환상적인 시간을 보내야 할 것이다.

케빈 엔더슨(Kevin Anderson)은 영국 틴달센터(Tyndall Centre)의 기후 정책 관련 교수로 내가 정말로 존경하는 인물이다. 그는 비행기를 타지 않는다는 완강한 입장을 고수한다. 만약 중국에서 개최되는 기후 관련 컨퍼런스에 참석해야 한다면, 그는 기차를 타고 간다. 자신의 주장을 행동으로 보여주는 것인 동시에, 리더십의 진정한 본보기라고도 할 수 있다. 그러나 한편으로는 그는 충분히 훌륭한 일을 하고 있기 때문에, 한두 번쯤 비행기를 탄다고 하더라도 그럴만한 가치가 있을 것이다.

그렇기 때문에 내 생각에는, 만약에 여러분이나 내가 가끔씩 비행기를 타야 한다면 그것은 매우 특별한 경우이자 호사스러운 행위로 여겨야 할 것이다. 그리고 (비행기의 공간을 덜 차지하기 위해서) 이코노미 좌석을 이용하고, 여행을 최대한 유익하게 활용해야 한다. 세상의 여러 곳을 구경하기 위해서 여행을 하는 경우라면, 최대한 오랫동안 다녀올 수 있도록 하고, 새로운 경험을 하기 위해 노력한다. 그리고 자신의 주변에서와는 다른 관점으로 세상을 바라보고 생각하고 삶을 살아가는 사람들을 만나보는 것이 좋다.

가상회의는
에너지와 탄소를 줄여줄까?

지금 현재로서는 그렇지 않다. 가상회의는 회의 참석을 줄여주기보다는 오히려 비행 횟수를 늘릴 가능성이 조금 더 높다. 저탄소 세상을 좀 더 가능하게 만들 수는 있지만, 그 자체로는 그런 환경을 만들어내지는 않을 것이다.

. .

나는 기술 대기업들과 많은 일을 해왔는데, 그들은 화상회의 기술이 비행 횟수를 줄여주기 때문에 전 세계적으로 수백만 톤의 탄소를 절감할 수 있게 해준다는 주장에 동조하는 경향이 있다. 하지만 지금까지 이 책을 제대로 읽었다면, 반동효과 때문에 이러한 주장이 현실에서는 효과가 없을 것이라고 짐작했을 것이다. 나 자신이 바로 대표적인 사례라고 할 수 있는데, 내가 영국과 캘리포니아를 오가면서 비행기를 상당히 많이 이용하고 있기 때문이다. 실리콘 밸리에 있는 사람들이 내 책을 읽고는 그 내용이 마음에 들었다고 한다. 그래서 그들이 나에게 이메일로 연락해왔다. 우리는 전화 통화를 하고 화상채팅도 몇 번 했다. 그렇게 우리의 관계가 진전되었고, 그들의 회사를 위해서 나에게 일을 부탁했다. 그렇게 해서 나는 모두 여섯 번에 걸쳐서 비행기로 대서양을 넘나들게 되었다. (당시에 나는 이런 수차례의 비행을 기술 대기업들을 설득한다는 명분으로 정당화했다. 화석연료를 땅에 그대로 놔두기 위한

세계적인 합의 분위기를 형성하려면, 기술 대기업들의 역할이 중요했기 때문이다.) 가
상회의가 없었더라면, 이런 실제 미팅은 애초에 진행되지도 않았을
것이다.

거시적인 시스템의 차원에서 보면, 기술적인 혁신과 발달, 효율성
향상은 전체적인 자원 소비량을 줄이는 것이 아니라 늘린다는 것을
다시 한번 알 수 있다.

그러나 다른 관점에서 봤을 때, 전 세계가 정말로 탄소 배출을 제
한하는 데 합의한다면, 가상회의라는 것은 우리의 일상생활과 비즈
니스가 정상적으로 수행될 수 있게 도와주는 핵심적인 기술이 될 것
이다.

배는 얼마나 나쁜가?
배를 전기로 움직일 수 있을까?

해상운송은 항공수송보다 에너지 효율성이 30배 더 높다. 하지만 시간이 오래 걸리기 때문에 인내심을 많이 가져야 한다.

• •

홍콩에서 런던까지 6,000마일(9,656km)의 거리를 15노트(28km)의 속도로 15,000톤의 짐을 수송하는 화물선은 일반적으로 470톤의 연료를 사용한다.[119] 따라서 이 운송과정에서는 해상에서 1.5미터를 이동할 때마다 1킬로와트시(kWh)의 에너지가 필요하다. 다른 식으로 표현하면, 이렇게 느린 속도로 이동하는 경우에는 화물 1톤을 1마일 실어 나르기 위해서 약 0.07kWh의 에너지가 필요하다. 즉, 이 정도의 에너지를 이용하면 저 먼 곳에서부터 20개의 사과나 오렌지, 바나나를 바다를 통해서 가져올 수 있는데, 그것도 기존의 일반적인 차량을 1마일 정도 주행할 수 있는 것과 동일한 에너지 비용으로 말이다. 사실, 전 세계의 경제를 움직이게 해주는 것은 해상운송이라고 할 수 있다. 해상운송은 단지 추운 기후의 인구가 밀집된 지역에서 사는 사람들이 햇볕이 내리쬐는 드넓은 지역에서 자란 음식물을 먹을 수 있게 해줄 뿐만 아니라, 이 책을 읽고 있는 지금 이 순간에도 여러분의 주위에 있는 대부분의 물건이 유통될 수 있게 해준다. 운항 속도를 두 배인 30노트(56km)로 높이면 운송 기간을 2주에서 1주로 단축할 수 있지만, 속도의 제곱에 비례해서 조파저항(water resistance)*이 커지기 때문에, 속도를 2배로 높이면 에너지 사용량은 4배로 늘어나게 된다. 따라서 인내심을 기르는 것이 좋다.

반면에, 항공운송은 1톤의 화물을 1마일 수송하는 데 약 2kWh의 에너지가 필요하지만,[120] 홍콩에서 런던까지 당일이면 도착할 수 있다. 화물 수송에서 비행기가 차지하는 부분은 아주 작은데, 그 대부분은 주로 (겨울철에 아스파라거스를 먹는다거나 패스트패션(fast fashion) 의류와 같은) 사치품이다. 유통망 관리가 제대로 되지 않아서 위기가 발생했을 때에도 항공수송은 최후의 수단이 된다. (예전에 부츠 회사와 일을 한 적이 있었는데, 그들은 재고관리가 제대로 되지 않았을 경우에 값비싼 항공운송을 비상수단으로 사용하곤 했다.)

이처럼 선박운송이 에너지와 탄소발자국의 측면에서 효율성이 매우 뛰어나긴 하지만, 우리는 조만간 화석연료의 사용을 전면 중단해야 한다는 사실을 안다. 그리고 일반적인 컨테이너 화물선은 가장 더럽고 심각한 오염을 일으키는 기름을 사용한다. 즉, 자동차나 화물트럭에서 사용할 수 없는 검은색의 타르(tar)를 사용한다.

전기적인 해상운송에서 사용되는 기본적인 원리는 이렇다. 배터리의 에너지 밀도가 20분의 1에 불과하기 때문에 비행기에서와 마찬가지로 선박에서도 화석연료보다 훨씬 더 무거운 배터리가 필요할 것이다. 하지만 선박이 비행기와 다른 점이라면, 전체 무게에서 연료

---

*   물체가 물의 표면에서 움직이면서 일어나는 파도 때문에 생기는 저항.

가 차지하는 비중이 훨씬 더 작다는 것이다. 전기모터가 일반적인 선박 엔진보다 효율적이지 않다 하더라도, 선내에 9,000톤이 조금 넘는 배터리를 실으면 홍콩에서 런던까지 6,000톤의 화물을 실어 나를 수 있을 것이다. 기존의 화물량보다 60퍼센트 줄어든 수치이긴 하지만, 완전히 쓸모없는 정도는 아니다. 그리고 전기모터의 효율이 두 배로 향상되어 기존의 선박 엔진만큼 힘을 발휘할 수 있다면(이는 충분히 가능성이 있는 수치다.), 4,500톤의 배터리만으로도 10,500톤의 화물을 실어 나를 수 있을 것이다. 하지만 내일 당장이라도 이런 방식을 추진해야 한다고 성급하게 결론을 내리기 전에, 전 세계의 배터리 공급에서는 추가적인 부담으로 작용할 수 있다는 사실을 명심해야 한다.

한편, 갑판 위에 돛과 태양 전지판을 설치한다는 것은 멋진 생각이며 잠재적으로도 가치가 있기는 하지만, 이로 인한 이득은 미미한 수준으로 판명되었다. 그 이유는 갑판 위의 바람과 태양에너지를 이용해서 움직이기에는 오늘날의 선박들이 너무나도 크기 때문이다.

마지막으로, 여객운송에 대해서 살펴보자. 대체에너지를 사용하면 환경친화적인 방법으로 여행을 하게 될 거라고 생각하기 쉽지만, 안타깝게도 여객운송에서는 비행기에 비해서 선박이 갖는 이런 모든 효율성이 쓸모없게 될 것이다. 왜냐하면 사람들은 그저 환경에 대한 의무감 때문에 사과나 바나나처럼 아주 오랫동안 나란히 앉아있고 싶어 하지는 않을 것이기 때문이다. 모든 사람이 각자의 선실을 배정받고 수영장과 카지노, 음식점 등을 비롯한 편의시설도 마음껏 이용할 수 있는 호화 크루즈는 상황이 전혀 다를 것이다. (나도 크루즈는 타본 적이 없고, 그냥 들어보기만 했다.) 호화 크루즈는 승객 1명을 1마일 이

동시키는 데 0.22kg이라는 엄청난 탄소 비용이 소모되는데, 이는 소형 휘발유 차량을 혼자 타고 가거나[121] 비행기를 타는 것과 비슷한 수준이다. 사람들이 바다를 통해서 움직이는 일은 여전히 이동 거리가 비교적 짧은 경우에만 머물러 있으며, 그것도 주로 작은 보트나 페달 보트, 뗏목 등을 이용해서 이루어진다. (이 3가지의 수상 운송 수단과 관련해서 강력하게 추천하는 책들이 있는데, 이에 대해서는 주석의 내용을 보기 바란다.[122]) (또한 90페이지의 '로컬푸드가 최선인가?' 내용도 참조하기 바란다.)

전기자전거인가,
아니면 페달자전거인가?

다행히, 둘 다 좋다.

• •

가장 지속가능한 방식의 이동 수단에 대해서 말하면, 그것은 오래된 페달자전거가 아니라 전기자전거라고 할 수 있다. 나도 전기자전거를 타기는 하겠지만 무척 슬플 것이고, 기술이 우리를 나쁜 세상으로 인도한다고 느낄 것이다. 몇 페이지 전에 우리는 한 조각의 땅에 태양전지판을 설치해서 얻는 전기로 전기자전거를 타면, 같은 크기의 땅에서 기른 음식물을 먹은 사람이 페달자전거를 타는 것보다 200배나 더 멀리 이동할 수 있다는 것을 알게 되었다. 이는 슬픈 일이지만 사실이다.

다행히 둘 다 개선의 여지가 있다. 전기자전거는 기존의 일반적인 자전거로는 불가능한 완전히 새로운 저탄소 여행이라는 영역을 실현할 수 있게 해준다. 전기자전거는 교통 혼잡과 오염, 소음을 줄여주며, 바퀴 넷 달린 모든 차량에 비해서 급진적으로 적은 에너지를 사용한다. 그래서 스마트시티와 같은 비즈니스에서 엄청난 기회가될 수 있다. 전기자전거가 본격적으로 대중화된다면 사람들이 출퇴근하면서 옷이 구겨지거나 땀을 흘리지 않고도 제 시간에 사무실에

도착할 수 있을 것이며, 아마 기분도 좀 더 상쾌할 것이고, 그러면서 한편으로는 교통 비용도 절약할 수 있을 것이다.

하지만 한 가지 주의할 점이 있다. 자전거 타는 일이 좀 더 안전할 수 있도록 한층 더 깊은 주의가 필요할 것이다. 출력이 크게 향상된다면, 전기자전거는 오토바이만큼이나 빨라져서 위험해질 수 있으며, 심지어 보행자들은 전기자전거가 다가오는 소리도 듣지 못할 것이다.

그렇기 때문에 전기자전거의 출현이 오래되고 친근한 페달자전거에 대한 사망선고는 절대 아니다. 페달자전거는 우리를 건강하게 만들어주며, 충전을 한다거나 배터리량을 신경 쓸 필요가 없기 때문에 사용하기에도 무척이나 간편하다는 장점이 있다. 참고로 나는 좀 특이한 경우에 해당하는데, 내가 회의하는 자리에 옷이 잔뜩 구겨진 채로 땀을 흘리면서 나타나도 대부분의 고객은 그러려니 하기 때문이다. 오히려 그들은 내가 그런 운동을 통해서 좀 더 활력을 얻기 때문에, 그들과의 비즈니스에도 도움이 된다고 생각할 것이다.

마지막으로, 여행에 대해서 논의할 때 우리가 꿈꾸는 미래에 대해서 살펴볼 것이 한 가지 있다. 그것이 더 이상의 추진력을 얻으면 곤란하기 때문이다.

언젠가 우리가 다른 행성으로
이주할 수 있을까?

인류가 가진 모든 에너지 공급량을 고려한다고 하더라도, 그 양은 우리가 은하계를 건너기 위해 떠나는 유인 우주선을 매년 겨우 1대만 보낼 수 있는 정도이며, 그 우주선도 크기가 작을 것이다.

• •

플래닛 B(Planet B)로 이주할 수 있게 된다면, '하나의 행성에서 살아가기' 위해서 필요한 조치들은 모두 일시적인 것이 될 수도 있다. 솔깃한 생각이기도 하다. 그것은 우리의 선조들이 지구의 거의 모든 구석구석까지 이주할 수 있게 해준 것과 동일한 팽창주의적 사고방식을 계속해서 유지하더라도 위기를 모면할 수도 있음을 의미한다. 한두 명의 저명한 과학자들을 포함해서 일부에서는 우리 인류가 다른 행성으로 가는 방법을 찾는 것은 단지 시간의 문제일 뿐이라는 것을 암시하는 발언을 한다.[123] 하지만 기본적인 물리학만 살펴봐도 이런 주장을 금방 무너트릴 수 있다.

지구와 상당히 유사한 조건을 가진 곳 중에서 가장 가까운 행성은 프록시마 b(Proxima Centauri b)다. 그곳까지의 거리는 불과 4광년으로, 우주 전체로 보면 같은 지역이라고 할 수 있다. 따라서 우주선에 탑승해서 이동하는 경험이 아주 훌륭하다면, 그곳까지 가는 데 걸리는 40년이라는 시간도 충분히 견딜 수 있을 것이라고 생각할 수도 있다. 40년이라는 시간도 우리가 광속의 10분의 1로 빠르게 이동할 수 있다는 가정에서 가능한 수치다. 하지만 한 사람이 그 정도의 속도를 내기 위해서는 어마어마한 양의 운동에너지가 필요하다. 실제로 전 세계의 하루치 에너지 공급량으로 이 속도를 낸다면, 몸무게가 70kg 인 사람들을 겨우 50명 태우고 이동할 수 있을 뿐이다. 하지만 이런 계산도, 그 사람들이 프록시마 b까지 속옷만 입고 우주 공간을 날아 간다고 가정해서 얻은 수치다.[124] 하지만 그렇게 이동하면 즉사하기 때문에, 우리에게는 우주선이 필요하다.* 이런 우주여행을 아직 긍 정적인 것으로 만들기 위해서, 필요한 우주선의 무게가 한 사람당 600kg이라고 가정하겠다. 600kg은 내 소형차인 시트로엥(Citroen) C1 과 같은 무게인데, 나라면 이런 소형차 안에 꼼짝없이 갇혀서 40년 동안 날아가고 싶지는 않을 것이다. 이것도 일반적인 우주왕복선의 무게가 80톤 정도임을 감안하면 초경량의 우주선으로 이동하는 것 이며, 여기에서는 이동하는 여정에서 필요한 다른 도구나 먹을거리 는 전혀 고려하지 않았으며, 새로운 환경에 정착하는 데 필요한 물품 도 전혀 계산에 넣지 않은 것이다. 또한 우주선의 추진 메커니즘에서 어떠한 에너지 손실도 발생하지 않는다고 가정했다. 마지막으로, 목 적지에 도착해서 속도를 줄이는 방안에 대해서도 생각하는 것이 현 명할 것이다. 그러지 않는다면 우리는 초속 30,000km의 속도로 우리 의 새로운 고향별에 돌진하게 될 것이다. 이러한 감속 과정에서도 역

---

* 　　우주 공간에는 방사선이 가득하기 때문에, 특수한 우주복을 입지 않으면 즉사하게 된다.

추진 에너지가 필요하기 때문에, 이를 위한 에너지원도 우주선에 함께 실어서 가져가야 한다. 이런 모든 조건을 고려해서 다시 계산해보면, 겨우 몇 명이 소형 우주선 한 대를 타고 이동하는 데만 해도 인류 전체의 연간 에너지 공급량이 모두 필요할 것이다. 지구에는 그 어떤 잔여 에너지도 남기지 않고 말이다.

이런 상상은 모두 가정에 근거한 것이긴 하지만, 나의 이런 간단한 계산만으로도 다른 은하계로 이주하는 것이 '하나의 행성에서 살아가기'에 대한 대안이 될 수 없다는 것을 알 수 있다. 〈스타트렉〉은 공상과학일 뿐이다. 우리가 워프(warp)의 속도로 이동하거나 웜홀(wormhole)을 통해서 여행한다는 것은 현재는 물론이고 가시적인 미래에도 불가능하고, 아마도 영원히 실현되지 않을 수도 있다.

유용성은 적지만 실행하기 쉬운 대안은 인류의 일부를 지구 궤도에 살게 하거나 아마도 화성으로 이주시키는 것이다. 이것은 우리가 밀폐된 컨테이너 안에서 영원히 살아야 한다는 것을 의미한다. 훨씬 더 간단하기는 하지만 정말이지 끔찍한 일이라고 할 수 있다. 그것은 지구에서 탄광이나 콘크리트 벙커에서 사는 것과 비슷할 것이다.

실행하기 쉬운 대안은 우리의 DNA가 든 캡슐로 우주를 오염시키기 시작하는 것이다. 그런 DNA가 우주의 어딘가에서 뿌리 내리기를 바라는 자아도취적인 희망을 갖고 말이다. 아마도 우리보다 우월한 어떤 존재가 우리의 유전자 코드를 입수해서 인류를 재창조할 수도 있을 것이다. (하지만 그들이 과연 그런 귀찮은 일을 하고 싶어 할지는 또 다른 문제다.) 지금까지 살펴본 그 어떤 대안도 지구 위에 살고 있는 현재의 우리나 미래의 세대가 마주한 실질적인 도전 과제에는 전혀 도움이 되지 않을 것이다.

　우리가 무엇을 도전하든, 지구는 앞으로도 아주 오랫동안 우리의 유일한 고향별이 될 것이다. 플래닛 B(Planet B)는 없다.

CHAPTER

성장, 돈, 05
계량적 분석

지금까지는 화석연료가 가진 문제점을 극복하면서도 에너지 수요를 충족시킬 수 있는 물리적인 해결책에 대해서 살펴봤다. 그리고 육지와 바다를 환경적인 차원에서 더욱 잘 관리하면서도 모든 사람이 건강한 식단을 얻을 수 있는 방법도 논의했다. 그러는 동시에 이동에 대한 수요를 충족시킬 수 있는 방법도 살펴보았다. 생물다양성과 질병의 위험, 플라스틱 오염에 대해서도 잠시 언급했다. 이런 모든 도전 과제는 과학기술적인 관점에서 모두 만족스럽게 해결할 수 있는 것으로 판명되었다.

그것만으로 과연 충분한 것일까.

이 책의 목표는 우리의 삶의 질을 지금보다 더욱 개선하는 것임을 기억하기 바란다. 지구를 구하는 일은 이 프로젝트의 응급처치에 불과한 것이다. 삶의 질 개선은 물론이고 위기관리라는 문제에서도, 경제학을 대대적으로 재검토해야 한다는 것은 분명하다. 우리가 처해 있는 새롭게 급변하는 상황을 고려할 때, 경제학이 물론 지난 수천 년 동안 발전되어오긴 했지만, 인류세라는 완전히 다른 맥락 안에서는 현재의 주류 경제학이 그다지 부합하지 않는 것일 수도 있다. 이런 진단을 하는 사람도 내가 처음은 아닐 것이다.[125]

우리의 경제학은 우리가 중요하게 생각하는 가치에서 기인하는 것일까, 아니면 그 반대일까? 어느 정도는 둘 다일 수도 있지만, 세계가 경제적인 이해관계와 개인주의를 중심으로 형성되어 있을수록 우리가 사는 세상이 협조적일 것이라고 생각하기는 힘들다.

나는 경제학자가 아니기 때문에 경제와 관련된 문제들을 조금은 새로운 시각에서 편하게 접근하고 싶으며, 또한 지나치게 자세히 들여다보지도 않을 것이다.

지금부터는 우리가 경험하기도 하고 추구해왔던 몇 가지 성장 유형을 살펴보고, 현재의 우리에게 어떤 유형이 건강할지에 대해서 질문을 던질 것이다. 돈에 대해 들여다보면서, 우리가 마케팅하고, 투자하고, 부를 분배하고, 소비하는 방식이 우리의 하늘과 땅과 바다에서 마주하고 있는 도전 과제들을 해결하는 과정에서 우리를 도와주는지, 아니면 방해하는지를 살펴볼 것이다.

이제부터 주류 경제학의 많은 내용이 도전을 받게 될 것이다.

인류세의 시기에는
어떤 형태의 성장이 건전한 것일까?

아이들은 자라면서 신체적으로 성장한다. 반면에 어른들은 건강함을 키우고 싶다면 신체적인 것과는 다른 형태로 성장하는 법을 찾아야 한다. 인류 역시 어른의 방식과 비슷한 변화를 겪을 필요가 있다.

• •

지금까지 인류의 역사에서 거대한 역동 체계가 작동해왔던 것은 분명한 사실이다. 그리고 우리는 그러한 역학관계에 거의 개입하지 않았다. 혁신이 이뤄지면 새로운 개술이 생겨나고 효율성이 향상되었으며, 그로 인해서 에너지 사용량이 더욱 증가하고 또 다른 혁신을 촉진했다. 이것이 바로 인류 역사에서 오랫동안 진행되어온 성장과 팽창의 메커니즘이었다.

최근까지만 해도 인류는 물리적인 성장이라는 사고방식에 아무런 거리낌이 없었다. 즉, 에너지 사용량이 증가하고, 인구가 폭발하고, 인프라가 늘어나고, 기대수명이 증가하고, 소비가 팽창하는 것도 전부 괜찮다고 생각했다. 비록 그로 인해서 탄소가 배출되고, 광물 채취가 늘어나고, 오염물질의 양이 증가했으며, 그 외에도 생각할 수 있는 거의 모든 부정적인 영향이 늘 함께 커져왔다 하더라도 상관없었다.

그러나 갑자기 인류세의 시기에 접어들게 되었고, 어떠한 성장이 건강한 것인지 그리고 어떠한 성장이 그렇지 않은 것인지에 대해서 모든 것이 불분명하게 되었다. 성장이 필수적이라는 입장을 고수하거나 모든 문제의 근원으로 치부하기보다는, 성장이라는 문제를 자세히 뜯어보고 오늘날의 세계에서 바람직한 성장의 유형과 그렇지 못한 것이 무엇인지에 대한 질문을 우리 자신에게 던져야 한다.

건강한 성장과 건강하지 못한 성장이라는 스펙트럼의 한쪽 끝에는 우리에게 암적인 존재가 되어온 요소가 있다. 그 반대편의 끝에는 구명조끼처럼 가능한 한 빨리 조치할 필요가 있는 요소들이 있는데, 이들은 대부분 우리의 사고방식과 관련된 것이다. 이런 양 극단 사이에는 밑 빠진 독에 해당하는 것도 있고, 필수적이지는 않은 요소도 있다. 그런 다양한 요소들을 제시된 전환의 방향과 함께 그래프 위에 표시해 보았다. 그런데 내가 이 그래프를 전통적인 지수곡선(exponential curve) 형태로 만들어 놓은 것에 대해서는 크게 신경 쓰지 않기를 바란다. 이건 그저 지수곡선 형태로 증가하는 그래프를 보면 안심을 하는 경향이 있는 전통적인 사고방식을 가진 경제학자들에게 위안을 주기 위한 것일 뿐이다.

이러한 다양한 유형의 성장 요소에 대해서 하나씩 평가해보겠다.

• 온실가스 배출
기후 비상사태를 악화시키기 때문에 해롭다.

• 고기 섭취
이것이 인간을 비롯해서 다른 수많은 동식물에게 미치는 위험성

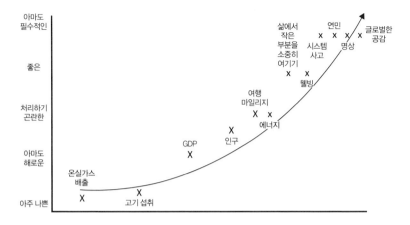

인류가 성숙한 상태로 변환된다는 상상을 성장에 대한 본질이 바뀌는 것으로 표현했다. 지수곡선의 형태는 순전히 전통적인 사고방식을 가진 경제학자들에게 위안을 주기 위해서 그려진 것이다.

은 앞에서 살펴보았다.

- **에너지 사용**

반드시 해로운 것은 아니지만, 아주 위험하다. 군이 기후 비상사태에만 국한하지는 않더라도 인간이 지구를 엉망으로 만들 수 있는 능력과 연관되어 있기 때문이다. 핵융합이 본격화되지 않는 한, 태양에서부터 지구에 도달하는 에너지를 최대한 사용한다고 하더라도 앞으로 몇백 년 안에 그 한계에 부딪힐 것이라는 사실에 대해서는 앞에서 살펴보았다.

- **소비**

해롭다. 이는 모든 물리적인 형태의 소비를 말하는 것이다.

- **GDP**

기껏해야 직접적인 관련성이 없는 정도다. 지금까지 GDP는 탄소 배출 및 에너지 증가세와 연관되어왔으며, 이러한 연관성이 불가피하다고 생각하는 이들은 GDP의 성장도 멈추어야 한다는 논리적인 결론에 도달하게 된다. 그러나 사실 GDP는 인간이 만든 추상적인 개념이며, 그 어떤 물리적인 활동과도 직접적인 연관성이 없다. 즉, 모든 사람이 소비 활동이나 거래를 전혀 하지 않더라도 지금까지와 동일한 방식으로 살아가는 것이 이론적으로는 가능하기 때문이다. 하지만 나는 GDP의 성장이 모든 문제의 근원이라고 생각하지는 않는다. 적어도 이론적으로는 휘발유 차량과 같은 영향력이 커다란 부분을 없애거나 높은 비용을 부과하면서, (이웃집 병간호 서비스, 비대면 형태의 인적 교류, 클라우드 컴퓨팅 등) 물리적인 영향이 적은 새로운 서비스에 비용을 부과하는 것만으로도 GDP가 성장할 수 있기 때문이다.[126]

- 인구

분배가 적절하게 이루어진다면 지금보다 약간의 인구가 증가하는 것은 견딜 수 있다. 우리 각자가 지구에 미치는 영향은 우리가 사는 방식에 따라서 크게 달라질 수 있다. 즉, 인구가 10억 명에 불과하더라도 그들 모두가 신중하지 못하다면 순식간에 지구를 엉망으로 만들 수도 있고, 150억 명의 인구가 있지만 매우 조심스럽게 행동한다면 발전하는 환경과 조화를 이루며 살 수 있을 것이다. 인구가 늘어날수록, 우리 각자가 더욱 조심해야 한다. 인구가 적은 것이 좀 더 편하기는 하겠지만, 120억 명이 살아간다고 하더라도 패닉에 빠질 필요는 없다.

현재보다 인구가 70퍼센트 증가하더라도 생존할 수 있기 위해서는 한 가지 단서 조항이 있다. 모든 사람에게 자원을 적절하게 분배해야 한다는 것이다. 즉, 사람들이 먹을거리와 에너지가 좀 더 충분한 곳으로 이주할 수 있거나, 또는 필요한 사람들에게 자원을 보내줄 수 있어야 한다. 구체적으로 우리는 현재의 농업 생산량만으로도 2050년에 97억 명으로 증가할 것으로 예상되는 인구를 먹여 살릴 수 있다. 하지만 이는 북남미에서 생산되는 먹을거리의 상당량이 아프리카로 보내질 때에만 가능하다.

- **비행**

당분간은 해롭다. 단거리와 장거리 노선을 모두 전기 에너지로 전환한다고 하더라도 비행이 탄소 배출에 미치는 압박이 엄청나게 크다는 사실에 대해서는 266-269페이지에서 살펴봤다. 정책 입안자라면 이런 사실을 반드시 이해해야 한다. 그러지 못하는 사람들은 공직에 있어서는 안 된다.

- **기술**

특정한 조건을 충족할 경우에만 좋다. 즉, 우리가 어떤 기술을 개발하고 그것을 어떻게 사용하는지에 대해서 신중하게 결정할 수 있다면 그렇다. 우리는 무언가를 만들어낸다는 기본적인 패턴에 종지부를 찍어야 한다. 왜냐하면 우리가 만들어낸 어떤 것을 사용하여 효율성이 향상된다면, 점점 더 많은 사람이 그걸 사용하게 될 것이고, 그것을 사용하지 않으면 경쟁에서 뒤처지기 때문에 결국엔 대부분의 사람이 사용하게 될 것이기 때문이다. 이러한 역학이 지속된다면 미래는 재앙이 될 것이다. 우리는 기술을 통제해야 하는 것이지, 기술이 우리를 통제하게 해서는 안 된다! 이에 대해서는 몇 페이지 뒤에서 좀 더 자세히 살펴보겠다.

- 기대수명

좋다. 물론 의미가 충만한 삶에 대해서 말하는 것이다. 사람들이 좀 더 오래 살 수 있다면 인구가 급증할 수 있기 때문에, 그렇게 늘어난 수명이 여전히 가치 있는 삶이 될 것인지를 좀 더 신중하게 생각해봐야 한다. 개인적으로는 사람들이 죽음을 맞이할 수 있는 시기와 방법에 대한 전에 없던 논의가 필요하다고 생각되며, 그 과정에서 사람들의 생명을 연장하기 위해서 우선시되어야 하는 자원은 무엇인지에 대한 논의도 필요할 것이다. 의료 서비스에 의해서 한 사람의 목숨을 살릴 때마다 기회비용이 동반된다는 것은 엄연한 현실이다. 그것이 사실이 아닌 척하기보다는, 이 점을 분명하게 인식하는 것이 나을 것이다. 기대수명이 증가하게 되면 인구 증가에도 영향을 미친다는 것도 기억해야 한다.

- 복지

GDP 성장보다 훨씬 더 중요한 목표다. 복지를 수치로 측정할 수 있는 것인지는 또 다른 문제다. 사실, 인간의 복지를 계량화된 수치의 틀에 맞추려는 시도는 오히려 문제를 더욱 키울 수 있다.

- 인식

결정적으로 중요하다. 작은 것들까지도 소중히 여기는 태도는 인류가 더욱 성장하는 데 가장 중요하면서도 필수적인 것이 될 수 있다. 우리가 경험하는 모든 측면에 감사해야 한다. 보고 느끼는 것만이 중요한 것이 아니라, 우리가 그런 부분들을 얼마나 많이 인식하는지도 중요한 것이다. (그렇다고 나 자신이 이 부분에서 최고라고 주장하는 것은 아니다.)

요약하면, 성장에 대한 우리 인류의 열망에 대한 근본적인 성찰이 필요하다. 성장의 형태와 취향을 바꿀 필요가 있다. 성숙한 태도, 인식, 연민이라는 의식을 기를 필요가 있다. 우리가 가진 것과 주변에 있는 것들을 소중히 할 수 있는 능력을 길러야 한다. 야심을 버리라는 것이 아니라, 그 본질을 바꿔야 한다는 것이다.

우리를 성숙하게 해줄 수 있는 이런 내용은 좀 더 자세히 살펴볼 가치가 있다.

GDP가 부적절한 지표인 이유는 무엇인가?

무료로 주고받던 것에 비용을 부과하면 GDP가 올라가게 된다. 즉, 국민의 자발적인 친절함의 수준이 내려가면 GDP가 올라가는 것이다. 친구들이 아이를 돌봐주지 않거나 불우한 이웃을 도와주지 않는다면, 그런 모든 일은 이제 경제 활동이 되어서 GDP의 집계 대상이 된다. 또 다른 사례를 들면, 마약 거래와 범죄 활동으로 돈세탁이 이루어진 자금도 GDP에 반영될 수 있다.

1968년에 바비 케네디(Bobby Kennedy)는 연설을 통해서 이런 문제를 다음과 같이 요약했는데, 많은 영감을 주면서도 분명한 메시지를 전달하고 있기에, 내용이 길기는 하지만 인용할 만한 가치가 있다.[127]

우리는 너무 오랫동안 지나칠 정도로 그저 물질적인 것만을 축적해 왔고, 사람들이 가진 훌륭한 성품과 공동체적인 가치들을 포기해왔던 것 같습니다. 우리의 연간 국민총생산(GNP)은 현재 8,000억 달러가 넘습니다. 하지만 국민총생산으로 우리 미합중국을 평가한다면, 그러한 국민총생산에서는 대기오염을 일으키는 산업과 담배 광고에 드는 비용, 그리고 고속도로 위에서 죽어가는 사람들을 치우기 위해서 앰뷸런스가 출동하는 비용까지도 계산한다는 것을 알아야 합니다. 우리의 현관문에 특수한 잠금장치를 설치하는 비용과, 그것을 부수고 침입한 사람들을 교도소에 수용하기 위한 비용이 계산됩니다. 무질서한 팽창 때문에 삼나무 숲이 잘려나가고 자연의 경이로움이 파괴되는 비용이 계산됩니다. 외국의 전장에 투하되는 네이팜탄과 핵탄두를 제조하는 비용이 계산되고, 국내에서는 시위를 진압하는 경찰들이 이용하는 장갑차량을 만드는 비용이 계산됩니다. 찰스 휘트먼(Charles Whitman)*이 난사했던 소총과 리처드 스펙(Richard Speck)**이 휘둘렀던 칼을 만드는 비용도 계산됩니다. 그리고 우리의 아이들에게 장난감을 팔기 위해서 폭력을 미화하는 텔레비전 프로그램을 만드는 비용도 계산됩니다.

하지만 국민총생산에서는 우리 아이들의 건강이나 교육의 질이나 놀이의 즐거움은 계산에 넣지 않습니다. 시의 아름다움, 부부관계의 결속력, 공론을 통해서 얻은 지성이나 공직자의 청렴도도 계산에 넣지 않습니다. 우리의 재치나 용기도 측정하지 않고, 우리의 지혜나 학습에 대한 것도 측정하지 않고, 우리의 연민과 조국에 대한 헌신도 측정하지 않습니다. 국민총생산은 우리의 삶을 가치 있게 만들어주는 것을 제외한 모든 것을 간단하게 측정합니다. 그리고 우리가 미국인이라는 사실을 자랑스럽게 생각하는 이유를 제외한 미국의 모든 것을 말해줍니다.

---

*   1966년 오스틴의 텍사스대학교에서 소총을 무차별 난사했고, 이 사건으로 11명이 목숨을 잃었다.

**   1966년 시카고에 있는 어느 여학생 기숙사에 침입해서 칼을 휘둘렀는데, 이 사건으로 8명의 간호학과 학생이 목숨을 잃었다.

계량적 분석은
어떻게 바뀌어야 하는가?

"측정된다는 것은 행해진다는 것이다." 경영학의 대가인 톰 피터스 (Tom Peters)가 1980년대에 했던 말이다.[128] 그리고 그가 했던 이 말은 엄청나게 많이 인용되면서, 어떤 심오한 진실인 것처럼 오해되기가 쉽다. 피터스의 세계관으로는 삶에서의 가장 중요한 것들이 모두 적절하게 측정된다면 괜찮을 수도 있다. 하지만 가장 중요한 요소들이 일부 누락되거나 수치로는 전혀 측정되지 못한다면 어떻게 될까? 그래도 피터스가 옳다면, 우리는 불가능한 일을 하면서 시간을 허비해야 하는 고통을 겪게 될 것이다. 이 글을 쓰고 있는 나조차도 수많은 것을 수치로 계산하기 위해서 엄청난 시간을 보내는 사람이다. 중요한 것은 수치가 말해줄 수 있는 것과 그렇지 못한 것이 무엇인지를 이해하는 것이다. 예를 들어서, 탄소 배출량을 수치화하는 것이 중요한 이유는, 대기 중의 탄소량이 우리가 경험하는 기후변화의 양상과 그것이 인류의 삶에 미치는 엄청나게 거대한 영향을 이해하는 데 필수적이기 때문이다. 우리가 그런 탄소의 양을 적절히 관리하고자 한다면, 우리가 행하는 모든 것들과 탄소량 사이의 연관성을 이해해야만 한다. 그러지 않는다면 우리의 모든 노력은 의미 없는 것이 될 수도 있다. 반면에, 이번 여름의 휴가가 얼마나 좋았는지를 평가하기 위해서 멋진 풍경을 몇 개나 보았는지, 또는 몇 개의 산을 올랐는지

등으로 계량화하려고 시도할 수는 있겠지만, 그런다고 해서 여행하면서 느꼈던 벅찬 감동과 즐거움까지 수치화할 수는 없을 것이다.

계량적 분석은 때로는 더 좋은 식으로, 또 때로는 더 좋지 않은 식으로 우리가 바라보는 세계를 단순하게 표현하는 방법이다. 너무 많은 의미를 부여하면 모든 계량적 분석은 해로울 수 있다. GDP도 다르지 않다. 그것은 인류의 진전을 가늠하는 척도가 아니다. 그것이 가진 단순한 속성 때문에 지각 있는 사람들이 가득한 나라를 운영하는 것이 얼마나 어려운 것인지에 대해서 두려움을 느끼고 있으며 그로 인한 불안감을 줄일 수 있는 방법을 찾고 있는 정치인들이 의지할 수 있는 간편한 도구로 전락하기 쉽다. GDP에도 참고할 수 있는 정보가 있기는 하지만, 그것이 그대로 좋음이나 나쁨을 가리키는 지표는 아니다.

콜센터에서 이뤄진 계량분석의 재앙으로부터 배우는 교훈

20년 전 콜센터가 새로운 사회현상으로 등장하면서, 나는 셰필드에서 한동안 콜센터의 관리자들을 교육할 기회가 있었다. 콜센터의 가장 커다란 문제는 직원들이 계속해서 그만둔다는 것이었다. 불과 몇 년 만에, 그렇게 콜센터의 일을 그만두는 사람들의 수가 도시 전체 인구의 상당수를 차지할 정도가 되었다. 그곳의 일자리에 지원할 수 있는 사람들은 이미 그들과 일을 했던 경험이 있었고, 그 일을 너무나도 싫어서 그만둔 사람들이었다. 가장 큰 문제는 관리자들이 손에 들려 있던 엄청난 양의 정보였다. 그들은 직원 한 명이 얼마나 많은 전화를 거는지, 통화 시간이 얼마나 되는지, 상품 판매까지 몇 분이 걸리는지를 알고 있었다. 가장 놀라운 것은, 직원들이 '휴식시간'을 얼마나 오랫동안 사용하는지를 안다는 것이었다. 이 모든 것이 실적관리를 이끌고 있었다. 화장실에서 얼마나 오랫동안 시간을 보내는지를 점검한다면, 나였어도 그곳을 그만두었을 것이다. 여기에서 배울 수 있는 사실은, 계량분석이 우리의 관심을 유익하지 않은 방향으로 이끌게 되면, 실제로는 득보다는 실이 많다는 것이다.

우리가 더욱 주목해야 하는
계량적 분석은 어떤 것인가?

• •

탄소 배출량에서부터 기대수명, 생물다양성, 오염, 사람들의 건강, 영양 공급 및 섭취 등에 이르기까지 인류와 지구의 건강에 대한 통계가 중요할 것이다. 이런 것들은 직접적인 관련성이 있으며 수치로 측정할 수 있다. 모든 물질자원의 채취와 인간의 활동에 의해 자연환경에 투입되는 자원의 양도 측정할 수 있다.

그리고 행복과 관련한 보다 뛰어난 계량분석도 필요하다. 때로는 관계없는 측정을 하느라 열심히 일하는 것보다는 뭔가 중요한 것을 측정하면서 고생을 하는 편이 나을 수도 있다. 건강과 행복이라는 것은 개인마다 의미와 중요도가 다르기 때문에, 그것을 측정하려는 모든 시도에는 상당한 주의가 필요하다. 그 결과가 맥락에서 벗어나지 않는 선에서 비판적인 관점으로 분석한다면, 충분히 해볼 만한 시도이다. 예를 들면 행복지수(Happy Planet Index)라는 것이 있는데, 이것은 지속가능성과 관련한 사회적인 수치들과 사람들의 행복과 관련한 수치를 결합한 지표다.[129] 이 지표에서는 행복 및 신뢰 수준에 대한 설문 조사가 수행되며, 신체 건강과 정신 건강, 자살, 범죄, 교도소 관련 통계들을 측정한다. (364-368페이지 참조)

덜 중요하게 생각해도 되는
계량적 분석은 어떤 것인가?

우선 GDP와 휴식시간의 길이가 있다.

• •

어떤 수치가 우리의 주의를 한 방향으로 이끌면, 다른 곳에는 관심이 소홀해질 수밖에 없다. 모두 계량적 수치분석은 세계를 단순화해서 표현하는 것이기 때문에, 늘 맥락이 함께 고려되어야만 한다. 그러한 수치는 물론 중요한 의미를 가지긴 하지만, 그렇다고 해서 우리의 세계와 그 안에서 살아가는 인류의 경험에 대한 풍부한 이해를 전부 대신해주는 것은 아니다. 계량적 분석은 모두 어느 정도는 왜곡된 결론을 가리킨다. 예를 들어서, 사망자의 수가 많아지거나 범죄를 제대로 해결하지 못한다면, 수감자의 수가 줄어들 수 있다. 그리고 어떤 사람도 자선활동을 하지 않고 무료로 무언가를 나누지 않는 세상을 만든다면, GDP는 부쩍 늘어날 것이다. 잠시 뒤에도 살펴보겠지만, 인류세 시대에 필요한 비판적인 사고력과는 정반대의 편협한 사고방식을 아이들에게 강요한다면 국가 학력통계는 더욱 향상될 것이다. 나이 든 사람들의 의지와는 다르게 억지로라도 더 오래 살게 한다면 기대수명을 늘릴 수 있다. 그리고 돈과 관련된 통계에 집착함으로써 우리 자신을 비참한 상태로 만들 수도 있다.

GDP가 도움이 되지 않는다는 것은 아니다. 그 안에도 우리가 참고할 수 있는 내용이 있기는 하지만, 그것의 본질이 무엇인지를 배워야 하며, 성장이 언제나 좋은 것만은 아니라는 것도 기억해야 한다. 앞에서 살펴본 콜센터 휴식시간과 관련한 이야기는, 데이터를 이용할 수 있게 되면서 그것이 이론적으로는 유용할 수 있다고 하더라도 우리에게 무언가 좋은 일을 해주기보다는 세상에 대한 우리의 시각을 왜곡시킬 수 있음을 보여주는 대표적인 사례다.

반면에 온실가스 배출량을 비롯해서 인간이 지구에 가하는 부담의 직접적인 수치들을 측정하는 것은 우리가 그러한 사안이 가진 중요한 속성을 더욱 가까이에서 지켜보고 판단할 수 있게 도와주는 것이다.

나는 엄격한 근거에 의해 지지되는 사실을 넘어서는 그 어떤 정치적 성향도 편들지 않기 위해 노력한다. 우리가 찾는 해결책들은 기존의 모든 정치적인 스펙트럼을 초월해야 한다. 그러나 일부 도전 과제에 대해서는 글로벌 거버넌스와, 성장에 대한 새로운 접근 방식이 필요하기 때문에, 이러한 현실에는 우리가 무시하기 힘든 중요한 함의가 존재한다. 이제 우리는 인류세의 시대에 접어들면서 자유시장이 할 수 있는 것과 할 수 없는 것에 대해서 살펴보겠다.

인류세 시기의 어려움들을
자유시장이 해결할 수 있을까?

그렇지 않은 경우가 많다. 자유시장은 개인의 이익과 집단의 이해관계가 일치하지 않는 문제를 해결할 수 없다. 따라서 글로벌한 도전 과제들에는 글로벌 거버넌스가 필요하다.

• •

자유시장에 도전한다는 것은 완전한 계획경제로의 전환을 의미하는 것이 아니다. 그 해답은 양쪽의 장점을 현명하게 조합하는 것이다. 글로벌 차원의 도전 과제들을 해결하기 위해서는 충분한 글로벌 거버넌스가 필요하다는 사실을 벗어날 수 없다. 자유시장 자체로는 화석연료를 땅속에 놔둔다는 선택을 할 수 없으며, 또는 그 점에서는 설령 인류의 행복을 저해한다고 여겨질지라도 효율성의 개선을 거부하지는 못할 것이다. 이런 단계에서는 좋든 싫든 시장에 개입해야 한다. 자신의 이데올로기가 그렇지 않다고 속삭이는 사람들은 모두가 잘못 생각하고 있는 것이다. 예를 들어서 기후변화에 대해 이야기하면, 우리는 반동효과가 선도적인 소수의 노력을 어떻게 약화시키는지를 살펴보았다. 그 이유는 그런 노력을 하는 사람들이 환경에 미치는 영향력을 줄이게 되면, 대혼란을 일으키는 것에 대해서 신경을 쓰지 않는 사람들이 환경을 망칠 수 있는 더욱 많은 기회를 만들어주기 때문이다. 따라서 우리가 실제로 보게 될 변화는 세계적으로 진행되고 있는 모든 선행의 결과로 인해 얻을 수 있을 거라고 예상할 수 있었던 수준보다 훨씬 더 작을 것이다. 세계의 수많은 사람과, 기업들, 국가들까지 탄소를 줄이고 있는데도 전 세계의 온실가스 배출량이 계속해서 늘고 있는 것도 그 때문이다. 기후 관련 정책을 입안하는 대부분의 사람은 반동효과 때문에 기후변화에 대한 국가적 차원의 약속이 단순히 산술적인 합계가 되어서는 안 되며 '마치 비즈니스를 하는 것처럼' 탄소 배출량 곡선에서 자신들이 계산한 수치를 뺄 수는 없다는 불편한 현실을 아직도 이해하지 못하고 있다.

  범죄 조직의 구성원들을 제외하면, 가장 충실한 신자유주의자들은 물론이고 우리 모두는 어떤 원칙들을 믿는다. 예를 들면, 경쟁력의 우위를 확보하기 위해서 공장을 폭파한다거나 노동자들을 살해하는 것은 결코 해서는 안 되는 일이다. 내가 말하고 싶은 것은 이러한 원칙들이 기후 비상사태를 비롯해서 시장의 힘이 미치지 못하는 특정한 문제들에 대처하기 위해서 충분히 확장될 필요가 있다는 것이다. 엄격한 규칙들 외에도, 기업들이 건강한 방향으로 나아가도록 압박할 수 있는 인센티브와 조세제도를 도입할 수 있을 것이다.

시장경제와 계획경제, 둘 중에 어느 것이 더 좋은가?

둘 다 그 자체로는 희망적이지 않다.

• •

팔이 좋은가, 다리가 좋은가? 머리가 더 중요한가, 심장이 더 중요한가? 공기를 들이마시는 것과 물을 마시는 것 중에 뭐가 더 중요한가?

20세기는 중앙집중화된 계획경제가 대부분의 사람을 만족시키는데 부적절하다는 것을 보여주었다.[130] 국가는 아무리 의도가 좋다고 하더라도 기초적인 수준에서의 모든 판단까지 결정할 수는 없다. (국가의 선한 의도라는 것도 확신하기는 어렵다.) 시장이 건전한 방식으로 작동한다면, 시장의 힘이 어느 정도는 모든 사람의 이해관계에 부합할 것이다. 즉, 최적의 작동 방식을 찾기 위해서 동시에 아주 많은 실험이 이뤄진다는 것이다. 최고의 방식이 나타나면 다른 사람들이 그걸 배워서 더욱 잘 할 수 있게 된다. 그 대표적인 사례로는 수많은 원조기구가 동시에 경쟁하는 것을 들 수 있는데, 그들은 서로에게서 배우고 서로서로 지원하기도 한다. 어떤 단체가 다른 곳보다 더욱 성공적이라면, 상대적으로 열세에 있는 이들은 자신들이 성취해야 하는 작업을 좀 더 잘 해낼 수 있는 더욱 효과적인 방식이 있다는 것에 기쁨을 느끼는 동시에 자신의 일을 더 잘하고 싶은 동기부여도 될 것이다.

그리고 그런 조직들의 리더가 되기 위해 도전했다가 더욱 훌륭한 후보에게 패배하는 사람들도, 좀 더 훌륭한 사람이 그 일을 할 수 있게 되었다는 사실에 대해서 행복하게 생각할 수도 있을 것이다. 이런 것이 바로 건강한 시장이다. 최고의 자질을 가진 이들이 가장 높은 자리에 오르고, 모든 구성원이 다른 사람들이 발전할 수 있게 돕는 체계다. 공동체적인 사고방식이 가미된 이런 시장은 탐욕스러운 신자유주의적인 윤리와는 매우 다른 것이다. 1776년에 애덤 스미스(Adam Smith)가 《국부론》을 출간하면서 현대 경제학의 근간을 정립했을 때, 요즘에는 간과하는 경우가 많지만, 건강한 시장을 위해 그가 내세웠던 조건 중의 하나는 바로 여기에 참여하는 모든 이가 윤리적인 행위자들이어야 한다는 것이었다.

자유시장은 분명 글로벌 거버넌스가 필요한 전 세계적인 이슈들을 처리할 수 있는 능력이 없다. 톰 크럼튼(Tom Crompton)은 〈공동의 명분(Common Cause)〉이라는 논문에서 전 세계적인 이슈들을 일컬어서 '개인의 차원을 넘어서는' 문제라고 불렀는데, 이는 각자의 이익을 추구하는 개인들에 의해서는 해결할 수 없는 문제를 말하는 것이다.[131] 신자유주의적인 실험의 끝에는 대재앙이 자리한다는 것을 아직까지는 모든 사람이 상상하지는 못하고 있는데, 그로 인한 결과가 아직은 모든 사람에게 본능적으로 실감이 되지 않기 때문이다. 나는 우리가 그 정도까지는 아니길 바란다.

우리에게는 자동으로 조정되는 시장이 필요하고 글로벌 거버넌스가 무엇을 제공할 수 있는지에 대한 전 세계적인 윤곽이 필요하다. 그리고 두 개를 잘 혼합해서 그러한 노력이 작동할 수 있게 하는 일련의 가치들과 함께 적절히 관리해야만 한다. 이 점에 대해서는 뒤에서 다시 살펴볼 것이다. (393페이지 참조)

시장의 역할에 대해서 잠시 살펴보면서, 우리는 부의 분배라는 문제에 다다르게 된다. 이 문제는 얼마나 많이 손을 대야 하며, 자연스러운 방식으로 진행되도록 놔두어도 되는 것은 얼마나 되는가?

낙수효과란 무엇이며,
이 개념은 왜 위험한가?

낙수효과란 부자들이 더욱 부유해지면 그중 일부가 가난한 사람들에게 스며들기 때문에 모두에게 이득이 된다는 생각이다. 하지만 여기에는 약점이 있는데, 상대적인 부가 시장에서 무엇을 구입할 수 있는지를 결정하기 때문이다.

• •

'낙수효과주의자'들은 가난한 사람들이 좀 더 부유해질 수 있다면 불평등은 중요하지 않다고 말한다. 낙수효과가 단순히 효과가 없다는 증거가 점점 더 많이 드러난다는 사실 외에도,[132] 먹을거리 시장만 잠시 살펴봐도 이러한 생각이 얼마나 해로운 것인지를 알 수 있다. 세계의 시장경제에서 일반적으로 농산물은 가장 많은 돈을 주고 구입할 수 있는 사람을 찾아간다. 부유한 사람들이 가난한 사람들보다 훨씬 더 많은 돈을 갖고 있다면, 가난한 사람들은 먹을거리를 얻기 위해서 필사적으로 노력해서 값을 치러야 하지만, 부유한 사람들은 단지 기분을 좋게 하거나, 호화로운 사치를 누리기 위해서 얼마든지 더 많은 돈을 쓸 수 있다. 지구의 어디에선가는 사람들이 곡물에만 의지해서 겨우겨우 살아가는 반면, 지구의 반대편에서는 곡물을 이용해서 바이오연료를 만든다. 가난한 사람들은 자신들에게 정말로 필요한 것을 얻기 위해서 땅에 의지하지만, 부유한 사람들이 원하는 것을 얻기 위해서 토지는 영양학적인 관점에서 보면 비효율적인 방식으로 사용될 수도 있다. 반대로 빈부의 격차가 좁혀질수록, 가난한 사람들은 자신들이 원하는 것을 더 많이 살 수 있게 된다. 거칠게 말해서 낙수효과는 기껏해야 신자유주의적인 자기기만이고, 심하게 말하면 거짓에 불과하다. 어떤 사람들이 굶주리는 이유는 아무리 세계 전체의 부가 막대하다고 하더라도 자신들이 갖고 있는 양은 충분하지 않아서, 글로벌 시장경제에서 그들이 원하는 것을 구입할 수 없기 때문이다. 두 가지 해결책이 있는데, 하나는 자신들이 생산한 먹을거리를 세계 시장에 공급하지 않는 것이고(93페이지의 물고기에 대한 부분 참조), 또 하나는 빈부 격차를 줄이는 것이다.

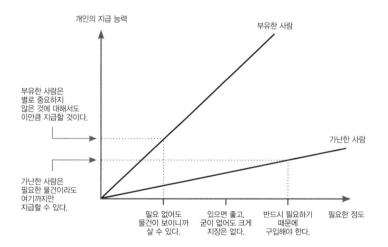

낙수효과의 반증: 상품 공급은 제한되어 있고 불평등의 수준이 심각한 경우, 가난한 사람들의 필요보다는 부자들의 기호를 충족하기가 훨씬 쉽다는 것을 보여주는 간단한 도표. 이런 경우의 예를 들면, 1헥타르의 대지에서 생산할 수 있는 농산물에도 적용해볼 수 있는데, 같은 대지라도 곡물이나 콩을 재배하기 위해 사용될 수도 있고, 또는 꽃을 재배하거나 소의 먹이를 생산하기 위해 사용될 수도 있다.

부의 분배가 예전보다
더욱 중요해진 이유는 무엇인가?

부의 분배에 있어서 불만을 가진 사람들이나 국가가 있다면 21세기의 최대 도전 과제를 해결하는 데 필요한 전 세계적인 합의 과정에 참여하지 않을 수도 있기 때문이다.

· ·

기후 비상사태의 의제들을 파헤치면서, 우리는 전 세계가 화석연료를 아주 일부만 빼고 모두 땅속에 그대로 묻어두어야 한다는 결론에 도달할 수밖에 없었다. 일단 그런 사실을 알고 나면, 남아있는 연료를 어떤 식으로든 모두가 함께 나누어야 한다는 사실을 쉽게 깨달을 수 있다. 그리고 재생에너지원에 대해서도 같은 결론이 적용되어야 한다. 비록 앞에서 살펴본 것처럼, 일부 국가들의 1인당 일조량이 경우에 따라서는 200배나 많은 사례도 있기는 하더라도 말이다.

일부 국가나 사람들만이라도 불만을 가진다면 다른 모든 이에게 피해를 입힐 수 있기 때문에, 모든 사람이 합의해서 전 세계적으로 협업할 수 있어야 한다. 즉, 우리가 공정해야 한다는 것을 의미한다. 이는 현재 전 세계 각국 내부와 그들 사이에서 볼 수 있는 것보다 훨씬 더 높은 수준의 신뢰와 호의가 필요한 것이다. 이를 피해서 돌아가는 방법은 없다. 우리 모두는 이런 종류의 협력이 가능할 수 있도록 다른 모든 사람을 충분히 존중하며 대우해야 하는 법을 배워야 할 것이다. 지나친 불평등은 이것을 불가능하게 만들 것이 분명하다.

세계의 부는
어떻게 분포되어 있나?

미국의 1인당 부는 아프리카의 국가들보다 138배 많다. 전 세계 부의 거의 절반이 전체 인구의 1퍼센트에게 집중되어 있는 반면, 하위 70퍼센트가 가진 부는 2.7퍼센트에 불과하다.[133]

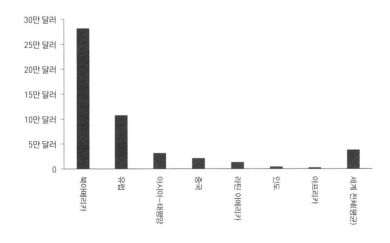

세계의 지역별 · 국가별 1인당 부의 평균

• •

어떤 의미에서 보면, 부와 관련된 통계는 인류 전체가 공유하는 실적의 합계라고 할 수도 있다. 하지만 앞에서 기후 비상사태에 대한 실효성 있는 국제협정을 위해서 무엇이 필요한지를 살펴봤을 때, 우리는 공유라는 문제에 직면한 적이 있었다. 그렇다면 현재 전 세계가 어떤 식으로 부를 나누어 갖고있는지를 살펴보자.

지역별·국가별로 나눠보면, 북아메리카가 전 세계 부의 3분의 1 조금 넘게 갖고 있는데, 이곳에는 전 세계 인구의 5퍼센트가 살고 있다. 유럽은 3분의 1에 약간 못 미치며, 이곳에는 전 세계 인구의 약 10퍼센트가 살고 있다. 그리고 약 10분의 1은 세계 인구의 거의 5분의 1(19%)을 보유한 중국이 갖고 있다. 아프리카가 보유한 부는 전 세계의 1퍼센트에도 미치지 못하는데, 이곳에는 세계 인구의 약 6분의 1(15%)이 살고 있다.

성인 중에서 가장 부유한 1퍼센트는 100만 달러 이상을 보유하고 있는 반면, 하위 절반은 1만 달러도 갖고 있지 못하다.[134]

인류세의 도전 과제들에 맞설 수 있게 해주는 가치들과 그렇지 못한 것은 뒤쪽에서 살펴보겠다. 나는 사람들은 인간으로서 모두 선천적으로 동등한 가치를 갖고 있다는 간단한 원칙을 정해두고 이 책을 쓰기 시작했다. 하지만 돈과 관련한 이런 통계들을 보면, 내가 세워둔 그러한 가치와 세계의 현실 사이에 존재하는 차이가 고스란히 드러난다.

대부분의 미국인이 대부분의 이탈리아인보다 훨씬 더 가난한 이유는 무엇인가?

미국에서는 부의 상당수가 극소수에게 집중되어 있으며, 나머지의 수많은 인구에게 돌아갈 수 있는 양은 거의 남아있지 않다.

· ·

그리 놀랄 것도 없이, 각 지역 및 국가들 사이의 빈부격차와 마찬가지로 한 국가 내에서 돈을 나누어 갖고 있는 방식에서도 커다란 격차가 존재한다. 이를 살펴볼 수 있는 간단한 척도는 부의 평균값(average)과 중앙값(median)을 비교하는 것이다. 부의 중앙값이란 인구의 정확히 중간에 있는 사람이 가진 부를 말하는 것이다. 다시 말해서 모든 인구를 가장 부유한 사람부터 가장 가난한 사람까지 1열로 세워놓았을 때, 정확히 중간에 서 있는 사람이 가진 부를 말하는 것이다. 반면에 부의 평균값은 모든 사람이 재화를 균등하게 나눌 때 한 사람이 갖게 될 부의 양이라고 할 수 있다. 실제로 그렇게 모든 사람이 재화를 균등하게 나눈다면(참고로 나는 실제로 그런 걸 옹호하지 않는다.), 부의 중앙값과 부의 평균값이 정확히 같을 수도 있을 것이다. 두 값의 차이가 클수록, 불평등이 더욱 심각하다는 걸 의미한다.

미국은 1인 기준으로 봤을 때 전 세계에서 가장 부유한 나라 중 한 곳이지만, 미국인들의 대부분은 그들보다 더 가난하다고 생각하는 다른 수많은 나라의 국민보다 더 가난하다. 그런 나라들로는 영국, 노르웨이, 덴마크, 일본, 이탈리아가 있고, 심지어는 스페인도 여기에 속한다. 이탈리아의 1인당 부의 평균값은 미국보다 절반을 약간 넘는 정도인데도, 이탈리아의 중앙값은 미국의 중앙값보다 약 2배나 더 높다. 그리고 스페인의 평균값은 미국인 한 명이 가진 평균적인 부에 비해서 약 3분의 1에 불과하지만, 대부분의 스페인 사람은 미국에 있는 대부분의 사람보다 더 부유하다.

문제는 미국에서 부의 상당 부분이 극소수의 주머니에 집중되어 있다는 것이다. 만약 미국에서 가장 부유한 사람 10명이 가진 재산만 다른 동포 미국인들에게 고르게 나눠준다면, 한 사람당 약 2,000달러가 돌아가게 될 것이다. (4인 가족이라면 8,000달러가 된다.) 다른 방법으로는 이들 10명이 가진 재산만으로도 아프리카의 시민들 전체가 가진 재산에 약 3분의 1을 더해줄 수 있으며, 또는 아프리카 주민들의 하위 절반이 가진 재산을 4배 이상 늘려줄 수도 있다.[135]

이렇게 많은 돈이 이런 식으로 극소수에게 집중되면, 그것은 완전한 낭비일까? 매우 부유한 사람들이 더욱 부유해진다고 해서 그들의 행복에 기여하는 바가 전혀 없다는 것에 대한 증거는 얼마든지 있다. 반면에 사람들이 빈곤에서 벗어날 수 있게 해주는 것은 그들의 삶의 질에 엄청난 도움이 될 것이다.[136] 하지만 이론적으로는 그렇다고 하더라도, 나의 결론은 부의 과잉이 언제나 낭비는 아니라는 것이다. 그것은 부유한 사람이 자신의 부를 잘 관리하느냐에 따라 달려있다. 그들이 개인용 제트기나 호화 요트 등에 엄청난 탐욕을 보이면서 지구를 망치는 생활방식에 돈을 쓰고 있는가, 아니면 지역의 숲을 되살리는 일에 돈을 후원하고 있는가? 부자가 되기로 한 결정은 인간과 지구의 행복에 있어서 보다 커다란 책임을 지겠다고 결심한 것으로 볼 수도 있다. 나는 벼랑 끝에 처한 이들을 돕는 유명한 자선사업들을 말하는 것이 아니다. 모든 투자와 소비가 긍정적인 방식으로 수행될 수 있게 하는 헌신적이면서도 사려 깊은 노력에 대해서 말하는 것이다. 오늘날의 슈퍼리치들이 과연 얼마나 이런 일을 하면서 살아가고 있는지를 물어볼 수도 있을 것이다.

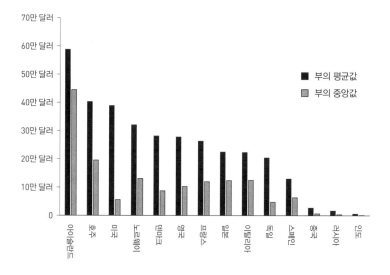

몇몇 국가에서의 부의 평균값과 부의 중앙값.
둘 사이의 차이가 작을수록, 부가 더욱 균등하게 분배된 것이다.

부의 분배 방식은
어떻게 바뀌어왔는가?

21세기에는 거의 모든 곳에서 불평등이 커져왔다. 예외가 있다면 북유럽 국가들이다. 중국, 미국, 영국, 그리고 유럽의 많은 국가에서 불평등 문제가 점점 더 심각해진다.

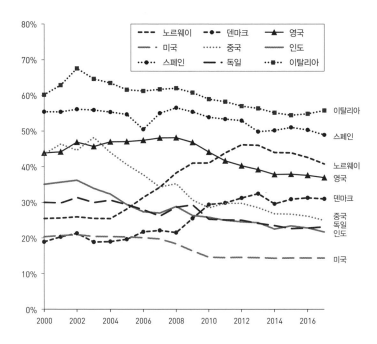

부의 평균값 대비 부의 중앙값. 부가 얼마나 균등하게 나누어졌는지를 볼 수 있는 간단한 척도다. 백분율 수치가 높을수록 더욱 평등한 것으로, 100퍼센트는 부의 평균값과 부의 중앙값이 일치함을 의미한다. 대부분의 국가는 21세기에 들어서 불평등이 더욱 심화되었다. 노르웨이와 덴마크는 예외적인 상황을 보여준다. 이탈리아와 스페인이 가장 평등하며, 미국은 15퍼센트까지 떨어지면서 최하위에 머물러있다.

기체 안에서의 에너지처럼 부가 분배되는 건 언제인가? (그리고 그렇지 않은 건 언제인가?)

대부분의 경우 부는 기체 안에서의 원자들 사이에 운동에너지가 분포하는 것과 거의 비슷한 방식으로 분배된다. 하지만 아주 부유한 사람들에게는 뭔가 다른 일이 일어난다.

· ·

기체라는 것은 수많은 분자가 모여 있는 집단으로 생각할 수 있는데, 이들 분자들은 서로 다른 속도로 움직이면서 가끔씩 서로 부딪히기도 한다. 분자들이 서로 부딪히면, 마치 공중에서 두 개의 공이 서로 부딪히는 경우와 마찬가지로, 각자 움직이던 속도와 부딪히는 각도에 따라서 에너지가 재분배된다. 분자들이 서로 에너지를 나누어 갖는 방식을 간단히 설명하면, 분자들이 서로 부딪힐 때 그 분자를 구성하는 원자들이 가진 에너지를 모두 하나의 냄비 안에 넣고 잘 섞은 다음에, 다시 임의대로 에너지를 하나씩 꺼내간다고 생각할 수도 있다. 언제나 그런 것은 아니지만 그래도 일반적으로는 좀 더 느린 원자는 조금 더 빨라지고, 좀 더 빠른 원자들은 약간 더 느려지게 된다. 이것은 모든 분자 사이의 에너지를 설명하는 맥스웰-볼츠만의 분포 (Maxwell–Boltzmann distribution) 원리에 의한 것이다. (이 원리의 이름은 19세기에 이러한 법칙을 만든 물리학자 두 명의 이름을 따서 붙여졌다.)

맥스웰-볼츠만의 분포에 따르면 모든 원자가 동일한 에너지를 갖는 것은 아니지만, 그렇다고 해서 어떤 원자가 평균보다 10배나 많은 에너지를 갖는 경우는 거의 없으며, 원자들의 수가 수조의 수조에 이르는 기체 안에서도 평균보다 20배나 많은 에너지를 갖는 원자를 발견할 가능성도 거의 없다. (관련된 계산식은 주석에 있다.[137]) 만약 인간의 재정적인 상호 작용이 이와 동일한 규칙을 따른다면, 마치 기체 안에서의 원자들과 마찬가지로 우리는 맥스웰-볼츠만의 수입과 부의 재분배라는 원칙을 갖게 될 것이다. 그 안에서도 여전히 다른 이들보다 부유한 사람들이 존재하기는 하겠지만, 그 사회가 가진 부의 총량에서 극소수의 최상층이 차지하고 있는 비중은 훨씬 적을 것이다. 부의 중앙값과 소득의 중앙값이 평균값의 무려 79퍼센트에 달할 수도 있다. 이는 아이슬란드보다도 훨씬 더 높은 수치이며, 이탈리아나 스페인과 비교해도 상당히 높은 수준이다.

만약 영국이 이런 맥스웰-볼츠만의 수입 분포를 따른다면, 급여 수준이 가장 높은 사람의 연간 수입은 약 40만 파운드가 될 것이며, 30만 파운드 이상을 버는 사람들의 수는 100여 명이 될 것이다. 만약 미국에서도 그렇다면, 급여 수준이 가장 높은 사람의 연간 수입은 90만 달러이며, 60만 달러 이상을 버는 사람은 100명 정도가 될 것이다. 양국의 평균 임금은 바뀌지 않지만, (한가운데에 위치한 사람의 수입인) 중앙값은 2.5배 정도 상승하게 된다. 즉, 대부분의 사람이 훨씬 더 잘 살게 된다. 물론 여전히 불평등이 존재하기는 할 테지만, 중요한 것은 거의 모든 사람이 사회에 완전히 참여할 수 있을 것이다. 우리 사이에서 급여가 가장 높은 사람들은 오페라 극장이나 축구 경기장의

VIP석에서 좀 더 많은 시간을 보낼 수도 있겠지만, 우리도 거의 대부분은 가끔씩 그런 특별한 호사를 누릴 수도 있을 것이다. 이 정도의 수입 불평등이라면 나는 괜찮다고 생각한다. 즉, 세계 각국의 정상들과 거대 글로벌 기업들의 최고위층이 이제 막 사회생활을 시작은 젊은이들보다 20~30배 더 번다고 해도 나는 굳이 문제 삼지는 않을 것이다. 이 정도면 모든 사람이 본질적으로 동등한 가치를 지닌 인격적인 존재로 대우받아야 한다는 입장에 전적으로 부합한다고 여겨진다. 수입과 부에 관한 맥스웰-볼츠만의 분포는 극소수의 사람들이 거의 아무런 부를 갖지 못하는 문제가 있지만, 그것을 해결하는 위해서는 저렴한 비용으로 약간의 조정만 하면 될 것이다.

흥미롭게도, 인류가 부를 분배하는 방식을 살펴보면, 그 모습은 대부분의 기간에 걸쳐서 맥스웰-볼츠만의 분포와 거의 비슷하다. 즉, 대부분의 사람은 일반적으로 원자들이 서로 충돌해서 에너지를 주고받는 것과 비슷한 방식으로, 금전적인 만남을 통해서 부를 교환한다. 그리고 언제나 그런 것은 아니지만, 부자들은 가난한 사람들보다 서비스 분야에 더 많은 돈을 쓰기 때문에 두 집단 사이의 격차가 줄어들게 된다.

그러나 이러한 분배과정의 정점에서는 그 역학이 근본적으로 변화하고 있는 것으로 보인다. 매우 부유한 사람들에게는 돈이 마치 자석처럼 작동하기 시작했는데, 이는 지금까지는 거의 일어나지 않았던 방식이다. 부가 또 다른 부를 불러오기 시작한 것이다. 게임의 규칙이 뭔가 바뀌고 있으며, 매우 부유한 사람들은 그렇지 않은 사람들로부터 훨씬 더 많은 부를 빨아들이기 시작했다. 가장 중요한 문제는 매우 부유한 사람들이 형편이 넉넉하지 않은 사람들에게 이자를 매겨서 돈을 빌려줄 수 있다는 것이다. 이런 방식으로 그들은 일을 해서 돈을 버는 것이 아니라, 단지 이미 돈을 더 많이 갖고 있다는 이유로 돈을 획득한다. 이렇게 되면 부자들은 다시 중간지대로 돌아가지 않고 갑자기 그 격차를 벌리려는 경향이 만들어지게 되며, 가난한 사람들은 더 아래쪽으로 밀려 내려가게 된다. 그 결과 소수의 사람들이 평균보다 수천 배나 더 부유해지고, 나머지 대부분의 사람은 그 대가를 치르게 된다.

어떻게 하면 인간의 부가 좀 더 기체 안에서의 에너지처럼 분배될 수 있는가?

· ·

나는 맥스웰-볼츠만의 분포를 인류가 부를 분배하기 위한 이상적인 방식으로 규정하는 것은 아니지만, 분명 현재처럼 최정점에서 일어나고 있는 일탈은 건강해 보이지 않는다. 그래서 사람들과 머리를 맞대고 논의를 한 끝에, 나는 맥스웰-볼츠만의 분포에 좀 더 가까운 방식으로 수입과 부를 나눌 수 있도록 정부와 기업체, 그리고 개인들이 일조할 수 있는 방법에 대해서 다음과 같은 생각을 떠올리게 되었다. 아래의 내용 중에서는 일반적인 조언과는 어긋나는 것들도 있으며 상식에 도전하는 것처럼 보일 수도 있다. 그리고 특정 정치세력에 우호적인 방향을 의도한 것도 절대 아니다. 그 내용은 단지 논리적인 사고의 흐름에 의해서 도출된 것들이다. 혹시 내가 틀렸다고 생각하는 부분이 있더라도 무조건 비난하지 말고 좀 더 나은 방안을 제안하기를 바란다.

정부는 무엇을 할 수 있는가?

빈익빈 부익부가 심화되고 있는 상황에서 부자들이 시간이 흐를수록 더욱 많은 부를 차지하게 되는 현실을 개선해야 한다. 이것은 인간의 부가 분배되는 건강하지 못한 방식과 기체 원자의 에너지가 서로 다른 중요한 차이점이다.

- 고품질의 교육과 의료를 비롯해서 삶과 일의 질을 더욱 향상하기 위해서 필수적인 기본 서비스에 누구나 접근할 수 있게 한다.
- 상속에 대한 본질을 변경해서, 한 세대에서 다음 세대로 부가 전해지는 과정에서 더욱 균등하게 분배될 수 있게 한다.
- 이자율이 높은 모든 형태의 가계 부채 및 대출을 억제하거나 방지할 수 있는 방법을 찾는다.
- 모든 사람이 생활할 수 있는 수단을 보장할 수 있는 '기본소득'을 도입한다. (361페이지 참조)
- 임금에 대한 투명성을 확보하는데, 이에 대해서는 모든 사람의 임금을 온라인에서 찾아볼 수 있는 노르웨이 사례를 따를 수도 있을 것이다.
- 최후의 수단이자 마지막으로, 세후 소득의 분배가 건강해질 때까지 소득세 체계를 조정한다.

기업체는 무엇을 할 수 있는가?

- 직원들의 임금 분포가 맥스웰-볼츠만의 분포와 대략적으로 일치할 수 있게 한다.
- 부유하지 않은 사람들을 착취하는 것이 아니라, 그들의 삶을 더욱 향상할 수 있는 제품과 서비스를 만든다.

개인은 무엇을 할 수 있는가?

- 대부나 투자에서 과도한 이윤을 취하지 않는다. 물가상승률을

감안해서 이자를 정하고, 여기에 혹시 있을지도 모르는 리스크를 더하거나, 또는 대출을 중개해주는 사람이 있다면 그에 대해서 적당한 수준의 수수료 정도를 추가하는 것이 합리적이다. 하지만 그 이상으로는 이윤을 얻지 않는다.

- 대출이 꼭 필요한 경우가 아니라면 물가상승률 이상의 이율로는 돈을 빌리지 않는다. 즉, 결과적으로 대부업체의 자금을 불려주는 대출을 하지 않는다. 주택담보대출은 예외일 수도 있다. 그 이유는 부동산 가격이 상승하면 납입 이자가 상쇄될 수도 있고, 그 외에도 매입한 부동산을 빌려주고 임대료를 받는 것도 이러한 주택담보대출에서 이자를 부담하기 위한 일반적인 방식이기 때문이다.

- 가난해지고 싶지 않다면 도박을 하지 않는다. 절대 안 된다. 복권도 많이 구입하지 않는다. '좋은 명분'이라는 사기에 속지 않는다.[138] 좋은 명분에 돈을 지원하고 싶다면, 도박산업에 자금을 투입하기보다는 직접 기부하는 편이 훨씬 더 효과적이다. 이러한 도박산업에서는 (영국에서는) 5퍼센트의 수수료를 떼고, 만약에 당첨된다 하더라도 정부에 12퍼센트의 역진세(regressive tax)를 내야 하기 때문이다. 도박을 하지 말라는 조언에 예외가 있다면, 지원 동기가 명확하고 제3자가 수수료 등을 떼지만 않는다면 괜찮을 수도 있다는 것이다. 즉, 학교 운영기금 복권(school raffle) 정도는 괜찮다!

- 평생 동안 살아가면서 아이들을 기르고 연장자들을 돌보는 데 필요한 것 이상으로 부를 축적하지 않는다. 어느 정도의 부가 그

런 필요에 적당한 수준인지에 대한 질문은 물론 우리 개개인마다 다를 것이다.

영국의 도박산업

2018년 5월 17일 영국 정부는 (현대판 외팔이 노상강도라고 할 수 있는) 고정승률 베팅 터미널(FOBT)에서 베팅할 수 있는 최대 금액을 20초당 100파운드에서 2파운드로 대폭 낮추는 새로운 규제안을 발표했다. 그러자 도박업계에서는 이러한 조치가 대규모의 실직자를 양산할 것이라고 불만을 드러내며, 정부에서도 FOBT로 벌어들이는 연간 세수 4억 파운드 중에서 3억 5,000만 파운드를 잃게 될 것이라고 주장했다.[139] 하지만 당시 도박꾼들은 이 기계에서 연간 18억 파운드를 잃고 있었는데, 해당 조치로 인해서 약 15억 파운드를 아낄 수 있게 되었다. 도박에서 벌어들이는 수익의 대부분은 업계에서 일하는 평범한 노동자들에게 가지 않고, 정점에 있는 극소수의 부자들에게 흘러간다.

영국의 도박꾼들은 총액을 기준으로 매년 138억 파운드라는 어마어마한 돈을 잃는다. 이 중에서 26억 파운드를 정부가 세금으로 가져가고, 남은 110억 파운드는 업계에서 일하는 106,000명의 인건비와 기타 경상 비용, 그리고 최정점에 있는 사람들이 쓸어가는 수익금으로 쓰이게 된다. 도박산업의 일자리는 대부분 내가 제시하는 기준에 턱없이 못 미치기 때문에, 우리는 차라리 그런 일자리 없이 살아가는 편이 더 낫다. 도박에서 얻는 26억

파운드라는 세수의 대가로, 정부는 그보다 훨씬 더 커다란 사회적 문제들을 처리해야만 한다.[140]

최신 소식! 매우 안타깝게도, 원래는 8주 동안의 유예기간을 두고 시행될 예정이었던 이 규제안은 재무부와 도박업계 사이의 합의에 따라 2020년으로 미뤄졌다.[141]

우리는 어디에
투자를 해야 하는가?

• •

재정적인 모든 결정은 어떠한 형태로든 미래에 대한 투자라고 할 수 있다. 이는 정부든, 거대한 기업이든, 슈퍼리치 중의 한 명이든, 아니면 식료품을 사러 가게에 잠깐 들른 사람이든 모두 마찬가지다. 모든 구매 결정은 규모에 관계없이 다른 공급망을 버리고 특정한 공급망에 자금을 지원하는 것이다. 자전거를 수리하는 것조차도 저탄소 인프라에 대한 투자라고 할 수 있다. 개인적인 차원에서 최고액이라면 개인연금과 주택에 대한 투자가 있다. 개인연금의 포트폴리오에 대해서는 이제 펀드 측에서 제시하는 수익률에 대해서만이 아니라 펀드가 지원하는 세계의 미래가 어떤 것인지도 정밀하게 조사해야 한다. 고용연금(employee scheme)에 가입한 사람들에게는 별다른 결정권이 없다고 느낄 수도 있지만, 고용주에게 자신들의 의견을 전달함으로써 도움을 줄 수 있다. 주택에 투자할 때에는 교외에 무질서한 형태로 집을 지어서 장거리 통근을 하면서 많은 양의 에너지를 소모하기보다는, 에너지 효율적인 주거환경과 지속가능한 도시설계 정책을 지원할 수 있을 것이다.

기업체와 정부, 그리고 다른 투자자들에게도 정확히 동일한 원칙이 적용된다. 우리는 다음과 같은 분야에 대한 투자가 절실하다.

- 재생에너지, 특히 태양열. 그리고 전기의 저장 및 전송과 관련된 기술.
- 전기적 이동 수단으로의 전환.
- 스마트 도시설계에서부터 건물의 효율성 향상에 이르기까지 에너지가 적게 드는 인프라.
- 세계의 빈곤층에 대한 투자를 통한 인구 조절 – 구체적으로 교육, 피임에 대한 정보 및 수단 제공, 그리고 기아 근절. (351-353페이지에서 나오는 인구와 관련된 문제들 참조)
- 더 많은 사람이 토지에서 일할 수 있도록 보조금을 지급하고, 지속가능하면서도 진정으로 생물다양성을 중요하게 생각하는 농업 관행에 대한 추가적인 연구 등을 포함하는 지속가능한 농업 체계.
- 탄소포집 및 저장. 여기에는 리스크도 있고 아직은 이를 위한 적절한 방법이 무엇인지 알지는 못하지만, 그럼에도 불구하고 이 기술은 필요하다.
- 21세기적인 사고력을 기르기 위한 교육. (434페이지 참조)
- 글로벌한 도전 과제에 대한 현명한 의사결정과 글로벌 거버넌스를 도출하기 위한 진실한 미디어와 민주적 절차.
- 인류세 시기의 사람과 지구에 필요한 것을 충족시킬 수 있는 경제학의 진화.
- 화석연료와 예전의 농업 관행, 인프라, 문화로부터 빠르게 전환하는 과정에서 불가피하게 문제를 겪을 수 있는 사람들과 국가, 기업체들을 지원.

2018년 10월 기후변화에 관한 정부 간 협의체(IPCC)가 공개한 〈1.5℃의 지구온난화(Global Warming of 1.5℃)〉라는 보고서에서는 지구의 기온 상승을 1.5℃ 이내에서 제한하기 위해서 필요한 투자액이 연간 2.5조 달러에 이를 것으로 추정했는데, 이는 전 세계 GDP의 약 2.5퍼센트에 해당하는 금액이다.[142] 정말 저렴하지 않은가! 하지만 이는 절망적일 정도로 비현실적인 자발적인 '탄소상쇄'의 평균 비용의 100배가 넘는 금액이라는 것에 주목해야 한다. (225페이지 참조)

이러한 필수적인 부문의 투자에 어떻게 하면 자금을 댈 수 있는가?

화석연료에서 회수하는 모든 비용이 다른 부문에 대한 투자의 기회가 될 수 있다. 탄소세 역시 거액의 자금을 모을 수 있을 것이다.

• •

2013년 전 세계의 화석연료에 대한 투자액은 1조 달러가 넘었던 반면, 재생에너지에 대한 투자는 수천억 달러에 불과했다. 이는 말도 안 되는 것이며, 우리 중 그 누구도 이러한 부조리에 가담해서는 안 된다. 1조 달러면 위에서 열거한 모든 분야에 아주 오랫동안 투자할 수 있다.

현재 전 세계에서는 매년 약 350억 톤의 이산화탄소를 배출한다. 일종의 사고실험(thought experiment)으로서, 이런 모든 배출량에 대해서 1톤당(자동차 연료 1리터의 가격에 해당하는) 300달러의 탄소세를 적용한다고 상상해보자. 그러면 매년 10조 달러 이상의 기금이 조성된다. 이 중에서 절반은 탄소세 때문에 불가피하게 타격을 받은 사람들에게 보상해줄 수도 있는데, 이 과정에서 부가 어느 정도 재분배될 가능성이 크다. 그런 다음에도 위에서 언급한 분야들에 투자할 수 있는 상당한 양의 금액이 남아있을 것이다. 물론 작업이 좀 더 세밀하게 이루어져야 하겠지만, 이러한 전반적인 개념에 대해서는 '메모지에 대

충 계산'해봐도 아주 명쾌하게 입증된다는 것을 알 수 있다. 일자리
와 연금 펀드가 재편성되어야 하겠지만, 그 어느 쪽에도 순손실이 발
생하지는 않는다.

펀드매니저들은
무엇을 할 수 있는가?

돈보다는 가치가 더욱 중요한 것으로 이해될 수 있게 한다. 사람들과 지구를 돌본다는 내용을 포함해서 '신의성실의무(fiduciary duty)'를 다시 정의한다. 자산 안에 포함된 탄소를 부채와 리스크로 다룬다. 앞에서 살펴본 것처럼 기존의 투자를 회수하고 새로운 분야에 투자한다.

• •

이 책의 초판이 출간된 후 2년 동안, 나는 자산관리를 담당하는 사람들과 점점 더 많이 관계를 맺어왔다. 자산관리 업계의 수많은 고위층이 나에게 진지하게 묻는 모습에서 많은 용기를 얻었는데, 그들은 우리에게 필요한 변화를 위해서 어떻게 하면 전 세계적으로 수조 달러의 자금을 투입할 수 있는지를 묻곤 했다. 모든 자산관리자가 이해하기를 바라는 것은 다섯 가지인데, 그 내용은 다음과 같다.

① 자산관리자들에게는 (연금 보유자 및 기타 투자자 등) 자산 소유주의 가치를 극대화해야 한다는 법적인 '신의성실의무'가 있다. 기본적으로는 이것을 재정적인 가치를 극대화해야 하는 것이라고 해석할 수 있지만, 여기에만 국한될 필요는 없다. 여기에서 필

요한 것은 약간의 판례법(case law)*인데, 여기에서는 자산관리자들이 환경적인 책임을 도외시했기 때문에 그들이 규정한 가치가 손해를 입었다는 것을 투자자들이 입증해야 한다. 이러한 판례법을 통해서 '신의성실의무'라는 것이 환경적인 가치와 사회적인 가치들까지 포함하는 것으로 해석이 바뀔 수 있을 것이다. 우리는 자산 소유주들이 자신이 살고 있는 세계와 그 안의 사람들과 그들의 아이들을 돌보는 것이 정상적이며, 이러한 이해관계들을 적절히 돌보지 않는다면 자산관리자의 처지에서는 소송을 당하는 과실이 될 수도 있는 투자환경을 만들 필요가 있다. 이러한 변화는 대단히 긍정적인 영향을 미칠 것이다.

② 자산 포트폴리오에 포함된 탄소는 책임이자 리스크를 의미하는 것이다. 그리고 탄소에 대해서 이야기할 때는, 투자 포트폴리오의 공급망 전체에 포함된 모든 탄소를 고려하는 것이 중요하다. 나는 여기에서 현재 일부 자산관리자들이 이런 사실을 제대로 이해한다고 적을 수 있을 정도로 상당히 고무적인 상태다.

③ 환경 및 지속가능성의 기준이 모든 투자 포트폴리오에서 투자를 결정할 때 중요한 가중치를 가져야 한다. 그리고 이러한 가치와 관련된 특징들을 철저하게 검증하는 것이 중요하다. (그리고 우리는 대중이 점점 더 날카로운 질문을 던질 것이라고 예상할 수 있다.)

④ 당연히 우리는 화석연료 기업들에 대한 투자액을 회수해야 하

---

*   법원의 재판 결과를 통해서 유사한 사건에 대한 판결의 방향이 결정되는 일종의 불문법 관례.

는데, 빌 게이츠가 이것이 반드시 필요한 조치가 아니라고 말한 것은 잘못이었다. 지금도 새로운 화석연료를 탐사하기 위해서 (우리 세계는 이런 자원이 전혀 필요 없다.), 그리고 지금도 여전히 화석연료산업에서 쏟아져 나오고 있는 거짓되고 진실하지 못하며 순전히 부정직한 이야기들을 정당화하기 위해서 투자가 이루어지고 있는데, 이는 명백하게 잘못된 것이다. 담배산업계가 흡연이 암을 유발한다는 것을 부정하던 입장을 결국엔 바꾸었던 것처럼, 화석연료산업도 새로운 수비 전선까지 퇴각한 상황이다. 즉, 탄소포집에 의한 화석연료 추출의 상쇄, 화석연료와 함께 재생에너지에 대한 동반 투자, 재생에너지 시장은 소규모 투자에 대해서만 준비가 되어 있다는 주장, 그리고 심지어는 (내가 살고 있는 곳에서 가까이에) '탄소중립 석탄 탄광'을 만든다는 계획도 있다! 잘못 적힌 표현이 아니라, 정말이다.[143] 화석연료산업에 투자하는 것에 대한 또 하나의 주장은, 그러한 투자를 통해서 화석연료산업 내에서 의결권을 갖게 된다는 것이다. 문제는 그러한 의결권을 행사할 수 있으려면, 그렇게 투자한 화석연료 기업이 올바른 일을 하지 않을 때에는 언제든지 투자액을 회수할 수 있어야 한다는 것이다. 하지만 그러한 권리를 갖고 있는 투자자는 아무도 없다.[144]

⑤ 자신들의 연금이나 투자 포트폴리오에 화석연료가 포함되어 있지 않다는 것을 알고 싶어 하는 사람들과 기관들이 점점 더 늘어나면서, 투자자들이 대안의 투자상품을 쉽게 찾을 수 있게 하기 위해서 기존의 투자 포트폴리오에서 나타나는 공백을 메

위야 한다. 경험에 따르면 화석연료와 연관이 없는 연금 상품을 찾고 있는 기업은 아주 많지만, 소규모 기업들은 그런 상품을 찾기가 쉽지 않다. (우리는 그런 상품을 결국엔 두 개를 찾긴 했지만, 상당히 힘든 과정을 거쳐야 했다.[145])

올바른 조세제도가 우리를 더 나아지게 만드는 이유는 무엇인가?

세금은 반사회적인 행위들을 줄이고, 시장이 영향력을 발휘하지 못하는 부분에서 우리의 삶을 향상하는 곳에 자금을 지원하며, 부의 불평등을 조절하는 데 사용될 수 있다.

. .

전반적으로 세금은 사람들을 가난하게 만들지는 않는다. 세금은 우리가 가장 분명하게 직접적인 효과를 볼 수 있는 정책이다. 세금은 다음과 같은 세 가지 중요한 역할을 한다. 첫째, 세금은 일부 활동을 억제한다. 둘째, 세금은 삶을 개선할 수 있는 일에 지원할 수 있는 자금을 조성한다. 셋째, 부가 분배되는 방식을 바꾸는 데 사용할 수 있다. 우리는 완전히 자유로운 시장이 오늘날의 세계가 마주하고 있는 도전 과제들과 경제가 운영되는 데 필요한 다른 모든 방식을 처리하지 못한다는 것을 이미 살펴봤다. 따라서 우리는 세금이라는 개념을 기꺼이 받아들여야 한다. 세금 때문에 우리는 도로와 병원과 정부를 갖고 있는 것이다. 그리고 그것은 저탄소 세계를 움직이는 핵심적인 메커니즘이다.

톤당 수백 달러의 탄소세를 부과하면 세계의 탄소 배출을 억제하면서, 동시에 저탄소 세계를 지원하기 위한 자금을 지원할 수 있다.

그리고 전반적으로 대부분의 사람이 더욱 부유해졌다는 느낌이 들게 해줄 것이다. 그 이유는 사람들이 세금에 의한 혜택을 보게 될 것이고, 그로 인해서 우리가 가진 자원을 더욱 잘 사용할 수 있게 독려할 것이기 때문이다. 자동차 연료의 가격은 더욱 비싸질 테지만, 전기차들은 대부분 더욱 저렴해질 것이다. 탄소세제도 아래에서는, 탄소를 신중하게 관리하는 사람들이 더욱 부유해질 것이다. 왜냐하면 그들은 탄소세는 적게 내면서, 동시에 탄소세가 지출되는 영역에서 다른 모든 사람과 똑같이 혜택을 받을 것이기 때문이다.

가난한 사람들보다 부자들에게 더 무거운 세금을 부과하는 것에 반대하는 주장의 하나로는, 그렇게 하면 열심히 일하고자 하는 의욕을 저해한다는 것이다. 그렇지 않다. 그것이 저해하는 의욕은 금전적인 동기에 의해서 열심히 일하려는 것이다. 그것은 근본적인 가치를 주지 못하는 일들을 하려는 의욕을 저해한다. 즉, 유익하지도, 재미있지도, 의미가 충만하지도 못한 채, 오직 재정적인 보상만 주는 활동에 대한 의욕을 저해하는 것이다.

'외부적인 요인의 동기가 증가할 때마다 언제나 내적인 동기는 감소하게 된다.'

즉, 사람들이 무언가를 하게 만드는 데 더욱 많은 돈을 지급할수록, 사람들이 그 자체를 위해서 일을 하는 경우는 줄어든다는 것이다. 우리에게 더욱 필요한 것은, 해야 할 필요가 있고 본질적으로도 가치 있는 일을 사람들이 하게 만드는 것이다. 가장 똑똑한 사람들을 채용하려면 가장 높은 임금을 주어야 한다는 주장은 거짓이다. 그러한 전략은 똑똑하면서도 돈을 중시하는 사람들을 채용하는 데는 효과가 있겠지만, 이는 현재 논의하는 가치와는 매우 다른 것이다. 적절한 수준의 임금을 책정한다면 좀 더 균형 잡힌 동기를 가진 사람들을 채용하기가 더욱 좋을 것이다.

위의 인용구는 내가 10여 년 전에 읽은 루 하디(Lew Hardy)의 글이다. 루 하디는 뱅거대학교(Bangor University)의 스포츠심리학 교수인데, 그는 영국의 올림픽심리위원회(Olympic Psychology Committee)의 위원장을 지냈으며, 국제 산악가이드이자 다방면에서 많은 재능을 가진 사람이다. 그는 일종의 부업으로 경영학 관련 교육을 하기도 했는데, 그러면서 나와 만나게 되었다. 우리는 함께 일하면서 나는 비즈니스 게임(business game)*에 대한 글을 쓰고, 그는 그걸 활용해서 기업의 관리자들이 인간의 동기를 이해할 수 있게 도와주었다. 나의 역할은 모든 사람이 여러 가지의 이익을 두고 경쟁하고, 시간적으로 엄청난 압박을 받으며, 제대로 경쟁하려면 자발적으로 엑셀 스프레드시트 무더기를 만들어야만 하는 환경을 조성하는 것이었다. 그의 역할은 사람들이 각자의 동기와 서로 간의 동기를 관리하는 방법을 이해할 수 있게 도와주는 것이었다. 그리고 이러한 실험은 놀라울 정도로 단순한 이론에 의해서 뒷받침되고 있었는데, 여기에서도 우리에게 시사해주는 메시지가 있다고 생각한다. (주석 내용 참조[146])

세금은 소득 불평등을 줄이는 데 엄청나게 중요한 메커니즘이며, 세계 각국에서는 이를 매우 다양한 범위에서 활용한다. 아래의 표에서는 몇몇 국가에서 소득세를 적용하기 전과 후의 소득 불평등을 보

---

*   여러 개의 비즈니스 모델을 놓고 의사결정 훈련을 하기 위해 고안된 게임.

여준다. 여기에서 보여주는 불평등 수치는 많은 사람에게도 잘 알려져 있는 지니계수(Gini coefficient)인데, 이것은 0퍼센트(모든 사람의 소득이 동일한 경우)에서 100퍼센트(한 사람이 국가의 모든 소득을 갖고 있는 경우) 사이에서 존재한다.

아일랜드와 독일의 세전소득을 보면 세계에서 소득불평등이 가장 심각한 국가들에 속하지만, 소득세를 제한 세후소득을 보면 가장 평등한 국가들 사이로 옮겨간다. 영국의 세전소득은 불평등 문제가 상당히 심각한 편이지만, 조세제도를 거치고 나면 좀 더 괜찮은 위치에 자리를 차지하게 된다. 흥미롭게도 대만의 세후소득 불평등은 아일랜드와 비슷하지만, 소득세에 그다지 의존하지 않고도 그러한 수준을 달성한다. 브라질과 페루는 세전소득 불평등도 아주 높은 수준인데도, 그러한 문제를 해결하기 위해서 세금을 활용하지 않으면서 사회적인 불평등이 대부분 그대로 방치되고 있는 대표적인 국가들이다. (세금과 소득불평등에 대한 추가적인 통계와 데이터는 주석에서 찾아볼 수 있다.[147]) 소득세에 대해서는 수많은 불만이 있기는 하지만, 세금이 우리가 모두 혜택을 받을 수 있는 부분에 적절하게 잘 사용된다면, 적어도 상대적인 측면에서는, 그리고 물론 절대적인 측면에서도, 대부분의 사람이 더욱 만족할 수 있을 것이다.

신경제재단(New Economics Foundation)의 전직 이사장이며 지금은 위올(WEAll)*[148]의 공동 설립자인 스튜어트 월리스(Stewart Wallis)는 흥미로운 지적을 한다. 즉, 부자들에게 세금을 부과하는 것은 최후의 수단

---

* 웰빙경제동맹(Wellbeing Economy Alliance).

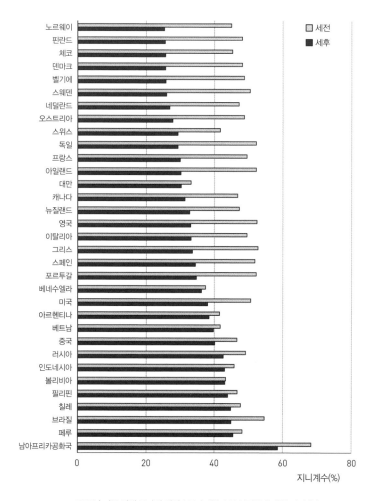

☐ 세전	■ 세후

노르웨이
핀란드
체코
덴마크
벨기에
스웨덴
네덜란드
오스트리아
스위스
독일
프랑스
아일랜드
대만
캐나다
뉴질랜드
영국
이탈리아
그리스
스페인
포르투갈
베네수엘라
미국
아르헨티나
베트남
중국
러시아
인도네시아
볼리비아
필리핀
칠레
브라질
페루
남아프리카공화국

지니계수(%)

2015년 기준 몇몇 국가의 세전소득과 세후소득 불평등에 대한 지니계수

으로 여겨야 하며, 그 전에 먼저 교육이나 보편적인 보육시설과 같은 조치를 통해서 격차를 더욱 일찍 해소하는 것이 더욱 낫다는 것이다.

탄소 가격 정책은
필요한가?

화석연료가 너무 비싸거나 불법화가 되지 않는다면 계속해서 추출되어 연소될 것이다. 선택할 수 있는 방안은 탄소 가격이나 벌금이 부과되는 규제를 시행하는 것이다. 어떤 의미로 보면 그 둘은 동일하다.

· ·

내 생각에 가장 단순한 해결책은 추출하는 시점에서 탄소 가격을 부과하는 것이다. 탄소 가격의 첫 번째 장점은 개념상으로도 단순하다는 것이다. 그리고 아마도 더욱 중요한 것은, 화석연료를 대체하는 데 필요한 모든 기술과 인프라에 대한 수익성을 자동으로 높여준다는 것이다. 이것은 자동적으로 탄소포집 기술을 수익을 창출할 수 있는 사업으로 만들어준다. 마지막으로, 탄소 가격 시스템을 통해서 공급망에서 유통되는 모든 상품과 서비스에 들어있는 아주 작은 양의 탄소까지도 판매 시점에서 가격표에 자동으로 반영된다는 것이다. 내가 추출 시점에서 세금을 부과하는 방안을 선호하는 이유는, 최소한의 조직만으로도 그것을 처리할 수 있다는 사실 때문이다. 탄소 가격에 대해서 일부에서 언급하는 어려움 한 가지는, 그 가격을 얼마나 높게 책정해야 하는지를 사전에 판단하기가 쉽지 않다는 것이다. 그에 대한 한 가지 방안은 그 가격을 조금씩 올리기 쉽게 만드는 것이다. 탄소 가격이 충분히 높은지를 시험한다는 것은 필요한 탄소예산(carbon budget)을 맞추는 데 성공하고 있는지를 시험하는 것이다. 그렇지 않다면, 목표치에 도달할 때까지 가격을 계속 올려야 한다. 좀 더 확실히 말하자면, 아주 빠른 시일 내에 탄소 가격을 톤당 수백 달러로 책정해야 하며, 적절한 시점이 되면 수천 달러로 올려야 한다. 탄소 가격이 탄소예산에 부합할 수 있게 하는 또 다른 방법은 '배출권거래제(cap and trade)'로, 이는 전 세계적으로 탄소 배출량의 상한선을 설정해두고 각국에 할당량을 배분한 다음에 남는 양을 거래할 수 있게 하는 것이다. 이 방법의 문제점은 각국에 배분되는 초기의 할당량을 정하는 것이다.

가격 책정의 구조를 고려해, 삼림파괴와 다른 온실가스까지 포함할 수 있을 정도로 탄소 가격 시스템을 현명하게 만들어야 한다. 그리고 의도하지 않은 결과를 사전에 차단하기 위해서 몇 가지 중요한 세부 사항들이 마련되어야 한다. 이러한 우려 사항들 가운데에서 가장 가능성이 높은 것은 아마도 바이오연료가 먹을거리 공급 체계를 위협하는 상황이 될 것이다.

화석연료를 너무 비싸게 만들거나, 불법화하거나, 추출하는 일을 가치 없게 만들지 않는 한, 우리에게는 탄소 가격 정책이 필요하다. 따라서 이것을 달성하기가 얼마나 어려운지를 걱정하기보다는, 당면한 도전 과제에 집중하는 편이 좋다. 그리고 어떻게 해서든 탄소 가격이 전 세계에서 전면적으로 시행되어야 한다.

탄소 가격을 도입할 때의 어려움은 이러한 모든 거래에 대해서 국제적인 합의가 마련되어야 한다는 것이다. 화석연료를 끊는다는 것은 세계 각국에는 모두 완전히 다른 의미가 될 것이고, 모든 사람이 합의할 수 있는 방식으로 어떻게 해서든 그런 모든 요소를 고려해야 만 한다. 간단히 말해서, 이러한 공통의 문제에 대해서 모두가 함께 머리를 모아야 한다. 이 과정에서 우리는 전 세계가 모든 국면에서 서로를 어떻게 대해야 하는가에 대한 문제를 필연적으로 마주하게 된다. 그렇다. 이에 대해서는 뒤에서 좀 더 살펴보겠다.

탄소는 얼마나 비싸져야 하는가?

탄소 감축 목표에 맞춰서 화석연료가 땅속에서 나오는 것을 막을 수 있을 정도의 충분한 가격이 되어야 한다. 참고로, 이산화탄소 1톤당 100달러의 탄소 가격을 부과한다고 하더라도, 기름을 사용하는 자동차가 1마일 주행하는 동안 겨우 3센트의 비용이 추가될 뿐이고, 석탄을 사용해서 전기를 얻는 경우에는 킬로와트시(kWh)당 약 8센트의 요금을 더 내기만 하면 된다.

• •

가격이 충분히 높은지 아닌지를 가늠할 수 있는 유일한 테스트 방법은, 그 가격이 기후변화의 목표에 맞춰서 화석연료가 계속해서 땅속에 머물러 있게 만드느냐 하는 것이다. 아주 간단한 방법이다. 우리가 기온 상승을 2℃ 이하로 제안하고자 한다면, 과연 어느 정도까지 가격을 올려야 할까? 내 계산에 따르면 2050년까지 톤당 최소한 1,000달러가 되어야 한다는 것이다.

마이크로소프트(Microsoft)는 이미 자사의 직원들이 출장 등의 형태로 기업 활동을 하는 동안 사용하는 탄소에 대해서 탄소 가격이라는 개념을 도입했다. 나는 이런 개념이 마음에 든다. 문제는 뭐냐 하면, 내가 마지막으로 살펴봤을 때 그들이 설정한 탄소 가격이 톤당 7달러에 불과했다는 사실이다. 이는 자동차 1마일당 0.2센트에 해당하는 것인데, 나는 과연 마이크로소프트의 경영진이 이러한 비용을 아끼기 위해서 자신들의 집에 자동차를 놔두고 다닐지는 의심스럽다. 그렇지만, 이러한 기본적인 메커니즘은 그대로 두고 탄소 가격을 합리적인 수준으로 정하면 될 것으로 보인다.

내 돈을
어떻게 소비해야 하는가?

무언가에 비용을 지급하기 전에, 그것의 공급망을 이해하기 위해 노력한다.

• •

오늘 나는 신문 한 부를 샀는데, 내 생각에 그 신문은 영국 내의 그 어떤 매체들보다도 진실한 탐사저널리즘을 지원하는 곳이다. 이 책의 (1장에 있는) 먹을거리 섹션을 보면, 대부분의 식료품과 관련한 의사결정을 할 때 충분한 정보를 얻을 수 있다. 완벽하지는 않을 수도 있지만, 그래도 없는 것보다는 훨씬 더 나을 것이다. (먹을거리에 대한 좀 더 자세한 정보는 나의 첫 번째 책인 《거의 모든 것의 탄소발자국》에 담겨있다.) 내가 마지막으로 구입한 컴퓨터는 나의 판단으로는 가장 환경적으로 건전한 제조사에서 만든 것이었는데, 이게 고장 나면 이걸 수리해서 사용한다. 지금까지 그런 경우가 두 번 있었는데, 두 번 모두 동네의 작은 업체에 수리를 맡겼다. 내가 언제나 모든 것을 바람직하게 하는 건 아니지만, 요점은 내가 단지 일상생활 속에서도 그렇게 할 수 있는 일들이 정말로 많다는 것이다. 그리고 우리 모두 우리의 소비 방식과 그 외의 관행들을 통해서 더욱 나은 세상을 추구할 수 있는 충분한 정보를 상당히 쉽게 얻을 수 있다.

예를 들면 지금 이 글을 쓰는 순간에도, 브리티시텔레콤(BT)은 자사의 조달 기준에 탄소관리에 관한 내용을 적용하기 시작해서 이들이 판매하는 모든 것에 대해서 지속가능성과 관련한 신뢰 수준을 개선해나간다.[149] 우리 소비자들이 제품의 공급망에 더욱 신경 쓸수록, 기업들도 그런 기준에 맞추기 위해서 더욱 열심히 노력해야 한다.

사람과 일 **06**

이 모든 게
결국은 인구 때문인가?

인간의 영향 = 1인당 영향력 × 사람의 수

따라서 사람들의 수가 증가하는 것은 분명 인류세의 도전 과제들에서 중요한 차원이기는 하지만, 일부에서 마치 그런 것처럼 혐의를 씌우는 단일쟁점(single issue)*은 전혀 아니다. 인구가 10억에 불과하더라도 그들 모두가 무모하다면 지구를 쉽게 망쳐버릴 수도 있지만, 150억의 인구가 있어도 그들이 모두 조심한다면 서로를 잘 보듬으면서 잘 지낼 수 있을 것이다. (물론 모든 사람이 조심스럽다면, 애초에 인구가 150억 명까지 증가하지도 않을 것이다.)

· ·

여러 나라가 어느 정도 발전하고 나면, 인구 증가가 거의 언제나 둔화되거나 멈춘다는 것은 고무적인 사실이다.[150] 덜 고무적인 사실은 이런 과정에서 각 개인의 영향력도 급격하게 증가하는 현상이 동반된다는 것이다. 만약 어떤 부부가 아이들을 갖지 않기로 결정했다면, 그들은 스키를 즐기기 위해서 좀 더 자주 비행기를 타고 여행을 다닐 수도 있기 때문에, 환경적인 측면에서는 긍정적이지만은 않다.

지구에 미치는 영향의 측면에서 보면, 사람들의 산술적인 합과 그

---

*   모든 문제의 원인으로 지목되는 한 가지 사안.

사람들 전체가 미치는 영향력의 크기가 비례하는 것은 아니다. 말라위인 수백 명이 만드는 탄소발자국의 총량은 유럽이나 북아메리카 사람 1명이 만드는 탄소발자국과 같다.

　인간의 활동과 영향력이 다양한 측면에서 걷잡을 수 없이 가속화되고 있음을 보여주는 그래프들은 얼마든지 그려낼 수 있다. 이러한 추세는 기하급수적인 형태를 보이기도 하고, 때로는 그저 바나나 모양으로 나타나기도 한다. 대표적인 사례로는 에너지 사용량, GDP, 거의 모든 광물의 채취량, 수많은 오염물질의 배출과 폐기량 등이 있다. 하지만 인구 증가는 이런 형태의 증가세를 보이지는 않는다. 인구의 증감 추이를 살펴보면 오랜 기간 정체되어 있었던 시기도 있었던 반면, 급격하게 늘어나는 시기도 있었다는 것을 알 수 있다. 최근의 추세는 직선형으로 증가하는 것처럼 보이며, 인구 증가에 대한 예측들을 보면 대부분 75억 명인 현재 인구의 두 배가 조금 안 되는 수준에서 정점을 찍을 것으로 예상한다. 영국이나 방글라데시, 네덜란드, 홍콩 등에 사는 사람들에게는, 인구가 두 배가 된다는 것은 상당히 부담스러울 수 있고, 세계적인 차원에서도 좋은 것은 아니지만, 그래도 그 자체로만 보면 완전한 재앙 수준은 아니다. 인구의 압박은 우리가 현재 직면하고 있는 모든 환경적인 문제에 대한 책임을 돌릴 수 있는 원인이 아니다.

　세계의 불평등을 줄이는 과정에서의 어려운 과제 중 하나는 수많은 사람이 빈곤에서 벗어나게끔 돕는 것인데, 중요한 것은 부유한 세계의 사람들이 현재 그러는 것처럼 막대한 탄소발자국을 발생시키지는 않도록 해야 한다는 것이다. 그들은 부유한 세계의 사람들이 보이는 파괴적인 생활방식을 뛰어 넘어서 지속가능하면서도 품위 있는 생활방식을 가질 수 있어야 한다. 내가 살고 있는 세계에서도 점점 더 많은 사람이 이제 막 그런 열망을 품기 시작한다. 선진국들에서 그러한 전환에서 더욱 훌륭한 모범을 보일수록, 빈곤에서 벗어나는 사람들이 열망하는 삶도 더욱 깨끗해질 것이다.

부유한 나라들에서 태어나는 신생아들은 가난한 나라에서 태어나는 아기들보다 세계에 더욱 많은 영향을 미치는 경향이 있다. 부유한 나라의 신생아들은 일반적으로 값비싼 기저귀를 사용하고, 플라스틱 장난감을 더 많이 갖게 되고, 더욱 많은 에너지를 사용하며, 더욱 많은 양의 육류를 섭취한다. 하지만 가난한 나라들에서의 인구성장은 오히려 지역경제를 더욱 압박하는데, 이는 먹을거리 수입에 의존해야 하는 숨 막힐 듯한 현상을 더욱 악화시키는 경우가 많다. 현재 상태로 보면, 북아메리카와 남아메리카는 모두 막대한 양의 먹을거리를 수출한다. 유럽은 거의 균형을 이루고 있지만, 세계의 다른 지역들 대부분은 수입에 의존한다. 인구 증가세가 가장 높은 것으로 나타나고 있는 아프리카에서는 이것이 커다란 문제가 된다. 만약 2100년에 아프리카 인구가 40억 명이 된다면, 이 대륙에서는 지금보다도 훨씬 더 생산성이 높은 농업 시스템은 물론이고 막대한 양의 먹을거리도 수입해야 한다.

인구 문제에 도움이 되기 위해서 내가 할 수 있는 일은 무엇인가?

우리가 지켜야 할 것은 아주 어려운 내용이 아니다. 나는 실용적인 관점에서 최고의 조언들을 골라보았으며, 이것들이 너무 냉담한 접근으로 보이지 않기를 바란다. 혹시 종교적으로 민감할 수도 있는 부분을 건드린다면 정중하게 사과를 드린다. 마지막으로, 이러한 최고의 조언들에 대한 이해를 돕기 위해서 설명을 하면, 나는 두 명의 아이를 둔 중년의 남성이며, 더 이상의 아이를 만들지 않기 위해서 스스로 조치했다. 내가 여러분께 드리는 최고의 조언은 다음과 같다.

• •

① 진심으로 아이를 보살피고 싶지 않다면, 아이가 태어나지 않도록 주의를 기울이기 바란다.

② 다른 사람들에게 아이를 가지라고 권하거나 압박을 가하거나 강요하지 않는다.

③ 진정으로 아기를 원하지 않는 한, 다른 사람들이 아이를 갖지 않는다고 해도 불편함을 느끼지 않도록 여러분도 세심하게 주의를 기울여주기 바란다.

④ 극빈층에 대한 투자 확대를 요구한다.
특히, 다음과 같은 부분을 요구한다.

- 교육, 특히 여성들의 교육.[151]
- 피임에 대한 정보 및 수단 제공.
- 토지제도를 개혁해서, 더욱 많은 사람이 자신들이 일하는 토지에 대한 소유권을 확보할 수 있게 한다.
- 그리고 물론, 기아를 근절한다.[152]

이게 전부다. 더 많은 사람이 이러한 조언을 따를수록, 앞으로 태어나는 모든 사람의 삶이 더욱 좋아질 것이다.

우리가 부를 분배하는 방식 중 하나는 사람들을 고용하고 임금을 지급하는 것이다. 하지만 지금과 같은 인류세의 시기에는, 일자리에 대한 모든 개념을 처음부터 다시 살펴봐야 한다.

'직업'이라는 것이
좋은 건 언제인가?

그 일자리가 유용하고, 성취감을 주며, 적절하게 보수를 받을 때다.

• •

일자리의 총 개수를 성공의 척도로 보는 것은 유용하지 않다. 왜냐하면 노예나 그와 비슷한 상태도 일자리로 집계되지만, 목적의식을 갖고 긍정적인 삶을 사는 수많은 사람은 일자리로 집계되지 않기 때문이다. 그리고 사회를 분열시키거나 지구를 훼손하는 일을 하면서 급여를 받는 사람들도 통계에서 직업을 가진 것으로 집계되겠지만, 사람들과 지구를 함께 끈끈하게 연결시켜주는 일을 하지만 아무런 보수를 받지 못하는 사람들은 통계에 포함되지 않을 것이다. 일자리와 고용에 대한 이런 단순한 지표는 전혀 도움이 되지 않는다.

다음과 같은 세 가지 조건을 만족한다면 직업이 좋은 것이 될 수 있다.

① 사회에 뭔가 유용한 일. 대표적인 예로는 다른 사람들이 잘 살 수 있게 해주는 것, 사회가 제대로 기능하면서 성장할 수 있게 만드는 직업, 다른 사람들을 보살피는 직업 등이 있을 것이다.
② 성취감을 주는 일. 이런 성취감의 상당 부분은 ①번의 이유 때

문일 수 있지만, 즐거움, 도전의식, 흥미 등 그 자체로서 보람을 느끼는 것이 될 수도 있다.

③ 자원, 특히 돈이 적절하게 배분되는 메커니즘을 제공하는 직업.

안타깝게도 많은 직업이 이러한 기준을 거의 전혀 충족시키지 못한다. 그리고 이러한 기준을 충족시키는 방법이 직업만이 유일한 것은 아니다. 사람들은 적절한 보수를 받지 않더라도 유용한 일들을 할수 있다. 성취감을 주는 행위를 하는 데 반드시 보수가 필요한 것은 아니며, 돈이라는 것은 수많은 지급체계와 조세제도를 통해서도 얼마든지 분배될 수 있다. 몇 가지 예를 들어보겠다. 콜센터에서 일하는 분들은 다른 사람들에게 무작위로 전화를 걸어서 때로는 바람직하지 않은 것을 권유하기도 할 텐데, 이런 경우에는 자신의 직업에 회의감을 느낄 것이다. 특히 그 내용이 세상에 부정적인 영향을 미치는 경우라면 더욱 그럴 것이다. 만약 우리가 그런 일을 하지 않고도 같은 돈을 받을 수 있다면, 우리는 물론이고 세상의 상황도 더 좋아질 것이다. 한편, 이웃을 돌봐주는 것과 친구들과의 우정은 직업이라고 할 수는 없지만, 위의 기준 중에서 첫 번째의 두 가지를 충족시키는 활동이다.

나는 최근에 영국의 도박업계와 무기업계가 자신들이 제공하는 일자리를 근거로 자신들의 산업을 옹호하는 주장을 접하게 되었다. 만약 도박을 더 많이 하고 더욱 많은 무기를 생산하는 것이 그 자체로서 좋은 행위로 정당화될 수 있다면, 그러한 상품과 서비스를 제공하는 일자리에 사람들이 종사하는 것은 좋은 일이라고 할 수 있다.

하지만 그렇지 않다면 우리는 그 사람들이 할 수 있는 다른 일자리를 찾아야 하며, 그 기간에는 그들이 예전의 일을 하지 않더라도 보수를 지급하는 것이 더 낫다. 도박이나 무기 관련 일자리의 유지에 비용을 소요하는 대신에, 재생에너지와 저탄소 인프라를 제공하고, 먹을거리를 올바른 방식으로 기르고, 생물다양성을 강화하고, 노인들을 돌보는 등 수백만 가지의 다른 일을 하는 사람들에게 그 돈을 지급할 수 있을 것이다. 단지 사람들에게 일자리를 제공하기 위해서 우리가 무기를 더욱 많이 생산하고 도박을 더욱 많이 해야 한다는 생각은 근본적으로 엉터리 주장에 불과하다.

얼마나 많은 사람이
이러한 일을 해야 하는가?

사람들 전부.

＼

• •

나는 수많은 기업과 대화를 하면서 그들이 가장 중요하게 생각하는 것이 무엇인지를 알아내는 데 많은 시간을 보냈다. 나는 사람들이 중요하다고 생각하는 것을, 그것이 현재의 비즈니스 목표와 연관되어 있는 것이든, 그리고 그것이 정상적인 것이라고 느껴지든 관계없이 그들의 생각을 어느 정도까지 표현할 수 있다고 생각하는지에 있어서 커다란 차이가 있다는 것을 발견했다. 우리가 가진 지적인 능력을 전부 활용하지 않는 한, 인류세 시기에 필요한 커다란 그림의 다차원적인 사고를 수행할 수 없다. 그리고 그 말은, 우리가 그런 사고방식을 일터에서도 적용해야 한다는 것이다.

이 글을 쓰면서 나는 예전에 함께 일하고 있었던 어느 기업의 최고 위층과의 만족스럽지 못한 회의를 마친 후에 택시를 탔던 순간이 생각난다. 나는 그들 중 한 명과 함께 택시를 탔다. 그날의 회의는 온통 돈에 관한 이야기만 하다 끝이 났고, '지속가능성'이라는 단어는 '더욱 큰 이익'이라는 의미로 해석되었다. 그래서 나는 미처 알지 못했던 어떤 지배적인 세계관에 사로잡힌 것 같은 기분이 들었다.

택시에 오르자마자, 동행자가 사과를 하며 해명했다. 그는 자신이 환경을 배려하는 마음을 가진 온전한 인간이지만, 일터에서는 돈이 가장 중요한 것처럼 이야기할 수밖에 없다고 말했다. 왜냐하면 그게 사회생활의 논리였기 때문이다. 하지만 요즘에는 심지어 정말 큰 대기업에서조차도, 많은 사람이 자신의 생각을 표현할 수 있는 권한을 점점 더 많이 갖게 된다는 것을 안다.

개인은 무엇을 할 수 있는가?

사람들과 지구를 가장 소중하게 생각하는 마음을 포함해서, 일터에서 자신의 온전한 모습을 보일 수 있도록 노력한다. 자기 본연의 모습을 표현한다. 다른 사람들도 그렇게 할 수 있도록 격려한다. 누구나 그런 문화를 개시할 수 있지만, 직위가 높은 사람들이 좀 더 노력하는 것이 중요하다. 직책이 높을수록 그러한 책임도 더욱 커진다.

이미 기본소득을 받는 사람들까지 일을 해야 하는 이유는 무엇인가?

사람들은 유익한 존재가 되고 싶고, 삶의 목적을 갖고자 하며, 최대한 충실한 인생을 살고 싶어 하기 때문이다. 이런 방식이 효과가 있을 것인지는 아마도 우리가 서로에게 얼마나 자신감을 갖고 있느냐에 따라서 달려있을 것이다.

• •

내가 말하는 기본소득이란, 사람들이 건강한 삶을 살고 사회에 참여할 수 있도록 모든 사람에게 돈을 배분하는 것을 의미한다. 극장 입장권이나 축구 경기 관람권을 사주는 것까지는 아니더라도, 가스 요금을 내고, 건강한 식단을 유지하고, 훌륭한 교육을 받고, 친교 활동을 하는 데에는 충분한 수준이 될 것이다. 근면하게 일해야 한다는 예전의 분위기는 퇴색되었겠지만, 그렇다고 일에 대한 인간의 긍정적인 욕구까지 사라지지는 않을 것이다. 실업에 대한 두려움은 사라지겠지만, 유익한 존재가 되고 싶다거나, 의미 있는 일을 하면서 시간을 보내고 싶다거나, 특별한 것을 얻기 위해서 돈을 더 벌고 싶다는 욕구까지 사라지지는 않을 것이다. 우리는 일을 해야 하기 때문에 하는 것이 아니라, 자신이 원하기 때문에 일을 하게 될 것이다. 고용주들은 근무조건을 더욱 개선해야만 한다. 지루한 일에는 더욱 많은 임금이 주어질 것이다. 더욱 많은 사람이 자원봉사 활동을 할 수 있게 된다. 전업 취미 활동도 마찬가지다. 우리는 일을 그만두고 사랑하는 사람들을 돌보거나, 그림을 그리거나, 농사를 짓거나, 산책을 하는 등 우리에게 성취감을 주는 일들이라면 무엇이든 할 수 있을 것이다. 우리는 긴장을 풀고 좀 더 단순하게 살아가게 된다.

그런데 어떻게 해서 누구나 무엇이든 할 수 있는 것일까? 그 이유는 복지라는 것에는 유익한 존재가 되고 싶고 목적 있는 삶을 살고자 하는 욕구가 뒤따르기 때문이다. 그 효과로 인해서 고용시장에서 엉터리 일자리가 줄어들 것이다. 기본소득을 도입하면, 내가 위에서 제시한 세 가지 기준을 충분히 충족시키지 못하는 일자리는 지원자가 없을 것이다. 다시 말해서 우리는 노예와 다름없었던 시대를 끝낼 것이다.

여기에 필요한 자금은 어디에서 나오게 될까? 세금에서 나오게 될 것이다. 즉, 급여 수준이 높은 사람들이 돈을 벌지 못하는 사람들을 지원하는 형태가 된다. 건강한 식단을 즐기고 사회에 참여하는 것은 보편적인 권리에 가까워질 것이다. 그렇게 단지 돈을 벌기 위해서 쓸모없거나 해로운 활동에 필사적으로 뛰어드는 사람들이 적어질 것이기 때문에, 형편이 더 나은 사람들도 더욱 나은 사회에 살면서 혜택을 받게 된다. 하지 않아도 되는 일을 해야 하는 사람들이 줄어들 것이다. 사회의 격차는 덜 가파르게 된다.

이런 세계의 모델이 작동할 것인지는 인간의 본성을 어떻게 보느냐에 따라 달려있다. 우리는 과연 가능하다면 빈둥대며 살고 싶은 것이 천성인가, 아니면 유익하고 목적이 있으며 창의적인 삶을 사고자 하는 것이 본성인가? 만약 전자라고 생각한다면, 기본소득을 즐길 수 있는 기회를 가져보길 바란다. 그러다 보면 나중에는 지루함 때문에 가만히 있지 못하게 될 것이고, 결국엔 이런 경험에 의해서 예전의 생각이 틀렸다는 결론에 이르게 될 것이다. 만약 후자라고 생각한다면, 이를 뒷받침할 수 있는 심리학적인 이론은 아주 많기 때문에, 역시 시도해보는 것이 좋다.[153]

이제부터 살펴볼 교도소와 관련된 통계는 어찌 보면 이 책의 주요 논거와는 조금 별개의 것이기는 하지만, 몇 가지 이유로 이 책에 포함하였다. 첫째, 놀라우면서도 고통스러운 내용이기 때문이다. 이걸 보다 보면 우리는 또 한 번 숨이 막히게 되며, '우리 인간이 어떻게 해서 이 세상을 이토록 형편없이 운영할 수 있을까?'라는 질문을 던지게 된다. 그리고 '우리는 이것보다는 더 잘할 수 있다!'라는 생각도 들 것이다. 둘째, 우리가 잘못된 통계에 의존할 때 겪을 수 있는 혼란스러운 상태와 세계의 불평등에 관한 현실을 잘 보여주기 때문이다. 그리고 마지막으로, 잠시 뒤에 이야기할 가치들에 대한 논의의 토대를 마련해주기 때문이다.

사람들이 교도소에 가게 될 확률은
얼마나 되는가?

••

어디에 살고 있느냐에 따라 다르다. 미국 시민 중의 한 명을 임의로 선택한다면, 그들이 현재 교도소에 있을 확률이 0.88퍼센트다.[154] 미국인들은 평균적으로 인생에서 무려 일곱 달을 감방 안에서 보낸다. 여성보다는 남성의 경우가 훨씬 심각하며, 어떤 주에 거주하느냐에 따라서 삶이 더욱 고역이 될 수 있다. 루이지애나에 사는 보통의 남성은 인생 전체를 통틀어서 1년 반을 철창 안에서 보낼 수 있다. 그곳에서는 교도소가 이윤을 창출하는 사업 수단이다. 보안관들은 검거 실적에 따라서 금전적인 인센티브를 받으며, 이런 인센티브는 모두 GDP에 기여하게 된다. 매사추세츠에서 태어난 여성이라면 상황이 훨씬 나은데, 이들은 평생 동안 철창 안에서 보내는 시간이 평균적으로 8일에 불과하다. 흑인들은 그 수치가 백인들보다 엄청나게 심각한데, 미국의 흑인 남성들은 평균적으로 3주마다 하루를 교도소에서 보낸다. 세상에! 그리고 미국 교도소의 이미지가 어떤지를 알아보기 위해 잠깐 구글 검색을 해봤는데, 나라면 개인적으로 그곳에서 절대 단 하루도 보내고 싶지 않다.

영국은 상황이 좀 더 낫기는 하지만, 아주 훌륭한 정도는 아니다. 남성 인구의 약 0.25퍼센트가 교도소에 있으며, 여성 인구의 수치는 약 0.01퍼센트다. 이는 일반적인 영국 남성이 평생 동안 10주를 보내는 것에 해당하며, 일반적인 여성은 그 수치가 3일 정도다.[155]

　노르웨이는 이번에도 사정이 조금 다르다. 일반적인 노르웨이 사람이라면 평생 동안 '단지' 3주를 철창 안에서 보낼 수 있지만, 하지만 좀 더 주목해야 하는 사실은, 그곳에서 지내는 경험이 훨씬 더 인간적이라는 것이다. 이곳의 수감 비율은 왜 그렇게 나올까? 우선, 미국과 영국보다 사람들의 재범률이 훨씬 낮다는 것이다. 미국에서는 5년 이내의 재범률이 76퍼센트이고[156], 영국의 수감자들이 최초 1년 이내에 다시 범죄를 저지르는 비율이 무려 77퍼센트이지만[157], 노르웨이의 재범률은 20퍼센트에 불과하다.[158]

　인구의 상당수가 엄청나게 불쾌한 환경에 수감된다는 것은 한 국가의 평균적인 삶의 질에는 매우 심각한 영향을 줄 수밖에 없다. 그렇다면 노르웨이의 비결은 무엇일까? 그리고 미국식 접근법과의 차이점은 무엇일까? 미국에서는 교도소가 주로 처벌 공간으로 보인다. 그것은 사회가 그들에게 보복을 하기 위한 방법이다. 미국과 영국의 교도소들의 목적은 대체로 응징이다. 사람들이 공공연하게 표현하지는 않지만, 그곳에서 벌어지는 일을 보면 그렇다고 할 수 있다. 이런 생각을 기반에 두고 교도소는 억제 수단이 되어서 범죄자들을 대중과 접촉하지 못하게 한다. 교화에 대한 생각은 뒷전일 뿐이다.

　노르웨이의 수감자들은 다른 모든 사람과 마찬가지로 복지가 중요한 인간적인 존재다. 교도소는 피해를 복구하는 곳이다. 복수라는 것은, 사실 생각해보면, 실제로는 전체적인 피해를 늘리는 것이다. 교도소의 환경을 개선하면 범죄가 줄어든다는 것은 많은 사람의 상식에 반하는 것이지만, 잘 이해가 되지 않는 사람들은 시간을 두고 이러한 개념을 충분히 생각해보아야 한다. 노르웨이에서 교도소장으로 재직하는 아레 호이델(Are Hoidel)은 이렇게 표현한다. "노르웨이의 교도소에 있는 모든 수감자는 사회로 되돌아갈 것입니다. 여러분은 그 사람들이 화가 난 채로 돌아가길 바랍니까, 아니면 교화되어서 돌아오길 바랍니까?"[59]

형편없다고 할 수 있는 미국과 그보다는 조금 덜하기는 하지만 영국의 교도소 문제는 두 가지로 요약될 수 있다. 첫째는 특정한 사람들이 다른 사람들보다 교도소에 가게 될 위험성을 훨씬 더 높게 만드는 요소가 불평등이라는 것이다. 우리는 주로 국적, 성별, 인종 등을 언급하는 경우가 많지만, 교육과 가난 역시 커다란 영향을 미친다. 둘째는 가치의 문제로 귀결되는데, 수감자들의 복지가 그 자체로 다른 모든 사람처럼 본질적으로 중요한 것인가 하는 문제다. 우리는 잠시 뒤에 가치에 대한 내용을 들여다볼 것이다. 그리고 나는 여러분이 지금까지 이 글을 읽으면서 이러한 논의 기반을 좀 더 진지하게 들여다봐야 할 필요가 있다는 생각이 들었기를 바란다.

재정적인 측면과는 별개로 사안을 좀 더 잘 평가해야 할 필요가 있다는 것은 분명하다. 하지만 교도소에 대한 노르웨이의 급진적인 접근 방식이 어떤 측면에서는 미국과 비교했을 때 그 효과가 훨씬 더 뛰어나며 부의 분배와 관련한 통계도 개선되고 있다는 사실에 주목해야만 한다. (다음의 그래프 참조)

우리는 교도소 관련 통계를 통해서 사람들의 빈곤과 사회적인 문제들을 다른 시각에서 바라볼 수 있다. 하지만 이러한 통계수치를 개

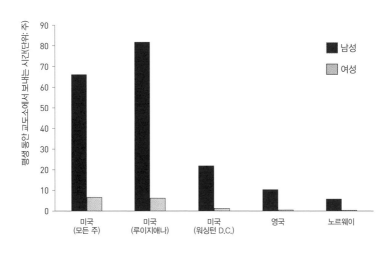

평범한 사람이 평생 동안 교도소에서 보낼 수 있는 시간(단위: 주)

선하기 위해서 사형을 하거나 석방을 해준다 하더라도, 수감자의 처우 개선이라는 소기의 목적으로 이어지지는 않을 수도 있다. 나는 그저 모든 통계수치에 대해서 적절한 시각을 유지해야 할 필요가 있다고 강조하는 것이다.

　마지막으로 다시 돈 문제로 돌아가서, 교도소 역시 많은 비용이 소요된다는 것을 언급하는 것이 좋겠다. 영국에서는 수감자 한 사람당 연간 51,000파운드 정도의 비용이 소요된다.[160] 여기에는 높은 재범률 때문에 범죄가 증가함으로써 사회가 부담해야 하는 직접적인 비용이나 그로 인한 공포와 불신이 조장되어 발생하는 사회적 비용은 말할 것도 없고, 사법부나 보호관찰 서비스의 비용은 포함되어 있지 않다. 미국에서는 1인당 비용이 조금 더 낮은데, 2013년 기준으로 수감자 1명당 연간 평균 약 32,000달러가 소요되고, 연간 총지출액으로 보면 740억 달러에 달한다.[161] 노르웨이에서는 수감자 한 사람당 비용이 미국보다 약 세 배나 많지만, 수감자의 수가 더 적다는 사실을 고려하면 노르웨이 납세자들의 부담은 그보다도 훨씬 덜하다는 것을 알 수 있다.

비즈니스 및 기술

07

인간이 살아가는 방식의 상당히 많은 부분을 다시 생각해볼 필요가 있기 때문에, 우리가 비즈니스를 하는 방식을 다시 살펴봐야 할 필요가 있다 하더라도 그리 놀라운 일은 아니다. 이번의 짧은 장은 인류세 시기의 비즈니스와 기술에 대한 포괄적인 가이드는 아니지만, 가장 중요한 몇 가지 사고방식을 살펴볼 것이다. 그 내용은 부분적으로는 지금까지 이 책에서 제시한 근거와 논리에서 도출된 것이며, 그리고 일부는 세계적인 몇몇 거대 기술기업을 포함해서 20년 이상 다수의 조직에서 컨설팅을 하면서 얻은 경험에서 이끌어낸 것이다.

조직의 존재가
좋은 경우는 언제인가?

조직이 유익한 일을 하고, 성취감을 주는 활동을 하고, 부의 적절한 분배를 가능하게 할 때다.

. .

몇 페이지 앞에서 내가 일자리에 적용했던 기준들은 모든 조직에서도 적용할 수 있다. 모든 조직이 존재의 근거를 갖기 위해서는 세 가지 목적을 충족해야 한다. 첫째, 유용하면서도 가치 있는 상품과 서비스를 제공하는 것이다. 즉, 현재와 미래에서 사람들과 지구의 행복을 증진할 수 있는 것을 제공해야 한다. 둘째, 노동자들이 일과를 보내는 데 의미 있으면서도 성취감을 줄 수 있는 방법을 제공해야 한다. 셋째, 부의 적절한 분배에 기여해서, 모든 사람이 각자의 삶을 품위 있게 영위할 수 있는 자원을 가질 수 있게 해야 한다. 이러한 세 가지 기준을 전부 충족시키지 못하는 기업들은 중요한 우선순위를 다시 조정해야만 하며, 충족하는 기준이 한 개 이하인 기업들은 아마도 그냥 문을 닫는 게 나을 수도 있다. 이런 기준들을 충족시키지 못하는 조직에서 일한다면, 자신도 문제의 일부가 되고 싶지는 않을 것이다. 따라서 나는 그런 일터를 떠나거나 내부에서 변화를 일으킬 수 있는 효율적인 방식을 찾는 것이 좋다고 생각한다.

이 기준에는 주주들의 이익을 극대화해야 한다는 내용이 없다는 것에 주목해야 한다. 주주가치를 극대화하는 것은 주주들이 재정적인 성장의 관점을 확실히 넘어서서, 인류세 시기에 적합한 가치들을 실천하고 있는 한에서 잠재적으로는 가능할 수 있다.

기업들은 세계에 대해서
어떻게 생각할 수 있는가?

• •

나와 함께 일하는 다수의 기업은 대체로 '우리가 발견한 것보다 더 나은 세상을 남기고 싶다'고 말하는 경향이 있다. 듣기에는 좋지만, 지금과 같은 21세기에는 그 짐을 조금 내려놓아야 할 필요가 있다. 이러한 조직들이 좋은 세상이라고 생각하는 것은 무엇일까? 그러한 세상을 실현하기 위한 경로는 무엇일까? 문제에서 거리를 두고 물러서서 생각해보는 시간을 갖지 않는다면, 이러한 질문에 대해서 제대로 대답할 수 없다. 이를 위해서는 일반적인 비즈니스 세계에서는 거의 권장되지 않는 차원의 관점이 필요하다. 비즈니스에서는 그들만의 상식과 논리가 통용되기 때문이다. 우리가 일하는 방식의 상당 부분이 인류세 시기에는 적합하지 않다는 것을 살펴봤기 때문에, 기업들이 이러한 세계에서 자신들의 역할이 무엇인지에 대해서 신중하면서도 진지하게 묻는다면, 그 대답은 그들의 존재 기반을 적잖이 뒤흔들 가능성이 높다. 그리고 상당한 용기도 필요하다는 건 거의 확실하다.

기업들은 자신이 추진하고 있는 세상에 대한 비전과 그것을 어떻게 달성할 수 있는지에 대한 일관성 있는 계획을 세워야 한다. 기업들은 자신들이 미치는 직접적인 영향과 간접적인 영향 모두를 전체

374

적인 범위에서 체계적으로 이해해야 한다. 이쯤 되면, 무척 명료해서 다음과 같은 문장을 굳이 쓸 필요가 없을지도 모르지만, 그래도 명확히 하는 차원에서 다시 한번 강조하겠다.

21세기에는 주로 이윤 창출을 위해서만 존재하는 조직들은 전혀 도움이 되지 않는다.

이는 기업이 어떤 상황에서도 이윤을 창출해서는 안 된다고 말하는 것과는 다른 의미다. 하지만 존재의 이유로 보면, 오늘날의 세계에서는 이윤 창출이 최우선은 아니다. 이윤 추구라는 동기는 구시대적인 사고일 수밖에 없다. 만약 그런 조직에서 일한다면, 그에 맞서거나 그만둘 것을 부탁드린다. 둘 중에서 어느 선택도 할 수 없다고 생각한다면, 그런 사람은 예속된 노동자라고 할 수 있다.

기업은 어떻게 하면
체계적으로 생각할 수 있을까?

. .

많은 방법이 있다. 그리고 이런 모든 일을 사내 인력으로 처리하고 싶지 않다면, 기꺼이 도움을 줄 수 있는 컨설턴트도 수천 명이나 존재한다. 그들 중 일부는 매우 뛰어나지만, 그들과 본격적으로 일하기에 앞서서 먼저 그들의 세계관을 확인해보는 것이 좋다. 여기에서는 간단한 방식으로 이런 일을 처리할 수 있는 방법에 대한 한 가지 사례를 제시하고자 한다. 이 이야기는 나의 클라이언트 중 한 곳이 기후변화에 대한 생각이 어떻게 시작되었는지에 대한 실제 사례에 근거한 것이다. (세상이 완벽하다면 기후 비상사태를 다른 전 세계적인 이슈와 별개로 떼어내서 생각하지는 않았겠지만, 아쉽게도 세상은 완벽하지 않기 때문에 어느 지점에서든 논의를 시작해야 한다.)

우리는 전 세계 화석연료의 대부분을 땅속에 그대로 남겨두려면 어떤 형태로든 강제적인 국제 협약이 필요하다는 데 동의했다. 그러자 그들은 그러한 협약을 할 수 있으려면 무엇이 필요한지를 물었고, 정치적인 의지가 가장 중요한 요소라는 결론을 내렸다. 그래서 다음으로 그들은 정치적 의지가 생기려면 무엇이 필요한지, 그리고 그 무엇이 생겨나려면 또 무엇이 필요한지를 물었다. 질문은 계속되었다. 이런 식으로 그들은 변화를 위해 필요한 중요한 요소들에 대한 개념도

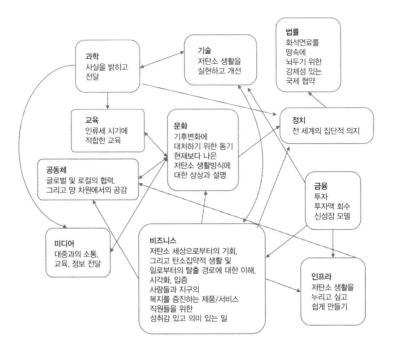

화석연료를 땅속에 놔두기 위해서 전 세계가 합의하려면 무엇이 필요할까?
시스템 사고에 대한 간단한 사례. 이것은 기업이 어떻게 하면 도움이 될 수 있는지에 대해서
같은 회사의 사람들이 그려본 하나의 개념도다.

를 빠르게 그려낼 수 있었다. 약간의 정리 작업을 거친 후에 아주 간단한 도표로 만든 것이 바로 위에 있는 그림이다. 이 그림은 완벽하거나 확정적인 것이 아니다. 쉽고 빠르게 이해하기 위해서 만든 간단한 그림에 불과하다. 그다음으로 그들은 자신들과 같은 조직이 영향력을 가질 수 있는 분야가 어디인지를 물었다. 그리고 그들은 거대하면서도 강력한 기업이기 때문에 거의 모든 부분에서 영향력을 발휘할 수 있는 것으로 나타났다. 마지막 단계는 이러한 모든 선택권을 가진 상태에서 그들이 실제로 무엇을 하고 싶은지를 살펴보는 것이었다.

이러한 과정에는 어떤 마법이나 첨단과학도 필요하지 않다. 누구든 비슷한 방식으로 할 수 있다. 나 역시 다양한 규모의 여러 수많은 기업에서도 이와 비슷한 기법을 사용해왔다. 내가 말하고 싶은 점은 시스템 사고가 특별히 어려운 것은 아니라는 것이다. 그저 결심만 하면 된다.

어떠한 유형의 조직이든 그들이 시스템적으로 사고하는 것을 돕기 위해서 바이오리저널(Bioregional)이라는 단체에서 훨씬 더 세심하게 설계한 디지털 도구가 있는데, 그들은 자신들이 제시하는 '하나의 행성에서 살아가기 위한 10가지 원칙(10 principles of One Planet Living)'이라는 기준으로 이것의 틀을 짠다. (상자글 참고)

바이오리저널(Bioregional)의 '하나의 행성에서 살아가기' 위한 시스템적 도구

바이오리저널은 20년 동안 플래닛 B(Planet B)가 없다는 점을 명확히 규명해왔다. 그들은 전 세계의 기업체 및 공동체와 함께 '하나의 행성에서 살아가기 위한 10가지 원칙(10 principles for One Planet Living)'이라는 프레임워크를 사용해왔다.[162] 좀 더 최근에는 인류세의 도전 과제에 시스템적인 속성이 있다는 점을 인식하고, 그들은 다양한 요소가 서로 어떻게 연관되는지를 보여주는 시각적인 개념도를 만들기 위해서 모든 결과와 행동, 지표들을 비선형적(non-linear)이며 비계층적(non-hierarchical) 방식으로 매핑하기 위한 간단한 도구를 개발했다. 즉, 모든 요인의 상호연결성

을 보여주는 그림이다. 공동 설립자인 푸란 데사이(Pooran Desai)
는 사람들이 시스템적인 방식으로 사고하기를 원한다면, 그것
에 대해서 말해야만 가능하며, 그럴 수 있는 도구를 그들에게 제
공해야 한다고 설명한다. 그들이 만든 원플래닛닷컴(oneplanet.
com)은 기업체나 도시, 그 외에도 여러 조직이나 개인들도 사용
할 수 있는 무료 도구들을 모아놓은 곳이다.[163] 하나의 행성이라
는 원칙은 자신에게는 충분하지 않거나 그 위에 다른 기준을 추
가하고 싶을 수도 있다. 그래서 푸란은 자신에 경험에 따르면,
기업의 목표가 일반적으로 10가지 원칙 중 하나에 들어맞을 수
도 있지만 상충될 수도 있기 때문에, 각자의 상황에 맞게 수정될
수 있다고 말한다.

바이오리저널의 하나의 행성에서 살기 위한 10가지 원칙은 다
음과 같다.

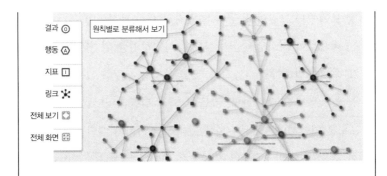

기업의 행동과 시책들의 매핑 개념을 보여주는 원플래닛닷컴의 화면으로, 각 이슈 간의 상호 연관성을 보여준다.

환경 전략의 세 가지 갈래

다음 모델은 세 군데의 대형 기술기업들과 작업을 하면서 도출한 것으로, 이들 각각의 기업은 자사에서 탄소를 감축하는 것뿐만 아니라 다른 사람들도 똑같이 활성화할 수 있는 기술을 제공하고 있기 때문에, 자신들이 저탄소 세상을 가능하게 만든다고 주장한다. 안타깝게도 앞에서 살펴봤듯이, 전 세계적으로 합의되지 않는다면 이러한 효율성 활성화 기술만으로는 세계의 탄소를 줄일 수 없다. 따라서 이러한 활성화는 탄소에 대한 대응의 세 가지 가닥의 일부로서만 다음처럼 기능할 뿐이다.

① 자체적인 영향력을 개선한다. 기업에서는 과학적인 근거에

의해서 필요성이 입증된 조치를 기반으로, 환경적인 모든 측면에서 자신들이 미치는 영향력을 높여야 한다. 예를 들면, 기후 비상사태와 관련하여, 기업은 '엔드 투 엔드(end to end)', 즉, 제조에서부터 사용 단계를 거쳐서 마지막 수명주기를 다할 때까지 제품과 서비스가 배출하는 탄소를 감축하는 것이다.

② 다른 이들이 영향력을 개선할 수 있게 한다. 자신들의 제품과 서비스가 다른 사람들이 환경에 더욱 좋은 방식으로 삶을 살아갈 수 있도록 한다. 예를 들면, ICT 기업은 고객들이 에너지를 절감할 수 있게 하거나, 비행 횟수를 줄일 수 있게 할 수 있다.

③ 필요한 분야에서 전 세계적인 합의를 촉구한다. 전 세계적으로 관리가 필요한 분야에 대해서는 국제적으로 합의할 것을 촉구한다. 예를 들면, 앞에서 살펴본 것처럼, 기후 비상사태에 대처하기 위해서는 화석연료의 사용을 제한하는 국제적인 합의가 수반되어야 하기 때문에, 기후변화와 관련한 기업의 종합적인 계획에는 그러한 합의를 이끌어내기 위한 명확하면서도 공개적인 추진 방안이 포함되어야 한다.

여기에서 중요한 것은, 활성화 조치와 완화 조치만으로는 충분하지 않다는 것이다. 완화 조치만 취한다면 반동효과에 의해서 무력화되고 만다. 활성화 조치만 한다면, 앞에서 살펴본 것처럼 오히려 효율성이 개선되면서, 전 세계적으로 환경에 대한 부담을 제한하지 않는 한 일반적으로 국제적인 공조의 향상으로 이어지지는 않는다. 활성화와 완화 조치는 우리에게 필요한 국제적인 제한 조치를 통해서 목표를 달성할 수 있는 기법이다.

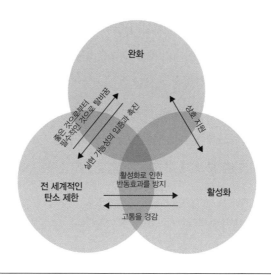

과학에 근거한 목표란
무엇인가?

세계를 돌보기 위해서 필요한 일 중에서 과학적인 근거에 의해 뒷받침되는 목표를 말한다. 분명한 것은, 환경적인 모든 목표는 과학에 근거해야 한다.

. .

우리는 세계가 해결해야 할 현실적인 도전 과제들이 있다는 걸 살펴봤다. 그리고 세상에 필요한 일들이 무엇인지 과학이 우리에게 말해주는 것들이 있다. 따라서 기업들에 단순하면서도 본질적인 원칙은 이러한 도전 과제에 대한 대응이 과학적인 조언과 일치해야 한다는 것이다. 이 글을 쓰는 시점을 기준으로 기후 비상사태와 관련하여 매우 건강하며 세부적인 정보만 적절하게 수집할 수만 있다면 상당한 가능성을 지닌 계획이 존재한다. 이는 점점 더 힘을 모으고 있는 계획으로, '과학에 근거한 목표 추진계획(Science Based Targets initiative, SBTi)'라는 이름을 갖고 있다.[166] 그런데 이 원칙은 생물다양성, 항생제 내성, 팬데믹 위험, 플라스틱을 포함한 모든 종류의 오염 등 다른 모든 환경적인 이슈나 건강 관련 문제에도 적용할 수 있다. 그리고 실제로 SBTi도 탄소 문제에서 시작해 이러한 영역들로 그 범위를 넓혀간다. 물론 가장 중요한 것은, SBTi가 실제로 이러한 목표들을 검증할 수 있는 최신의 진정한 과학 기반의 기준을 갖고 있다는 것이다.

과학에 근거한 목표를 공급망에 적용할 때의 특별한 점은 무엇인가?

여기에는 확실히 반동효과를 극복하고 대신에 눈덩이 효과를 일으킬 수 있는 잠재력이 있다는 것이다. 이것은 우리 인간이 기후 비상사태에 대한 수단을 마련하는 데 엄청나게 도움이 될 수 있다. 적어도 한 번 시도해볼 만한 가치는 있다!

• •

기후변화와 관련해서 풍선효과나 반동효과가 지금까지 많은 사람과 기업, 여러 나라가 시도했던 최고의 노력들을 거의 또는 완전히 허사로 만들었다는 것은 받아들이기 어려운, 지금까지 수많은 사람에게는 너무나도 인정하기 어려운 진실이다(부록 참조). 과학에 근거한 목표(Science-based targets, SBTs)는 현재 제1영역과 제2영역의 배출에만 주로 적용된다. (즉, 기업이 직접 배출하는 탄소와 기업이 사용하는 전력 생산 과정에서 간접적으로 배출되는 탄소까지를 포괄한다.) 안타깝게도, 이런 조치만으로는 반동효과에 의해서 완전히 무용지물이 되고 만다. 모든 기업이 제1영역과 제2영역의 SBTs를 채택하고 충족시키지 않는 한, 이러한 계획에 참여하는 이들이 탄소 배출량을 줄인다 하더라도, 다른 이들은 오히려 배출량을 늘리게 될 것이다. 즉, 배출원이 그저 다른 곳으로 옮겨갈 뿐이다.

그러나 만약 기업들이 이러한 과학에 근거한 목표의 접근법을 에너지 사용뿐만이 아니라 전체적인 공급망에까지도 적용한다면, 완전히 새로운 역학관계가 시작될 가능성이 있다. 나는 기업들이 그들 자신의 배출량을 직접 점검해야 할 뿐만 아니라, 공급망에서 일어나는 모든 것까지도 확인해야 한다는 것을 말하는 것이다. 이러한 목표는 공급업체들과 계약을 하는 과정에서 상당한 인센티브를 제시함으로써 달성할 수 있을 것이다. 이런 문화가 정착을 한다면, 공급업체들도 이제 자신들의 탄소 배출 문제를 신경 써야 하기 때문에, 또는 경쟁력의 우위를 확보해야 하기 때문에 관련 효과들이 눈덩이처럼 불어나게 된다. 그리고 이런 효과는 이들 업체의 공급업체들로까지 파급된다. 나는 이런 일이 쉽다고 말하는 것이 아니다. 그러나 적어도 원칙적으로는 진정한 변화의 메커니즘으로서 영향력을 갖고 있음을 말하는 것이다.

이러한 접근법과 관련하여 또 다른 강점이 있다. 만약 어떤 나라가 파리기후협약의 문구나 철학을 존중하지 않기로 결정했다면, 그 나라의 기업들은 정부의 결정과는 독자적으로 '우리는 아직 협약을 존중한다'고 발언할 수도 있다는 것이다. 하지만 문제는 그 나라의 배출량이 갈수록 심각해지고 상황에서, 예를 들어서 그 나라의 전력 공급이 탄소에 크게 의존하고 있는 상황이라면, 이들 기업이 어떻게 파리협정을 '준수'할 수 있느냐 하는 것이다. 과학에 근거한 목표가 정착된 강력한 공급망을 갖추고 있다면, 이런 기업들도 자국 정부의 어리석은 행동과 자신들을 분리해서 전 세계의 책임의식을 가진 다른 기업들과 동등한 위치에 있다고 충분히 말할 수 있을 것이며, 따라서 외부 세계와도 편안하게 교역할 수 있다. 여기에 더해서 의식을 가진 사람들도 각자의 생활에서 파리기후협약을 위반하지 않고도 이들 기업의 제품을 구입할 수 있다. 이 글을 쓰는 시점에서, 내가 염두에 두고 있는 대상은 당연히 미국에 있는 기업들이다.

[개정판 추가 사항] 마이크로소프트가 2019년 가을에 자신들의 공급망을 전 세계의 기온 상승 목표인 1.5℃ 내로 제한하겠다고 발표했다는 소식을 전하게 되어서 매우 기쁘게 생각한다. 사실, 브리티시 텔레콤(BT)에서는 이들보다 1~2년 전에 이미 관련 분야에서 과학에 근거한 목표로 공급망을 재편하는 분위기를 먼저 주도하고 나섰다. 당시에만 해도 2℃ 이내로 제한한다는 목표조차도 보편화되지 않았던 시기였기 때문에, 과연 이들이 내세운 1.5℃라는 목표를 달성할 수 있을 것인가 하는 회의적인 시각이 있었다. 하지만 그들은 여전히 그러한 목표를 지키고 있다. 그리고 정보통신 기술(ICT) 분야의 거대한 무리들이 BT와 마이크로소프트의 모범 사례를 따르고 있는 것으로 보인다. 눈덩이효과는 이제 막 일어나는 것일 수도 있다.[165]

많은 사람이, 특히 첨단 기술 분야의 기업계에 종사하는 사람들은 기술이 우리를 지속가능한 세상으로 이끌어줄 수 있는 '선한 영향력'이 될 것이라고 생각하거나 그저 그렇게 추정하는 경향이 있다. 하지만 애초에 기술이 없었다면 우리가 인류세로 접어들지도 않았을 것이기 때문에, 이러한 주장은 좀 더 면밀하게 검토해보아야 한다.

우리가 기술의 성장을 주도하는가,
아니면 기술이 우리를 이끌고 가는가?

지금 현재로서는 우리가 기술 발달에 예속되어 있는 상태이지만, 그렇다고 해서 앞으로도 계속 그러리라는 것이 입증되지는 않았다.

· ·

고인이 된 스티븐 호킹(Stephen Hawking) 교수는 생애의 마지막 3분의 2는 현대의 의학 기술에 의지하여 연명했다. 지난 100년 동안의 발달이 없었더라면, 나 역시 이미 몇 번은 죽었을 것이고, 내 친구들도 마찬가지다. 우리는 모두 기술이 우리를 계속해서 숨 쉴 수 있게 해준다는 사실에 감사한다. 하지만 그러한 모든 장점에도 불구하고, 호킹도 이미 위험을 인지하고 있었다. '하지만 기술은 너무도 빠르게 발달해서, 이제는 핵전쟁이나 생물학 전쟁으로 인해서 우리 모두를 파괴할 수 있을 정도가 되었다. 우리의 논리와 이성으로 이처럼 위험한 본능을 통제해야 한다. 우리는 그러한 위협을 더욱 빨리 파악하고 통제할 수 없는 상태가 되기 전에 조치해야 한다.'[166]

기술을 발명한 것은 인간이기 때문에, 우리는 기술을 통제할 수 있다고 말하는 사람들이 있다. 하지만 정말 그럴까?

새로운 기술이 효율성을 향상한다고 생각해보자. 그 기술을 가장 먼저 채택한 이들은 경쟁력의 우위를 가질 것이다. 머지않아서, 게임에 참여하려는 모든 이는 좋든 싫든 그 기술을 사용해야만 한다. 그리고 우리가 일하며 사는 방식은 조금 더 발전할 것이다. 그리고 얼마 후 또 다른 첨단 기술이 등장하고, 똑같은 과정이 반복된다. 우리는 더 오래 살 것이고, 더 멀리까지 여행을 하게 되며, 더욱 활발하게 의사소통을 할 것이다. 우리는 원하는 것을 더 많이 갖게 되고, 하고 싶은 것을 더욱 많이 하게 될 것이다. 이것이 바로 지난 수천 년 동안 작동해왔던 경제 발전의 역학이며, 이 책에서 우리는 그 결과로 나타난 여러 개의 상승 곡선을 살펴보았다. 우리가 원한다면 그걸 멈출 수 있을 것인가, 아니면 사로잡히게 될 것인가?

기술이 지금까지는 효율성의 향상을 이끌었지만, 만약 실제로는 삶의 질을 향상하는 걸 막는다면 어떨까? 그런 기술을 이용하지 않을 수 있을까? 만약 내가 영업 사원인데 나는 주말에는 전화기를 꺼놓고 집에서 휴식을 취하는 반면, 다른 경쟁자들은 모두 스마트폰과 이메일을 사용해서 쉬는 날도 없이 24시간 내내 고객들을 응대한다고 생각해보자. 그렇다면 주말에 연락하고 싶은 고객들이라면 나보다는 나의 경쟁자들에게 전화를 걸 것이다. 우리는 모두 그런 현실을 받아들여야만 할 것이다. 그런 현실이 마음에 드는지 아닌지는 관계없다. 그리고 어떤 슈퍼마켓에서 직원들과 고객들에게 인간미가 넘치는 따뜻한 도움을 주기 위해서 계산대에 사람들을 배치하는 것을 선호한다고 생각해보자. 그리고 다른 슈퍼마켓들이 모두 사람을 기계로 대체해서 많은 비용을 절감한다면, 이 슈퍼마켓은 과연 얼마나 더 오래 버틸 수 있을까?

스티븐 호킹은 인공지능(AI)을 두고 '인류에게 일어날 수 있는 최고 또는 최악의 상황'이라고 묘사했는데, 전기자동차 분야의 위대한 기업가인 일론 머스크(Elon Musk) 역시 AI를 실존적인 위협으로 본다. AI에 대한 우려가 실제로 근거가 있는 것이든 아니든, 전체적으로 봤을 때 기술이 지난 천 년 동안 우리에게 좋은 것을 아주 많이 가져다주었다는 것은 사실이다. 하지만 현재를 기준으로 보면 인류를 위험한 지점으로 이끌어왔고, 우리가 기술을 근본적으로 다른 방식으로 다루어야 할 필요가 있다는 것도 사실이다.

이것이 가능할까? 나는 이미 내가 결정론자가 아니라고 말했다. 나는 우리 중의 그 어느 누구도 자유의지의 존재 여부를 증명할 수 없다고 생각하지만, 이 책에서는 자유의지가 있다고 생각하면서 글을 쓴다. 우리의 미래가 미리 결정되어있다는 대부분의 주장은 마치 우리가 똑바로 마주해서 변화를 일으켜야만 하는 도전 과제들을 회피하려는 것처럼 보인다. 우리에게 지금 요구되는 방식으로 전반적인 범위에 걸쳐서 기술을 통제하는 것은 쉽지 않다. 우리는 상황을 개선해야 하고 판도를 바꾸어야만 할 것이다. 하지만 그렇다고 해서 그에 대한 필요성이 사라지는 것도 아니고, 그것이 불가능하다는 것을 입증하는 것도 아니다.

어떻게 하면 우리가
기술을 통제할 수 있을까?

이것은 우리 시대의 결정적인 도전 과제 중 하나다. 기술을 통제하려면 인류 모두가 개선을 위해 노력해야 한다.

• •

기술이 우리를 좀 더 잘 살게 해주고 우리가 마주한 도전 과제를 처리하는 데에도 중요한 역할을 하고 있는 것은 사실이다. 하지만 그러한 기술이 요즘에 흔히 생각하는 것처럼 의심할 여지 없는 선한 영향력이 아니라는 것을 분명히 해야 한다. 기술은 우리에게 중요한 기준에 맞춰서 세심하게 평가되어야 한다. 그것은 간단하지 않을 것이고, 해석의 여지가 넓을 수도 있고, 뜨거운 논쟁의 주제가 될 수도 있겠지만, 이러한 논쟁은 진지하면서도 사려 깊게 이루어져야 한다. 그리고 우리가 앞으로 해야 할 일과 해서는 안 될 일을 판단하기 위해서는 그러한 논의의 결과가 필요하다.

화학무기와 생물학무기가 발달되어온 과정을 보면 (대부분의 시간 동안에는) 발달을 억제할 수 있다는 충분한 근거를 발견할 수도 있지만, 레이더나 전투기, 그리고 핵폭탄 등을 비롯한 수많은 사례를 보면 우리에게 필요한 기술의 개발이 엄청나게 빠른 속도로 실현될 수도 있다는 것을 알 수 있다. 하지만 암 치료에 대한 연구를 보면, 때로는 절실하게 원한다고 하더라도, 우리가 바라는 즉각적인 돌파구가 열리지 않는 경우들도 있다.

우리는 투자와 소비를 통해서 원하는 미래를 만들어낸다. 새로운 기술에는 연구개발 및 배치(R&D&D)가 필요하다. 일단 연구개발(R&D)이 완료되고 나면, 또 다른 D(배치)를 막는 것은 훨씬 더 어렵다. 애초에 R(연구)이 일어나지 않도록 막는 것이 더 나을 정도다. 때로는 어떤 기술에 대한 밥줄을 끊어야 할 필요가 있는 반면, 다른 연구에 대해서는 긴급하게 지원을 해야 할 필요도 있다. 세계의 각국 정부는 연구 활동과 산업에 대한 지원이 올바르게 수행되는 데 엄청난 역할을 하고 있지만, 우리 개개인도 돈을 소비하고 투자함으로써 그런 모든 활동에 도움을 줄 수 있다.

우리는 가치라는 문제에서 쉽게 벗어날 수 없다. 우리가 마음에 들든 그렇지 않든, 그러한 가치들은 에너지, 환경, 먹을거리와 관련한 도전 과제를 다루는 데는 물론이고, 우리의 경제를 움직이게 하고 비즈니스를 운영하는 데에도 중요한 요소들로 대두된다. 이제, 다음 장에서 이 문제를 살펴보도록 하겠다.

08

가치,
진실,
신뢰

이 책의 모든 경로는 어쩔 수 없이 가치의 문제로 수렴되는 것 같다. 이쯤 되면 당연히 중요한 문제일 수밖에 없다. 내가 일부러 그렇게 조작한 것은 아니다. 사실, 가치에 대한 논의를 다루지 않았다면, 이 책은 훨씬 더 쉽게 쓸 수 있었을 것이다. 나는 경제학자라기보다는 오히려 윤리학 교수에 지나지 않는다는 점을 인식하는 사람이다. 하지만 우리가 인류세 시기에 잘 살아갈 수 있도록 도와주는 가치가 무엇이고 그렇지 못한 가치가 무엇인지를 가리키는 증거들이 있다. 그래서 이번 장에서는 실용적인 측면에서 이 문제를 들여다보고자 한다. 나는 21세기에 우리의 지구와 인류가 번영을 누릴 수 있게 해주는 가치가 무엇이고 그렇지 못한 가치가 무엇인지, 그리고 어떻게 하면 올바른 가치들을 갖게 될 수 있는지에 대한 질문을 던지고자 한다. 다행히 그러한 가치들은 우리가 원한다면 실제로 모습을 갖출 수 있다는 것이 밝혀졌다.[167]

여기에서 소개하고자 하는 가치들은 이미 앞에서도 분명히 제시했기 때문에, 지금부터는 그 이유들을 좀 더 설명하고자 한다.

어떤 가치가 다른 가치보다 우위에 있다는 근거의 기반은 무엇인가?

• •

이 책의 앞부분에서 우리는 사람들이 앞으로 영양실조에 걸린다고 하더라도, 그것을 두고 기술적인 어려움에 대한 논의나 인구 증가로 인한 한계에 대한 논쟁을 해야 하는 것이 아니라, "많이 가진 사람들이 그렇지 못한 사람들을 충분히 보살피고 있는가?"라는 엄청나게 단순한 질문을 던져야 하는 것임을 알 수 있었다.

새로운 에너지원을 찾아야 하는 현실과 기후 비상사태에 대해서 우리는 전 지구적으로 합의해야 한다는 결론에 다다를 수 있었다. 그런 다음에는 어떻게 하면 화석연료를 땅속에 그대로 남겨둘 수 있는지, 그리고 여분의 탄소예산(carbon budget)을 누가 연소시킬 것인지와 같은 필수적인 사항들에 대해서 세계적인 합의를 이루기 위해서는 어떠한 조건들이 필요한지 우리 자신에게 질문을 던졌다. 그 과정에서 우리는 공정함과 보편적인 존중이 필요하다는 것을 알게 되었다.

한편, 기술은 점점 더 복잡해지고 있고, 우리가 직면하고 있는 실질적인 도전 과제들은 서로 긴밀하게 연결되어 있으며, 수많은 분석과 의견이 난무하는 데다 터무니없는 가짜 뉴스까지 전염병처럼 번진다. 이 때문에, 지금 현재 진행되고 있는 일을 명확하게 파악하는 것이 훨씬 더 어려워지게 되었다. 우리에게는 정보와 거짓 정보가 혼탁하게 뒤섞인 바다에서 익사하지 않기 위한 가치들이 필요하다.

마지막으로, 우리 인류가 지구에 미치는 영향력의 세기가 더욱 증가하면서, 부주의의 결과로 인한 영향력도 커지게 되었다. 우리는 지금까지 수천 년 동안 가능했던 방식으로는 더는 성장할 수 없다는 것을 알게 되었다. 예전이라면 불가능했겠지만 이제는 극히 일부 사람들만 제멋대로 행동한다 해도 전 세계를 파괴할 수 있음을 보았다. 그래서 우리는 세심하게 주의를 기울여야만 하며, 적어도 가끔은 자제할 줄 알아야 한다는 것도 보았다. 우리는 더는 감내하지 못하는 수준이 언제인지를 알아야 하며, 만약 그때가 된다면 더 이상을 바라지 않는 방법을 찾아내야 한다.

가치에 대해서 생각하는 한 가지 유용한 방식은 그것을 외부적인 가치와 내재적인 가치로 분류하는 것이다. 각각의 본질이 다르긴 하더라도 이러한 분류법이 서로 다른 수많은 가치를 이해하는 데 효과가 있다는 것은 광범위한 연구를 통해서 알 수 있다. 외부적인 가치에는 돈, 권력, 지위, 이미지, 물질적 소유 등이 있다. 내재적인 가치에는 자아수용(self-acceptance), 인식, 타인과의 관계, 세계 및 그 안에 있는 모든 것에 대한 이해와 배려, 그리고 자신을 위한 활동을 즐기는 것 등이 있다. 이런 것들이 우리에게 동기를 부여하는 가치들이다.

내재적인 가치와 자발적인 동기에 의해 움직이는 사람들과 사회일수록 외부적인 가치와 비자발적인 동기로 움직이는 사람들보다 좀 더 행복하고 건강하며 지구를 더욱 친절하게 보살핀다는 것을 보여주는 연구가 많이 있다. 내재적인 가치들은 인위적인 모습이 아닌 다른 사람들과 훨씬 더 많이 공감하고, 더욱 긍정적인 윤리적 태도와 행동을 보여주면서 친사회적인 방식으로 작용하기 때문에 개인적 행복에 많은 영향을 주며, 반면에 고통이나 우울함과 불안감은 줄여준다. 이와는 반대로 외부적인 가치들은 자기도취, 약물 남용, 다른 이들에게 피해를 주는 행동, 불평등의 심화, 불행이나 스트레스와 관련이 있다. 이러한 상관관계는 수많은 문화권의 거의 모든 연령대에서 일관되게 발견되는 것이다.

새로운 글로벌 문화적 규범으로서 필요한 가치는 무엇인가?

• •

분명, 우리는 모든 내재적인 가치에 좀 더 집중해야 한다. 하지만 나는 그 어느 때보다도 더욱 중요해 보이는 세 가지를 특별히 강조하고 싶다. 이것들은 모두 전 세계의 모든 문화권에 널리 퍼져야 하는 가치들이다. 그것들 중에서 어떤 것들이 본질적으로 '더 좋은가'와는 별개로, 우리는 인류세 시기에 살아남기 위해서 순수하게 실용적인 이유로 그러한 가치들이 필요하다. 이러한 특징들이 모든 문화권에 공통되게 퍼지더라도 문화의 다양성은 당연히 중요한 것이다. 이를 수용하지 않는 문화는 21세기에는 적합하지 않으며, 우리는 모두 그러한 문제의식을 갖고 있어야 한다.

이러한 세 가지의 가치는 다음과 같다.

① 모든 사람은 본래 인간으로서 모두 평등하다. 이것을 대전제로 둔다면, 모든 이가 각자에게 의미가 있는 어떠한 방식으로든 살 수 있고, 그럴 수 있도록 독려하기 위한 모든 원칙을 도출할 수 있다. 그리고 다른 모든 사람도 똑같이 할 수 있는 동일한 권리가 보장되어야 한다. (물론 이러한 원칙에는 인종, 젠더, 계층, 국적, 종교, 성적 취향 등 평등과 관련해서 생각할 수 있는 모든 문제가 고려되어야 한다.)

② 이 세계의 아름다움, 생명을 잉태하는 대자연의 경이로움, 그리고 그 안에 존재하는 생명의 모든 형태 등, 우리가 사는 세상을 존중하고 세심하게 보살핀다.

③ 진실을 존중한다. 진실은 그 자체로 중요한 것이다. 진실이라는 것을 알 수 있다면, 그러한 진실을 영예롭게 여긴다. 자기 자신이나 다른 사람들이 진실에 대한 증거라고 생각하는 것에 대해서는 모든 사람이 명확하게 살펴볼 수 있게 한다. 논리적인 이유와 사고 기법을 중시하고, 개인적인 이해관계가 아닌 투명성이 우선되어야 한다.

이 책에서 서술하는 모든 해결책은 이러한 가치에 따라서 달라질 수 있다. 이러한 가치를 존중하지 않고서는 우리 인류는 번영을 누릴 수 없다.

관련한 모든 분석과 증거들을 살펴보면, 우리 인류가 앞으로의 100년 동안은 물론이고 그 이후에도 번영을 누리기 위해서는 우리 모두가 할 수 있는 한 서로를 존중하고, 진실하며, 친절하게 대하는 법을 배울 필요가 있다는 사실을 알 수 있다. 이 말은 이 책의 맨 앞에서 할 수도 있었다. 물론 우리 중의 누구라도 할 수 있는 말이다. 그 전에도 이미 수백만 명이 이런 취지의 말을 했을 거라고 확신한다. 사실 나는 이 글을 쓰면서 이러한 세 가지의 가치가 인간 중심 치료(person-centred therapy)의 아버지라고 할 수 있는 칼 로저스(Carl Rogers)가 말하는 치료적 관계(therapeutic relationship)의 세 가지 핵심 조건인 공감(empathy), 진정성(genuineness), 무조건적인 긍정적 존중(unconditional positive regard)이라는 개념과 밀접하게 연관되어 있다는 사실을 알게 되었다.[168] 물론 이 세 가지 개념은 의료 현장은 물론이고 우리의 일상생활과도 관련이 있다. 정말로 덧붙여서 말하고 싶은 것은, 지금의 인류세 시기에서는 이러한 가치들은 더는 선택의 문제가 아니라는 것이다.

물론 나 자신도 이 점에 대해서는 여러분보다 더 나은 것이 없을 수도 있다. 하지만 우리는 모두 이 부분에서 좀 더 많은 노력을 해야 한다. 그만큼 간단하지만 쉽지만은 않은 일이다.

가치라는 것을
의도적으로 변화시킬 수 있을까?

• •

우리의 가치가 가변적이라는 가장 명확한 증거는 아마도 그것이 잘 못된 방향으로 향하는 사례를 들 수 있을 것이다. 신자유주의자들과 자유시장을 신봉하는 사람들은 돈을 중요시하고 물질적 소유를 중 심으로 사람의 지위를 결정하게 하는 등의 다양한 기법을 통해서 우 리의 사고방식을 좀 더 개인주의적인 방향으로 향하게 만들어왔다. 그리고 물질적인 요소와 행복 사이에는 명확한 연관성이 없는데도 그것이 마치 사실인 것처럼 선전해왔다. 우리는 이러한 사실에서 자 신감을 얻어야만 한다. 만약 우리가 잘못된 방향으로 향할 수 있다 면, 그 반대의 방향으로 움직이는 것도 가능하기 때문이다. 그리고 이러한 부정적인 움직임을 통해서 우리에게 필요한 가치들로 향할 수 있게 하는 것이 무엇인지를 배울 수 있다.

그리고 다양한 경험을 하는 것이 다양한 가치들을 촉발할 수 있음 을 보여주는 연구도 많이 있다.

무엇이 우리의 가치를
변화시키는가?

..

우리의 가치는 우리가 평소에 듣게 되는 이야기들과 그에 대한 우리의 생각에 의해서 움직이게 된다. 1990년대의 르완다에서는 정권에 불리한 여론의 흐름을 뒤흔들고 싶은 경우, 자신들에게 반대하는 사람들은 바퀴벌레들이라는 메시지를 라디오 방송국 한 곳에서 지속적으로 내보내기만 해도 충분했다. 그러면 엄청난 결과를 얻을 수 있었다.

이론적으로는 외부적인 동기가 강해지면 내재적인 동기가 약해지고, 그 반대도 가능한 것으로 보인다. 예를 들면, 사람들이 자연스럽게 하던 일에 대해서 돈을 지급하면 원래 그 일을 하게끔 했던 내재적인 동기가 약해지게 된다. 그리고 어떤 일의 내재적인 가치에 집중하게 되면 외부적인 동기는 그다지 필요하지 않을 수도 있다.

우리에게 외부적인 가치를 중시하게 만드는 요소는 많지만, 그중에서도 특히 불안감과 물질주의를 중시하는 사회적인 분위기가 그렇게 만든다. 우리가 자신을 보살필 수 있을 만큼 충분한 돈이 없거나 사회적으로 받아들여지지 않는 것에 대해서 걱정이 든다면, 우리는 보다 많은 부와 더욱 높은 지위를 원할 가능성이 더욱 커지게 된다. 그리고 우리가 가치 있는 삶과 행복을 누리기 위해서는 물질적인 부와 소유물이 중요하다는 메시지를 계속해서 접하다 보면, 우리도 어느새 그런 가치를 추구할 가능성이 높아진다. 예를 들어서, 우리 사이에 독처럼 퍼져 있는 메시지 하나는 뭐냐 하면, 어떤 일자리에서 가장 뛰어난 인재를 고용하고 싶다면 가장 높은 연봉을 주어야 한다는 것이다. 이런 믿음 때문에 혹시라도 돈을 아주 많이 벌지 못하는 사람들은 자신들이 충분히 가치 있는 사람으로 보이지 않을 수도 있다는 불안감을 느낄 수 있다. 일자리의 초점이 연봉과 보너스에 집중될수록, 훌륭하면서도 유용한 일을 해야 하는 내재적인 이유에 대해서 생각하는 사람들은 줄어들게 된다.

그 반대로, 우리가 재산을 얼마나 가졌는가 하는 것과는 관계없이 우리의 기본적인 욕구가 언제나 충족되고 사회에서도 소외되지 않을 것이라는 확신이 있다면, 우리는 물질적인 소유나 사회적인 지위에 대해서는 그다지 긴장하지 않을 것이다. 이를 위해서는 사회적인 인프라와 공동체적인 기반이 필요하다. (그러나 단언컨대, 유해한 습성까지 용인할 필요는 없다.) 그리고 우리가 내재적인 가치에 대해서 계속해서 의식할 수 있다면, 우리의 삶에서도 그러한 내재적 가치의 역할이 커지게 될 것이다.

우리에게 필요한 가치를 기르는 방법

- 내재적인 가치를 강화하는 메커니즘을 만든다. 여기에는 교육과 의료 서비스의 무차별 제공, 그리고 적절한 유급휴가와 유급 출산휴가, 그리고 가능하다면 기본소득을 최대한 보장하는 등의 사회적인 지원 혜택들이 포함된다. (361페이지 참조) 이러한 체

계들이 갖춰진다면 우리는 모두 자기 자신의 건강은 물론이고 아이들과 각자의 노후를 걱정하지 않고 물질적으로 단순한 삶을 살 수 있게 해줄 것이다.

- 교도소를 재활에 초점을 맞춘 인간적인 환경으로 개혁한다. (교도소에 대해 논의했던 364페이지 참조)

- GDP에 대한 의존도를 줄이고 행복과 관련한 척도를 향상할 수 있도록, 내재적인 가치들을 강조하는 지표를 중시한다. ('5장 성장, 돈, 계량적 분석' 참조)

- 주주들의 이익이 우선시되지 않는 비즈니스 환경을 조성한다. 그러면 금전적인 이익을 넘어서는 다른 형태의 비즈니스 목표들이 좀 더 쉽게 중심을 차지할 수 있다.

- 공공봉사와 지역사회 봉사의 중요성을 강조한다. 예를 들면 일반적인 휴무일 외에도 직원들이 지역사회 봉사 휴무일을 사용할 수 있게 하거나, 젊은이들을 위한 프로그램을 시행할 수 있을 것이다.

- 물질주의를 자극하는 광고를 줄이는 방법을 찾는다. 예를 들어서, 아이들을 겨냥한 광고를 규제하거나, 상업광고에 대한 보조금을 줄이는 것이 있다.

- 바람직하지 않은 가치들을 내세워서 논쟁에서 이기려고 하지 않는다. 그렇게 해서 논쟁에서 이겼다는 생각이 든다 해도 그것은 단기적인 것이며, 전체적으로 봐도 논쟁에서 이기는 것 자체가 목적이다. 예를 들면, 사람들에게 에너지 소비를 줄이라고 설득할 때, 그렇게 하면 돈을 아껴준다고 말하는 것이다. 이런 식

으로 즉각적인 행동의 변화를 이끌어낼 수도 있겠지만, 실제로는 모든 행동이 돈을 중심으로 이뤄진다는 생각을 더욱 강화했다는 점이 중요하다. 그래서 이후의 행보에서 금전적인 가치가 없는 것처럼 보인다면, 그걸 해야 하는 이유를 찾아내기가 힘들게 된다. 이와 마찬가지로 순전히 매출을 늘릴 수 있다는 걸 내세워서 기업들에 환경 관련 프로그램을 판매하는 것도 큰 효과가 없다. 우리는 아무런 망설임 없이 단지 그 일이 옳은 것이기 때문에 해야 한다.

개인적인 차원에서

- 충분한 시간을 들여서라도 우리에게 필요한 가치에 대해 생각하고, 그에 관해서 이야기를 나누며, 관련한 글들을 읽는다. 지역사회가 모두 이런 노력을 할 수 있게 한다. 이런 활동이 자신에게 실질적으로 어떤 의미가 있는 것인지를 파악한다.

- 신중하고 비판적으로 소비한다. 우리가 일상에서 접하는 광고, 영화, 뉴스, 정치적 주장의 이면에 있는 명시적이며 묵시적인 메시지와 의도가 무엇인지를 파악하고 그것에 도전한다. 아이들에게는 '이 광고가 너에게 어떤 생각이 들게 만들려고 하는 것 같니?'와 같은 질문을 함으로써, 그 의도를 파악할 수 있게 한다. 광고를 덜 보려고 노력한다. 불교 신자인 내 친구들이 말하는 것처럼, 신중한 소비는 우리가 먹고 마시고 들이키는 것에만 한정되는 것이 아니라, 우리가 소비하는 모든 형태의 경험과 정보들까지도 확대되는 것이다.[169]

- 다양한 사람들과 관계를 형성해서 많은 경험을 쌓는다. 정서적으로 가장 멀리 떨어져 있으며 가장 공감이 덜 되는 사람들과도 개인적인 관계를 맺는다.

내가 제시한 목록의 첫 번째 가치*에 대해서는 부와 소득의 분배, 그리고 교도소 관련 통계를 다루면서 이미 살펴보았다. 그리고 두 번째 가치**에 대해서는, 바라건대, 지금까지 이 책의 전반에 걸쳐서 고르게 퍼져있을 것이다.

지난 몇 년 동안 전 세계적으로 탈진실(post-truth)과 가짜 뉴스가 급증하면서, 이제 우리는 진실과 신뢰에 대한 중요한 문제인 세 번째의 가치***로 눈을 돌리게 된다.

우리가 잘 살기 위해서는, 이 분야에서의 현실을 바로잡기 위해서 노력해야 한다. 이 문제는 점점 더 복잡해지고 있으며, 때로는 우발적으로 때로는 의도적으로 진짜 정보와 거짓 정보가 더욱 뒤엉켜서 범람하는 현실을 보면, 우리는 거짓말과 거짓 정보, '가짜 뉴스'를 좀 더 잘 가려내야 한다.

대서양 양안****은 모두 잘못된 방향을 향해서 우려할 만한 움직임

---

*   모든 사람은 본래 인간으로서 모두 평등하다.

**   이 세계의 아름다움을 존중하고 세심하게 보살핀다.

***   진실을 존중한다.

****   지리적인 의미는 대서양을 사이에 두고 있는 유럽과 아프리카의 서안 그리고 북중미와 남미의 동안을 의미하지만, 영어권에서는 주로 미국과 유럽 사이, 그중에서도 특히 미국과 영국을 가리킨다.

들을 보여준다. 그로 인한 결과는 머지않아서 우리에게 닥칠 것이 분명한데, 나는 오히려 이러한 우려가 우리에게는 올바른 방향으로 가기 위한 강력한 반격의 계기가 되기를 바란다.

'진실' 혹은 '사실'이라는 것이 존재하기는 하는가?

내가 '진실'과 '사실'이라는 단어를 사용하는 것이 여러분에게 전혀 문제가 되지 않는다면, 이 부분은 건너뛰어도 무방하다.

∙ ∙

내가 이 질문을 본문에 포함하고, 그 질문에서도 인용부호를 넣어 놓은 이유는 단순하다. 사회과학자들, 포스트모더니스트들, 그리고 이러한 개념에 이의를 제기하기 위해서 준비하고 있을지도 모르는 사람들이 두렵기 때문이다. 나는 단순할 정도로 실용적인 사람이고 이처럼 철학적인 주제에 대해서는 그다지 관심이 없는 것 같다. 그래서 여기에서 신중하게 제시하는 약간의 설명을 통해서 그러한 우려가 잠재워지기를 바란다. 그럼 시작해보자.

나는 사실이 존재하지 않을 수 있으며 실제로는 우리 모두가 단지 각자의 상상에 의한 산물일 수도 있다는 것을 이해한다. 하지만 나는 진실과 사실로 완성되는 확고한 현실이 있는 것으로 믿으며 살기로 선택했다. 그리고 때로는 진실과 사실을 구분하기 어렵고, 아주 비슷한 경우도 많다. 참고로 말하면, 나는 이 세계는 우리의 인지 능력에 비해서 엄청나게 복잡하다고 생각한다. 만약 그렇지 않다면 그 얼마나 지루한 세계란 말인가! 따라서 세상이 작동하는 방식을 이해하기 위한 모델을 만들려고 하는 것은 가치 있는 일이지만, 어떤 인식의 프레임워크가 다른 것보다 우월하다고 단정 짓기 전에 상당한 주의를 기울여야 한다. 나는 모든 형태의 근본주의가 불편하게 느껴지지만, 그중에서도 특히 과학적 근본주의가 그렇다. 만약 사회학자들이 이런 나의 입장을 한마디로 요약한다면, 아마도 '비판적 현실주의'가 좋은 표현이라고 생각한다. 물론 이런 용어를 사용함으로써 무의미한 언어학적 논쟁이 벌어질까 봐 두려운 마음이 없지 않다. 실제로 최근에도 사회학자 한 명과 이야기를 나누었는데, 그는 이런 표현이 나에게 해당되지 않는다는 것을 최대한 에둘러서 말하기도 했다. 그래서 굳이 분류하고 싶다면 나를 비판적 현실주의자라고 불러도 되지만, 여기에서 정의하는 의미하는 면에서만 그렇다는 것을 알아두기 바란다.

요약하면, 사실을 분간하기 어려우며 우리는 부분적인 시각만을 얻을 뿐이기는 하더라도, 사실의 관점에서 생각하는 것은 유익한 것이다. 상대주의라는 허무주의의 소용돌이에 빠져들고 싶은 사람들이라면 나와는 다르게 그쪽 부류에 합류해도 된다. 그리고 그렇다고 해서 이 책을 계속해서 읽는 데는 크게 문제되지는 않을 것이다.

'진실'은
개인에 따라서 다른가?

• •

내가 이 단어를 어떻게 사용하는지를 분명히 하고 싶다. 왜냐하면 일부에서는 이 단어를 조금은 다르게 사용하기 때문인데, 특히 사회학과 사람들이 그런 경우가 많다. 내가 이걸 사용할 때는, 다른 사람의 진실과 구분되는 어떤 한 사람만의 진실을 말하는 것이 아니다. 어떤 것이 진실이라면 그것은 사실이다. 끝. 진실에 있어서 주관적이라거나 개인적인 것은 없다. 진실과 그것에 대한 한 사람의 견해는 완전히 다른 것이고 언제나 개인적인 것이다. 어떤 사람의 견해는 다른 사람의 견해보다 진실에 더 가까울 수도 있고, 또는 단순히 다른 각도에서 바라보는 것일 수도 있다. 아니면 둘 중의 한 명이 완전히 틀렸을 수도 있다.

그래서 예를 들어서 누군가 인류 때문에 기후변화가 일어나는 것이 아니라고 말한다고 해서, 그것이 그들의 진실이라고 말하는 것은 도움이 되지 않는다. 그것이 전혀 진실이 아니기 때문이다. 사실은 그들이 틀렸다는 것이다. 그들은 기후변화의 진실에 대한 견해를 갖고 있는 것이다. 다만 그들의 견해가 근거에 부합하지 않는 것이기 때문에 거짓일 수밖에 없다.

서로 다른 두 사람이 만나면 혼자서 이해하려고 노력할 때보다는 진실에 대해서 보다 많은 정보를 서로에게 가르쳐 줄 수도 있을 것이다. 왜냐하면 진실을 다른 각도에서 접근하기 때문이다. 이것이 양측 모두에게는 어려울 수는 있겠지만, 더욱 풍부한 이해가 필요하다는 점을 고려했을 때, 이렇게 서로 돕는 것도 우리가 진실을 더욱 잘 이해하기 위한 또 하나의 기술이라고 할 수 있다. 만약 어느 한쪽이 틀렸다면 그들이 그런 방식의 시각과 견해를 갖고 있는 나름의 흥미로운 이유가 있을 것이며, 그러한 이유가 어쩌면 상당히 중요한 것일 수도 있다.

진실에 대한 헌신이 그 어느 때보다도 더욱 중요한 이유는 무엇인가?

상황이 그 어느 때보다도 더욱 복잡해졌기 때문이다.

• •

세상에는 언제나 엄청난 양의 잘못된 정보들이 존재해왔으며, 그것은 우연히 나타나기도 했고 의도적으로 만들어진 경우도 있었다. 하지만 사안이 너무나도 복잡해지면서, 그러한 터무니없는 주장을 더는 용인할 수 없는 수준에까지 이르게 되었다. 지금의 인류세 시기에는 언론인이나 정치인이나 활동가들 없이는 우리가 해야 할 일이 무엇인지를 판단하는 것이 너무나도 어렵다. 그리고 때로는 사실을 무시하는 사람들이 필요한 경우도 있다. 우리는 그 어느 때보다도 우리가 달성할 수 있는 수준에 대한 명확한 견해가 필요하며, 고의적이거나 부주의하게 우리에게 거짓 정보를 퍼트리는 사람이나 단체를 용납해서는 안 된다.

우리는 지금의 인류세 시기에 적절하게 대응하지 못하고 있는데, 이를 넘어서게 해줄 수 있는 것 몇 가지 중의 하나는 바로 그 어느 때보다도 일상 속에서 진실에 대한 집념과 끈기를 더욱 성실하게 보여주는 것이다.

진실한 문화란
무엇인가?

. .

간단히 말해서, 만약 어떤 사람들이 직업적인 활동을 통해서 거짓을 말하거나 오해를 불러일으키려고 시도한 사실이 드러난다면 그들의 사회적인 경력은 거기에서 끝나게 된다는 사실을 모든 사람이 알고 있는 세상이다. 그리고 어떤 주장이 제기되었을 때 어느 한쪽에만 맹목적이지도 않고 무의미한 논쟁을 불러일으키지도 않으면서 그 주장의 모든 측면을 공정하게 분별할 수 있는 능력을 기반으로 신뢰가 형성되는 문화다. **그러한 문화에서라면 명료한 분석과 논의를 할 수 있게 될 것이다. 지금은 그런 걸 갖고 있지 못하지만, 우리에게는 너무도 절실하게 필요한 것이다.** 그러한 문화는 인류세에 대한 적절하면서도 지적인 접근법이 나타날 수 있을 것이다. 그러한 문화에서는, 예를 들면, 수압파쇄법이나 원자력이나 온실가스 배출량을 줄이는 것의 장점과 단점에 대한 논의에서 누구를 믿어야 하는지를 알 수 있을 것이다.

더욱 진실한 문화를
만드는 것은 가능한가?

역행하는 것이 가능했다면, 다시 앞으로 나아가는 것도 가능해야 한다.

· ·

나는 해볼 만하다고 생각한다. 완벽하지는 않더라도 나는 우리가 올바른 방향으로 나아갈 수 있다고 생각한다. 최근에 대서양 양안에서 보이는 혼란스러운 상황은 앞에서 말한 진실한 문화에 대한 집념이 중요한 변수라는 사실을 입증하는 것이다. 나는 모든 사람이 도움이 될 수 있다고 생각한다. 물론 노력이 필요하겠지만 무엇보다도 필요한 것은 엄청나게 단순하다고 생각한다.

만약 여러분이 정치인이나 언론인이라면, 이런 문화를 조성하는 데 자신이 어떻게 하면 도움이 될 수 있는지는 상당히 쉽게 알 수 있을 것이다. 진실을 수호하기 위해서 장관이나 국회의원들, 그리고 주요 방송국이나 신문 등을 비롯한 언론매체들이 역할을 더 잘해야 하는 것은 무척이나 당연한 말이다. 그렇다면 우리 각자는 상황을 개선하기 위해서 무엇을 할 수 있을까?

진실한 문화를 독려하기 위해서
내가 할 수 있는 일은 무엇인가?

실제로 우리 각자는 단 한 가지만을 할 수 있다. 어디에서든 진실을 주장하는 것이다.

• •

좀 더 구체적으로 말하면, 다음과 같은 네 가지의 간단한 역할을 할 수 있다.

① 평소에 뉴스를 접하는 언론사가 진실을 최대한 정확하게 전달하기 위해서 최선을 다하고 있는지를 매우 신중하게 생각해본다. 그렇지 않다면 다른 언론사로 바꾸고, 그렇게 결정한 이유를 해당 언론사에 알리고 친구들에게도 이야기를 한다.

② 한 곳에만 의지하지 말고, 여러 곳으로부터 정보를 얻는다.

③ 선거에 나서는 모든 후보자에게 진실함이 얼마나 중요한지를 반드시 알린다. 자신의 기준에 부합하지 않는 후보에게는 투표하지 않겠다는 사실을 알리며, 기준에 부합하는 후보가 많다면 가장 신뢰할 수 있는 이에게 투표한다.

④ 어디에서든 진실함에 대한 기준을 높게 세운다. 헛소리가 퍼지는 걸 방치하지 말고, 그것에 맞선다. 터무니없는 거짓을 퍼트리는 것이 위험한 일이 되게 만든다. 만약에 어떤 모임에서 그

런 말을 하는 사람이 있다면 얼굴에 친근한 미소를 지으며 그 자리를 떠나보는 것도 좋다. 그러면 그 사람에게 과도하게 창피를 주지 않으면서도 자신의 주장에 대해서 다시 한번 생각해보게 만들 수도 있을 것이다. (경우에 따라서는, 폭행을 당하지 않는 좋은 방법이 될 수도 있다.)

⑤ 무엇보다도 가장 어려운 것은 자기 자신에게 진실을 말하는 것이다. 솔직히 말하면 이것은 어렵지만 반드시 필요한 것이다. 그리고 아쉽지만 선의의 거짓말 같은 것도 사라질 것이다.

진실을 독려하기 위해서 언론인들은 무엇을 할 수 있는가?

● **진실을 주장한다**

인터뷰하는 사람이 거짓말을 하거나 그릇된 인식을 만들거나 실수로 대중을 오도한다는 강력한 증거가 있다면, 그 사람이 사과를 하고 잘못을 시인하거나, 제대로 해명을 하거나, 공직에서 물러날 때까지 강하게 추궁한다. 논점을 흐리려는 주장에 호도되지 않는다. 그들이 거짓을 말하거나, 대중을 오도하거나, 명백히 잘못한다는 사실을 안다면, 그것이 해결될 때까지 그 사안에 최대한 집중한다.

● **모순을 폭로한다.**

두 개의 정책이 서로 모순된다면, 그러한 불일치를 폭로하고 그 사안에 매달린다. 당국에는 이렇게 질문한다. '이러한 모순이 있다는 사실을 이해하지 못한 것입니까? 만약 그렇다면 당신이 그러한 결정을 잠시 보류하고 다시 생각해본 다음 명백하게 입장이 바뀐 새로운 정책을 가지고 다시 나타날 것이라고 생각하겠습니다. 그런데 만약 알고 있었다면, 당신은 공직에 어울리지 않는 것 아닙니까?'

● **사생활을 존중한다.**

물론 여기에는 자신과 상관없는 일에는 참견하지 말아야 하는 의

무도 포함된다. 라디오에 출연해서 인터뷰를 한다고 해도 자신의 세세한 사생활까지 전부 공개해야 하는 것은 아니다. 진실을 기대한다면 사생활도 존중해야 한다.

- **생각을 바꾸는 사람들을 존중한다.**

우리는 이런 사람이 많이 필요하다. 그 누구도 모든 것에 대한 해답을 갖고 있지 않기 때문에, 이렇게 마음이 열린 자세가 중요한 것이다.

- **서로 대립되는 두 개의 주장을 무조건 동등하게 다루지 않는다.**

예를 들면, 몇몇 뉴스 채널은 지난 몇 년 동안 기후 비상사태에 대해서 우리 모두에게 피해를 입혔고, 자신들의 평판에도 먹칠을 했다. 그 이유는 그들이 기득권층으로부터 자금 지원을 받은 비주류의 견해를 마치 세계에서 가장 존경받는 과학자들과 거의 어깨를 나란히 하는 것처럼 보도했기 때문이었다. 기득권을 가진 이들이 주로 퍼트리는 비주류의 의견에 대해서는 그러한 주장의 맥락과 배경을 검토해 보아야 한다.

정치인들은
무엇을 할 수 있는가?

• •

뻔한 내용이긴 하지만, 그래도 표현하면 다음과 같다.

자신이 말하는 것에 대해서는 형식과 내용 모두 솔직해져야 한다. 동료가 뭔가를 오도한다면 방관하지 않는다. 그러한 주장이 자신의 입지에 도움이 된다고 해도 마찬가지다. 단지 정치적인 입장이 같다는 이유로 동료의 부정직함을 용인하는 정치인들을 보는 것은 슬픈 일이다. 만약 그런 상황에서 침묵한다면, 그 자신도 같은 편이라고 할 수 있다. 그런 상황에서 문제를 제기한다면, 진실을 중시하는 사람들로부터 존경을 받게 될 것이다.

누구를 그리고 무엇을 신뢰할 수 있는지를 어떻게 판별할 수 있는가?

. .

진실한 문화는 방정식의 한 부분이다. 다른 한 부분은 우리가 모두 좀 더 똑똑해져서 어떤 사안에 대해서 누구를 믿을 수 있는지를 판별하는 것이다. 솔직한 태도는 중요하기는 하지만 그것만이 전부는 아니다. 너무도 많은 사람이 너무나도 잘못된 사람들과 잘못된 매체를 지나치게 신뢰한다.

여기에 이를 테스트 해볼 수 있는 여섯 가지 문항이 있다. 처음의 네 개 문항은 경영 트레이너인 팀 오코너(Tim O'Connor)가 개인의 성취 능력을 평가하기 위해 개발한 '성과의 핵심(Keys to Performance)'이라는 모델에서 가져온 것이다.

1. 그들에게 능력이 있는가?

그들이 해당 사안을 분석하기에 충분한 지적 능력을 갖고 있다고 생각하는가? 그들이 해당 분야에 필요한 전문성을 갖고 있는가? 예를 들어서, 과학적인 교육을 전혀 받지 않은 사람이 과학계 전반이 인정한 사실에 대해서 의문을 제기한다면 경보음을 울려야 하는 것이다.

2. 그들에게 해당 사안을 분석할 수 있을 만한 시간과 자원이 있으며, 필요한 정보에 접근할 수 있는가?

3. 그들의 동기는 무엇인가?

그 사람이나 조직이 어떤 사안을 특정한 방향으로 몰고 갈만한 전략적이거나 재정적인 이해관계가 있는가? 그들이 특정한 이해관계를 가진 사람들이나 기업이나 정부로부터 직간접적인 재정지원을 받고 있는가? 만약 그렇다면, 그들의 주장이 얼마나 독립성을 갖고 있는지에 대해서 조심스럽게 의문을 제기한다. 그러한 동기와 관련해서, 우리는 그들의 심리적인 동인도 물어봐야 한다. 그들이 자신의 정체성을 특정한 입장과 결부시키고 있기 때문에 생각을 바꾸기 어려운 것은 아닌가?

우리가 경각심을 가져야 하는 대표적인 사례로는 비즈니스적인 이해관계와 정파성을 가진 미디어 재벌, 화석연료 산업계로부터 자금을 지원받는 연구기관, 이런 방식 외에는 달리 세간의 주목을 받을 수 없기에 논쟁적인 주장을 제기하는 언론인이나 학자들이 있다.

4. 자기인식

그들이 충분한 시간에 걸친 성찰을 통해서 자신들의 반응이 감정적인 것은 아닌지, 특정한 입장에 편중되어 있는 것은 아닌지, 자신들의 영향력이 어떤 것인지를 제대로 이해하고 있는가? 이것이 중요한 이유는, 이러한 자기인식이 없이는 좋든 싫든 편향적인 입장을 취하기가 쉽기 때문이다. 자기인식을 한다고 하더라도 여전히 편중될

가능성은 있지만, 그래도 선택의 폭은 넓어진다. 그들이 증거에 대한 자신들의 반응이나 관련 사안들에 대해서도 모두 투명하게 밝히고 있는가? 어떤 신문이 좌파나 우파 또는 특정한 성향을 갖고 있는 경우라면, 그러한 정치 성향이 해당 사안에 어떤 영향을 미치는지를 매체 스스로 깊이 인식하고 있는가? 만약 그렇다면, 그들의 경험이 여러분 자신에게도 설득력이 있다고 생각하는가?

5. 사실관계에 변화가 있었을 때 그들이 기존의 입장을 철회했던 이력이 있는가?

그들이 과거의 잘못에 대해서 얼마나 성의 있게 자신의 과오를 인정했는가? 시간이 지나고 인식이 충분히 성숙해진다면 그들도 적절하게 기존의 입장을 철회할 수 있다는 근거가 있는가? 지금의 인류세 시기에는 해야 할 것이 무엇인지를 완벽히 아는 사람은 아무도 없다. 자신의 생각이 틀렸다는 걸 인정하지 않는 사람들은 그러한 생각 자체가 잘못된 것이다.

6. 그들이 예전에 대중을 현혹하려고 했던 적이 있는가?

나는 그들이 거짓말을 한 적이 있는지를 말하는 것이 아니다. 그들 자신도 알고 있는 모든 증거에도 부합하지 않는 방향으로 여론을 형성하려고 했는지를 묻는 것이다. 대표적인 사례로는 영국이 유럽연합(EU)에서 탈퇴할 경우 영국의 의료 체계인 국민보건서비스(NHS)가 매주 3억 5,000만 파운드를 아낄 수 있을 것이라는 내용으로 대중을 현혹하려 했던 것이 있다. 또는 유권자들이 전문가의 말을 경청하지 못하게 하려던 사례도 있다. 또는 한 사람으로서 아무리 무력 개입의 정당성을 솔직하게 믿었다고 하더라도, 전쟁에 대한 명분을 강화하기 위해서 관련 문서를 좀 더 설득력 있어 보이도록 조작한 사례도 있었다.* 또는 명백한 증거가 있는데도, 겨우 한 무리의 사람들이 실제보다 훨씬 더 중요하게 보이는 것처럼 믿게 만들려고 했던 사례들도 있다. 만약 여러분이 뉴스를 접하는 매체가 이런 일을 하려고 했던 적이 있다면, 그 일이 있은 이후로 그 매체가 신뢰를 회복하기 위해 노력한다는 명백한 증거가 나오기 전에는 그들을 신뢰해서는 안 된다.

---

* 이라크전쟁을 일으켰던 미국과 영국이 내세운 침공의 명분이나 증거들 중 상당수가 거짓이거나 조작된 것이었다.

거짓을 신뢰하는 이유는 무엇인가?

• **확신에 찬 어조로 말하는 경우에 그럴 수 있다.**

21세기적인 사고 능력을 가진 사람들은 문제가 복잡하기 때문에 아직도 배워야 할 것이 많다는 걸 안다. 미묘한 차이가 있는 경우에도 필요하다면 잠시 멈춰 서서 곰곰이 생각해본 후에 잘 판단해야 한다.

• **그 사람의 생각이 너무도 확고한 경우에 그럴 수 있다.**

똑똑한 사람이라면 자신의 생각이 틀렸을 수도 있다는 것을 안다.

• **문제를 간단하게 설명하는 경우에 그럴 수 있다.**

간단하면서도 중요한 부분을 뽑아내고, 복잡한 문제에서 핵심을 가려내고, 이해를 돕기 위한 모델을 수립하는 것도 나름의 역량이기는 하지만, 우리가 마주하고 있는 사안들은 전혀 간단하지 않다. 우리는 모두 단순한 설명이 주는 안락함에 기대고자 하는 위험을 안고 있다.

• **걱정이 크다고 말하는 경우에 그럴 수 있다.**

실제 그렇다는 증거를 찾아라.

• **부모님들도 접하고 있어서 자신에게도 자연스럽고 친숙한 매체일 경우에 그럴 수 있다.**

사람들이 가장 많이 읽는 신문들은 신뢰의 측면에서는 형편없는 매체인 경우가 대부분이다.

- **외관이 지나치게 번드르르한 경우에도 그럴 수 있다.**

물론 최고의 사상가 중에서도 외모에 신경 쓰는 사람들은 존재한다. 그러나 최악의 사상가들은 거의 대부분 외모에 지나칠 정도로 신경을 많이 쓴다.

- **유명인이 말하는 경우에 그럴 수 있다.**

이 항목은 너무나 명백해서 굳이 쓰지 않아도 되었을 것이라고 생각했기를 바란다.

이 책에 있는 내용을
어떻게 신뢰할 수 있는가?

· ·

독자들이라면 당연히 제기할 수 있는 질문이다. 나로서는 대답하기 쉽지 않은 질문이기 때문에, 여러분 각자의 판단에 맡기겠다. 다만, 여러분의 판단에 도움이 될 만한 내용을 짤막하게 설명하고자 한다.

① 내가 이 책을 쓸 만한 자격이 있는가? 솔직히 나는 전문가라기 보다는 다방면에 관심이 많은 제너럴리스트(generalist)에 가깝다고 생각한다. 그래도 나름대로 충분한 과학 지식을 갖고 있어서 권위 있는 학술저널에 가끔씩 논문을 게재하고, 기후 비상사태와 관련해서 기업들의 참여를 유도하는 분야를 이끄는 비즈니스를 운영하며, 많은 사람이 지지를 보내는 책도 두 권이나 펴냈는데, 아마 여러분 중에서도 읽은 사람이 있을 수 있다. 이 책에 나와 있는 연구 내용 중 거의 대부분은 내가 직접 수행했으며, 내용의 상당 부분은 동료평가(peer review)를 받았다.

나는 사회생활을 하면서 많은 분야를 거쳤으며, 그러한 경험이 있었기에 여러 사안을 다양한 각도에서 바라보면서 글을 쓸 수 있었다. 내가 거의 모든 분야에서 밥벌이를 해왔는데, 그중에서 몇 가지만 예를 들면 다음과 같다. 물리학 학사. 청소년 단체인

아웃워드 바운드(Outward Bound) 강사(이곳에서는 여러분이 상상할 수 있는 모든 유형의 학생들을 상대할 수 있었다). 교사. 전문성 개발 트레이너(공사장의 수습 인력에서 기업의 최고 경영진까지 상대했다). 조직개발 컨설턴트(국제적인 구호단체인 옥스팜(Oxfam)에서 글로벌 대기업인 코카콜라에 이르기까지 다양한 조직들을 상대했다). 선불교 공동체의 임시 거주자. 지속가능성 컨설턴트(거대 테크기업에서부터 지역의 소규모 단체에 이르기까지 다양한 조직을 상대했다). 사과 수확 노동자. 콜센터 노동자(아주 잠시 근무했다). 제품 관리자(중국의 아웃도어 용품 제조업체, 그리고 웨일즈를 비롯한 여러 곳에서 근무한 경력도 있다). 공정무역 의류 수입상. 저예산 여행가. 아빠. 학제 간(cross-disciplinary) 연구자. 작가. 이쯤이면 충분할 것 같다. 그 외에도 이런저런 잡다한 일을 상당히 많이 해왔다.

② 시간, 자원, 정보접근성. 집필 작업을 하기 전에도 이미 5년 정도 이 문제에 대해서 꾸준히 생각해왔으며, 특히 앞서 펴낸 책 두 권을 쓰면서 상당히 많은 고민을 쏟아냈다. 때로는 지나치게 산만해질 때도 있었고 집중하지 못할 때도 많았던 것이 사실이다. 이 책을 쓰면서 엄청나게 많은 사람으로부터 도움을 받았는데, 그중에는 유급직원들과 인턴직원들이 있었으며, 자신들의 의견을 제시해준 사람도 많았다. 이에 대해서는 감사의 말을 참고하길 바란다.

③ 이 책을 쓰게 된 동기. 이 책의 출간이 개인적으로는 생계에 적잖이 도움이 되는 것이 사실이다. 하지만 책을 쓴다는 것은 생계 유지의 관점에서 보면 최악의 선택인 것도 사실이다. 바꿔

말하면, 내가 기득권 세력으로부터 재정적인 지원을 받지 않았다는 의미다. 따라서 자기만족이 동기였을 수도 있다. 나도 다른 사람들과 마찬가지로 자기만족이라는 부분에서는 완전히 자유로운 것은 아니다.

④ 자기인식. 최소한 이 부분에 대해서는 늘 철저하게 돌아본다.

⑤ 내 생각이 틀렸음을 인정한 적이 있는지. 이를 입증할 수 있는 사례는 상당히 많이 있다. 예를 들면, 이전에 출간했던 책들에서 일부 내용을 수정한 것이 대표적이다.

⑥ 내가 대중을 오도한 적이 있는가? 내가 감히 그럴 수 있다고 생각하지 않는다. 그리고 나에게 그런 혐의를 제기한 사람도 없었던 것 같다.

오늘날의 09
세계를 위한
사고의 기술

지금까지 우리는 이 책을 통해서 우리가 자초한 현 상황에 더욱 효과
적으로 대처하기 위한 사고방식을 시급하게 배워야 한다는 것을 살
펴보았다. 우리는 인간의 막대한 힘과 기술 때문에 우리의 지구가 너
무나도 취약해진 21세기의 현실에 적합한 사고 능력과 행동 습관이
필요하다. 그리고 우리가 취하는 모든 행위가 전 지구적인 차원에서
긴밀하게 연결되어 있다는 사실도 살펴보았다. 이러한 상황에 이르
게 만든 사고방식이 그러한 현실에서 더욱 잘 살게 도와줄 수 있는
사고방식이 될 수 없다는 것은 그리 놀랍지 않다. 우리 인간의 지능
은 지난 천 년 동안 세상을 거대하면서도 강력하게 발전시켜주었지
만, 그 결과 때문에 지금의 우리 지구는 광활한 우주에 떠 있는, 금방
이라도 부서질 것 같은 작은 천체가 되어버렸다. 이러한 현실에서 과
거의 사고방식은 더 이상 우리에게 도움이 되지 않는다.

21세기에 필요한
새로운 사고방식은 무엇인가?

· ·

여기에서는 우리가 시급하게 역량을 키워야 하는 여덟 가지 차원의 사고방식을 소개하고자 한다. 물론 이러한 사고방식들이 우리에게 필요한 전부는 아니며, 다만 시급하게 개선이 필요한 것들이다. 그리고 이러한 주제와 관련해서 내가 여기에서 제시하는 것들이 가장 중요한 것도 아니고 그렇다고 최종적인 결론도 아닐 것이다. 이것은 우리가 지금까지 살펴본 도전 과제들에 대한 근거들과 우리에게 필요한 대응 방식들로부터 내가 도출한 목록이다. 나는 그 어떤 마법의 비책을 주장하는 것도 아니며, 다만 논의를 더욱 심도 있게 하기 위해서 여덟 가지 영역의 주제를 제시하는 것일 뿐이다. 나는 이러한 목록들의 단점을 찾아내기보다는, 건전한 논의를 위한 출발점이 되기를 바라는 마음이다. 그렇지만 물론 여기에서도 개선의 여지가 있다는 사실은 안다. 그러니 만약 제안 사항이나 더 나은 아이디어가 있다면 Mike@TheresNoPlanetB.net으로 이메일을 보내주시기 바란다.

그렇다고 해서 내가 이런 사고방식의 대가라고 주장하는 것은 결코 아니다. 다만 우리가 모두 최선을 다해서 함양해야 할 필요가 있는 가치들의 목록이라고 할 수 있다.[170]

1. 큰 그림의 관점

우리가 마주하고 있는 문제들은 전 지구적인 차원에서 벌어지고 있기 때문에, 우리 역시 전 지구적인 차원에서 사고하여야 한다. 이 책에서 우리는 우리가 구입하고 행동하는 거의 모든 것에는 전 세계적인 공급망이 필요하며 그로 인한 파문 역시 전 세계에 퍼지게 된다는 사실을 여러 차례 살펴보았다. 이 모든 것을 우리 눈으로 직접 목격하지 못하더라도, 이런 사실에 대해서는 세심하게 주의를 기울일 필요가 있다. 또한 이러한 시스템적인 역학관계가 전 세계에 걸쳐 있기 때문에, 이러한 문제를 전 지구적인 관점에서 체계적으로 이해되지 않는다면, 한 군데에서 소규모로 긍정적인 조치가 취해진다고 하더라도 다른 곳에서는 그것을 무효로 만들 수 있다는 것을 알 수 있었다.

2. 전 세계적인 공감대

천 년 전만 하더라도 이런 능력은 전혀 필요하지 않았을 것이다. 하지만 이제는 우리의 일상생활에서 이루어지는 행동 하나하나가 우리가 전혀 알지도 못하는 지구 반대편에 있는 사람들에게도 영향을 미치게 된다. 이것은 좋든 싫든 우리 모두에게 해당하는 것이다. 우리의 영향권(circle of influence)은 지구 전체이기 때문에, 우리의 관심권(circle of concern)도 지구 전체가 되어야 한다. 이것은 우리 모두에게 해당하는 것이다. 이러한 사고방식에 익숙한 사람은 많지 않다. 그리고 좋든 싫든 그런 사고방식에 익숙하지 않은 사람들도 우리에게 영향을 미치는 것은 마찬가지다. 만약 우리의 '집단' 의식이 세계 전체를 포용하지 않는다면, 우리에게는 매우 고된 시간이 닥칠 것이다. 그렇다고 해서 소규모의 집단 의식을 느낄 여지가 없다는 것은 아니다. 우리에게는 여전히 가족과 지역사회, 일터, 국가가 있고, 심지어는 스포츠 클럽에도 가입할 수 있다. 이런 모든 것은 우리가 누구이며 어디에 속해 있는지에 대한 의식의 일부를 이룬다. 하지만 결국에 우리는 모두 지구촌이라는 중요한 집단의 구성원이라는 사실을 깊이 명심해야 한다. 우리가 모두 이렇게 함께 모여서 산다는 사실을 이해하고 공감해야 한다. 왜냐하면 그것만이 우리 모두가 잘 살아갈 수 있는 유일한 방법이기 때문이다.

솔깃하게 들리기는 하지만 시대착오적인 발상이 있는데, 그것은 바로 우리 자신이 속한 소수의 집단만이 어떻게 해서든 잘 살아가겠다는 생각이다. 이런 구시대적인 발상이 더는 현실성이 없는 이유는, 이 세상이 우리가 가진 힘에 비해서 훨씬 더 취약해졌기 때문에 사람들 사이의 입장 차이가 커질수록 그로 인한 결과는 더욱 커질 수밖에 없기 때문이다. 이제는 아주 적은 수의 사람들이라도 마음만 먹는다면 모든 사람의 파티를 망쳐버릴 수 있다. 이런 세계는 우리가 만든 것이고, 이제 우리는 그 안에서 사는 법을 배워야 한다.

이것이 실제로 의미하는 것은, 이 세상의 어딘가에서 누군가 폭발 사고를 당한다면, 이제는 그것이 마치 우리의 길거리에서 일어나는 것처럼 중요하게 생각해야 한다는 뜻이다. 수천 킬로미터 떨어진 낯선 곳에 있는 열악한 작업장은 더는 남의 일이 아니라, 바로 우리 지역에 있는 것처럼 생각해야 한다. 당장에 우리의 학교에서 계속해서 아이들이 죽어나가는 문제는 세계의 전혀 다른 지역에서 일어나는 동일한 유형의 문제와 전혀 다르지 않은 것이며, 그것들은 모두 동일하게 가슴 아픈 현상으로 여겨져야 한다.

3. 미래적 사고

좀 더 먼 미래를 지향해야 한다는 주장은 우리에게 더욱 뛰어난 전 세계적인 차원의 공감대가 필요하다는 것과 동일한 의미다. 우리의 관심권은 우리의 영향권과 같아져야 한다. 그렇지 않다면 우리의 영향력이 무책임한 상태가 되어서, 결국엔 이 세계를 망쳐버릴 것이기 때문이다.

현재까지 대부분의 정책 입안자는 4년이나 5년의 선거 주기를 넘어서는 생각을 하기 힘들며, 대부분의 사람도 40년 이상 이후에 일어날 일에 흥분하기는 쉽지 않다. 만약에 사회 초년생들이라면 40년 이후에 은퇴하는 것에 대해서는 한 번쯤 생각해보기는 할 것이다. 또는 이 책의 읽는 일반적인 독자들은 아마도 자신들의 여생이 40년쯤 남았다고 생각할 수도 있을 것이다. 하지만 우리의 아이들을 생각한다면, 우리는 그것보다는 훨씬 더 긴 시간을 고려해야만 한다. 그리고 기후변화로 인한 영향력은 40년 이후보다는 80년이 지난 시점에서 몇 배나 더 강력해질 것이다. 그때쯤이면 나는 이미 이 세상 사람이 아니겠지만, 나의 아이들은 그러지 않기를 바라는 마음이다.

내가 이 세상에 작별을 고할 무렵이 되면, 나의 아이들은 분명 우리 세대가 이 세계에 저지른 일에 대해서 생각하게 된다. 이 세계가 무너져 내리는 모습을 보고 싶은 사람들은 아무도 없을 것이다. 그리고 우리의 아이들은 이 세상을 그렇게 만든 게 바로 우리였다는 것을 알게 된다. 우리가 충분히 깊이 생각할 수만 있다면, 이런 상상만으로도 우리는 80년이라는 미래 시간의 관념으로 사고할 수 있다. 충분히 시도해볼 만한 가치가 있는 것이다.

4. 단순하고, 소박하며, 지역적인 것을 소중히 여기기

이 능력은 속도를 늦추고 우리 주변의 사람들과 사물들을 기쁘게 여기는 기술이다. 이것은 세상에 대해서 지금까지와는 전혀 다른 방식으로 경외심을 갖는 방법을 배우는 것이다. 다시 말해서 더 크고, 더 빠르고, 더 새롭고, 더 격렬한 것들로 넘쳐나는 세상에서 스스로 무감각해지는 것이 아니라, 우리가 이미 가진 것을 인식하는 것이다. 이것은 소박한 것에도 감사함을 느끼는 기술이다. 이것은 또한 우리 모두가 현재 탑승해 있는 차량의 거대한 가속 페달을 멈출 수 있는 필수적인 해결책이다. 이것은 우리가 이미 가진 것만으로도 진정으로 만족할 수 있게 해주는 사고력으로, 우리가 알고 있는 것들이 우리 자신을 포함해서 다른 모든 지각 있는 존재들에게 해를 끼칠 정도로 문제가 커지지 않도록 해주는 것이다.

우리는 전체적인 차원에서 우리의 활동 범위를 더는 확장할 수 없기 때문에, 우리는 바로 앞에 이미 주어져 있는 것들에 대해서 좀 더 감사함을 느껴야 한다. 우리가 그것들을 제대로 알아차리지 않는다면, 더 많이 소유하고, 더 많이 소비하고, 더 많이 활동하고, 더 많이 비행기를 탄다고 하더라도 결국엔 아무런 의미가 없을 것이다. 이것은 우리가 만족함을 느낄 수 있게 해주는 능력이다. 이것은 우리가 '더 이상은 안 된다'는 사실을 진정으로 체감할 수 있게 해주는 기술이다.

5. 자기성찰

감사함을 느끼는 것과 밀접하게 연관되어 있는 이것은 자기 자신의 경험을 인식할 수 있는 역량이다. 이것은 우리가 어떻게 반응하고 어떤 감정을 느끼는지를 파악하고, 우리 자신의 동기가 무엇인지를 보다 잘 이해해서, 우리가 스스로 그런 요소들에 의해서 맹목적으로 휘둘리지 않게 하는 것이다. 자기성찰은 우리에게 균형 잡힌 시각을 갖게 해준다. 이것은 우리 자신을 이해함으로써 이 세계를 이해하는 것이다. 여기에는 우리가 가진 단점을 스스로 용서하는 것이 포함되는데, 그렇게 함으로써 우리는 그러한 문제에 더욱 잘 대처할 수 있다. 감사함을 느끼는 것과 마찬가지로, 여기에도 조금은 속도를 늦추는 것이 포함된다.

자기성찰은 또한 진실과 연관된 두 가지 사고 기술 중에서 첫 번째 기술이다. 이것은 생각을 바꿔야 하는 상황이 되면 우리에게 겸손함과 열린 마음가짐을 갖게 해준다. 그리고 우리의 견해가 근거에 부합하지 않거나, 어떤 이유에서든 우리가 더는 옳지 않은 것에 집착하고 있는 상황에서도, 우리 자신을 돌아볼 수 있게 만든다. 지금 현재는 그 누구도 모든 것을 알고 있지 못하며 우리는 모두가 각자의 방식으로 느끼는 세상에 산다. 이런 세상에서 합당한 이유로 우리의 생각을 바꿀 수 있는 역량은 약점이 아니라 강점이며, 우리는 그런 아량을 가진 사람들에게 찬사를 보내야 한다. 특히 정치인들에게는 더욱 그렇게 대해야 한다.

6. 비판적 사고

진실을 위한 두 번째 기술인 비판적 사고는 누구를 신뢰하고 무엇을 신뢰할 것인지에 대해서 사실에 근거한 판단을 내릴 수 있는 능력이다. 여기에는 우리가 접하는 이야기에 대해서 의문을 제기하는 것, 그리고 그 뒤에 숨어있는 동기와 가치, 그들의 역량에 대해서 질문을 던지는 것이 포함된다. 우리의 취약점과 민감한 부분을 평가해볼 수 있게 해주는 자기성찰과 결합하면, 비판적 사고는 우리에게 점점 더 복잡해지는 미디어의 홍수와 수많은 주장과 반론이 뒤섞인 정치의 바닷속에서 허구와 사실을 분별할 수 있는 능력을 부여한다. 이것은 잠시 뒤로 물러서서 균형 잡힌 시각으로, 주어진 모든 맥락을 고려해서 우리가 보고 듣는 모든 것을 들여다보는 능력이다. 세계의 정보는 흐르고 흘러서 결국엔 좋은 것과 나쁜 것으로 구분되지만, 그래도 여전히 미묘한 차이를 갖고 있다. 우리는 비판적 사고를 통해서 그러한 정보의 동기와 맥락을 파악할 수 있기 때문에, 이것을 잘 활용한다면 우리는 다른 무엇보다도 가짜 뉴스의 흐름을 효과적으로 막아낼 수 있다. 우리가 비판적 사고를 하게 된다면 미디어와 정치권에서도 진실을 추구하기 위해서 더욱 노력할 수밖에 없다.

7. 정교하며 복합적인 사고

우리가 만든 세상은 그 어느 때보다 더 정교하며 복잡해졌기 때문에, 우리도 그러한 조류에 맞추어서 더욱 정교하고 복합적으로 사고해야 한다. 앞에서 일개 국가의 에너지 공급 체계에서도 해결해야 하는 과제가 엄청나게 복잡해진다는 사실을 언급했다. 기후변화도, 에너지 안보도, 세계의 먹을거리 공급도, 그리고 현재 놓여있는 다른 어떤 물리적인 도전 과제들도 각자 개별적으로는 해결할 수 없다는 것을 살펴보았다. 우리는 퍼즐을 이루고 있는 아주 작은 조각들 안에 있는 기술적인 어려움들도 다루어야 하지만, 동시에 그것이 가진 전체 퍼즐 안에서의 상호 연관성도 이해해야만 한다.

8. 협업적 사고

기술이나 자연과학, 또는 사회학, 철학, 신학, 정치학, 미학, 또는 문학 등의 한 분야만으로는 인류세에 대응할 수 없다. 그것은 불가능하다. 이것들이 모두 하나로 모여있다고 하더라도, 개별적으로 작동한다면 효과를 충분히 발휘할 수 없다. 이것들은 모두 서로 긴밀하게 얽혀 있어야 하지만, 그것이 쉽지만은 않을 것이다. 기술 만능주의자들은 과학이 삶의 일면에 불과하다는 것을 이해해야 한다. 즉, 과학은 어느 정도까지는 유용하지만 그 자체만으로는 환원주의적이며 불충분할 수밖에 없다. 과학자들은 상호검증이라는 측면에서는 그 자체로 완전한 설명을 제공하지만*, 다행히도 이 세상은 과학이 희미하게 짐작하는 것보다 10억 배는 더 복잡하다. 심리학자들은 우리가 겪고 있는 문제를 직면하는 데 도움을 줄 수 있기는 하지만 실제적으로 어떠한 조치가 도움이 되는지는 말해주지 못한다. 한편, 예술이나 철학이나 영성만으로는 세계의 먹을거리 문제를 해결할 수 없으며,

---

*   과학의 핵심은 어느 한 사람의 주장을 다른 사람들도 똑같은 방법으로 검증할 수 있어야 한다는 상호 검증의 원칙이라고 할 수 있다.

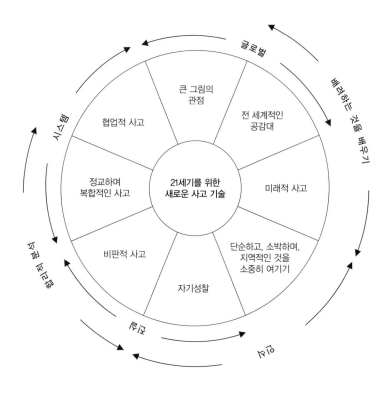

생물권을 보존한다거나 팬데믹을 막을 수도 없다. 협업의 관점은 학술적인 분과와 실용적인 분과를 단순히 결합하는 것만이 아니다. 그것은 어떤 본질의 모든 측면을 서로 연결하는 것이며, 우리는 가능한 한 모든 측면을 감지해야 한다. 그것은 과학적인 사고를 존중하지만, 또한 때로는 논리적인 분석만을 강요하는 과학의 절대적인 지배력에 도전장을 내밀기도 한다.[17] 까다롭지만 필수적인 능력이다.

그래서 앞의 그림은 우리가 지금부터 계속해서 잘 살아가기 위해서 가장 많이 개발해야 하는 기술들의 의미와 관계를 표현한 것이다.

그냥 간단한 하나의 모델이다. 위에서 제시한 목록을 읽는 것은 나에게도 쉽지 않은 일이다. 당연한 말이겠지만, 내가 대책으로 제시하는 능력들에 대해서 내가 얼마나 형편없는지를 잘 알고 있기 때문이다. 아직도 노력을 많이 해야 한다. 만약 앞에서 제시한 목록이 마음에 든다면, 당연히 여러분의 학교나 정치권, 일터에서도 적용할 수 있다. 이것이 우리에게 필요한 평가 기준의 전부는 아니겠지만, 그래도 상당 부분은 차지한다고 생각한다.

21세기적 사고의 기술은 어떻게 만들어질 수 있는가?

• •

이런 모든 기술은 대부분 실천의 문제로 귀결된다. 큰 그림에서 바라보는 사고는 그저 잠시 시간을 내고 뒤로 물러서서 마치 화성에서 지구를 바라보는 것처럼 생각함으로써 개발될 수 있다. 여기에서부터 우리는 모든 것이 어떻게 조화를 이루는지, 그리고 그것들이 세상에서 어떤 의미를 가지는지를 볼 수 있지 않을까?

전 세계적인 공감대는 어쩌면 지구 반대편의 매우 다른 문화권에서 살고 있는 사람들의 삶이 어떠한지를 살펴보고, 관련한 글을 읽고, 때로는 직접 경험해보면서 생겨날 수 있다. 가능한 한 출신 배경이 다른 사람들과 자주 어울리도록 한다. 그러려면 때로는 여행을 해야 하기 때문에 환경적으로는 부담이 되겠지만, 지금까지 자신이 살아온 것과 가장 비슷한 환경에만 머물면서 안전한 경험만 하는 것은 아무런 의미가 없을 것이다. 만약 직접 현장에 가서 보고 경험하고자 한다면, 그 환경에 완전하게 몰입해야 한다.

미래적 사고는 다음 세대를 생각한다는 것을 의미한다. 작은 것에도 감사하고 자기성찰을 한다는 것은 모두 놀라울 정도로 간단하지만 실천으로 옮기기에는 어려운 일들이다. 그저 가만히 멈춰 서서 시간을 갖고 좀 더 많이 의식해야 한다. 조금은 전문 용어가 된 것 같아서 사용하기가 조금은 꺼려지지만, 이것을 마음챙김(mindfulness)이라고 불러도 좋을 것 같다. (참고로 나는 마음챙김에서는 형편없다.)

비판적 사고는 정보를 얻는 출처에 대해서 날카로운 질문을 던지는 것부터 시작된다. 421페이지에는 이를 위한 아주 기초적이면서도 간단한 가이드라인이 제시되어 있다. 간단한 내용이기는 하지만 모든 사람이 뉴스 출처를 판단하는 데 이러한 기준을 적용한다면, 세계는 금세 더 나은 곳이 될 것이다.

정교하며 복합적인 사고는 약간 구식이기도 하면서 골치 아픈 두뇌 활동이다. 우리는 이 부분에서는 능력이 계속해서 발전해 왔고, 앞으로도 여전히 더욱 잘 해낼 필요가 있다. 단순하지 않다는 이유만으로 중요한 문제들을 회피하고 싶은 유혹을 떨쳐버려야 한다.

협업적 사고는 안락한 영역으로부터 스스로 벗어나려고 노력하면서 갖게 될 수 있다. 모든 분야에서 잘해야 한다는 압박감을 느끼지 않도록 한다. 그것에 도전하는 것만으로도 충분하다. 과학자이거나 거대 기술기업에서 일한다면, 최소한 가끔씩은 자신의 전문 분야를 벗어나서 생각하는 시간을 갖도록 한다. (외부인의 시선으로 보면, 사고의 한계가 명확하다는 것이 보일 것이다.) 사람들이 완전히 통제할 수 없는 이야기와 감정과 인간적인 요소들이 가득 찬 불완전한 세계로 뛰어들어보는 것도 좋다. 가끔씩은 그렇게 기술 세계에서 벗어나도록 한다. 반면에 예술가이거나 저널리스트이거나 정치인이라면 실용적인 기술이나 과학적인 도전 과제는 물론이고 현재 이슈가 되고 있는 사안에 대해서도 과학적으로 충분히 이해하기 위해서 노력한다. 안락한 공간에만 머무르지 말고 때로는 벗어나는 것이 좋다. 학자라면 다른 사람들도 쉽게 이해할 수 있는 언어를 사용해서, 많은 사람이 세상에 더 깊이 발을 담글 수 있도록 해야 한다. 어떤 분야에 종사하든, 자신의 전문적인 영역에만 몰두하지 말고, 다른 사람들도 더욱 깊이 이해할 수 있도록 도와준다.

요약하면, 이러한 기술을 발달시키기 위해서는 실천이 필요하다는 것이다. 그렇다. 필요한 기술을 선택한다. 그리고 10분 동안 그것에 대해서 생각하고, 대화하고, 관련한 글을 읽거나 직접 글을 써본다. 지금 당장 해야 하는가? 물론, 여러분 각자에게 달려있다.

이런 모든 상황에서
종교와 영성은 대체 어디에 있는가?

• •

가치에 대한 문제와 함께, 나는 이것을 실용적인 방식으로 접근하고자 한다. 영성의 믿음 체계와 공동체, 그리고 그러한 믿음을 실천하는 것이 과연 21세기에 우리가 잘 살아가는 데 도움이 되고 있는가? 또는 도움이 될 수 있는가? 우리는 그런 것들 없이 바다 위를 표류하고 있는가? 나는 어떤 것이 진실이고 어떤 것이 그렇지 않은지를 말하려는 것이 아니다. 나는 이미 이 세상이 우리의 한정된 이해능력을 넘어서는 복잡한 공간이라는 점을 분명히 밝혔다. 또한 그렇기 때문에 다른 방식의 삶을 판단할 때에는 주의를 기울여야 한다는 것도 말했다. 우리는 불관용을 제외한 모든 것에 관용을 베풀어야 한다. 그리고 우리는 어떤 사안을 바라보는 다른 시각을 존중하며 호기심을 가져야 한다. 그리고 그러한 개방적인 시각을 통해서 현재 우리가 갖고 있던 사고의 틀이 우리를 맹목적으로 만들고 있었다는 것을 깨닫게 될 수도 있다.

실리콘밸리를 비롯한 기술업계와 오랫동안 관계를 맺어오면서, 나는 이 세상이 기후변화에 제대로 대처하지 못하는 커다란 이유가 종교 때문이라는 이야기를 여러 차례 들었다. 종교적 근본주의가 근거에 기반을 둔 사고를 가로막는다는 이야기를 듣기도 했다. 나도 그들의 지적에 나름의 일리가 있다고 생각한다. 세상이 창조된 지 아직 6000년도 되지 않았다거나, 인류세로 접어든 것이나 기후변화가 사실이 아니라는 주장을 하는 걸 보면 그런 생각이 들 수밖에 없다. 그리고 신자유주의나 개인주의, 그리고 순전한 탐욕주의에도 종교가 비틀어진 형태로 얽혀있으며, 심지어는 테러리스트들도 종교가 가지고 있던 원래의 원칙과는 완전히 다른 방향으로 결론을 내리고 있는 경우가 많다. 그리고 한편으로는 종교가 보여주는 주옥 같은 사상과 행동들이 기후변화에 영향을 주는 경우도 있다. 예를 들면, 믿음과 영성에 기반을 둔 다양한 공동체들이 참여와 실천에 나서는 사례를 볼 수 있다. 우리는 또한 '산술적인 합계를 넘어서는' 문제에 대해서 그저 과학적인 잣대만 들이대는 것은 적절하지 못하다는 것도 알 수 있었다.[172]

예를 들어서, 연기(緣起)*와 연민(憐愍)을 중시하는 불교의 이념은 전 지구적인 문제들을 다루는 데 도움이 될 수 있다. 단순한 물리적인 차원을 넘어서서 존재의 모든 측면을 고려하는 이러한 불교의 연기설은 내가 이 책의 전반에 걸쳐서 설명하고 있는 각 분과의 협업을 다른 식으로 표현하는 것이라고 생각한다. 그리고 실천의 측면을 살펴보면, 내가 주장하는 21세기적 사고 기술을 발달시키는 데에는 마음챙김이 아주 좋은 훈련법이라고 여겨진다.[173]

여기에서 불교를 콕 집어서 예시로 든 이유는 비록 내가 신자는 아니지만 불교의 철학이 나에게 많은 울림을 주기 때문이다. 하지만

---

*   모든 것이 서로 연관되어 일어난다고 보는 불교의 사고방식.

불교가 다른 모든 영성 활동보다 우위에 있다고 말하려는 것은 아니다. 전 세계의 믿음과 영성에 근거한 공동체와 지도자들은 모두 각자의 방식으로 우리가 지구 위에서 잘 살아갈 수 있는 방법을 추구한다. 그리고 우리가 모두 더욱 크고 형이상학적인 관점을 가질 수 있도록 자신들의 공동체 안에서 열심히 노력한다.

영성이라는 것은 이제는 너무나도 유행에 뒤처진 것으로 보이기 때문에, 이 용어를 사용하는 것이 쉽지만은 않다. 하지만 환원주의와 과학기술이 지배했던 지난 몇십 년의 시기를 우리는 재평가해보아야 한다. 그것은 과거의 시대착오적인 사고다. 과학적으로 증명할 수 없는 것을 무시하는 것은 더는 현명한 처사가 아니다. 과학은 물론 그 자체로는 논리적인 완결성을 갖추고 있는 체계이기는 하지만, 과학에만 의존하면 잘못된 방향으로 갈 수 있다는 것을 우리는 이미 잘 안다. 그것은 우리의 행동을 설명할 수는 있지만, 우리의 지각을 설명할 수는 없다. 그것은 우리가 살아가는 데 불완전하며 부적절한 사고 체계다. 이 정도는 확실히 알 수 있다. 적어도 나는 그러한 취지로 충분히 말을 했던 것 같다. 이것은 엄청나게 중요한 주제이기는 하지만, 내가 더는 언급을 할 만한 자격은 없다고 생각한다.

저항하라 10

우리는
저항해야 하는가?

지난 수십 년 동안 정중하게 문제를 제기했지만 아무것도 얻지 못했다. 그러다 결국 이제 우리는 전면적인 비상사태를 맞이하게 되었다. 우리는 변화를 이뤄내야만 한다. 그리고 지금이 바로 그 순간이다. 이를 위해서 저항해야 한다면, 우리는 제대로 저항해야 한다.

• •

나는 길거리에 나선다는 생각만으로도 본능적으로 즐거움을 느끼는 사람이 아니다. 다만 지금은 심각한 시기다. 그리고 올바른 방식의 저항이 분명히 효과가 있다는 강력한 증거가 있다. 2019년에 영국이 탄소 감축 목표를 '2050년까지 탄소중립'으로 설정했는데, 이는 충분한 수준은 아니었지만 그대로 올바른 방향으로 가기 위한 커다란 진전이었다. 그리고 정치권에서의 그런 결정을 내리기까지는 시위대들의 역할이 작지 않았던 것이 분명하다. 그레타 툰베리(Greta Thunberg)가 있었고, 이에 자극을 받은 전 세계 학생들의 시위가 있었고, 멸종저항(Extinction Rebellion, XR)이 있었다. 이렇게 솔직한 형태의 비폭력 직접행동은 임원 회의실에서도 관련한 대화를 이끌어냈다. 그런데 기술 대기업, 투자은행, 에너지 기업, 항공사 등을 비롯한 수많은 기업과 작업했던 개인적인 경험에 비추어볼 때, 이러한 분위기는 불과 18개월 전만 하더라도 상상할 수 없었던 일이다. 불과 18개월 전만 하더라도 상상할 수 없었던 일이다.

우리에게 필요한 것은 매우 특별한 종류의 저항이다. 멸종저항은 전 세계에서 활동하지만, 특히 영국에서 놀라울 정도로 인상적인 움직임을 보여주었다고 생각한다. 그들은 최선을 다했으며, 나는 그들의 활동이 훌륭했다고 생각한다. 그들은 현재 전 세계에서 그나마 상황을 낙관적으로 볼 수 있게 해주는 역할을 하는 것으로 보인다.

그들이 완벽한 것은 아니다. 하지만 우리는 그 누구에게도 완벽함을 기대해서는 안 된다. 그들도 실수를 범했고, 그에 대한 대가를 치르기도 했다.* 그리고 대개는 그로부터 빠르게 교훈을 얻으며 성장했다. 멸종저항을 비판하는 사람들은 먼저 우리에게 필요한 시스템의 변화를 일으키기 위해서 그들이 현재 펼치고 있는 운동보다 훨씬 더 효과적인 방법이 무엇인지를 설명해야 한다. 멸종저항도 자신들이 모든 것에 대한 답안을 갖고 있지 않다는 것을 안다. 하지만 프리모 레비(Primo Levi)의 소설 《지금이 아니면 언제?(If Not Now, When?)》의 한 구절을 인용해서 말하면, '이런 방식이 아니라면 어떻게, 지금이 아니면 언제란 말인가?'라고 할 수 있다. 우리는 그들에게 감사해야만 한다.

---

* 멸종저항이 비판을 받는 부분은 주로 실천 방식이 과격하며, 이들 단체가 백인 중산층 위주로 구성되어 있어서 출신 계층의 다양성이나 노동계급의 이해관계를 반영하지 못한다는 것이다.

멸종저항의 마법은
무엇이었나?

그들이 내세우는 가치, 실천 프로세스, 역할 모델을 제시한다는 점, 긍정성, 빠른 학습 등으로 요약될 수 있다.

· ·

나에게 가장 중요한 것은 멸종저항이 내가 이 책에서 주장하는 세 가지 핵심 가치를 큰 소리로 옹호한다는 것이다. 2019년 4월에 런던에서 열린 시위에서, 그들은 지지자들에게 모든 사람을 존중해야 한다는 사실을 대형 스피커로 계속해서 주지시켰다. 당국과 정부, 대중, 심지어는 석유 기업들까지 모든 이를 존중하라고 강조했다. 의회인 웨스트민스터와 총리공관인 다우닝 스트리트(Downing Street) 10번지에서 가까운 워털루 다리에서는 초현실적인 장면이 펼쳐졌는데, 경찰마저도 함성을 지르는 거대한 인파에 밀려 평정심을 잃은 것이 보였다. 경찰이 시위대를 끌고 가는 데도 사람들은 이렇게 외쳤다. "경찰 여러분, 사랑합니다! 우리는 당신들의 아이들을 위해서 지금 여기에 있는 것입니다."* 한편, 멸종저항이라는 단체의 이름에서 알 수

---

* 2019년 4월 16일에 열렸던 시위에서는 너무 많은 사람이 체포되는 바람에 구금시설이 모자라서 경찰이 더 이상의 체포를 포기할 정도였다고 한다.

있듯이, 그들은 모든 생물종을 보호할 것을 주장한다. 그리고 그들은 진실을 매우 강력하게 요구한다.

멸종저항은 최선을 다해서 우리에게 더 나은 세상을 맛보게 해주었다. 그들은 워털루 다리 위로 나무들을 옮겨왔다. 그들은 무료로 먹을거리를 제공했고, 재미있는 이야기를 들려주고 간이 도서관을 만들었으며, 스케이트보드 공원도 조성했다. 시위 현장에는 음악과 즐거움이 있었다. 그들은 대기를 좀 더 깨끗하게 만들었다. 그들은 모든 사람에게 친절했다. 그들에게 불손하게 맞섰던 사람들에게까지도 친절하게 대했다. 그들은 자신들이 만든 쓰레기뿐만 아니라 주변의 모든 쓰레기까지도 치웠다. 시위대 근처에서는 어떠한 주류나 약물도 허용되지 않았다. 그들은 모든 절차를 투명하고 모두가 참여하는 민주적인 방식으로 운영했고, 모든 결정은 토론과 투표를 거쳤으며, 자신들이 요구하는 민주적인 절차의 진화한 모델을 제시했다. 그들은 모든 사람에게 친절하게 대했기 때문에, 교통량 감소로 대기가 더욱 깨끗해졌을 뿐만 아니라, 우리가 숨 쉬는 공기가 더욱 친절하게 느껴질 정도였다. 그들은 소요를 일으키긴 했지만, 매우 정중하며 미안해하는 마음을 갖고 임했다. '불편을 느끼신 분들께는 정말 죄송하지만, 지금은 환경적인 비상사태이기 때문에 지금 당장 거대한 변화가 필요합니다.' 그리고 그들은 체포에도 아랑곳하지 않았다.

그들은 혹시 실수를 하더라도 그러한 경험으로부터 빠르게 학습하곤 한다. 그들의 실수에는 무엇이 있을까? 내 생각에 떠오르는 것들은 다음과 같다.

- 특정 정치인만을 지목했다. 그들은 영국 노동당 대표였던 제레미 코빈(Jeremy Corbyn)의 자택을 찾아가기도 했다.*

- 셸오일(Shell Oil) 건물에 그래피티를 했다. (사람들을 직접 겨냥하지는 않았지만, 내게는 이것도 비폭력 정신을 위반하는 것으로 보인다.)

- 지하철에 몇 차례 뛰어들었다. (친환경 인프라에 지장을 주는 행위는 전술을 잘못 선택한 것이다.)

- 대변인들이 과학적인 근거를 벗어나서 발언하는 경우가 상당히 많은데, 이는 과학적인 진실을 존중한다는 원칙을 훼손하는 것이다.

- 아무런 현실적인 대책도 제시하지 못하고 무조건 2025년까지 탄소중립을 실현할 것을 요구함으로써 자신의 신뢰도를 스스로 떨어트렸다. 물론 이건 세부적인 지적 사항이기 때문에 심각한 흠결은 아닐 수도 있다.

참고로 말하면, 이렇게 규모가 큰 단체에서 이 정도의 실수라면 그 사례가 매우 적은 것이라고 할 수 있다.

---

* 멸종저항은 2019년 4월의 런던 집회 도중에 노동당 대표였던 제레미 코빈의 자택으로 찾아가서는 담장에 쇠사슬로 몸을 묶고 시위를 벌였다. 제레미 코빈이 정치권에서 기후변화에 대처할 수 있는 거의 유일한 희망이라는 이유에서였다. 하지만 제레미 코빈은 노동당의 대표가 된 이후로 브렉시트(Brexit)를 막아내지도 못했고, 노동당을 역사상 최악의 위기로 몰아넣었다는 평가를 받고 있다. 현재는 브렉시트를 막아내지 못한 것과 총선에서의 참패에 대한 책임을 지고 대표직에서 물러나있다.

새롭게 진화한 형태의
저항은 무엇인가?

· ·

멸종저항의 활동이 어떻게 하면 더욱 효과적일 수 있는지에 대해서
내 생각을 말하는 것은 어찌 보면 주제넘은 것일 수도 있다. 하지만
그래도 내 생각을 몇 가지 말하자면 다음과 같다.

① 환경적인 비상사태에 대해서만 진실을 요구하는 수준을 넘어
  서서, 공공의 삶에도 진실함의 기준을 높이는 것까지 요구 범위
  를 확대한다.

② 활동의 기준이 파괴적인 것보다는 더욱 긍정적인 방향으로 향
  하게 한다. 더욱 나은 세상의 모습을 상상의 차원이 아닌 현실
  적인 것으로 느껴질 수 있게 제시한다. 예를 들면 불우한 이웃
  들에게 길거리에서 지속가능하면서도 맛있는 먹을거리를 무료
  로 제공하거나, 거리를 청소하는 활동 등이 있을 것이다. 이런
  활동들을 통해서 멸종저항이 모든 사람을 소중히 생각하며 좀
  더 나은 세상을 위한다는 명분을 더욱 강조할 수 있을 것이다.
  이런 활동을 지속한다면, 그들이 혹시 사회에 지장을 주는 저항
  을 하게 되는 경우에도, 사람들이 그것을 단순한 파괴 활동이
  아니라 긍정적인 목적을 가진 실천으로 이해하게 될 것이다.

③ 활동의 범위를 넓힌다. 모든 종류의 기업들을 포함해서 사회 각
   계각층과 정중히 교류한다. 그들의 활동이 혹시 유용하지 않을
   지라도, 설령 그들의 행동이 정직하지 않더라도, 그러한 기업들
   을 운영하는 사람들을 존중하면서 교류한다. 넬슨 만델라와 간
   디가 그랬던 것처럼, 모든 사람을 진심으로 존중하는 것이 핵심
   이다.

④ 사람들이 별다른 거리낌 없이 멸종저항을 지지할 수 있도록 진
   입장벽을 낮추는 방안을 모색한다. 예를 들면 쇼핑을 하면서,
   또는 운전을 하는 순간에도 멸종저항을 지지할 수 있는 방법을
   조언해줄 수 있을 것이다.

⑤ 기후변화에 대한 시민의회(People's Assembly on Climate Change)와 같
   은 신중한 민주적 절차와 실험을 지속적으로 추진한다.

⑥ 혹시 실수가 있더라도 정직하게 공개하며, 그걸 교훈 삼아서 배
   우도록 한다. 그렇게 한다면 실수했을 때의 대응 요령에 대한
   모델을 수립할 수 있을 것이다. 이것이 특히 중요한 이유는 거
   의 모든 정치인과 기업의 지도자가 기후와 관련해서 엄청난 실
   수를 저질러 왔기 때문에, 그들이 이런 모델을 통해서 자신들의
   잘못을 깨닫고 태도를 바꿀 수 있게 해야 하기 때문이다.

아이들도
저항해야만 하는가?

부모 세대에 비해서 젊은 세대는 사안을 있는 그대로 보고 말하는 것에 좀 더 익숙하다. 아이들이 심리적으로 건강하기를 바란다면, 아이들의 시선으로 세계의 도전 과제들에 대응하도록 내버려 둘 필요가 있다. 등교를 거부하고 파업을 벌이는 학생들이 대표적인 사례다.

• •

기후변화에 대한 파업을 학생들의 손에만 맡겨둬서는 안 된다는 아이들의 말은 옳다. 하지만 우리 세대는 기대에 부응하지 못했기 때문에, 우리에게 행동을 촉구하는 그들의 주장에 감사해야만 한다. 부모들이나 교사들보다 아이들이 사안을 더욱 명확하게 보고 말하는 이유는 무엇인가? 나는 그 이유 중의 하나가 기후 문제가 우리보다는 그들의 미래와 더욱 깊게 관련되어 있기 때문이라고 생각한다. 그리고 또한 그들은 우리처럼 수십 년 동안 심리적으로 혼란스러운 상황을 거치지 않았기 때문이기도 할 것이다. 지금까지의 내 인생에서, 과학은 언제나 우리에게 지구를 더욱 잘 돌보라고 말해왔고, 사회는 언제나 그 반대 방향으로 우리를 밀어붙였다. 우리 사회 전체는 인류세 시기에는 근본적으로 적합하지 않은 방식으로 살아왔다. 그리고 우리가 현재 살고 있는 현실과 우리에게 필요한 삶의 방식이 얼마나 단절되어 있는지를 직시하지 못하게 막으려는 거대한 연막작전이 이루어져 왔다. 톨킨(J. R. R. Tolkien)의 유명한 작품인 〈반지의 제왕(Lord of the Rings)〉 3부작에서, 골룸(Gollum)은 이렇게 말한다. "우리는 빵의 맛이 어떤지... 나무들이 어떤 소리를 내는지... 바람의 부드러움이 어떤 것인지를 잊어버렸다." 하지만 우리의 아이들은 그러한 단절을 좀 더 잘 볼 수 있다. 그들은 신선한 시각으로 상황을 바라본다. 그리고 임금님이 벌거벗고 있는 모습을 본다면, 그런 사실을 솔직하게 말할 수 있다. 그레타 툰베리는 정말 놀라운 자질을 많이 갖고 있는데, 기후 비상사태에 있어서 세계에서 가장 분명한 목소리를 낼 수 있게 해주는 것도 그녀의 젊음이라고 말할 수 있을 것이다.

CHAPTER

큰 그림의
요약

11

인간의 힘이 커지면서 우리는 인류세의 시대로 접어들었다

· ·

이것은 우리가 살고 있는 환경에서 최근에 일어난 거대한 변화다. 인류세는 우리가 세상을 운영하는 방식에 대한 재평가를 요구한다. 지구는 더 이상 우리 인간이 어떠한 일을 벌여도 끄떡없는 곳이 아니다. 생태계의 나머지는 날이 갈수록 우리 인간보다 더욱 취약해지고 있다. 인류는 가까운 시일 내에 더는 팽창하지 않는 법을 배워야 한다. 우리가 본격적인 우주여행을 할 수 있으려면 아주 오랜 시간이 걸릴 것이기 때문에, 원래의 행성(Planet A)을 최대한 활용해야 한다. 다행이라면 우리의 지구는 여전히 무척 멋진 곳이다.

우리는 예전보다 더 잘 살 수 있는
기회를 갖고 있다

· ·

하지만 현재 진행되고 있는 일련의 환경 위기들을 보면, 어쩌면 아주 빠른 시일 안에 우리가 직면하고 있는 현실이 더욱 악화될 위험성이 있다. 그런 위협 중에서는 우리가 좀 더 많이 이해하고 있는 것들도 있다.

우리가 직면하고 있는 인류세 시기의 도전 과제 중에서 그나마 이해도가 높은 것 중의 하나는 바로 기후변화이다. 하지만 기후변화를 위해 우리가 쏟아부었던 많은 노력은 대부분 기술적인 해결책을 끌어내기 위한 것이었다. 올바른 기술이 필요하지 않은 것은 아니지만, 기술 그 자체만으로는 우리에게 전혀 도움이 되지 않을 것이다.

우리에게 필요한 저탄소 기술은
훌륭하게 발달하고 있지만,
그 자체로 놔둔다면 도움이 되지 않을 것이다

• •

먹을거리, 토지, 바다를 살펴보면 기후변화 이외에도 다른 모든 범위에서도 수많은 위기가 다가오고 있음을 알 수 있다. 기술 그 자체로는 이러한 문제들을 해결할 수 없다. 이러한 문제들을 제대로 해결하기 위해서는 식단, 인구, 평등, 낭비, 그리고 육지와 바다에 대해서 우리가 생각하는 방식과 일하는 방식 등에서 사회적인 변화가 일어나야 한다. 그리고 바이오연료를 사용해서는 안 된다.

인류세의 도전 과제들은 전 지구적인 시스템과 밀접하게 연관되어 있다

• •

지금까지의 모든 논의를 살펴볼 때, 우리 인간은 온실가스 배출에 대해서 제대로 된 어떠한 방책도 제시하지 못했다. 그렇다고 해서 우리가 아무런 방안도 마련할 수 없음을 의미하는 것은 아니지만, 우리가 아직까지는 제대로 된 조치를 하지 못한다는 것을 똑바로 인식해야한다. 대부분의 정책 결정 과정에서 우리는 전 지구적인 시스템 차원의 역학관계를 제대로 고려하지 않고 있기 때문에, 우리에게 필요한 것을 적절하게 생각하지 못한다. 또는 아예 문제 자체를 무시하는 결과를 낳고 있기도 하다.

우리는 문제로부터 좀 더 멀리 떨어져서 바라보고, 오랜 시간 동안 차분하게 생각해야만 한다

• •

우리 인간에게 익숙한 사고방식과 의사결정 과정은 현재의 도전 과제에 대처하기에는 부적절하다는 것이 입증되었으며, 지금까지와 동일한 방식은 더는 효과가 없을 것이라는 증거도 있다. 이러한 관점을 모두 취합해서 조합해보면, 우리는 어떻게든 현재와 같은 문명의 속도를 늦추어야 한다. 우리는 바람직하며 충분히 현실적인 미래에 대한 비전을 탐구하는 데 더욱 많은 시간을 들여야 한다.

우리에게는 21세기에 적합한
새로운 경제 시스템이 필요하다

• •

우리는 성장의 역할, 일자리, 투자, 기술, 부의 분배 방식, 우리가 사용하는 지표, 시장의 역할 등에 대해서 처음부터 다시 생각해보아야한다. 그러한 재고의 과정에서, 기업들에는 경제 활동이라는 개념 자체를 일부 재구성하는 것을 포함해서 어려운 도전 과제도 있을 것이고 거대한 기회도 있을 것이다.

어떤 유형의 성장은 여전히 건강하지만 그렇지 않은 것들도 있다

• •

우리는 인간이 환경에 미치는 영향을 줄여야 한다. GDP 성장은 이제 성공의 척도로서는 적합하지 않다. 우리는 전 지구적인 공감대와 책임감, 다양성을 최대한 빠르게 키워야 하며, 모든 생물종을 위해서 삶의 질을 개선하고, 인류세 시기를 헤쳐나갈 수 있도록 그에 적합한 사고방식과 역량을 길러야 할 것이다.

모든 사람을 존중하고, 지구를 존중하고, 진실을 존중하는 가치를 전 세계가 공유해야 한다

. .

문화적 가치와 경제적 체계는 서로를 강화해준다. 지금 우리에게 필요한 가치들을 의도적으로 함양시켜야 한다.

우리 인간은 최소한 여덟 가지 측면의
사고 능력과 습관을 발전시켜야 한다

..

그것은 큰 그림의 관점, 협업적 사고, 미래적 사고, 비판적 사고, 정교하며 복합적인 사고, 자기성찰, 전 세계적인 공감대, 그리고 우리가 살고 있는 이 아름다운 세계 안에 있는 작은 것들까지도 더욱 감사하게 생각하는 것이다.

나는 무엇을
할 수 있는가

12

도전 과제들이 전 지구적인 차원이며 우리 각자는 너무도 작은 존재라면, 인류가 깨어나는 것에 있어서 우리 각자가 할 수 있는 일은 아무것도 없다고 생각하기가 쉽다. 하지만 그것은 잘못된 생각이다. 그런 생각은 책임을 회피하는 것이다. 인류세의 도전 과제를 부정하는 부류들이 내세우는 논리이기도 하다. 우리가 처한 문제들은 전 지구적이며 체계적으로 연관되어 있기 때문에, 우리들 개인, 단체, 심지어는 국가의 역할에도 거대한 영향을 미치게 된다. 단편적인 조치들을 통해서도 직접적인 혜택은 얻을 수 있지만, 체계에 변화를 일으키면 그런 모든 혜택이 전부 무효가 되어버릴 수도 있다. 따라서 우리가 행하는 모든 것을 좀 더 커다란 관점에서 살펴볼 필요가 있다.

이는 우리 각자가 자신의 역할을 다르게 생각할 필요가 있다는 것을 의미한다. 우리가 찾고 있는 것은 시스템의 변화다. 우리 각자는 다음과 같은 질문을 던질 필요가 있다.

내가 바라는 세상의 조건을 만들기 위해서 나는 어떻게 도움이 될 수 있는가?

. .

이것은 '나는 어떻게 하면 지속가능하게 살 수 있는가?'라는 질문까지도 모두 포함하는 훨씬 더 심층적이며 더욱 사려 깊은 질문이다.

이 책 전반에 걸쳐서 좀 더 자세하게 설명되어 있기는 하지만, 핵심적인 내용을 요약하면 다음과 같다.

- 충분한 시간을 갖고 우리가 원하는 세상의 모습을 그려본다. 그러한 비전을 공유하고, 그것을 위해서 살아간다.
- 여덟 가지의 21세기적 사고방식과 습관을 기르는 데 최선을 다한다. 우리의 아이들도 그렇게 하도록 격려한다.
- 누구를 믿고 무엇을 믿어야 하는지에 대한 분별력을 기르고 비판적인 관점을 갖도록 한다. 어디에서나 진실을 주장한다. 그러지 않는 정치인들이나 기업들이나 언론매체들은 거부한다. 우리가 원하는 것을 그들을 비롯한 다른 사람들에게도 알린다.
- 이러한 사고방식과 행동을 보여주는 정치인들을 지지한다. 그러지 않은 이들은 거부한다. 그러한 차이점을 분간할 수 있도록 한다.
- 투표소에서든 일터에서든 가능한 한 모든 곳에서 영향력을 행

사하도록 한다. 그리고 아마도 가장 어려운 것일 수도 있는데, 어떠한 사회적인 상황에서도 친구들과 가족들을 소외시키지 않는다. 사람들은 대부분 거의 언제나 다른 사람들과 비슷하게 행동하며 어울리기를 좋아하기 때문에, 우리가 먼저 일어선다면 다른 사람들에게서도 좀 더 쉽게 바람직한 행동들을 이끌어낼 수 있을 것이다.

- 우리가 소비하는 모든 행위는 우리의 미래를 위한 것이라는 사실을 명심한다. 화석연료가 포함되지 않은 것을 소비하고, 예금이나 투자를 할 때도 긍정적인 활동을 하는 곳을 선택한다.

- 가능하다면 지속가능한 소비에서 모범을 보인다. 그리고 그렇게 함으로써 더욱 훌륭한 삶을 살 수 있다는 것을 보여준다. 모든 사람이 각자의 탄소발자국을 쉽게 줄일 수 있는 네 가지 생활방식을 아주 간략하게 소개하면 다음과 같다.

① 자동차와 비행기를 덜 이용한다.

② 화석연료를 대체하고, 가능하다면 단열재와 열펌프(heat pump)*, 태양전지판 등을 설치하는 것을 포함해서 가정에서의 에너지 총소비량을 줄인다.

③ 육류와 유제품의 섭취를 줄이고, 먹을거리 낭비를 줄인다. 나는 우리가 모두 비건이 되어야 한다고 생각하지도 않고, 그런 일이 한 번에 가능하다고도 생각하지 않는다. 하지만 2020년 기준으로 육류와 유제품의 섭취를 80~90퍼센트는 줄여야 할

---

* 열을 효율적으로 사용할 수 있게 도와주는 장치

필요가 있고, 만약 2030년까지 그런 목표를 달성할 수 있다면 정말 멋진 일이 될 것이다.

④ 소비를 줄이고 더 많이 감사하는 방법을 찾는다. 물건을 덜 구입하고, 한 번 구입한 물건은 수명이 다할 때까지 사용한다. 중고품을 거래하고 필요하다면 수리해서 사용한다. 빌려 쓰고 나눠 쓰는 일을 많이 한다. 공급망을 잘 파악하고, 좀 더 나은 세상을 위해서 노력하는 기업을 위해서 모든 소비력을 집중시킨다.

(나의 첫 번째 책인 《거의 모든 것의 탄소발자국》의 2020년 개정판에는, 우리 각 자가 탄소발자국을 줄일 수 있는 보다 상세하면서도 최신의 정보들이 반영된 광범위한 내용이 소개되어 있다.)

• 자신이 가진 단점을 자책하지도 말고, 그렇다고 책임을 외면하 지도 않는다. 자신이 위선자일지도 모른다는 생각 때문에, 자신 이 할 수 있는 일을 미루지 않는다. 무언가를 시작하기도 전에 포기하는 것보다는, 어려운 도전 과제를 설정하고 실패하는 것 이 훨씬 낫다.

• 마지막으로, 현재의 위기가 지닌 본질을 고려할 때, 자신을 타고 난 시위세력으로 생각하지 않는다고 하더라도, 우리 모두는 지 금 당장 저항을 시작해야 하는 것이 아닌지에 대해서 자신에게 매우 조심스럽게 질문을 던져보아야 한다. 만약 그렇다고 생각 한다면, 최대한의 긍정적인 효과를 얻기 위해서 최선의 저항 방 식이 무엇인지에 대해서도 매우 조심스럽게 질문을 던져야 한 다. 물론 이것은 매우 개인적인 판단이다. (내가 10장에서 대략 설명한

특성을 가진 올바른 방식의 저항이고, 8장에서 요구한 가치들에 운영되는 움직임이라면, 나의 대답은 확실하게 '그렇다'이다.)

여기에서 빠져 있는 질문들이 있는가?
그리고 잘못된 답변들이 있는가?

여러분 모두가 함께 참여해 달라. 여기에서 누락된 질문과 답변들은 www.TheresNoPlanetB.net에서 추가해주기 바란다.

• •

나는 우리 모두가 인류세 시기에도 잘 살아가기 위해서 가장 중요하면서도 유용한 질문들을 제시하고 그에 대한 답변들을 풀어냈다. 그리고 이 책을 읽는 모든 사람이 무엇을 할 수 있는지에 대해서 도움을 주고자 했다. 다른 사람들의 엄청난 도움이 없었다면, 이런 일들은 절대로 불가능했을 것이다. 그럼에도 불구하고 가장 중요한 문제 중에서 내가 빠트린 것이 있는가? 그리고 혹시나 내가 잘못 생각하고 있는 부분이 있는가?

이 프로젝트는 단 한 번도 나 혼자만의 작업이 아니었다. 이런 모든 일을 혼자 동떨어져서 시도하려고 했던 적도 없다. 당연하겠지만 여기에서 필요한 것은 거대한 협업의 프로세스다.

이번 개정판을 준비하는 과정에서 약 700통의 이메일을 통해서 도움을 받았는데, 그러한 의견에 대해서 일일이 답변을 하지 못한 것에 죄책감을 느끼며 죄송하다는 말씀을 드린다. 여러분도 이러한 협업 프로세스의 일원이 되어서, 자신이 가진 질문이나 답변은 물론이고 어떠한 형태로든 의견을 제시해주기를 부탁드린다. 여러분의 도움에 감사를 드린다.

웹 사이트: www.TheresNoPlanetB.net

이메일: Mike@TheresNoPlanetB.net

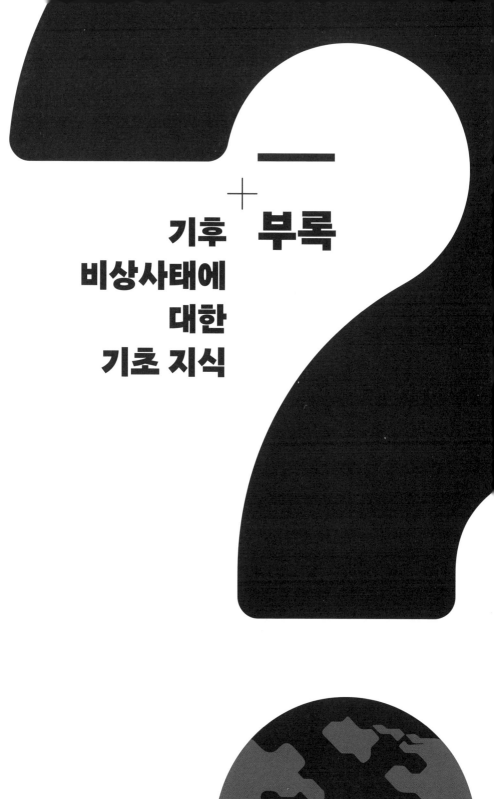

기후 부록

비상사태에 대한 기초 지식

여기에서는 모두가 알아야 한다고 생각하는 14가지 포인트를 소개하고자 한다. 예를 들어서 정치인들이라면 공직에 오르기 전에 이런 내용을 반드시 알아야 한다.

이런 기초지식을 이미 잘 안다는 확신이 든다면 이번 장은 건너뛰어도 된다. 하지만 그러기 전에 내가 소개하는 목록들을 전부 제대로 이해하고 있는지를 다시 한번 확인해보기를 바란다. 왜냐하면 기후 관련 정책을 입안하는 사람들 중에서도 이걸 전부 이해하고 있는 사람은 드물기 때문이다.

아래의 내용에 대해서는 던컨 클라크(Duncan Clark)와 내가 함께 쓴 《시급한 질문》[174]이라는 책에 좀 더 자세하게 설명되어 있다. 그렇긴 하지만 여기에서 짧게 소개하는 내용 중에서는 중요한 업데이트 사항들도 포함되어 있다.

최신 뉴스. 이 책이 최종 편집 작업에 들어갔을 때, 기후변화에 관한 정부 간 협의체(IPCC)에서 오랫동안 기다려온 〈1.5℃의 지구온난화(Global Warming of 1.5℃)〉라는 특별 보고서를 공개했다는 기사가 모든 주요 매체의 1면을 장식했다.[175] 이것은 IPCC가 지금까지 취한 조치

중에서 가장 시급한 요구 사항이었으며, 보고서 자체로서도 매우 유용한 정보들을 담고 있다. IPCC의 보고서도 내가 사용했던 것과 동일한 자료들을 주로 참고하고 있기 때문에, 이 보고서의 내용이 이 책의 부록에서 소개하는 포인트들과 완전히 일치한다고 해도 그리 놀라운 사실은 아니다. 다행이라면, IPCC와는 다르게 나는 이 책의 내용에 대해서 정치인들과 협상할 필요가 없기 때문에, 주변의 눈치를 전혀 의식하지 않고 빠르게 핵심에 다가갈 수 있었다.

Point-1

지구의 기온이 2℃ 상승하면 매우 위험할 수 있지만, 1.5℃ 상승하면 그럴 위험이 훨씬 적어진다.

• •

사실, 어떤 특정한 온도에 이르렀을 때 그 영향이 얼마나 심각할지에 대해서 정확히 아는 사람은 아무도 없다. 우리는 환경적인 시스템 안에서 우리가 촉발할 수도 있는 다양한 잠재적인 티핑 포인트(tipping point)를 잘 알지 못하며, 혹여 우리 인간이 그러한 변곡점들에 대해서 얼마나 잘 대처할 수 있는지도 잘 모른다. 불편할 수도 있는 사실을 말하면, 우리가 기후 문제에 관여한다는 것은 우리가 제대로 알지도 못하는 문제를 다룬다는 것이며, 그렇기 때문에 혹시 일을 그르치게 된다 하더라도 그것을 바로잡을 수 없을지도 모른다는 것이다. 심지어 기온이 1.5℃만 상승하더라도 영구동토층이 녹아서 메탄가스가 멈출 수 없을 정도로 끓어오른다거나 해양 생태계가 붕괴되는 것과 같은 기후 조건 내에서의 뭔가 극적인 변화를 촉발할 수도 있다. 반면에 그럴 가능성은 거의 없기는 하지만, 3℃가 상승하더라도 우리가 살아가기에는 크게 불편하지 않을 수도 있을 것이다. 물론 대부분의 기후 과학자는 기온이 4℃ 상승한다면 인류에게 끔찍한 결과를 안겨줄 것이라고 확신한다.

(트럼프가 집권하기 이전의 미국을 포함해서) 거의 모든 국가가 지지할 정도

로 널리 공유된 과학적인 사실은 다음과 같다. 즉, 2℃의 기온 상승은 매우 위험하며, 이러한 리스크를 안정된 수준으로 유지하려면 우리가 탄소 배출을 줄여서 기온 변화를 약 1.5℃ 이내에서 제한해야 한다는 것이다. 기후와 관련한 수많은 예측 모델을 살펴보면, 기온 변화는 탄소 배출량에 거의 비례한다는 것을 보여준다. 하지만 우리가 실제로 기온 상승을 제한할 수 있을지는 전혀 확실하지 않다. 그리고 어느 정도가 되면 우리가 '양성 피드백 메커니즘(positive feedback mechanism)'을 촉발할 가능성도 존재한다. 즉, 기온 변화가 더욱 커다란 기온 변화를 촉발하게 되는 악순환을 일으킬 수 있는 것이다. 이렇게 된다면 아마도 기후의 영역에서는 인간이 더는 막아설 수 없을지도 모르는 거대한 변화가 일어나게 될 것이다. 최근에 발표된 믿을 만한 연구 논문에서는 이러한 양성의 피드백 중에서 다섯 가지를 살펴봤는데, 여기에서는 기온이 약 2℃ 정도 상승하게 되면 거대한 변화의 유발점이 나타나게 될 것으로 예측한다.[176]

이 글을 쓰고 있는 현재의 기온은 산업화 이전보다 1.1℃가 높으며, 지금도 계속해서 상승하고 있다. 그리고 오스트레일리아에서는 전례 없는 기후변화로 인해 산불이 발생함으로써 전 세계의 탄소 배출량에 더해서 약 1퍼센트를 추가로 배출했다. 또한 영구동토층에서는 메탄이 폭발해서 수천 개의 커다란 구덩이들을 만들어냈는데, 그중에는 폭이 최대 50미터에 달하는 것들도 있다.

Point-2
우리가 기후에 있어서 거대한 변화를 촉발하지 않는다면, 앞으로의 기온 상승은 우리가 지금까지 연소시켜 온 탄소의 총량과 대략 비례할 것이다.

••

가장 중요한 것은 탄소의 누적 배출량이다. 거칠게 말하면, 앞으로 일어나는 모든 기온 상승은 역사를 통틀어서 우리에게 주어진 탄소예산(carbon budget)의 총량에 따라 결정된다는 것이다. 얼마큼의 탄소가 기온을 정확히 얼마나 변화시키는지는 그 누구도 모르기 때문에, 그러한 탄소예산의 총량이 정확히 얼마인지도 알 수 없다. 하지만 매우 정교한 기후 모델들이 있기 때문에, 상당히 근사치의 계산을 할수는 있다. 실제로 탄소 배출량과 기후변화 사이의 연관성은 적어도 GDP 성장률이나 실업률처럼 정치인들이 매우 진지하게 받아들이는 수많은 경제지표 정도로는 예측할 수 있는 것으로 밝혀진다.

이렇게 누적 탄소예산을 고려하는 사고 기법은 매우 유용하지만, 이것도 정확한 값이 아니라 근사치에 불과하다. 메탄과 같은 다른 온실가스들 역시 지구의 기온 상승 속도에 아주 중대한 영향을 끼치는 요인들이다. 탄소예산과 관련된 모든 예측은 오직 이산화탄소(CO_2)에만 관련되어 있으며, 이를 기반으로 다른 온실가스로 인해서 벌어지게 될 일들을 추정하는 것이다.

Point-3
가장 중대한 온실가스인 이산화탄소의 배출량은 지난 160년 동안 지수적으로 증가해왔다.

• •

내가 '지수적(exponential)'이라고 말하는 건, 단순히 바나나 모양처럼 상승하는 그래프를 말하는 것이 아니다. 탄소 배출 곡선은 언제나 놀라울 정도로 꾸준한 연간 1.8퍼센트의 상승률을 보여왔다. 이는 39년마다 배출량이 두 배로 증가해왔다는 것이다. 그것은 정말이지 수학적인 의미의 지수적인 증가세였다. 이러한 증가세가 흥미로운 이유는, 지수곡선의 특성상 그 수치가 두 배가 되면 다른 많은 속성도 똑같이 변화가 일어난다는 것이다. 특히, (연간 탄소 배출량을 의미하는) 높이가 두 배가 되면 (탄소 배출량의 연간 증가세를 의미하는) 기울기 역시 두 배가 되며*, (지금까지의 모든 탄소 배출량의 총합인 누적 배출량을 의미하는) 곡선 아래의 면적도 두 배가 된다.** 이런 점을 염두에 두고 탄소 배출 곡선을 다시 살펴보면, 탄소의 연간 배출량, 배출량의 연간 증가세, 우리가 이제껏 만들어낸 모든 배출량의 총합계가 마치 시계 장치처럼 모두 39년마다 두 배가 되어왔다는 것을 알 수 있다.

---

*   수학적으로는 접선의 기울기인 미분계수를 의미한다.

**   수학적으로는 정적분을 의미한다.

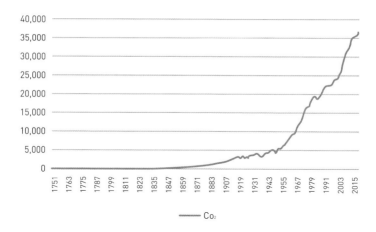

1751년부터 2018까지의 전 세계 연간 이산화탄소(CO$_2$) 배출량.[177] 20세기 초부터 이산화탄소의 배출량이 급격하게 증가해왔음을 알 수 있다.

　(물론, 곡선의 형태가 매우 매끄러운 것은 아니며, 가끔씩 약간의 변칙 구간이 나타난다. 개별 연도들 사이에는 간혹 변동을 보일 때도 있고, 때로는 몇 년 동안 추세선(trend line)보다 저조함을 보이는 구간도 있다. 하지만 그러한 시기의 전까지는 계속 상승세를 보여왔고, 이후의 몇 년 동안은 오히려 추세선을 능가하는 증가세가 이어졌다. 매우 흥미롭기는 하지만 핵심에서 주의를 돌리게 만드는 이러한 변칙 구간에 대한 좀 더 자세한 내용은 이 문장의 끝에 달려있는 주석을 확인하기 바란다.[178])

Point-4
우리는 아직 탄소 배출 곡선의 증가세를 꺾지 못하고 있다.

∙ ∙

일부에서는 비교적 최근인 2014년부터 2016년까지의 3년 동안에 이러한 증가세가 둔화된 것에 상당히 흥분하기도 한다. 아쉽지만, 이 정도는 통계적으로 거의 아무런 의미가 없다.[179] 즉, 1.8퍼센트라는 성장세 안에서 이 정도의 변동 폭은 통상적인 범위 안에 있다는 것이다. 탄소 배출량이 잠시 줄어들었더라도 그 이후에는 오히려 다시 추세선을 능가하는 증가세를 보였던 사례가 아주 많았다는 점을 기억해야 한다. 따라서 이러한 3년 동안 잠시 주춤했다고 하더라도 통상적인 증가세가 꺾인 것은 전혀 아니다. 물론 긍정적인 측면에서 보면, 탄소 배출량을 줄이기 위한 첫걸음을 보여준 것이라고 생각할 수도 있다. 이 그래프만으로는 둘 중에서 어떤 것이 사실인지를 알 수 없다.

그런데 이후 2017년이 되자 배출량이 다시 2퍼센트 이상 뛰어오르면서, 이전의 3년에 대한 해석이 지나치게 긍정적이었다는 근거가 되었다. 그리고 2018년에는 배출량이 1.1퍼센트, 그리고 2019년에는 '겨우' 0.6퍼센트 증가했다. 그렇다고 해서 통상적인 추세가 바뀌었다는 강력한 근거가 되지는 않는다. 우리 인류가 이러한 증가세의 곡선을 꺾었다는 주장에 대한 근거는 아직까지 거의 없다고 할 수 있다. 우리가 지금까지 취한 조치들로 인한 결과는 거의 제로(0)에 가까웠다. 이것이 엄연한 현실이다. 그리고 우리가 상황을 개선하고자 한다면, 이러한 현실을 제대로 직면하는 것이 좋다.

Point-5

탄소 예측 모델을 만드는 일부에서는 최근에 좋은 소식들이 들리기도 하지만, 현재와 같은 탄소 배출 추세라면, 기온 상승을 1.5℃와 2℃로 제한하기 위해서 우리에게 남아 있는 탄소예산은 급격히 줄어들게 된다.

. .

기후 과학계에서는 보기 드문 희소식이 있다. 즉, 좀 더 최근의 데이터를 사용해서 2017년에 기후 예측 모델을 다시 가동해본 결과, 1.5℃와 2℃라는 두 가지 목표 모두에 대해서 생각했던 것보다 조금 더 많은 탄소예산이 남아있는 것으로 추정되었다.[180] 그러나 안심해서는 안 된다. 그 이유는 지금 이 대로라면 1.5℃의 목표치를 맞추기 위해서 남아 있는 탄소예산이 2022년에 바닥이 나지는 않더라도 (헉!), 2030년에서 2040년 사이의 어느 시점에도 그렇게 되지 않을 확률은 여전히 66퍼센트에 머물러 있기 때문이다. 나의 동료 중에서는 이것이 사소한 차이라고 생각하는 이들도 있지만, 나는 좋은 소식이 있다면 최대한 받아들여야 한다고 생각한다. 하지만 이런 예상은 1.5℃라는 목표치가 얼마나 달성하기 어려운 것인지를 보여주기에 충분하다. 분명하게 말하지만, 우리에게는 안도할 만한 여지가 존재하지 않는다.

(간단하게 말해서, 현재는 2조 2,000억 톤의 이산화탄소가 지구의 기온을 약 1℃ 상승시키는 것으로 여겨지는데, 그 전까지는 1도를 상승시키는 데 1조 8,000억 톤의 이산화탄소가 필요하다고 생각했었다.[181])

좀 더 냉정하게 말해서, 39년마다 탄소의 누적 배출량이 두 배가 되는 통상적인 추세가 지속되고, 우리가 마침내 2℃라는 한계점을 넘어서게 된다면, 그 이후로 불과 39년만 지나면 기온이 4℃ 오른다는 것이고, 또 다시 39년이 지나면 8℃가 오르게 된다는 것이다.

Point-6
완전히 제동을 걸기까지는 아주 오랜 시간이 걸릴 것이다.

• •

기후변화를 제어하는 것은 레이싱카를 운전하는 것과는 다르다. 기후는 레이싱카가 아니라 유조선처럼 반응하기 때문에, 기후가 정말로 심각해지기 시작한 이후에 대처한다면 그것은 이미 늦어도 한참을 늦은 시점이 될 것이다.

이해를 좀 더 쉽게 돕기 위해서, 세계의 모든 사람이 기후변화에 대해서 지금 당장 최대한 빨리 제동을 걸기로 결정했다고 생각해보자. 그러면 우리는 우선 계획을 세우고 그것을 실행에 옮긴다면 배출량이 줄어들기 시작할 것이다. 일단 순 배출량이 0인 상태가 되면, 우리가 직면한 심각한 증상이 나아지기를 바라면서 잠시 더 기다려야만 한다. 그리고 우리가 탄소를 전혀 배출하지 않는다고 하더라도 한동안은 기온이 계속해서 상승할 것이다. 왜냐하면 지구의 기온이 산업화 이전의 시기로 되돌아가는 오랜 여정을 시작한 이후에도, 전 세계의 얼음은 여전히 오랫동안 녹고있을 것이기 때문이다. 만약 우리가 대기 중에서 탄소를 뽑아내는 기술을 개발하는 데 성공한다면, 지구의 기온을 매우 빠르게 안정시킬 것이며, 기온이 좀 더 낮아질 것으로 기대할 수 있다. 하지만 이런 기술이 없다면, 기온은 여전히 수십 년 동안 계속해서 상승한 이후에야 평형 상태에 이르게 될 것이다. 유조선의 진로를 바꾸어야 한다면, 그 배의 선장은 이미 오래전부터 그것을 생각하고 있어야 한다. 하지만 우리 인간은 그렇게 생각하는 것에 익숙하지 않다. 미리 앞서서 계획하는 능력, 이것은 인류세 시기에서 우리 인류에게 너무나도 절실하지만 부족한 능력이다.

Point-7
연료를 채굴하고 나면 결국엔 모두 연소될 것이기 때문에, 그것을 최대한 땅속에 그대로 놔두어야 한다.

• •

정치권에서 이러한 명백한 사실을 어렴풋하게라도 이해하기까지 이토록 오래 걸렸다는 것이 놀라울 따름이지만, 아직도 충분히 이해하지는 못한다. 연료가 땅속을 벗어나면, 그것은 결국 소비 수요를 충족시키기 위해서 모두 연소된다. 채굴한 연료로 인해서 발생하는 탄소발자국은, 연료를 연소시켜서 발생하는 탄소발자국에 모든 소비재와 서비스에서 발생하는 탄소발자국을 더한 것과 거의 똑같다. 이것은 마치 기차에 하나로 연결된 세 개의 객차처럼 작동한다. 이들은 서로 밀고 당기며, 모두가 동일한 속도로 움직이게 된다. 이들의 속도를 모두 함께 줄이지 않으면, 그 어떤 효과도 없을 것이다.

이러한 역학관계의 유일한 예외가 있다면 채취한 석유를 아주 조금씩 이용해서 플라스틱을 만드는 것이다. 하지만 탄소발자국을 줄이기 위해서 그렇게 한다고 해도, 이미 지구를 빽빽하게 채우고 있는 엄청난 플라스틱의 양만 늘어날 뿐이다. (146-149페이지의 플라스틱에 관련된 내용 참조)

이 책의 개정판을 준비하고 있는 2020년 3월 현재, 영국은 기이하게도 새로운 탄광을 개발하는 일에 전념하고 있다. 기후 비상사태에 대한 전 세계의 지도력을 모으기 위해서 개최되는 2021년 기후변화 당사국 총회(COP26)를 준비하는 국가*의 행보치고는 참으로 어리석은 모습이라고 할 수 있다.[182]

우리에게 도움이 될 것이라고 추정하는 많은 일은 실제로는 그다지 도움이 되지 않을 것이다.

••

'풍선효과'는 '반동효과'라고 부르는 게 더 정확한데, 한 군데에서 배출량을 줄인다고 하더라도 시스템 내의 다른 곳에서 그만큼의 반작용을 일으킬 뿐이라는 바람직하지 않은 경향을 설명하는 것이다. 반동효과를 안다고 생각하는 많은 사람도 그것의 진정한 의미는 제대로 이해하지 못하는 경우가 많다. 왜냐하면 반동효과라는 것은 아무리 작은 것이라고 하더라도 경제 전체에 파문을 미치는 것이어서, 산술적인 수치로 계산할 수 없기 때문이다. 잠재적인 반동효과의 경로는 거의 무한하다고 할 수 있다. 반동효과의 작동 원리를 이해하기 위해서 하나의 예를 들어보겠다. 만약 우리가 좀 더 효율성이 좋은 차량을 구입한다고 하더라도, 그것으로 아낄 수 있었던 절감효과는 몇 가지 방식으로 사라질 수 있다. 즉, 운전을 더 멀리까지 할 수도 있고, 연료비에서 아낀 돈을 다른 곳에 소비함으로써 여기에서도 탄소 발자국을 추가로 발생시킬 수도 있고, 주유소에서는 가격을 내려서 오히려 판매량을 늘릴 수도 있을 것이다. 그리고 자동차 제조업체들은 마케팅 전략을 변경해서 탄소 배출량이 많은 차량을 규제가 약한 다른 곳에서 판매할 수도 있고, 석유산업은 영업 방식과 마케팅 전략

풍선효과. 세계의 일부 지역이나 일부 경제권에서 배출량을 줄인다고 하더라도, 나머지 지역에서의 배출량이 증가해서 결국엔 상쇄될 것이다. 따라서 우리가 변화를 원한다면, 모든 곳에서 한꺼번에 배출량을 줄여야 한다.

을 변경해서 규제가 약한 다른 국가와 소비자들에게 눈을 돌릴 수도 있을 것이다. 그리고 도심에서 좀 더 멀리 떨어진 교외에 난방이 많이 필요한 주택을 지어서 살 수도 있을 것이고, 그렇게 이동 거리가 늘어남으로써 도로의 유지보수에 필요한 비용도 증가하게 될 것이다. 대충 이런 식이다. 이런 반동효과들을 각각 수치로 계산하는 것은 고사하고, 관련한 반동효과를 모두 일일이 열거하는 것조차도 불가능할 것이다. 우리가 파악할 수 있는 반동효과에는 한계가 있기 때문에, 그것을 수치화하려는 시도는 오히려 전체적인 반동효과를 저평가하는 것일 수밖에 없다.[183] 하지만 한 걸음 뒤로 물러서서 지구 전체의 시스템 차원에서 살펴본다면, 좀 더 나은 관점을 얻어낼 수 있다. 즉, 탄소 배출량 곡선과 에너지 사용량 곡선은 (각각 연 평균 1.8퍼센트와 2.4퍼센트로) 모두 지수적인 속성을 보이고 있는데, 이를 다른 식으로 표현하면 현재 세계 전체의 효율성 증대로 인한 탄소와 에너지 측면에서의 반동효과가 각각 101.8퍼센트와 102.4퍼센트라는 의미다.[184] 따라서 이 세상이 효율성의 측면에서 아주 오랫동안 그렇게도 많이 발전되었는데도, 그렇게 효율성이 증대된 덕분에 오히려 그 어느 때보다도 더욱 많은 에너지를 사용하고 있는 이유를 명백하게 알 수 있다.

그렇다고 당장 이중창을 모두 뜯어내고 타이어의 바람을 뺄 필요는 없다. 다만 효율성의 증대가 미래에 유용한 것은 아니라는 사실에 주목해야 한다. 그리고 효율성이라는 것은 전체적인 자원의 사용량을 제한하는 조치와 연관되어야 한다는 것을 알 수 있다. 절약한 돈을 은행에 저금하지 않고 손에 쥐고 있다면, 그것은 오히려 소비 욕구를 더욱 자극할 뿐이다.

Point-9
세계 전체가 에너지를 덜 사용해야 한다.

현재와 같은 에너지 사용량의 증가 추세가 지속된다면, 현재 전 세계의 에너지 수요에 맞게 재생에너지의 공급을 늘린다고 하더라도 아무런 도움이 되지 않을 것이다. 재생에너지가 화석연료의 사용량을 늘리는 것이 아니라 대체할 수 있게 하려면, 전 세계가 에너지를 적게 사용해야 한다.

• •

노예들의 노동에 의해 피라미드가 건설된 이후로, 우리는 언제나 더욱 많은 에너지를 갈망해왔다. 새로운 기술이 개발되고 효율성이 향상되면, 그로 인해서 오히려 에너지의 공급은 계속해서 증가하는 결과로 이어졌다. 이러한 과정이 지속된다면 재생에너지가 폭발적으로 발전한다고 하더라도, 에너지에 대한 욕구가 줄어들 수는 있겠지만 그것은 일시적인 것이 될 것이다. 그동안에는 마치 우리에게 에너지가 넘쳐나는 것처럼 느껴지면서, 우리는 화석연료에 대한 배고픔을 잠시 덜 느낄 수도 있을 것이다. 하지만 그것만으로는 화석연료를 땅속에 그대로 놔두기에는 충분한 조치가 아니다. 재생에너지는 우리가 석탄과 석유와 가스를 좀 더 쉽게 끊을 수 있게 도와줄 수는 있지만, 그 자체만으로는 그런 일이 벌어지지는 않을 것이다.

(티베트 불교의 신화에서는, 지옥에 가는 것보다 배고픈 아귀(餓鬼)가 되는 것이 더욱

심한 형벌이다. 아귀는 먹으면 먹을수록 더욱 배고픔만 커지게 된다. 반면에 지옥은 그렇게까지 나쁘지만은 않다. 예를 들면 지옥에서 받을 수 있는 벌 중에는 목구멍으로 펄펄 끓는 구리를 들이붓는 것이 있다. 그러면 내장이 전부 녹아내리지만 다시 기적처럼 숨을 쉴 수 있게 되는데, 이는 이 형벌을 다시 받게 하기 위함이다. 끔찍하기는 하지만, 그래도 언젠가는 끝나는 벌이다. 하지만 아귀가 되면 식탐의 고통이 끊이지 않으며, 그러한 악순환을 멈출 수 없다. 즉, 원하는 것을 더욱 많이 가질수록, 더욱 고통을 받게 되는 것이다. 이것이 우리의 모습이다. 에너지에 중독된 것이다. 이 책에서 우리가 만족하는 방법을 중요한 문제로 다루고 있는 것도 바로 이런 이유에서다.)

Point-10

화석연료를 땅속에 그대로 놔두기 위해서는 세계적으로 실효성 있는 협정이 시급히 필요하다.

. .

각 개인이나 기업이나 국가별로 시행하는 단편적인 조치들은 반동 효과가 있기 때문에 그 자체만으로는 탄소 배출량을 줄이는 데 도움이 되지 못한다. 가장 쉽게 브레이크를 걸 수 있는 부분은 자원을 채굴하는 시점이다. 물론 어려운 일이기는 하지만, 그래도 가장 손쉬운 방법이다. 탄소를 배출하는 시점에서 제한하는 것도 가능하기는 하지만, 그것을 감시하기가 더욱 어렵고, 그러한 감축 조치가 실패한 곳에서는 풍선효과가 일어날 가능성도 더욱 커지게 된다.

Point-11
다른 온실가스도 관리해야 한다.

• •

마치 탄소 문제만으로는 충분하지 않다는 듯, 다른 온실가스들도 우리가 제대로 대처하지 않는다면 기후변화를 해결하는 것이 불가능할 만큼 중요한 사안이다. 그중에서도 특히 메탄가스와 이산화질소를 잘 다루어야 한다. 이는 우리가 먹는 것과 그것을 길러내는 방식을 자세히 들여다볼 필요가 있음을 의미한다. 육류 생산을 줄여야 하는데, 특히 (소나 양과 같은) 반추동물을 적게 길러야 한다. 비료를 사용할 때는 좀 더 주의를 기울여야 한다. 먹을거리의 매립량을 줄이고 매립지를 좀 더 신중하게 선택함으로써, 매립을 통한 온실가스 배출량을 줄여야 한다. ('1장. 먹을거리' 참조)

다른 온실가스들이 얼마나 중대한지를 알아보기 위해 최신 기후 모델의 결과를 살펴보면, 이산화탄소 이외의 온실가스에 대해서 강력한 조치를 하지 않는다면, 1.5℃ 억제 목표를 위해 남아있는 탄소 예산 중에서 400억 톤의 탄소를 낭비하게 될 것이라는 결론을 내리고 있다. 이는 현재 전 세계의 연간 이산화탄소 배출량의 4년 치에 해당하는 것이다.[185] 그리고 탄소예산에 대한 모든 시나리오는 이산화탄소에 대한 기준을 다른 가스들에도 똑같이 적용해서 추정한다는 점을 기억해야 한다.

이렇게 수치를 통해서 들여다보면, 탄소 이외의 가스 배출량이 기후변화 문제에서 마치 4분의 1 정도를 차지한다는 생각이 들 수도 있는데, 이런 식의 추정은 오해의 소지가 있다. 왜냐하면 그런 가스들을 해결하지 않고는 기후 비상사태에 제대로 대처할 수 없기 때문이다. 그런 가스들은 이산화탄소보다 주목은 덜 받고 있지만, 그 영향력은 무시할 수 없을 정도로 강력하다.

사실 다른 온실가스들과 관련한 이야기들은 조금 더 복잡한데, 왜냐하면 다른 가스들은 이산화탄소와는 다르게 작용하기 때문이다. 이산화탄소는 대기 중에 머물면서 수백 년 동안 지구를 따뜻하게 만든다. 메탄가스는 영향력이 훨씬 더 강력하지만 수명은 훨씬 짧다. 기온 변화를 100년이라는 시간 단위로 측정한다면, 1kg의 메탄가스는 25kg의 이산화탄소와 동일한 영향력을 갖는 것으로 계산된다. 이런 계산에 의해서 1kg의 메탄가스가 25kg의 이산화탄소와 동등한 것이라는 생각이 널리 받아들여지게 되었다. 하지만 다르게 생각해서 지금부터 50년 동안의 기온 변화에만 관심을 갖고 계산을 한다면, 우리는 메탄가스가 지금까지 생각했던 것보다 두 배나 더 강력한 온실가스라고 생각하게 될 것이다. 그리고 이번에는 그 범위를 수백 년으로 넓혀서 기온 변화를 측정한다면, 우리는 메탄의 영향력을 거의 무시할 수도 있을 것이다.

Point-12

화석연료를 채굴하고 연소시키는 비용을 아주 비싸게 만들거나, 또는 불법으로 만들거나, 아니면 두 가지 기준을 모두를 적용해야 한다.

· ·

이런 비용을 아주 비싸게 만드는 가장 쉬운 방법은 탄소 가격을 책정하는 것이다. (그리고 이러한 탄소 가격을 높게 책정해야 할 것이다. 빠른 시일 내에 톤당 수백 달러 정도까지는 높여야 한다.) 이런 목표가 너무 힘들기 때문에 실패할 것이라고 말하는 사람들도 있지만, 그렇다고 그 외의 다른 효과적인 해결책을 제시하지도 못한다. 전 세계적으로 탄소 가격을 책정하는 방안에서는, 적어도 모든 어려운 문제들이 맨 처음에 화석연료를 채굴하는 과정에만 집중된다. 일단 적절한 시책이 마련되고 강력한 지원을 받게 된다면, 가장 어려운 문제들은 모두 해결된 것이나 다름없는 것이다.

(342페이지의 탄소 가격에 대한 논의 내용을 참조하기 바란다.)

Point-13
국제적인 합의는 모든 사람에게 똑같이 적용되어 야 한다.

..

모든 사람이 한 편에 서 있어야 한다. 단지 몇 개의 약한 연결고리만 으로도 모든 것을 전부 무너트릴 수 있기 때문이다. 이러한 합의를 도출한다는 것은 놀라울 정도로 어려운 일이다. 하지만 아무리 어렵 다고 해도 그 필요성이 덜해지는 것은 아니다.

지금 현재 각국의 정치인들은 기후 비상사태를 처리해야 하는 것 이 자국의 이해관계와는 상관없다고 생각하기가 쉽다. 일부 국가에 서는 자신들이 가진 자산을 포기해야 하는 반면에, 어떤 국가들은 풍 부한 재생에너지원을 찾아내서 저탄소 세상에서 유리한 위치를 차 지하게 될 것이다. 한편, 일부에서는 기후변화의 위협들로 인해서 일 찍부터 타격을 받겠지만, 어떤 이들은 단기적으로는 혜택을 볼 수 있 을 것이다. 예를 들면 몰디브는 물에 잠기고 방글라데시는 홍수를 경 험할 것이다. 반면에 러시아는 초기에 작물의 생산량이 증가하고, 이 전까지 1년에 8개월은 얼어있었던 항구들은 연중 얼지 않을 것이며, 더욱 많은 화석연료를 채굴할 수 있을 것이다. 가난한 나라들에서는 부유한 나라들보다 탄소의 제한 정책이 행복에 미치는 영향이 더욱 심각할 것이다. 부유한 나라들에서 행복과 GDP 사이의 연관성이 사라진 것과 같은 방식으로 에너지와 행복 사이의 연관성이 이미 무너졌을 가능성이 크기 때문이다.

전 세계적인 합의를 이뤄내기는 쉽지 않을 것이다. 왜냐하면 각국에 미치는 다양한 영향들을 전부 이해해야 하는 데다, 세계가 지금까지 경험하지 못했던 국제적인 페어플레이 감각까지도 필요하기 때문이다. 하지만 이러한 어려움이 있다고 해서 우리가 국제적인 합의를 해야 한다는 현실이 바뀌는 것은 아니다.

Point-14
대기 중에서 탄소를 다시 뽑아내야 한다.

• •

이러한 현실에 제동장치를 걸 수 있는 우리의 능력은 미흡하다. 지금은 너무나도 위급한 상황이기 때문에 분명 후진 기어가 필요할 것이다. 나는 공장의 굴뚝에서 탄소를 제거해야 하는 것에 대해서만 말하는 것이 아니다. 나는 우리가 숨 쉬는 대기 중에서 탄소를 뽑아내는 공기 직접포집(DAC) 기술을 개발해야 한다는 것을 말하는 것이다. 그 기술을 필요한 수준까지 끌어올리는 방법은 아직 알지 못하지만, 본격적으로 투자하면 그 부분 역시 해결할 수 있을 것으로 보인다. 기술이 발달하더라도 여전히 상당한 비용이 들겠지만, 탄소 가격을 적절하게 책정한다면 그 문제를 해결할 수 있을 것이다. 현재 클라임웍스(Climeworks)는 아이슬란드에 연간 50톤 정도의 적은 양을 포집할 수 있는 시설을 갖고 있는데, 이를 비용으로 환산하면 톤당 약 1,000달러에 해당한다. 이들은 규모를 키운다면 이러한 비용을 5분의 1수준으로 낮출 수 있을 것으로 본다. 한편 미국의 카본엔지니어링(Carbon Engineering)은 적절한 규모를 갖춘다면 1톤당 100달러 정도의 가격을 책정할 수 있을 것이라고 말한다.[186]

마지막으로, 이 문제에 있어서 탄소를 씻어내는 기술이 개발된다고 해서 우리가 배출량을 줄일 필요가 없어질 수도 있다는 착각에 빠지거나, 다른 이들이 그렇게 생각하게끔 만들어서는 안 되고, 단 1초라도 그런 생각을 해서는 안 될 것이다.

알파벳순으로 간략하게 둘러보기

부록

이번 장에서는 이 책에서 다루고 있는 내용의 논의 기반에 대해서 간단하면서도 조금은 깊게 살펴보고자 한다. 만약에 잠들기 전에 딱 한 개의 장을 읽어야 한다면, 이번 장이 그런 용도에 잘 맞을 것이다. 그리고 이번 장을 마련한 또 하나의 이유는, 이 책의 다른 부분에서 다루기에는 적합하지는 않았지만 그래도 언급할 필요가 있는 내용을 살펴보기 위한 것이기도 하다. 지금까지 미처 싣지 못한 내용이 많았기 때문이다.

이번 장에서는 다양한 항목들을 알파벳순(원서 기준)으로 배열했기 때문에, 모든 것이 새로운 방식으로 조합될 수 있다. 따라서 모든 것의 상호 연관성과 함께, 서로 다른 방식으로도 조합될 수 있다는 것이 다시 한번 강조될 것이다.

비행기 (Aeroplanes)

세계의 다양한 지역에 있는 사람들이 서로 직접 만날 수 있게 하고, 세상 사람들이 여러 다른 문화와 사람들을 직접 경험할 수 있게 해주는 중요한 수단이다. 하지만 안타깝게도, 세상에서 가장 효율성이 높은 여객기인 에어버스의 A380도 런던에서 베이징까지 편도 비행을 하기 위해서는 450톤가량의 연료가 필요하며, 적어도 장거리 항로에 대해서는 비행기의 동력 수단을 액체연료에서 다른 것으로 대체할 수 있는 기술이 당분간은 실현될 것으로 보이지 않는다. 따라서 우리의 선택권은 계속해서 화석연료를 사용하든가(하지만 아래의 화석연료(Fossil fuel) 항목을 참조), 바이오연료를 사용하든가(하지만 먹을거리와의 균형 수지가 전혀 맞지 않는데, 자세한 내용은 195페이지를 참조), 비행기를 타지 않든가(이는 무척 고통스러운 일인데, 아래의 고행(Hair shirts) 항목 참조), 또는 재생에너지 전력으로 액체연료를 만드는 방법(실현할 수 있지만 비효율적인 방법이다. 183페이지 참조) 등이 있다. 결국 우리는 비행기를 덜 타고, 태양열로부터 연료를 개발하며, 단거리 항로는 동력원을 전기로 바꾸는 것 외에는 다른 선택의 여지가 없는 것으로 보인다.

동물의 먹이(Animalfeed)

여기에서 우리는 풀이나 목초지에 대해서 말하는 것이 아니다. 우리는 지금 사람이 먹을 수 있는 식물성 물질을 동물에게 먹이는 일에 대해서 말하는 것이다. 전 세계적으로 지구상의 모든 사람에게 매일 1,800칼로리를 제공할 수 있는 먹을거리가 여기에 이용된다. 이는 전 세계의 모든 사람에게 필요한 에너지의 약 4분의 3에 해당하는 수치다. 그 대가로 동물들은 우리에게 육류와 유제품의 형태로 투입한 에너지의 약 10퍼센트를 되돌려준다. 이런 동물들의 먹이를 줄인다면 전 세계에 먹을거리를 공급하는 것은 물론이고 생물다양성을 보존하는 것에 있어서도 엄청나게 도움이 될 것이다.

인류세(Anthropocene)

우리 인류가 거대한 행성에 사는 미미한 존재가 아니라, 작은 행성에 사는 거대한 존재가 된 시대를 말한다. 지구의 환경과 기후에 영향을 미치는 요소 중에서 인간의 활동이 가장 커지게 된 시대다. 우리는 최근에 이 시대로 접어들었으며, 이러한 시대는 우리가 하나의 생물 종으로 살아가는 방식에 있어서 커다란 변화를 요구한다. 즉, 우리가 지금까지 고군분투해왔던 방식을 조정해야 한다. 이렇게 인류세의 시기로 잘못 들어선 것이, 이 책이 나오게 된 이유였다고 할 수 있다.

풍선효과(Balloonsqueezing)

반동효과(rebound effect)라는 말로도 많이 알려져 있다. 이것은 미세한 행동으로 인한 효과가 지구 시스템의 다른 곳에서 나타난 역효과로 인해서 무효화되는 것을 의미한다. 즉, 풍선의 한 곳을 누르면 그에 대응해서 다른 곳이 부풀어 오르는 현상을 비유하는 것이다. 풍선효과는 지금까지 일부 지역이나 국가의 차원에서 탄소를 줄이기도 했지만, 전 세계의 배출량 추세에서는 거의 아무런 변화가 나타나지 않았던 이유를 다소 잔인한 방식으로 설명해준다. 반동효과가 나타나는 다양한 방식을 모두 일일이 열거할 수 없으며, 그 때문에 많은 사람은 반동효과의 전체적인 영향을 저평가하기도 한다. 아무리 진지하게 분석했다고 하더라도 에너지 사용과 탄소 배출의 효율성 향상으로 인한 반동효과가 100퍼센트 미만이라고 말한다면, 그것은 거시적인 시스템 차원에서의 효과를 전부 고려하지 못했기 때문이다.[187]

풍선효과는 국가적인 차원에서 일어나는데, 즉 어느 한 나라에서 배출량을 줄인다고 하더라도 다른 나라들에서 반대로 그만큼의 양이 더 배출되는 것이다. 가장 대표적인 사례로는 영국이 지난 몇 년 동안 자체적인 배출량을 줄였다고 하더라도 그만큼 중국에서 만들어진 제품을 더 많이 수입했으며, 미국은 자국에서 채굴한 석탄을 직접 사용하진 않았지만 다른 나라에 수출해서 결과적으로 그곳에서의 더 많은 석탄을 연소시켰던 것이다.

생물다양성(Biodiversity)

온갖 생물들이 다양하게 존재하는 것을 의미하며, 특정한 지역이나 지구 전체에도 적용되는 개념이다. 지구에서 생물들이 건강하게 살아가는 데 필수적인 속성이다. 그리고 현재는 오염이나 서식환경 파괴, 기후변화와 같은 (주로 인간에 의한) 다양한 영향 때문에 바닥을 향해 치닫는다. 영국에서는 1970년부터 2015년 사이에 농경지의 조류 개체수가 56퍼센트 감소했다. 독일 자연보호구역에서는 날벌레 곤충의 수가 (1989년부터 2016년 사이의) 27년 동안 76퍼센트 감소했다.[188] 생물다양성은 한 번 악화되면 되돌리기가 매우 어렵다. (142페이지 참조)

바이오연료(Biofuels)

식물성 물질에서 얻는 에너지를 말한다. 에너지 체계가 지속가능한 방식으로 바뀌어도, 바이오연료를 얻을 수 있는 공간은 제한적일 것이다. 즉, 세심하게 관리되는 일부 삼림지대에서 바이오연료용 식물을 재배하거나, 폐기되는 식물을 액체연료로 전환할 수 있을 것이다. 그리고 저탄소 방식의 비행기 연료를 얻기 위해서는 농경지의 일부만을 할애할 수 있을 것이다. 토지를 식용 작물이 아닌 바이오연료용 작물을 얻기 위해서 이용한다면, 그 과정에서 영양소는 막대하게 손실될 것이고, 세계의 에너지 공급에 기여하는 바는 크지 않을 것이다. 석유를 대체하기 위해서 바이오연료를 폭발적으로 사용하기 시작한다면, 전 세계의 영양 공급에서는 실질적인 위협이 될 것이다.

(195페이지 '바이오연료는 미친 생각인가?' 참조)

헛소리들(Bullshit)

실제 진행되고 있는 사실에 대해서 다른 사람들에게 오해를 불러일으키게 하려는 모든 시도를 말한다. 거짓말이나 가짜 뉴스 외에도, 여기에는 사실에 대한 분석을 교묘하게 오도하는 모든 행위가 포함된다. 가장 유명한 사례로는 기후변화가 중요한 문제라는 근거에 혼란을 일으키려 하는 시도가 있고, 브렉시트(Brexit)가 체결되면 영국의 국민보건서비스(NHS)가 매주 3억 5,000만 파운드를 아낄 수 있을 것이라는 주장도 마찬가지였다.

지금의 인류세 시기에는 우리가 이미 갖고 있던 문제들을 군이 스스로 더 어렵게 만들 여유는 없다. 따라서 우리는 헛소리들을 몰아내야 한다. 우리는 모두 사실과 거짓을 더욱 잘 구분하고, 믿을 수 있는 사람이 누구인지를 좀 더 현명하게 알아내고, 믿을 수 없는 사람들에 대해서는 관용을 덜 베풀어야 한다. 이러한 원칙은 특히 언론, 정치인, 비즈니스 리더와 그 동료들에게 적용되어야 한다.

시급한 질문(The Burning Question)

전 지구적인 시스템의 관점에서 기후변화에 대한 내용을 소개하기 위해서 던컨 클라크(Duncan Clark)와 내가 함께 쓴 책의 제목이다. 기하 급수적으로 증가하는 에너지 사용 및 탄소 배출량 곡선, 반동효과가 무엇인지, 화석연료를 땅속에 그대로 놔두어야 하는 이유, 우리를 막아서고 있는 것이 무엇인지 등을 자세히 알고 싶다면 이 책을 한 번 읽어보는 것이 좋다. 파리에서 기후 정상회의가 열리기 전에 출간된 책이고, 초판이 공개된 이후 7년 동안 우리 인류는 오히려 더욱 많은 연료를 연소해왔지만, 지금 현재 이 책을 다시 쓴다고 하더라도 수정할 내용은 거의 없다고 생각한다.

기업(Business)

환경에 미치는 영향에 있어서 대부분의 근원이자 우리 인류가 살아가는 방식에 크나큰 영향을 미치는 집단이다. 또한 자화자찬식으로 엄청난 양의 거짓 친환경(greenwash) 정보를 퍼뜨리는 원천인데, 거짓 친환경 또한 헛소리의 한 형태다. ('헛소리들' 항목 참조) 참고로 말하면, 기후변화에 대한 기업들의 대응을 모두 더해보면 결국은 기업들의 탄소 배출량이 증가하는 결과로 이어졌다. 환경적인 요소들을 모두 고려했을 때 기업들은 다음의 세 가지 일을 해야 한다. 셋 중에서 두 개만 골라서 하는 식으로는 안 된다. (1) 자신들이 환경에 미치는 영향을 줄인다. (2) 다른 이들도 환경에 미치는 영향을 줄일 수 있게 해주는 제품과 서비스를 제공한다. (3) 할 수 있는 모든 방법을 통해서 환경에 미치는 영향을 제한할 수 있는 국제적인 협약을 요구한다. 특히 연료의 채굴과 탄소 배출과 같은 환경에 미치는 근본 원인과 직접적인 영향을 모두 제한할 수 있게 요청해야 한다.

탄소포집 및 저장(CCS)

중요한 기술이기는 하지만 판도 자체를 바꾸는 요인은 아니다. 전력발전소와 같은 거대 배출원으로부터 이 기술로 탄소를 제거한다면 여전히 화석연료를 사용하는 것이긴 하지만, 그래도 도움은 될 것이다. 그리고 바이오연료를 사용하는 발전소에 이 기술이 적용된다면, 마이너스 배출(negative emission)의 효과가 나타날 수도 있다. 탄소저장 기술에도 리스크가 없는 것은 아니지만, 모든 것에는 어느 정도의 리스크가 있기 마련이다. 이러한 기술을 개발하기 위해서는 자금이 필요하며, 따라서 탄소 가격을 책정하고 보조금을 지급한다면 개발에 무사히 착수할 수 있을 것이다.

탄소세정(Carbon scrubbing) – 또는 공기 직접포집(direct air capture)

토지와 식물을 사용하거나 '인공나무(synthetic tree)'를 통해서 주변의 공기로부터 탄소를 제거하는 기술로, 잠재적으로는 판도를 바꿀 수 있는 가능성을 갖고 있다. 언젠가는 이 기술을 실제로 구현할 수 있겠지만, 지금으로서는 여전히 막대한 비용이 드는 신기술이다. R&D 투자가 대규모로 이뤄지면 해결책을 더욱 빠르게 만들어낼 수 있을까? 그것은 원자폭탄을 만드는 것처럼 금방 가능할 것인가, 아니면 암 치료법을 개발하는 것처럼 지난한 과정이 될 것인가? 우리는 답을 찾아야 한다.

중국(China)

세계 인구의 약 6분의 1이 거주하며, 전 세계 탄소 배출량의 거의 3분의 1을 차지하고 있는데, 이 수치는 계속 증가하고 있다. 오늘날의 민주주의 시스템이 가진 수많은 장단점로부터 자유롭기 때문에, 중국은 가장 중요한 사안들을 선두에서 이끌 수도 있고, 또는 심각한 피해를 입힐 가능성도 있다. 대부분의 국가와는 다르게, 만약 어떤 정책적인 아이디어가 좋은 것으로 여겨진다면, 중국인들은 그것을 빠르게 실현할 수도 있다.

기후변화(Climatechange)

인류세라는 난감한 시기에 봉착한 인류가 맞이한 한 가지의 명백한 증상이다. 인류세 시기의 유일한 문제도 아니며, 그렇다고 마지막 남은 문제도 아니다. 이것을 구체적인 사안으로 다루려면, 우리는 당장 시급하게 대응해야 하는 문제들을 포함해서 인류세와 관련한 향후의 이슈들을 더욱 잘 대처할 수 있게 도와주는 기술과 체계를 개발하는 것이 현명한 선택이다. 한편, 현재 상황을 좀 더 정확하게 설명해주는 표현으로는 '기후 비상사태(Climate emergency)'가 있다.

석탄(Coal)

가장 저렴하고, 가장 크게 오염시키며, 가장 풍부한 화석연료다. 모든 나라에서 지금 당장 땅에서 채굴하는 것을 멈춰야 하는 물질이다. 그러기 위해서는 모든 당사자가 참여하는 국제적인 협약이 필요하다. 우리는 또한 모든 나라에서 석탄을 태우는 일을 중지시켜야 한다. 그리고 우리의 모든 공급망에서도 석탄을 완전히 제거해야 한다. 이러한 방향의 움직임과 일치하지 않는 기후 정책과 비즈니스 전략은 애초부터 시작하는 것조차 생각하지 않아야 한다.

출퇴근(Commuting)

우리가 일터에 오가는 방법은 기존의 불편하고, 지루하며, 오염을 일으키고, 시간만 낭비하는 것이 아니라 즐겁고, 건강하며, 사회적이고, 환경친화적인 삶의 일부가 될 수 있다. 그 둘 사이의 차이는 결국엔 창의력을 발휘하고 기존의 습관을 깨는 것과 같은 단순한 문제가 된다. 차량공유, 자전거, 걷기, 전기차량, 기차, 버스, 재택근무 등을 생각할 수 있다.

소비지상주의(Consumerism)

이제는 종말을 고해야 하는 구시대의 이름이다. 많은 이가 행복을 가져다줄 수 있다고 믿고 매료되는 개념이다. 우리가 이러한 생각에 많이 현혹될수록, 우리의 삶이 올바르지 않다는 것을 의미하는 경고의 표시로 간주해야 할 것이다.

자전거 타기(Cycling)

완벽한 재생에너지원인 태양열로 구동되는 전기자전거가 없는 현재로서는, 기존의 자전거는 남녀노소 모두에게 가장 효율적인 형태의 지상 이동 수단이다. 어디에 부딪혀서 사고가 난다거나 자동차 매연으로 가득 찬 곳에서 타지 않는 한, 건강에도 아주 많은 도움이 된다.

최근에 영국에서 발표된 연구에 따르면, 자전거를 타고 출퇴근을 하면 조기 사망의 위험이 40퍼센트 줄어든다고 한다.[189] 놀라운 수치다. 다시 한번 말하지만, 매년 영국의 도로에서 자전거를 타다가 사망하는 사람의 수는 100명 정도에 불과하다. (심장 및 순환계통 질환으로 사망하는 사람들의 수가 16만 명이며, 암 때문에 사망하는 사람들은 대략 16만 4,000명이고, 도로 위에서 사망하는 사람들이 모두 1,775명에 달하는 것과 비교하면 적은 숫자다.) 그리고 자전거를 타는 사람이 더 많아질수록, 자전거는 더욱 안전해진다.

대기오염 때문에 자전거가 위험하다는 인식이 있는데, 이는 대기오염으로 인해서 매년 조기에 사망하는 사람들의 수가 4만 명에 이르기 때문이다. 그리고 혼잡한 도심에서 자전거를 타는 사람들은 이러한 대기오염에 노출될 뿐만 아니라 지나다니는 보행자들에 비해서도 더욱 빠르고 깊이 숨을 들이쉬게 된다. (이제는 확실히 그 사랑이 식기는 했지만) 영국인들의 디젤 차량 사랑이 대기질 문제를 훨씬 더 악화시킨 측면이 있다.

흥미로운 사실은, 자전거에 동력을 전달하기 위해 필요한 토지의 기준으로 보면, 태양열에 의해 구동되는 자전거가 기존의 페달 자전거를 가볍게 앞선다는 것이다. (278페이지 참조)

민주주의(Democracy)

비록 중국인들이 여기에 이의를 제기하며 도전하고 있기는 하지만, 인류가 알고 있는 최고의 통치 시스템이라고 할 수 있다. 진정한 민주주의를 위해서는 유권자들이 정확한 정보를 바탕으로 깊이 생각해야 하지만, 그렇다고 하더라도 엄청나게 복잡한 모든 정책의 세부적인 결정들까지 대중이 일일이 모두 직접 투표를 할 수는 없을 것이다. 예를 들어서 지금 당장에만 보더라도, 영국이나 미국이 '인류세에 적합한' 정치를 선보일 수 있을 만큼 제대로 작동하지 않는다는 것은 분명하다. 양국의 정치인들이나 유권자들 모두가 더욱 관심을 가져야 하고, 정치라는 것 자체에서도 진화된 개념이 필요한 것으로 보인다.

민주주의의 본래 목적을 위해서는 단순히 열심히 투표하는 것만이 아니라, 공공의 이익을 위한 정확한 정보와 광범위한 책임의식이 필요하다.

결정론(Determinism)

자유의지의 존재 여부는 입증할 수도 없고, 그렇다고 반증될 수도 없는 것이다. 참고로 나는 자유의지라는 것이 있다고 생각하며 살아가고 있고, 여러분도 그럴 것이라고 생각한다. 하지만 인류세와 관련해서는 수많은 결정론자를 마주하게 된다. 그들의 주장은 두 가지의 부류로 나뉘는데, 둘 다 도전 과제로부터의 책임을 떨쳐버리는 결과를 낳는다.

첫 번째 유형은 '우리는 언제가 그래왔던 것처럼 괜찮을 것이다'라는 것이며, 두 번째 유형은 '우리가 이런 문제를 겪게 된 이유는, 인류가 지나치게 근시안적이고 자기중심적이라서 인류세 시기를 살아가기에는 적합하지 않기 때문이다'라는 것이다. 첫 번째 주장은 아마 그 옛날의 공룡들이 했을 법한 말이다. 두 번째 주장은 우리가 제때에 맞춰서 변화를 일으킬 수 없다는 걸 증명하는 것이 아니다. 우리가 반드시 실패한다는 걸 증명하는 것이 아니기 때문에, 우리는 싸워볼 만한 가치가 있는 것이며, 그 외의 다른 접근 방식은 태만하면서도 비겁한 것이다.

선진국(Developed countries)

인구 1인당 지구에 미치는 영향력이 가장 큰 나라들이다. 그리고 슈퍼리치들의 전부는 아니지만 대부분이 살고 있으며, 전 세계 극빈층의 대부분은 아니지만 그래도 10퍼센트라는 작지 않은 비중의 인구가 살고 있는 나라들이기도 하다. 그리고 지구의 생태계를 파괴하고 있는 대부분의 기술이 태어난 곳이며, 동시에 그것을 적절하게 관리할 수 있는 대부분의 기술이 만들어지고 있는 곳이기도 하다. 지금까지와는 전혀 다른 사고방식에 대한 모색을 가장 시급하게 시작해야할 나라들이지만, 이런 사고방식에서도 이들이 중심지가 되어야 할 필요는 없다.

식단(Diets)

이 글을 읽고 있는 대부분의 사람에게는 지속가능하면서도 건강한 식단이란 이런 것을 의미한다. ① 육류와 유제품을 적게 섭취하기. ② 특히 (메탄가스를 뿜어내는 반추동물인) 소와 양으로부터 육류를 적게 생산하기. ③ 과일과 채소를 많이 섭취하기(로컬푸드가 좋으며, 멀리에서 들여온다면 선박을 이용하는 것이 좋다.). ④ 설탕과 소금을 적게 섭취하기. ⑤ 다양한 먹을거리를 골고루 섭취하기.

양면복사(Double-sidedphotocopying)

매우 적은 자원을 효율적으로 사용하는 것의 예시이자 비유다. 일상에서 당연히 이루어져야 하는 것이지만, 굳이 지적을 받는다고 하더라도 기업의 신뢰도를 해치지는 못할 정도로 중요하지 않은 항목을 의미한다.

경제학(Economics)

변화가 필요한 학문 분과. 주류 경제학은 부분적으로는 부적절한 계량분석을 통해서 우리를 해로운 형태의 성장 모델 안에 가두어 놓고 유익하지 않은 가치들을 추구하게 만들었다. 경제학은 수많은 사람과 기관들과 국가들이 세상을 이해하는 매우 견고한 프레임워크이기 때문에 변화를 일으키는 것이 쉽지 않다. (5, 6, 7장 참조)

교육(Education)

우리가 남기게 될 문제들에 대해서 다음 세대들이 잘 대처할 수 있게 해줄 수 있는 주요한 수단이다. 인류세에 준비가 된 성인들이라면 다음 세대들에게 9장에서 열거해 놓은 여덟 가지의 사고방식을 보여줄 것이다.

효율성(Efficiency)

인류가 지난 수천 년 동안 지속적으로 발전시켜온 특성으로, 이로 인해서 전체적인 소비량, 자원 사용량, 환경에 미치는 영향까지 모두 증가하는 결과가 동반되어왔다. 이것은 그 자체가 가진 장점은 물론이고 점점 더 커지는 단점들로 인해서 성장의 역학관계에서는 언제나 중요한 부분이었으며, 지금도 여전히 그렇다. 탄소 배출량에 상한선을 정하는 등 우리가 생태계에 가하는 환경적인 부담을 확실하게 제한할 수 있다면, 효율성의 역할이 근본적으로 바뀌면서 진전이 있을 것이다. 그리고 우리는 그것을 아주 솔직하게 선한 영향력이라고 부를 수 있을 것이다. 그러고 나서 우리가 더욱 높은 효율성을 원한다면, 우리는 (예전과는 다르게) 그로 인한 충격을 줄일 수 있을 것이다.

전기차(Electriccars)

반드시 필요한 신기술이지만, 마법 같은 해결책은 아니다. 전기차는 공해도 적고 에너지도 적게 사용한다는 장점은 있을 것이다. 하지만 더욱 중요한 것은 미래에는 재생에너지로부터 동력을 얻을 수 있겠지만, 적어도 현재로서는 전기차를 많이 가동하기 위해서는 더욱 많은 화석연료를 사용해야 한다는 것이다. 화석연료를 사용하는 이전 세대의 자동차들과 마찬가지로, 전기차도 제조과정은 물론이고 실제 사용할 때에도 자원의 집약도가 아주 높은 수준이다. 따라서 이러한 모든 과정에서 자원의 사용을 더욱 줄여야 할 필요가 있다.

배출량(Emissions)

지난 160년 동안의 탄소 배출량은 매년 1.8퍼센트라는 무시무시한 수준의 성장률을 보여왔다. ('기하급수적 성장(Exponential growth)' 항목 참조) 일부에서는 최근 3년 동안의 둔화세를 보면서 흥분하기도 하지만, 그것은 통계적으로는 전혀 의미가 없으며, 지금 이 글을 쓰고 있는 최신 데이터를 보면 그 수치는 2퍼센트로 통상적인 추세선보다도 높은 수준이다.

에너지 증가(Energygrowth)

우리가 에너지를 더 많이 가질수록, 에너지의 사용량은 더욱 증가한다. 인류의 에너지 증가세는 지난 50년 동안 매년 2.4퍼센트 언저리를 맴돌고 있다. 이러한 성장률은 그 이전 수백 년 동안의 1퍼센트에 비하면 실제로 증가한 것이며, 그보다 훨씬 이전에는 그 수치가 더욱 낮았다. 따라서 현재의 성장세는 초기하급수적(superexponential)인 것으로 보인다. 일부에서는 우리가 의식적으로 절제하지 않더라도 인류의 에너지에 대한 탐욕이 언젠가는 한계에 다다를 것이라고 예측하지만, 나에게는 이런 생각이 극단적인 희망에 불과한 것으로 보인다.

충분함(Enoughness)

모든 것은 언젠가는 팽창을 멈추는 순간이 있다. 우리 인류는 몇 가지 중요한 영역에서 실제로 그렇게 멈춘 사례도 있다. 지금 당장 우리 인류에게 필요한 중대한 질문은 이것이다. '더 이상을 가지는 것이 바람직하지 않은 것이라면, 우리가 가진 것이 충분하다는 것을 어떻게 하면 느낄 수 있을까?' 우리의 삶에서는 다른 방식으로도 야심을 가질 수 있는 여지가 여전히 많이 남아있다. 우리는 그러한 야심을 긍정적인 방향으로 향하게 해야 한다.

인류의 진화(Evolution of humans)

때로 우리는 균형을 다시 맞춰야 할 필요가 있다. 우리는 기술과 힘을 발전시켜왔다. 이제 우리는 새로운 사고 능력으로 그것들을 보완해야 할 필요가 있다. 즉, 전 세계적으로 공감하고, 시스템적으로 사고하고, 우리가 현재 가진 것이 무엇인지를 인식하고, 좋든 싫든 간에 모든 달걀이 한 바구니 안에 들어있는 지구촌에서의 삶을 가능하게 해주는 가치들을 감사하게 여겨야 한다.

전문가(Experts)

여러 사안에 대한 복잡성이 증가함에 따라서, 우리는 전문가들이 말하는 내용을 더욱 잘 이해해야 한다. 전문가들은 자신들의 전문 분야에 대해서 더욱 똑똑해져야 하겠지만, 동시에 다른 분과와도 협업을 더욱 많이 하고, 자신의 분야에 관심을 보이는 사람들과도 더욱 잘 소통해야 할 것이다. 이는 앞으로의 기술이 갖게 될, 쉽지 않은 과제가 될 것이다.

기하급수적 성장(Exponential growth)

기존에 존재하는 총량에 비례하는 성장률이다. 만약 토끼들이 엄청 많이 살고 있는 어떤 섬에 두 마리의 여우를 풀어놓으면, 토끼의 수가 감소하지 않고 누군가 상황을 통제하기 위한 조치를 하지 않는다면, 여우의 개체수는 기하급수적으로 증가할 것이다. 복리 이자로 은행에 맡겨둔 돈도 지수적으로 불어나게 되며, 은행에서 빌린 돈 역시 그럴 수 있다. 누군가 개입하기 전까지는 말이다. 기하급수적인 곡선은 단순히 바나나처럼 생긴 곡선이 아니다. 그것은 접선의 기울기가 높이에 따라 지수적으로 비례하여 증가하는 곡선이다. 무언가가 기하급수적으로 증가한다면, 그 시스템 안에서는 어떤 것의 양이 많아질수록 그것의 성장세가 더욱 빨리지는 양성 피드백 메커니즘(positive feedback mechanism)을 갖고 있다는 증거다. ('배출량(Emissions)' 항목 참조)

사실(Facts)

예전에는 그럴 필요가 전혀 없었지만, 이제는 존중할 필요가 있다. 언론이나 정치인들이나 기업들이 의도적으로 또는 부주의하게 생산하는 거짓 정보들이 넘쳐나면서, 이제는 사실관계를 파악하는 것이 너무나도 힘든 일이 되었다. 모든 시민이 거의 모든 분야에서 사실에 대한 가장 명확한 관점을 주장해야 한다. 사무실의 책상에서부터 투표소에 이르기까지, 방송국 채널을 선택하는 것에서 술집에서 나누는 이야기에 이르기까지 말이다.

가짜 뉴스(Fakenews)

언제나 우리 곁에서 존재해왔지만 최근에는 파괴적인 결과를 일으키고 있는 현상이다. 가짜 뉴스를 선동하기 위한 도구는 더욱 정교해졌기 때문에, 우리 모두는 가짜 뉴스를 가려내는 능력을 키우고, 그것을 마주했을 때는 과감히 거부하는 용기를 길러야 한다. 내가 앞에서 21세기적 사고방식으로 제시한 것들 중 상당수는 가짜 뉴스에 맞서서 우리의 경각심을 기르기 위한 것과 연관되어 있다.

농업(Farming)

세상과 자연을 모두 존중하며 먹을거리를 기르는 일은 우리가 일과를 보내는 방법 중에서 가장 보람 있는 일이 되어야 한다. 자유시장은 주어진 수확량을 생산하는 데 필요한 사람들의 수를 최소화할 것을 장려하지만, 이것은 옳지 않은 생각이다. 왜냐하면 이것을 제대로 하기 위해서는 언제나 조심하고, 주의를 기울이고, 필요한 역량도 갖추어야 하고, 힘들게 작업도 해야 하기 때문이다. 그리고 다행이라면 사람들의 수는 부족하지 않다. 사실 지구의 인구는 예전보다 더 많아질 텐데, 앞으로도 최소한 수십억 명은 더 늘어날 것이다. 우리는 땅에서 일하고, 그것을 제대로 해낼 사람이 더욱 많이 필요하다.

물고기(Fish)

현재 전 세계에서는 인구 1인당 매년 19kg을 섭취한다.[190] 물고기는 단백질과 미량영양소의 중요한 공급원인데, 특히 전 세계의 수많은 가난한 지역에 살고 있는 사람들에게는 더욱 중요하다. 따라서 그들이 잡은 물고기가 세계의 먹을거리 시장으로 반출되지 않도록 해야 한다. 대형 어선들의 남획과 화석연료의 사용으로 인한 해양 산성화의 위협 때문에 자연산 물고기는 더욱 귀한 자원이 되었다. 반면에 물고기를 양식하려면 축산업으로 육지동물을 기를 때 발생하는 모든 비효율성이 야기되는 것은 물론이며, 바닷속과 호수의 바닥에서 폐기물과 음식물이 썩어가면서 배출되는 메탄가스도 커다란 문제가 된다. 물고기를 꼭 먹어야 한다면 조금은 더 절제할 필요가 있으며, 공급망도 더욱 잘 이해해야 한다.

먹을거리 체계(Foodsystem)

전 세계에서 하루에 길러지는 먹을거리는 인구 1인당 거의 6,000칼로리에 달하며, 단백질은 우리에게 필요한 것보다 훨씬 더 풍부하게 넘쳐난다. 하지만 10억 명은 건강을 유지하기 위해 필요한 영양소를 섭취하지 못하고 있는데, 반면에 그보다 두 배나 많은 사람은 열량을 지나치게 많이 섭취한다. 현재의 먹을거리 생산량으로는 2050년에 97억 명에 달할 것으로 예상되는 인구를 먹여 살리기에도 충분하지만, 거기에서 동물들의 먹이로 들어가는 것을 없애고(즉, 육류와 유제품을 줄이고), 음식물 낭비도 줄이고, 바이오연료로 사용되는 것을 제한해야만 가능하다. 그리고 먹을거리를 적절하게 분배해야 한다. 이런 일을 불가능하게 만드는 물리적인 요인은 존재하지 않는다. 다만 그러는 동시에 생물다양성을 향상해야 하며, 특히 좀 더 많은 사람이 농업에 종사해야만 가능할 것이다.

화석연료(Fossilfuel)

이들 대부분은 땅속에 그대로 머물러 있거나, 연소를 마친 후에는 다시 그곳으로 되돌려 보내야 한다. 이것은 의심의 여지가 없는 사실이다. 그리고 이 점을 분명히 하지 않는 정치인들이라면, 그들이 다른 어떤 것을 말하든 간에 투표할 가치가 없다. 이러한 사실을 이해하지 못하는 기업의 임원들이라면 그런 자리를 맡을 자격이 없다. 그리고 미래에도 화석연료를 사용해야 한다고 생각하는 사람들이라면, 심지어 그들이 친구이거나 가족이거나 술자리를 함께 하는 사람들이라고 하더라도 절대로 그냥 지나쳐서는 안 된다. 이렇게 단순한 사실마저도 분명하게 정리하지 못한다면, 다른 그 무엇도 감당할 수 없을 것이다. '도로 위에서는 차선을 지켜서 주행하기', '휴대전화를 제때 충전하기', '밤에 잠들기 전에는 이를 닦기' 등을 늘 자연스럽게 생각하는 것과 마찬가지로, '화석연료를 땅속에 그대로 놔두기'라는 항목을 이러한 '귀찮지만 반드시 지켜야 하는 사항'으로 늘 염두에 두고 있어야 한다.

화석연료 기업(Fossil fuel companies)

분명 우리는 오늘날의 물질적으로 풍요한 기술 세계를 가능하게 해 주었던 화석연료 기업들에 많은 빚을 지고 있는지도 모른다. 하지만 이제 상황은 바뀌었고, 그들은 빠른 속도로 진화하거나 사라져야 할 것이다.

즐거움(Fun)

재미없게 살 거면 굳이 그런 세상을 왜 구해야 하느냐고 말하는 이들이 있다. 하지만 그렇다고 해서 우리가 지금도 늘 웃음이 끊이지 않는 것은 아니다. 다만 나는 살아갈 만한 가치를 가능한 한 많이 느낄수 있는 삶이 필요하다고 말하는 것이다. 이 책에서 제시하는 변화가 마치 누더기를 걸치고 수행을 해야 하는 것처럼 생각된다면, 그것은 내가 전달하고자 하는 의미가 아직 제대로 전달되지 못한 것이라고 생각한다. 우리의 소중한 행성을 소중하게 여기며 산다면, 당연히 그 과정에서 치러야 할 비용이 적지는 않겠지만, 우리에게는 그보다도 훨씬 더 많은 기회가 펼쳐지게 될 것이다.

수압파쇄법(Fracking)

셰일(shale) 암반층에서 천연가스를 추출하는 이 기술은 원칙적으로는 저탄소 세상으로 향하는 여정에서 전환기의 연료로서 미약하게나마 역할을 할 수 있다. 그 이유는 천연가스가 석탄이나 석유보다 탄소 집약도(carbon intensity)가 덜한 연료이기 때문이다. 하지만 추출 과정에서는 당연히 에너지가 필요하고, (가스 유출과 같은) 심각한 환경 문제가 발생한다면 그것도 바로잡아야 할 것이다. 매우 엄격한 규제를 적용하고 위험 및 편익에 대한 신뢰할 수 있는 평가를 하지 않는다면, 이러한 자원은 반드시 땅속에 그대로 머물러 있어야 할 것이다. 예를 들어서 영국은 현재 이러한 기준을 충족시키는 데 한참이나 미달되는 상황이다.

천연가스(Gas, Natural Gas)

이산화탄소의 1톤당 에너지 생산량을 비교했을 때 탄소 집약도가 가장 적은 화석연료다. 단위 에너지당 이산화탄소 배출량이 석유의 절반 정도에 불과하며, 석탄과 비교했을 때에도 훨씬 좋은 편이다. 안타깝게도 천연가스는 석유를 추출하는 과정이 동반되는 경우가 일반적이다. 수압파쇄법은 예외이긴 하지만 다른 환경적인 문제들이 있기 때문에 이런 사실이 희석되고 만다. ('수압파쇄법(Fracking)' 항목 참조)

지구공학(Geoengineering)

탄소 배출을 멈추거나 대기 중으로부터 탄소를 뽑아내는 것이 아니라, 기후 비상사태에 대해서 기술적인 해결책을 제시하는 것이다. 지구공학적인 해결책은 아주 위험하고, 아직 시도해 본 적도 없거나 완전히 말도 안 되는 것들에서부터, 실현할 수 있지만 한계가 있는 것들까지 다양하게 존재한다.

가장 그럴듯한 것으로는 황산염 에어로졸(sulphate aerosol)을 사용해서 태양복사(solar radiation)를 관리한다는 방안이다. 대표적으로는 황산염을 성층권에 뿌려서 햇빛을 반사시키고 지구온난화를 줄인다는 것이 있다. 이러한 방안이 지지를 받는 이유는 탄소를 적게 소모하고, 기술적으로도 손쉬운 접근법이며, 자연에서 일어나는 현상과 가깝다는 것이다. (즉, 이들은 화산이 폭발할 때도 이산화황(sulphur dioxide) 가스가 분출된다는 사실을 근거로 제시한다.) 하지만 이 방법으로 얻을 수 있는 효과는 지극히 제한적이다. 이 방법을 시행하면 오존이 감소하고*, 태양복사가 바뀌며(이는 식물들에게는 잠재적인 재앙이 될 수 있다.), 강수량에 변화를 일으키고, 그리고 인간의 건강에도 좋지 않은 영향을 미치는 등 수많은 부작용이 있을 것으로 예상된다.

전 지구적 역학관계(Global dynamics)

세계 경제가 돌아가고 우리가 에너지를 사용하는 방식은 전 지구적 차원에서 작동하는데, 이에 대해서는 충분히 논의되고 있지 않다. 한 걸음 뒤로 물러서서 바라보면, 이러한 전 지구적인 역학관계가 기후 정책은 물론이고 보다 중요한 것으로는 인류세 시기에 대한 우리 인

---

*   오존(O$_3$)은 성층권에서 산소(O) 원자가 햇빛을 받아서 생성된다. 이렇게 생성된 오존층은 자외선을 막아줘서 지상의 생명체에게는 도움을 많이 준다. 황산염을 뿌려서 햇빛을 차단하면, 이러한 오존의 양이 줄어들 것으로 예상된다.

류 전체의 대응에도 거대한 영향을 끼친다는 중대한 사실을 깨닫게 될 것이다. 예를 들어서, 효율성이 개선되면 자원의 사용이 줄어드는 것이 아니라 오히려 증가하는 결과로 이어진다. '효율성(Efficiency)', '반동효과(Rebound effects)', '기술(Technology)' 항목을 참조하기 바란다.

글로벌 거버넌스(Global governance)

전 지구적인 도전 과제들을 관리하기 위해서 우리에게 절실히 필요한 것이다. 이것은 권역별 협치나 국가의 통치, 지방자치, 또는 가족이나 개인의 권리를 대신하는 것이 아니라, 이 모든 것과 함께 필요한 협치 방식이다. 우리에게 책임이 있고 이해관계가 있는 모든 수준에서 이러한 협치 방식이 필요하다. 비교적 최근까지만 해도 우리는 이러한 문제들을 글로벌 차원에서 대처하지 않고도 그럭저럭 심각한 상황을 모면해왔다. 하지만 인류세로 접어든 지금은 그럴 수 없다. 글로벌 거버넌스는 쉽지 않겠지만, 우리는 그것을 이뤄내기 위해서 노력을 많이 해야 한다.

탐욕(Greed)

개인주의의 한 형태다. 그리고 기독교에서 말하는 일곱 가지 대죄 중의 하나이기도 하다. 불교의 철학에서는 증오 및 망상과 함께 고통을 불러일으키는 세 가지 근원 중의 하나다. 신자유주의적인 의제를 이끄는 동기 역시 탐욕이다. 그 반대는 공감이다. 탐욕을 극복하는 것이 인류세 시기의 행복을 위한 비결이며, 이 책에서 말하는 다른 모든 것은 그저 세부적인 사항이라고 말한다면 지나친 단순화일까?

거짓 친환경(Greenwash)

때로는 희망적인 생각을 통해서, 또 때로는 고의적인 계획을 통해서 널리 만연해 있는 개념이다. 환경에 대해 자문을 하면서 돈을 버는 가장 손쉬운 방법은 여기에 가담하는 것이며, 설령 그것을 의도하지 않았다고 하더라도 자신도 모르게 어느새 그러한 함정에 빠지게 될 수도 있다. 우리는 모두 이러한 생각을 경계하고 그것을 마주하면 도전해야만 한다. 어떤 제안이 거짓 친환경인지를 가려내는 좋은 방법은, 잠시 뒤로 물러서서 '이것이 과연 인류세 시기에 우리가 살아갈 수 있게 도와줄 수 있을까?'라는 질문을 조심스럽게 던지는 것이다. 그렇지 않다면, 그것은 거짓 친환경이다.

성장(Growth) – '기하급수적 성장(Exponential growth)'과 '에너지 증가(Energy growth)' 항목을 함께 참조

성장 중에서는 (전 지구적인 공감, 물질적으로 과소비를 하지 않고도 삶에 감사할 수 있는 능력 등) 그 어느 때보다도 더욱 필수적인 것이 있는 반면, 우리가 정상이거나 건강하다고 생각해왔던 형태의 성장들은 이제 끔찍할 정도로 위험해 보인다. GDP는 그 중간쯤의 어딘가에 놓여있는데, 이는 현재 강하게 도전받고 있는 성장지표다.

누더기(Hairshirts)

기후 비상사태와의 싸움에서 우리는 굳이 누더기를 걸칠 필요도 없고, 우리 인류가 인류세에 대한 더욱 넓은 도전들에 대처하는 과정에서도 우리는 그렇게 도를 닦는 마음가짐을 가질 필요가 없다. 안타깝지만, 환경을 보호하고 모든 이가 잘 살기 위해서는 우리 모두가 누더기를 걸친 수도승처럼 되어야 한다고 생각하는 이가 많다. 누더기를 걸치는 상황을 피하기 위한 비결은, 우리의 행복에 도움이 되지 않는 것들을 떨쳐버리고, 상상력을 더욱 많이 발휘하면서 21세기의 극심한 현실에 맞서서 진정한 행복이 무엇인지에 더욱 집중하는 것이라고 할 수 있다.

《거의 모든 것의 탄소발자국(How Bad Are Bananas? The Carbon Footprint of Everything)》

나의 첫 번째 저서로, 탄소발자국에 대해서 더욱 많은 정보를 얻을 수 있다. 2010년에 초판이 출간된 이후로, 일부 수치들은 약간 수정되었다. 나는 마이크로 재생에너지(micro-renewable)*에 대한 보조금을 지급하는 방안을 훨씬 더 지지하는 처지가 되었고, 현재의 플라스틱 문제에 대해서는 더욱 강경한 노선을 갖게 되었다. 하지만 그런 세부 사항에서의 변화와는 별개로, 전반적인 원칙들은 여전히 유효하다.

사실의 부인(Human denial)

(두렵지만, 나는 물론이고 우리 모두를 포함하는) 인간의 참으로 기발한 사고 능력을 보여준다는 점에서 매우 중요하면서도 크게 관심을 가져야 하는 항목이다. 우리는 받아들이기 불쾌한 사실을 접하면, 그것을 부

---

*   국가적인 규모의 전력망과는 별개로 개인이나 가정 등에서 소규모로 전력을 생산하는 것.

인함으로써 간편하게 그러한 사실을 외면해버린다. 심리치료나 우울증 상담에서는 유용하게 활용될 수 있지만, 이러한 부인주의는 우리가 당장 조치를 해야 한다는 반박할 수 없는 증거가 있는데도 기후 변화에 대응하지 못하게 하는 데 중요하게 작용해왔다.

우리는 다양한 형태를 통해서 인류세 시기의 도전에 대해서 행동에 나서야 하는 책임을 부정한다. 대표적으로는 사실을 아예 무시하거나, (기술을 개발한다거나 다른 행성으로 이주하는 것과 같은) 터무니없는 생각에 기대를 걸거나, 결정론의 입장을 취하거나, 양심을 가책을 줄이는 작은 일에만 나서는 것 등이 있다.

인간의 심리(Human psychology)

거대한 퍼즐에서 중요한 부분을 이루고 있지만, 공론화가 충분히 되지 않는다. 우리는 모두 유능함을 원하고, 다른 사람들과 관계를 맺고 싶어 하고, 자신의 삶에 대한 결정권을 갖기를 원한다. 우리는 자신을 합리적인 존재라고 여기지만, 사실은 이러한 심리들이 더욱 중요하게 작용한다. 이 책의 전반부에서 제시했던 도전 과제들을 접하고 행동에 나서야 한다는 생각이 들지 않고 불편함을 느낀다면, 그것은 우리가 자연스럽게 근거에 의해 행동하고 진실을 존중하는 합리적인 존재가 아니라는 것이다.

얼음(Ice)

지구의 표면에서 상당한 비중을 차지하고 있던 자연스러운 물질이지만, 지금은 거의 사라질 정도로 녹아내리고 있다.

개인주의 진영(Individualismtent)

대서양 양안을 비롯해서 다른 지역에서도 유행한다. 신자유주의와 자유시장 경제의 근본 진영이다. 하지만 전 지구적인 도전 과제를 처리하는 데 개인주의적인 접근 방식은 논리적인 해결책을 제시하지 못한다. 개인주의는 지구 전체와는 적합하지 않은 것이다.

불평등(Inequality)

그 수준이 지나치게 높고, 점점 더 악화되고 있다. 행복을 가리키는 대부분의 지표와는 반대의 상관관계를 갖고 있다. 거대한 불평등은 글로벌 거버넌스를 방해하는 주요 요인이다. 특히 세계의 자원을 공유하기 위한 국제적인 합의에 이르는 것을 막을 것이다.

투자(Investment)

인류가 식량을 전부 먹어치우지 않고 그중의 일부를 다음 해를 위해서 남겨두기 시작한 이후로, 투자는 우리가 경제를 키워온 주요한 수단이 되어왔다. 우리가 어디에 투자하느냐에 따라서 우리가 미래에 기를 것이 무엇인지가 결정된다. 우리가 지출하는 모든 행위는 다른 것을 희생하고 특정한 종류의 미래에 힘을 실어주는 것이다. 이것은 국가의 예산 내역은 물론이고, 개인이 어떤 연금 상품을 고를 것인지, 심지어는 어떤 가게에 들를 것인지에 대해서도 마찬가지다.

세상에서 유통될 수 있는 돈에는 한계가 있기 때문에, 어떤 곳에 투자하기 위해서는 다른 곳에 있던 투자액을 회수해야만 한다. 한 가지 중요한 예를 들면, 화석연료에 대한 투자는 우리에게 전혀 도움이 되지 않는다. 따라서 화석연료에 대한 투자액을 회수한다면 재생에너지나 친환경 운송수단, 대기 중에서 공기 직접포집(DAC)과 같은 시급한 분야에 투자할 수 있는 기회가 마련될 것이다.

IPCC

'기후변화에 관한 정부 간 협의체(Intergovernmental Panel on Climate Change)'를 말한다. 매우 전문적이며 풍부한 자원을 가진 과학자들이 모인 대형 기구로, 기후변화의 위험성과 불확실성 등에 대해 놀라울 정도로 체계적이며 명확한 근거를 가진 연구를 수행한다. 이곳은 예전에 두 가지 단점이 있었다. 첫째는 기후변화에 대한 논쟁에서 승리하고 적절한 행동을 촉구하기 위해서는 철저한 엄밀함을 갖추어서 훨씬 더 명확하게 주장해야 한다는 부적절한 인식을 하고 있었다는 것이다. ('사실의 부인(Human denial)', '헛소리들(Bullshit)', '가짜 뉴스(Fake news)' 항목, 그리고 '8장 – 가치, 진실, 신뢰' 참조) 둘째는 이들이 비판을 피하기 위해, 기후변화에서 불확실해 보이는 일부의 위험성을 저평가하는 경향이 있었다는 것이다. 이들이 2018년에 발표한 〈1.5℃의 지구온난화(Global Warming of 1.5℃)〉라는 보고서는 그들이 지금까지 내놓은 내용 중에서도 가장 강력하게 전 세계적으로 시급한 행동을 촉구한다.

일자리(Jobs)

유용하고, 성취감을 줄 수 있고, 부를 적절하게 분배하기 위한 역할을 할 수 있는 곳에서 시간을 보내는 방법이다. 이 세 가지 기준 가운데 최소한 두 가지를 충족한다면 가치 있는 일이 될 수 있지만, 그렇지 않다면 다시 한번 생각해봐야 한다. 따라서 단순한 일자리의 수를 국가의 경제지표로 사용하는 것은 주의해야 한다.

우리의 아이들(Kids, ours)

인류세라는 도전 과제의 속성과 그것에 대처하는 방법을 부모 세대보다 더욱 잘 이해해야만 하는 사람들이다.

리더십(Leadership)

이 책에서 다룬 사안들을 다루기 위해서 아주 많이 필요하지만 보기 드문 자질이다. 누구나 사회의 어떤 계층에서든 이걸 보여줄 수 있으며, 작은 행동만으로도 때로는 리더십을 갖추었다는 소문이 날 수 있다. 현재로서는 전 세계 대부분의 정치인에게는 한심할 정도로 이런 능력이 결여되어 있지만, 유권자들이 당근과 채찍이라는 간단한 방법을 활용해서 진정한 리더십을 독려할 수 있다.

로컬푸드(Localfood)

때로는 아주 좋은 생각일 수도 있지만, 언제나 좋은 것만은 아니다. 세계 각지의 먹을거리들을 배에 실어서 효율적으로 나를 수 있다면, 그것도 충분히 지속가능한 방식이라고 할 수 있다. 그렇게 한다면 추운 기후에 사는 사람들이 오렌지와 바나나와 쌀을 먹는 것도 괜찮다고 할 수 있다. 비록 로컬푸드로 분류되기는 하지만 온실에서 기른 채소라든가, 지구의 정반대편에서 기른 콩을 먹인 육류를 괜찮다고 하기는 힘들 것이다.

몰디브(Maldives)

기후변화의 최초 피해자이자, 가장 명백한 피해당사자들이다. 몰디브 사례가 있기 때문에 기후변화라는 문제가 덜 추상적으로 보일 수 있지만, 다른 곳에 사는 사람들에게는 피부에 절실하게 와 닿지는 않는 것으로 보인다.

맥스웰-볼츠만의 분포(Maxwell-Boltzmann distribution)

기체 안의 원자들 사이에서 에너지가 분배되는 방식을 설명하는 이론이다. 사회의 부도 이 원리와 비슷하게 분포해 있지만, 대부분의 나라에서는 이러한 유사성이 최상층에게는 적용되지 않는다. 기체 안에서 매우 빠르게 움직이는 원자들은 다른 원자들과 충돌하면 가지고 있던 에너지의 일부를 나눠주지만, 매우 부유한 사람들은 가난한 사람들과 재정적인 교류를 하면 일반적으로 더 큰 부자가 되는 경향이 있다. 즉, 부가 또 다른 부를 낳기 시작하는 것이다. 어떻게 하면 사람들이 기체 안의 원자들처럼 될 수 있을까?

육류 및 유제품(Meat and dairy)

식용할 수 있는 작물을 동물들에게 먹인다는 것은 열량이나 단백질, 미량영양소의 측면에서 보면 전 세계의 먹을거리 공급에 있어서 엄청나게 비효율적인 방식이라고 할 수 있다. 그리고 이러한 비효율성은 온실가스 배출의 측면에서도 대가를 치르게 된다. 특히 (소나 양 같은) 반추동물은 일반적으로 트림으로 메탄을 배출하기 때문에 그 영향이 두 배가 된다. 그 외에도 세계 전체의 항생제 중에서 3분의 2가

동물을 기르는 데 사용되고 있으며, 세계의 축산시설들 중 상당수에서는 동물복지 문제는 물론이고 심각한 질병의 돌연변이가 발생할 위험도 있다.

미디어(Media)

사실과 허구를 명확히 구분한다면, 현실을 이해하는 데 매우 중요한 매체다. 이를 위해서 우리는 미디어를 좀 더 까다롭고 비판적으로 대해야 한다. 우리가 시청하고 읽는 매체를 신중히 결정하고, 최고의 매체들을 후원한다. ('8장 – 가치, 진실, 신뢰' 참조)

메탄(Methane)

'석탄, 석유, 천연가스'를 이야기할 때 말하는 천연가스가 바로 메탄이다. 지금도 상업적으로 추출되고 있기는 하지만, 소나 양이 되새김질할 때도 발생하고, 쌀을 경작하는 논에 물을 채웠을 때도 발생하며, 영구동토층이 녹을 때도 뿜어져 나오고, 쓰레기 매립지에서 유기물이 썩어가는 과정에서도 발생한다. 메탄이 연소되면 엄청난 열에너지를 방출하지만(이건 좋은 부분이다.), 이산화탄소가 발생한다(이건 나쁜 부분이다.). 훨씬 더 심각한 문제가 있는데, 메탄이 연소되지 않고 대기 중으로 방출되면 이산화탄소보다도 훨씬 더 강력한 온실가스가 된다는 것이다. 실제로 같은 양의 메탄가스와 이산화탄소가 지구온난화에 미치는 영향을 20년이라는 시간의 기준에서 비교해보면, 메탄이 76배나 심각하다는 계산이 나온다. 하지만 메탄은 대기 중에서 반감기가 12년에 불과하기 때문에, 100년의 기준으로 비교해보면 천천히 오랫동안 효과를 미치는 이산화탄소가 그 차이를 따라잡아서 메탄의 심각성은 '겨우' 25배로 줄어들게 된다. 그리고 대부분은 이러한 100년의 시간프레임으로 분석하는 것이 일반적이다. 하지만 그보다는 훨씬 더 짧은 기간으로 분석해야 좋은 경우도 아주 많으며, 그런 경우에 해당하는 메탄은 훨씬 더 강력한 온실가스로 간주되어야 한다.

신자유주의(Neoliberalism)

자유시장이 세계를 운영하는 최고의 방식이라는 생각에 더해서, 부자들을 더 부유하게 만드는 것이 가난한 사람들에게도 도움이 된다는 그릇된 생각(낙수효과)과 결합된 것이다. 이 책에서는 자유시장이 인류세의 도전 과제들을 해결하기에는 부적합하다는 것과, 낙수효과가 허황된 생각이라는 사실을 반복해서 드러내보였다. 신자유주의는 폐기해야 마땅하다.

신경과학(Neuroscience)

최근에 급격하게 발전하고 있는 두뇌의 화학적 성질에 대한 과학으로, 사람 마음의 가소성(plasticity)이라는 것에 대해서 설득력 있는 설명을 내놓는다. 즉, 사람에게는 다른 방식으로 사고하는 방법을 배울 수 있는 능력이 있다는 것인데, 예를 들면 우리 인류가 이 책에서 설명하고 있는 인류세에 적합한 가치와 사고방식을 배울 수 있는 능력이 있다는 것이다.

원자력(Nuclearpower)

지속적이고 안정적이지만, 값비싸고, 위험하며, 영구적으로 오염을 일으키고, 상당히 논쟁적인 에너지원이다. 세계의 에너지 체계에서 원자력의 정확한 입지가 어떤 것인지는 이러한 요소들을 다른 에너지원에서 전기를 얻는 방식과 복잡하면서도 정확한 비교·분석을 통해서 알아낼 수 있을 것이다. 화석연료에 핵에너지가 더해진 미래는 최악의 상황이 될 것이다. 재생에너지에 핵에너지가 더해진 미래는 화석연료와 결합된 미래보다는 더 나을 것이다. (191페이지의 '핵에너지는 끔찍한 생각인가?' 참조)

핵융합(Nuclearfusion)

이론적으로는 무한대의 에너지를 약속하고 있으며, 지난 수십 년 동안 수많은 과학자의 애를 끓게 만들고 있다. 이것이 우리의 모든 문제를 해결해줄지, 아니면 끔찍한 재앙이 될 것인지는 우리 인류가 에너지를 더 많이 갖게 되어도 우리 자신을 신뢰할 수 있는지, 아니면 기존의 에너지 공급량만으로도 이미 충분히 피해를 입히고 있다고 생각하는지에 달려있다.

해양 산성화(Oceanacidification)

화석연료를 지나치게 많이 연소시켰기 때문에 발생한 것으로 여겨지는, 끔찍하면서도 바람직하지 못한 결과다. 가장 분명한 것은 이 때문에 어류 자원이 급감할 수 있다는 것이다. 이뿐만이 아니라 멀리 떨어진 육지에 사는 생물들에게까지도 심각한 영향을 미칠 수 있다.

일단 발생하면 되돌리기가 무척 어렵다.

석유(Oil)

석탄 및 천연가스와 함께, 우리가 땅속에 그대로 놔두어야 하는 물질이다. 석유는 에너지 밀도가 높고 유체라는 특성 때문에, 수많은 차량과 선박, 그리고 가장 중요한 것으로는 비행기의 연료로 낙점될 수 있었다. 하지만 이제 그런 시기는 빨리 끝나야 한다.

낙관적 편향(Optimism bias)

상황이 실제보다 더 좋아질 것이라고 생각하는 경향을 말한다. 우리 대부분은 우리 아이들이 평균보다 더 똑똑하고, 평균보다 소득이 더 높고, 평균보다 더 오래 살 것이라고 생각한다. 그리고 이런 경향은 인류세 시기에 인류가 생존하는 문제에도 적용되곤 한다. '우리는 언제나 그래왔던 것처럼 괜찮을 거야.' 그런데 이 문장에는 두 가지의 문제점이 있다. 첫째, 인류는 과거에도 자신에게 매우 힘든 일들을 겪게 했고, 때로는 어떤 집단 전체를 말살하는 경우도 있었다. 이제 우리는 모두 좋든 싫든 지구촌의 일원이 되었으며, 그렇기 때문에 과거 이스터 섬의 주민들이 모든 나무를 베어버렸던 것처럼 우리 자신을 곤경에 처하게 만든다면 상당히 부끄러운 일이라고 할 수 있다. 위와 같은 생각이 가진 두 번째 문제는, 사실은 아무런 의미도 없는 말이라는 것이다. 왜냐하면 지금까지 지구상에 존재했던 거의 모든 생물종도 그들이 살던 시기에는 '언제나 지금까지 생존해왔던 모습과 같을 것'이라고 말할 수 있었을 것이기 때문이다. 낙관적 편향성을 갖는다고 해서, 과연 우리가 모든 문제에 대처할 준비가 되었다는 것을 의미하는가?

부모(Parents)

우리의 아이들이 스스로 이해할 수 없었던 인류세의 도전 과제들을 해결할 수 있는 사고 능력을 기를 수 있게 도와줄 책임이 있는 (나를 포함한) 사람들이다.

개인적 행동(Personal actions)

우리가 무엇을 어떻게 하느냐에 따라서, 이것은 모든 변화를 위한 경로가 될 수도 있고, 완전히 헛된 시도가 될 수도 있다. 우리는 그 차이를 어떻게 알 수 있을까? 우리의 개인적인 행동들이 전 지구적 시스템 안에서 풍선효과라는 반작용에 의해서 길을 잃고 헤맬 것인지, 아니면 우리가 인류세에 적합한 형태의 존재로 변모하기 위한 여건을 조성하는 데 도움이 될 수 있는지를 어떻게 알 수 있을까? 가장 중요한 것은 우리의 행동이 미치게 될 더욱 넓은 파장이다.

플라스틱(Plastic)

매우 유용하고, 편리하고, 저렴하며, 엄청나게 내구성이 뛰어나다. 이렇게 뛰어난 발명품인데도, 충분한 주의를 기울여서 사용하지 않은 대표적인 사례. 폐기된 플라스틱의 대부분은 매립되거나 육지와 바다에 버려진다. 그곳에서 플라스틱은 잘게 부서지지만, 분해되지는 않는다. 따라서 우리는 앞으로도 육지와 바다가 플라스틱으로

가득 찬 세상에서 살아가야 한다. (146-149페이지 참조)

인구(Population)

일부 사람들이 생각하는 것처럼 모든 문제의 근원이 아니다. 지구에 120억 명이 있어서 모두가 사려 깊다면 충분히 잘 살아갈 수 있지만, 10억 명이 있지만 모두가 무분별하다면 그렇지 못할 것이다. (351-353페이지의 '이 모든 게 결국은 인구 때문인가?' 참조) 물론 인구가 적다면 문제는 더 쉽게 해결된다.

교도소(Prison)

이곳에서 시간을 보낸다는 것은 일반적으로 매우 끔찍한 경험이다. 그리고 사람들이 이곳에 수감될 가능성은 국적, 인종, 젠더, 재산에 따라서 크게 좌우된다. 때로는 수익을 위해서, 때로는 복수를 위해서, 때로는 공공의 안전을 지키기 위해서 운영된다. 일부 깨어난 나라들에서는, 교화에 중요한 목표를 둔 인간적인 공간인 경우도 있다. 그 결과, 수감자 1인당 비용이 늘어나지만, 전체적인 교정 비용이나 사회적인 비용은 줄어들게 된다. 어떤 국가가 중요하게 생각하는 가치가 교도소를 통해서 표출되는 것은 아닐까? 그럴 수도 있다. 미국과 영국의 현실이 얼마나 암울한지를 생각해보라. (364-368페이지의 '사람들이 교도소에 가게 될 확률은 얼마나 되는가?' 참조)

난민(Refugees)

인류세에 적합한 가치들이 보편화되면, 우리는 모두 완전히 다르게 처우해야 하는 사람들이다. 전 세계의 불평등이 인류세의 도전 과제들이 요구하는 국제적인 협력을 할 수 있을 정도로 떨어지면 난민들의 수가 적어질 것으로 기대할 수 있다.

반동효과(Rebound effects)

'풍선효과(Balloon squeezing)' 항목을 참조하기 바란다. 전 지구적인 시스템 역학을 이해하기 위한 핵심 개념이자, 기후 정책을 입안하는 사람들이라면 모두가 이해해야 하는 항목이다. 하지만 그 자체만을 고려하기에는 너무나 복잡한 사안이어서 그 효과를 정확히 계산하는 것이 불가능한 수준이다. (203-205페이지, 231-236페이지, 그리고 481페이지(부록) 이후의 사례들을 참조하기 바란다.)

재생에너지(Renewables)

미래의 에너지 공급 체계다. 현재는 태양에너지가 가장 우세를 보이고 있지만, 바람, 조력, 수력 등이 상당한 도움을 주게 될 것이다. 이것이 화석연료의 사용을 늘릴 것인지 아니면 대체할 것인지는 화석연료 사용량에 확실한 제한을 두는가에 달려있다.

쌀(Rice)

전 세계 열량 공급의 19퍼센트를 책임지며, 단백질 공급의 13퍼센트를 책임지는 곡물이다. 비료를 신중하게 사용하고 논에 물을 채우는 것을 조심하는 것만으로도 5억~8억 톤의 이산화탄소 상당량(CO_2e)을 줄일 수 있는 가능성이 있다.[191]

러시아(Russia)

세계 최대의 영토를 가진 국가다. 이 나라에 기후변화가 미칠 직접적인 영향은 다음과 같다. 첫째, 겨울철에도 항구들이 얼지 않는다. 둘째, 일부 지역에서는 대지가 더욱 비옥해질 것이다. 셋째, 석유와 천연가스의 새로운 매장지를 활용할 수 있게 된다. 넷째, 겨울은 좀 더 온화해질 것이다. 전 세계가 기후변화를 합의하는 데 러시아의 참여가 절실하다. 이는 국제적인 이해관계가 급진적으로 개선되어야 한다는 것을 보여주는 대표적인 사례다.

선적(Shipping)

전 세계의 먹을거리와 화물 운송의 대부분을 차지하는 수송 수단이다. 전 세계 물품 교역량의 90퍼센트를 담당하지만, 세계 전체의 온실가스 배출에서 차지하는 비중은 3퍼센트에 불과하다. 전기로 장거리의 선박 운송을 대체하는 것은 까다로운 일인데, 그 이유는 현재의 기술로는 전기를 저장하는 장치의 무게가 무겁기 때문이다. 따라서 항공에서도 앞으로는 당분간 (전기가 아닌) 액체 탄화수소를 이용해야 할 것이다. ('비행기(Aeroplanes)' 항목 참조) 액체 탄화수소는 땅에서 채취하는 것이 아니라 바이오연료를 통해서 만드는 것이긴 하지만, 바이오연료는 식량 안보와 생물다양성에 지나친 압력을 가하게 된다. 따라서 가장 좋은 방법은 태양열을 활용해서 액체 탄화수소를 만드는 것이라고 할 수 있다.

쇼크(Shock)

깨어남을 위한 한 가지 방법이다. 일부에서는 이것이 우리가 활용할 수 있는 유일한 수단이라고 말하기도 한다. 이 말은 사실이 아닌 편이 좋을 것이다. 왜냐하면 환경과 관련된 문제들은 국면을 전환하기까지 오랜 시간이 걸리기 때문이다. 따라서 우리에게 심각한 쇼크 증세가 닥칠 때까지 기다리기만 하다가는, 결국 정말로 힘든 시기를 감내해야만 할 것이다. 좋은 소식이라면, 과거에는 우리에게 커다란 충격이 몇 차례 필요했을지는 몰라도, 그것이 지금도 우리에게 거대한 쇼크가 필요하다는 결론으로 이어지지는 않는다는 것이다. ('인류의 진화(Evolution of humans)' 및 '결정론(Determinism)' 항목 참조)

그보다 더 위험한 것은 아마도 충격 자체가 아니라 현재의 우리가 그러한 충격을 경험한 적이 많지 않다는 것, 점차 황폐해지는 세상의 현실을 체념하듯 받아들이는 것, 진실에 대한 기준을 낮추는 것일 수 있다. 영국의 환경운동가인 조지 몬비오트(George Monbiot)는 이를 두고 '기준점 이동 증후군(shifting baseline syndrome)'이라고 부르고 있으며, 역시 영국의 사상가인 찰스 핸디(Charles Handy)는 이러한 우리의 모습을 천천히 물이 끓고 있는 냄비 안에 들어있지만 자신이 요리되고 있다는 사실을 알아차리지 못하는 개구리라고 비유했다.[192]

태양열(Solarpower)

화석연료 에너지로에서 전환을 가져올 수 있는 훌륭한 재생에너지다. 물론 이 과정에서 바람과 수력, 그리고 원자력의 도움을 어느 정도는 받아야 할 것이다. 태양열은 사막이라는 황폐한 지역마저도 생산적인 공간을 만들 수 있고, 석유에 대한 의존도가 큰 일부 국가에 상당한 대안을 제시해줄 수 있다. 문제가 있다면 태양열만으로는 화석연료를 대체할 수 없기 때문에, 화석연료와 함께 사용해야 한다는 것이다.

대두(Soyabeans)

영양소가 매우 많은 작물이며, 음식으로 만들어도 아주 맛있다. 같은 무게를 기준으로 놓고 봤을 때, 대두는 열량, 아미노산을 포함한 단백질, 비타민, 미네랄, 섬유소 등 거의 모든 영양소의 측면에서 소고기를 가볍게 능가한다. 하지만 대두는 소에게 먹이기 위해 재배되는 경우가 많은데, 반면에 소는 섭취한 대두의 10퍼센트도 안 되는 열량을 고기로 변환시킨다. 그 외에 대두에 함유된 다른 영양소들을 살펴봐도 마찬가지로 효율성이 떨어진다. 따라서 대두를 소에게 먹이는 현재의 축산 방식은 기본적으로 엉터리라고 할 수 있다. 소에게 먹일 대두를 생산하려면 토지에 대해서 거센 압박이 가해질 수밖에 없는데, 이 때문에 상당한 면적의 삼림이 파괴된다. 하지만 아무런 죄가 없는 대두를 탓해서는 안 된다. 우리가 축산 관행을 탓해야 한다.

우주여행(Space travel)

다른 행성(Planet B)으로 이주할 수 있을까? 공상에 익숙한 사람들에게는, 우주여행은 우리 인류가 지금껏 그래온 것처럼 계속해서 확장해나갈 수 있게 해주는 수단이다. 막대한 부를 갖고 있고 환경에 대해서 배려하지 않는 사람들이라면, 캡슐 형태의 우주선을 타고 지구

궤도를 돌거나, 언젠가는 화성까지 당일치기로 여행을 다녀오는 것도 가능하기는 할 것이다. 하지만 생각이 깊은 현실주의자들이라면, 우주여행은 당분간은 공상과학에서나 볼 수 있는 거라고 생각할 것이다. (280페이지 참조)

영성(Spirituality)

이 책에서 다루기에 한계가 있는 것이라면, 바로 이 항목일 것이다. 하지만 이렇게 인정하는 것만으로 충분할까? 순전히 실용적인 관점에서 살펴봤을 때, 우리가 과연 영성 없이 살아갈 수 있을까? 이 책에서 우리 인류에게 시급하게 필요하다고 말하고 있는 사고 능력을 개발하는 데 아마도 필수적인 수단일 것이다. 때로는 과학자들에게 조롱을 받고, 때로는 유행에 뒤떨어지기도 하며, 또 언제나 논리적인 엄밀함이 담보되지도 않는다. 이 주제를 내가 길게 논의할 자격은 없지만, 그것을 충분히 설명할 수 있는 사람이 있다면 충분히 존중할 만한 가치가 있다고 생각한다.

임시처방(Stickingplasters) – 미봉책(bandaids)

표면적인 증상만 다룰 뿐 근본적인 문제를 해결하지는 못하는 조치를 의미하는 용어다. 때로는 필요할 수도 있지만, 인류세 시기의 우리에게는 불충분할 따름이다. 임시처방이 필요한 사안들을 알파벳순으로 열거해보면 항생제 내성(antibiotic resistance)부터 시작해서, 생물 다양성(biodiversity), 기후변화(climate change), 질병 발생(disease outbreak), 부영양화(eutrophication), 먹을거리 부족(food shortage), 세균(germs) 등등 계속해서 이어질 수 있다. 이러한 목록은 얼마든지 만들 수 있다. 반면에 임시처방으로는 해결할 수 없는 사안들을 역시 알파벳순으로 나열해보면 인식(awareness), 진실의 문화(culture of truth), 전 세계적인 공감(global empathy), 평등(equality), 비판적 사고와 시스템적 사고(critical and systems thinking), 성장에 대한 재고(rethinking growth), 존중(respect), 진실(truth) 등이다.

테이크아웃(Takeaways), 패스트푸드(fast food), 간편식품(ready meals)

이러한 형태의 먹을거리는 모두 형편없는 평판을 얻어 왔지만, 앞으로는 맛있고, 건강하고, 편리하며, 친환경적인 먹을거리를 제공하는 방식으로 만들 수도 있고, 가격대도 다양한 수준으로 맞출 수 있을 것이다. 우리는 기존의 정크푸드라고 여겨졌던 것을 이런 식으로 바꾸어야만 한다. 길거리 음식을 이렇게 바꾼다면 아주 훌륭할 것이다. 특히 조리 도구를 갖고 있지 않거나, 또는 사용법이 익숙지 않다거나, 아니면 어떤 이유로든 요리하는 데 필요한 번잡한 일들을 하고 싶지 않은 사람들에게는 아주 좋을 것이다. 포장 방법에 대한 문제는 해결책을 찾아야 한다.

세금(Tax)

더욱 나은 미래를 가능하게 할 수 있는 핵심 메커니즘이다. '나쁜 일'에 대해서는 비용을 비싸게 책정해서 그것을 하지 못하게끔 유도하고, '좋은 일'에 사용하기 위한 저금통을 만드는 거라고 할 수 있다.

'나쁜 일'의 대표적인 예는 화석연료를 태우는 것이 있다. 좋은 일에는 화석연료의 대안이 되는 에너지에 보조금을 지급하는 것, 의료 및 교육 시스템의 개선, 그리고 사회의 모든 사람이 건강하면서도 의미 있는 삶을 살 수 있게 해주는 여러 인프라의 확충, 화석연료에 의존하고 있는 국가들에 대한 보상 등이 있을 것이다. 세금은 그 자체로는 한 국가의 사람들을 더 부유하게 만들거나 가난하게 만드는 것은 아니다. 왜냐하면 사람들에게서 거둬들이는 돈의 양이 이런저런 형태로 다시 그들에게 돌려주는 돈의 양과 동일하기 때문이다. 그렇다고 해서, 모든 것을 감안해 보아도, 세금이 자유를 억압하지도 않는다.

사람들은 때로는 좋지 않은 인식을 얻기도 한다. 그 이유는 아마도 세금이 가진 장점보다는 단점이 더욱 잘 보이기 때문일 것이다. 즉, 우리는 세금을 어떻게 거둬가는지에 대해서만 주로 주목해서 보는 경향이 있다. 하지만 사람들이 내는 세금이 있기 때문에 우리는 필요한 경우에 지원금과 보조금을 받기도 하며, 다른 여러 분야에서도 다양한 혜택을 누릴 수 있다.

기술(Technology)

지난 수천 년 동안 우리가 지속적으로 발달시켜온 것이다. 그리고 우리를 인류세의 시기에 접어들게 만든 핵심이기도 하다. 우리가 기술을 제어하고 있는가, 아니면 기술이 우리를 제어하고 있는가? 우리 시대의 중요한 과제는 이제 우리가 그것을 통제하고, 도움이 되는 부분에서 사용하고, 그렇지 않은 기술은 버리는 법을 배우는 것이다.

낙수효과(Trickledown)

부자가 더욱 부유해진다면 모든 사람에게 이득이 된다는 생각이다. 이러한 생각의 근거는 부는 넘치게 되면 아래로 흐르는 성질이 있기 때문이라는 것이다. 자유시장을 신봉하는 사람들과 수많은 부유층이 좋아하는 개념이다. (309페이지의 신자유주의에 대한 논의 참조) 그런데 과연 이게 사실일까? 그렇지 않다.

진실(Truth)

인류세 시기에는 우리의 삶이 더욱 복잡해졌기 때문에, '진실'이라는 것이 그 어느 때보다도 더욱 쉽게 왜곡될 수 있다. 그리고 똑같은 이유로, 진실이라는 것이 더욱 소중한 것이 되었다. 우리는 현실을 바라보는 최대한 명확한 시각이 필요하다. 어떻게 하면 모든 측면에서 진실을 존중하고 진실을 요구할 수 있는 문화를 만들 수 있을까? 어떻게 하면 허위와 사실을 구분하는 능력을 더욱 키울 수 있을까? 만약에 침술사가 다양한 분야에 걸쳐 있는 인류세 시기의 도전 과제를 치료한다면, '진실의 문화'라는 부위에 가장 먼저 침을 놓을 것이다.

2도(Twodegrees)

산업화 이전과 비교했을 때 기온 상승의 '안전 한계치'라고 여겨졌던 수치이지만, 더는 안전한 수준으로 생각되지 않는다. 그래서 2015년의 파리 기후회담에서 가능하다면 기온 상승을 1.5℃ 이내에서 제한한다는 데 합의한 것이다. 2℃라는 기준은 1990년대에 시행된 위험성 평가에 근거한 것이었는데, 현재는 더욱 발전된 과학적 평가 방식으로 대체되었다. 현재는 이 기준 수치가 매우 위험한 것으로 여겨지는데, 특히 기온이 이 정도로 상승하게 되면 양성 피드백 메커니즘을 촉발할 가능성이 있기 때문이다. 이러한 현상이 발생하면 기온은 2℃를 훌쩍 넘어서 상승할 가능성이 크다.

삶의 가치(Value of human life)

이것은 보편적인 것인가, 아니면 사람마다 다른 것인가? 이것을 금전적인 가치로 매길 수 있을까? 이러한 생각이 좋든 싫든, 우리는 언제나 많은 것에 금전적인 가치를 매긴다. 영국에서는 국민보건서비스(NHS)가 2만~3만 파운드의 비용으로 1년의 생존연수(life year)를 확보할 수 있다면 치료가 정당화된다.

경험적으로 보면, 많은 국가는 인간의 삶의 가치를 '그 사람이 그 나라에서 평생을 살면서 얼마나 많은 소득을 올릴 수 있는가'라는 기준으로 평가한다. 소득 능력으로 그 사람의 삶의 가치를 평가하는 것은 내가 글을 쓰면서 일종의 처방으로 제시하는 가치들과는 전혀 부합하지 않는다.

비참한 죽음(Violent death)

1994년의 르완다의 대학살로 인해서 전 세계에서 폭력에 의해 사망한 사람들의 비율이 2퍼센트로 증가했다. 하지만 이 사례를 포함하더라도 1990년 이후로 살인, 내전, 테러, 사형 등의 요인으로 죽은사람들의 비율은 평균 1퍼센트도 되지 않는다.[193] 20세기 전체의 평균이 약 4퍼센트라는 것과 비교하면, 놀라울 정도로 낮은 수치다.[194]

하지만 최근의 이러한 낮은 추세가 우리가 서로에게 폭력을 가하지 않는 법을 배운다는 것을 의미하는지(만약 그렇다면 우리는 이러한 추세가 지속될 것이라는 희망을 가질 수도 있다.), 아니면 조금은 우려스러운 생각이지만 그저 폭력의 악순환에서 단지 가장 낮은 지점에 머물러 있는 것인지는 확실하지 않다. 우리 중에서는 전쟁의 공포를 기억하는 사람이 거의 없기 때문에, 현재의 우리는 혹시 평화라는 가치에 대한 관심이 덜해진 위험한 시대를 살고 있는 것은 아닌가? 사실이 무엇인지는 시간이 말해줄 것이다. 하지만 우리는 극단적인 불평등을 해결하는 등의 방법을 통해서 그러한 현실에 개입할 수도 있다.

투표(Voting)

이것을 할 수 있다면 민주주의라고 부를 수 있다. 하지만 무언가를 결정하는 데 투표라는 것은 무조건 최선의 방식일까? 영국을 살펴보면, 최소한 지난 100년 동안에는 하원 의석이 단 한 표 차이로 결정되는 경우는 한 번도 없었다. 따라서 만약에 어떠한 사안에서 단지 조금 더 이익을 얻기 위해서 우리가 모두 투표를 해야 한다면, 그것은 우리가 가진 소중한 시간의 일부를 할애해서 엄청나게 비효율적인 작업을 하는 것이라고도 할 수 있다. 굳이 비용으로 따지면 시간당 몇 펜스(몇십 원)에 불과한 작업일 것이다. 자신의 이익을 증대시키는 것이 목적이라면, 차라리 뭔가 다른 방식으로 돈을 벌면서 시간을 보내는 것이 더 나을 수도 있다. 그리고 오직 어리석은 사람들만이 자기 자신의 이익을 위해서 투표하느라 시간을 낭비할 것이다. 하지만 선거 결과 때문에 수백만 명의 이해관계가 결정되는 것이라면,

그러한 투표는 앞의 사례보다는 수백만 배나 높은 가치가 있을 것이다. 그리고 그 날에, 그 달에, 또는 그 해에 하는 일 중에서 가장 중요한 행위일 수도 있다. 똑똑한 사람들은 이처럼 공공의 이익에 도움이 되는 일에는 투표를 하고, 그렇지 않다면 그냥 집에 머물기도 한다.

깨어남(Waking up)

인류세라는 도전 과제에서 가장 중요한 항목 중 하나다. 냄비 안에서 서서히 온도가 올라가고 있는 물 안에 있는 개구리는, 냄비의 물이 가열되고 있다는 사실을 알아채지 못한다. 그리고 그런 사실을 깨달았을 때는 이미 너무 늦은 상황일 것이다. 우리는 지금 현재 벌어지고 있는 일이 무엇인지를 알아채기는 했지만, 굳이 따지면 우리는 완전히 깨어난 것이 아니라 아직 잠들어있는 상태라고 할 수 있다. 꿈에서 깨어났다고 생각했지만, 여전히 다른 꿈속에 들어와있는 경험을 해본 적이 있는가? 지금 우리의 현실이 그렇다고 할 수 있다.

먹을거리 낭비(Waste food)

먹을거리 낭비는 전 세계의 먹을거리 공급 시스템 안에서 육류와 유제품 다음으로 비효율적인 부분이다. 산지에서부터 식탁에 오르기까지 먹을거리 공급 시스템의 모든 단계에서 손실이 발생한다. 낭비가 가장 심각한 분야는 저개발 국가에서는 수확 당시의 손실과 저장 단계의 손실이며, 선진국들에서는 소비 단계에서의 낭비다. 전 세계적으로 우리는 매일 1인당 1,000칼로리 이상의 먹을거리를 잃어버린다. (103-118페이지 참조)

행복(Wellbeing)

최근에 어떤 행사에 참석한 적이 있는데, 이 자리에서는 어느 저명한 철학자가 행복을 추구하는 사람들이 점점 더 늘어나고 있는 현실을 조롱하는 듯한 농담을 던졌다. 그러한 시시한 농담에 청중 수백 명이 웃음을 터트렸다. 그런데 나는 웃음이 나기보다는 내가 무언가를 놓치고 있는 것은 아닌지 하는 생각이 들었다. 아무튼 결론을 말하면, GDP의 성장보다는 지구 전체와 사람들의 행복이 더욱 중요한 목표가 되어야 한다는 것이다.

단위에 대한 설명 부록

이 책에는 온갖 계산식과 수치들이 가득한데, 그중에는 '메모지에 적는 수준'으로 간단한 것들도 있고, 어떤 경우에는 좀 더 복잡하고 자세한 것들도 있다. 나는 가능하면 모든 것을 우리의 일상생활과 연결시키기 위해서 노력했다. 왜냐하면 이 책에서 사용된 수치들은 대부분 어떤 단위들이 붙어있기에, 이런 단위에 익숙하지 않은 사람들에게는 그 의미가 제대로 전달되지 않을 수도 있기 때문이다. 예를 들어서 설명하면, 나는 지진의 피해가 얼마나 심각한지를 이야기할 때 리히터(Richter) 규모가 얼마라는 식으로 설명하는 것을 좋아하지 않는다. 왜냐하면 나조차도 실제 피해를 당한 지역에서 그런 숫자가 어떤 의미를 갖는지를 잘 이해하지 못하기 때문이다. 헥타르(hectare)나 테라와트(terrawatt)나 배럴(barrel) 등의 단위를 사용해서 아무리 정확한 통계를 제시한다고 하더라도, 사람들이 어느 정도의 규모를 말하는지를 잘 알지 못한다면 무슨 소용이 있겠는가? 이번 장에서는 그런 부분들을 바로 잡기 위해서 노력할 것이다.

전력 및 에너지

1칼로리(kcal)는 4.2킬로줄(kJ)이며, 이는 물 1리터의 온도를 섭씨 1도(1℃) 높이는 데 필요한 에너지를 말한다. 따라서 일반적인 사람들이 하루에 섭취해야 하는 2,353칼로리는, 대략 커다란 욕조에 가득찬 물을 따뜻하게 데우는 데 필요한 열량에 해당하는 셈이다.*

1줄(J)은 설탕 1kg을 공중으로 10cm 들어올리는 데 필요한 에너지의 양이다. 이 정도의 에너지면 커다란 빗방울 하나를 1℃ 정도 가열할 수 있으며, 또는 작은 손전등을 1초 정도 밝힐 수 있다.

1와트(W)는 에너지를 사용하는 (또는 만들어내는) 속도다. 1와트는 초당 1줄의 에너지를 사용하는 (또는 만들어내는) 것을 의미한다. 발광 다이오드(LED)로 상당히 큰 거실을 밝히려면 약 20와트가 필요하다.

1킬로와트(kW)는 1,000와트다. 일반적인 전기주전자의 용량은 약 1.8kW이다.

1킬로와트시(kWh)는 쉽게 말하면 1킬로와트의 전기를 1시간 동안 사용하는 것을 의미한다. 이 정도면 효율적인 전기차를 4마일(6.4km) 정도 운행할 수 있으며, 또는 기존의 휘발유 차량이라면 1마일(1.6km) 정도 달릴 수 있다. 또는 전기주전자를 33분 동안 가동할 수 있다. 1킬로와트시는 3.6메가줄(MJ), 즉, 360만 줄(J)이다.

1메가와트시(MWh)는 효율적인 차량을 타고 로스앤젤레스에서 뉴욕까지 갈 수 있는 전력량이다. 반면에 '기름을 잡아먹는 차량'이라면 캘리포니아의 주 경계선 부근에서 멈춰버릴 것이다.

---

* 가정용 욕조의 용량을 100리터라고 가정하고, 수돗물의 냉수 온도를 실온인 15도라고 가정하고, 목욕하기에 적당한 물의 온도를 40도라고 가정하자. 그러면 100리터의 물을 15도에서 40도까지 25도를 높여야 한다. 따라서 욕조의 물을 데우는 데 필요한 열량은 100 × 25 = 2,500(칼로리)이다. 이는 저자의 말처럼 하루에 섭취해야 하는 권장 열량과 거의 비슷하다.

1기가와트(GW)는 10억 와트(W)다.

1테라와트(TW)는 1조 와트다. (0이 12개 붙는다.) 우리 인류는 순간마다 거의 20테라와트의 속도로 에너지를 사용한다.

1테라와트시(TWh)는 내 자전거를 (내가 타지 않은 채로) 광속의 거의 10분의 1로 이동시킬 수 있는 운동에너지다. (즉, 내 자전거를 런던에서 뉴욕까지 0.5초 만에 날아가게 만들 수 있다는 것이다.) 이제 테라와트시가 어느 정도인지 충분히 실감할 수 있는가? 그렇지 않다면, 이렇게 상상해보자. 이 정도면 올림픽 규격의 수영장 580개에 가득찬 물을 전부 끓이는 것을 시작으로 해서, 그 물이 전부 증발할 때까지도 계속해서 끓일 수 있다.[195]

(제타와트(ZW), 요타와트(YW), 엑사와트(EW) 등의 단위는 모두 그 뒤에 0이 더 많이 붙지만, 이 책에서는 사용하지 않았기 때문에 설명을 생략한다.)

거리

마일(mile): 구식이지만 지금도 대부분의 영어권에서는 킬로미터 대신에 사용하는 거리 단위다. 1마일은 1.61km이며, 따라서 1제곱마일은 2.6km^{2}이다.

온실가스 배출

kg CO_2e − 이산화탄소를 기준으로 배출량을 킬로그램 단위로 환산한 것. 이는 다른 모든 온실가스를 하나로 보는 조악한 방식인데, 왜냐하면 (각각의 성질이 다른) 이산화탄소와 메탄가스와 아산화질소를 모두 한 가지 기준으로 보기 때문이다.[196] 사실 이 책에서 가끔 '온실가스'를 그냥 '탄소'라고 표현한 경우도 있다.

인류는 매년 대략 500억 톤의 CO_2e를 발생시킨다. 킬로그램 단위로 표기하면, 5라는 숫자 뒤에 0이 13개 붙는다. 1kg의 CO_2e가 어느 정도냐면, 중국이나 러시아인 1명이 1킬로와트시가 조금 넘는 전기를 사용하거나, 0.4리터의 휘발유를 연소하는 것에 해당한다. 보통의 영국인들은 매년 약 15톤의 CO_2e에 해당하는 탄소발자국을 만들어낸다. 그런데 미국인들이 1년 동안에 무언가를 하고 구입하는 모든 행위에 숨어있는 온실가스들을 전부 합산하면, 보통의 미국인들은 영국인보다 거의 두 배나 더 많은 탄소발자국을 만든다.[197]

무게

1킬로그램(kg)은 2.2파운드(lb)다. 이 책에서 톤이라는 무게가 쓰였다면, 그것은 미터법의 단위를 말하는 것이다. 즉, 1,000킬로그램 또는 2,200파운드를 의미한다.* 물 1리터의 무게는 1킬로그램이며, 따라서 물 1세제곱미터의 무게는 1톤이다.

내가 사용하지 않은 단위들

나는 헥타르(hectare)라는 면적 단위를 사용하지 않았다. (헥타르는 가로 100미터 × 세로 100미터이며, 따라서 1제곱킬로미터 안에는 100개의 헥타르가 있다.) 또한 헥타르의 절반을 조금 넘는 에이커(acre)라는 단위도 사용하지 않았다. 그리고 나는 그 누구도 석유의 양을 말할 때 배럴(barrel)이나

---

*   1톤은 영국(2,200파운드)과 미국(2,000파운드)이 다르다.

배럴로 환산한 단위를 사용하지 않기를 바란다. 왜냐하면 배럴이 정확히 어느 정도인지를 아는 사람이 거의 없기 때문이다.

데이터를 발굴하고, 그래프를 만들고, 텍스트를 편집하고, 아이디어를 제공하는 데 많은 사람이 도움을 주었다. 샘 앨런(Sam Allen), 케즈 바스커빌-머스커트(Kez Baskerville-Muscutt), 커스티 블레어(Kirsty Blair), 새라 도널드슨(Sarah Donaldson), 케이트 퍼니어프(Kate Fearnyough), 루카스 젠트(Lucas Gent), 캐라 케넬리(Cara Kennelly), 모우 쿠체만(Moe Kuchemann), 코델리아 랭(Cordelia Lang), 로지 왓슨(Rosie Watson)에게 많은 감사를 드린다.

그리고 조언과 지적과 격려를 해준데 대해서 마일즈 앨런(Myles Allen), 니코 애스피널(Nico Aspinall), 리비 데이비(Libby Davy), 푸란 데사이(Pooran Desai), 로빈 프로스트(Robin Frost), 매그너스 조지(Magnus George), 크리스 구달(Chris Goodall), 크리스 할리웰(Chris Halliwell), 필 레섬(Phil Latham), 톰 마요(Tom Mayo), 루퍼트 리드(Rupert Read), 조내선 로

우슨(Jonathan Rowson), 스튜어트 월리스(Stewart Wallis), 니나 휘트비(Nina Whitby), 개리 화이트(Gary White)에게 감사를 전한다.

랭커스터대학교는 학제 간 아이디어가 들끓는 놀라운 용광로였다. 특히 사회미래연구소(Institute for Social Futures)의 모든 일원과, 이 책에 들어있는 거의 모든 주제가 논의되었던 지구의 미래(Global Futures) 행사에서 아이디어를 던져주신 모든 분에게 감사를 전한다.

이 책의 콘셉트를 신뢰해 주고, 끈기를 보여주었으며, 편집까지 훌륭하게 마쳐주신 맷 로이드(Matt Lloyd)와 케임브리지대학교 출판부(CUP)의 모든 분에게 감사를 드린다.

이번 개정판을 출간하면서, 이메일을 통해 이 책의 초판에 대한 지적과 피드백을 하신 수백 명의 독자에게도 감사를 드린다.

모든 실수는 나의 책임이다.

주변의 잡음과 조급증으로부터 벗어날 수 있게 해주었던 작업공간이 세 군데 있었는데, 그곳은 모두 내가 균형 잡힌 시각을 갖추는 데 아주 중요한 역할을 했다. 하나는 우리 집 정원의 끝에 있는 공간이다. 또 하나는 내가 스코틀랜드에서 가장 좋아하는 콜론세이(Colonsay) 섬에 있는 외떨어진 컨테이너 박스였다. 세 번째는 컴브리아(Cumbria) 서부 해안에서 잊을 수 없는 일출을 볼 수 있는 곳이었는데, 이곳은 친절하게도 크리스 레인(Chris Lane)과 일레인 레인(Elaine Lane) 부부가 나에게 기꺼이 열쇠를 내어주었다.

그리고 언제나 그렇지만, 이 책을 쓰는 모든 과정은 물론이고 내가 제멋대로 어떤 생각에 몰두하고 있더라도 꿋꿋하게 참아준 리즈(Liz), 빌(Bill), 로지(Rosie)에게 그 누구보다도 고맙다는 말을 전한다.

1

즐겨보는 비비씨 어스(BBC Earth) 채널에서 어느 날 반가운 이름을 발견했다. 〈호라이즌(Horizon)〉이라는 다큐멘터리 시리즈의 '지구를 구하는 만찬(Feast to Save the Planet)'이라는 에피소드였다. 여기에서 영국의 어느 레스토랑에 모인 출연자들은 가장 친환경적이라고 생각하는 메뉴를 골라 식사를 하고, 제작진은 출연자들이 고른 메뉴의 탄소발자국을 계산해 보여주었다. 그런데 거기에서 탄소발자국 전문가로 등장하는 사람이 바로 이 책의 저자인 마이크 버너스-리다.

외서를 번역하다 보면 원저자에 대한 정보를 자연스럽게 찾아보기 마련이다. 그래서 저자의 사진이나 보도 등은 이미 접하고 있던 상태지만, 그래도 즐겨보는 채널에서 마주하니 어느새 나에게는 그에 대한 내적 친밀감이 형성되어 있다는 사실을 새삼스레 깨닫게 되었다. 아무튼 영국의 세계적인 공영방송이 프로그램의 취지에 맞게 섭외한 사람이 마이크 버너스-리다는 사실을 보면, 이 책의 저자가 탄소발자국 분야에서 대표적인 전문가라는 사실을 알 수 있다.

2

천문학자 칼 세이건(Carl Sagan)은 우주에서 그저 '창백한 푸른 점(pale blue dot)'으로 보이는 지구의 사진을 보면서 우리 인류가 겸손해져야 한다고 말했다. 도저히 파악할 수 없을 정도로 광활하며 칠흑처럼 캄캄한 우주에 외롭게 떠 있는 작은 행성에서 우연히 생명이 기원할 수 있었고, 바로 그 작은 행성에서 우리가 거주하게 되었다는 사실이 얼마나 기적 같은 일인지를 생각해보아야 한다고 말이다. 그는 적어도 가까운 미래에는 우리 인류가 이주하여 살아갈 수 있는 다른 행성이 없으며, 지금 우리가 거주하는 이곳을 더욱 소중히 아끼며 살아가야 한다고 말했다.

이러한 맥락에서 생각해보면 이 책의 원제목이 더욱 생생한 의미를 갖게 된다. 플래닛 B(planet B)라는 표현은 행성을 뜻하는 플래닛(planet)과 계획을 의미하는 플랜(plan)이라는 단어의 철자와 발음이 유사하다는 데서 나온 일종의 언어유희다. 우리는 어떤 일이 계획대로 흘러가지 않을 때 종종 플랜 B를 가동해야 한다고 말하는 경우가 있다. 따라서 플래닛 B가 없다는 말은, 우리에게 다른 대안의 행성이 없음을 의미한다. 자연스럽게 칼 세이건의 메시지가 떠오르는 부분이다.

그런데 참고로 플래닛이라는 단어 앞에 정관사인 the가 붙어서 더 플래닛(the planet)이 되면, 이것은 이제 '지구'를 의미하는 표현이 된다.

태양(the sun), 달(the moon), 바다(the sea)와 같은 대상에 정관사가 붙는 것과 같은 맥락이다. 우리에게는 유일한 존재들이기 때문이다. 이 광활한 우주에는 헤아릴 수 없을 정도로 수많은 행성이 존재하겠지만, 우리 인류가 늘 정관사를 붙여서 지칭하는 행성은 오직 하나뿐이다. 이것이 가진 의미를 다시 한번 천천히 생각해보기를 바란다.

2022년 겨울
강릉 초당에서

주석

개정판 서문

1   IPCC, 〈1.5℃의 지구온난화(Global Warming of 1.5℃) - 정책 입안자들을 위한 요약본〉. http://report.ipcc.ch/sr15/pdf/sr15_spm_final.pdf

초판 서문

2   위키백과의 '에너지 크기의 비교' 항목에서 친절하게 설명해주고 있는 내용에 따르면, 이 당시 쓰나미의 에너지는 줄(J)이었다: en.wikipedia.org/wiki/Orders_of_magnitude_(energy) 참고로 이러한 특정 수치의 출처는 미국 지질조사국(US Geological Survey) 산하의 국립지진정보센터(National Earthquake Information Center)에서 발간한 보고서 '미국 지질조사국, 에너지 및 광대역통신망 솔루션(USGS, Energy and Broadband Solution)'다. (해당 자료는 2010년 4월 4일에 원본이 공개되었으며, 위키백과에서는 해당 내용을 2011년 12월 9일에 최종 확인했다.)

전 세계의 에너지 사용량에 대한 데이터는 영국석유(BP)가 2017년에 검토한 통계자료를 참고했다. 여기에서는 인간이 섭취하는 먹을거리에 있는 에너지를 포함하지는 않았지만, 이 책의 뒤쪽에서는 인간의 에너지 공급 체계의 일부로 포함하였다. 그 수치는 전체의 약 5퍼센트 정도다.

3   스티븐 호킹이 2016년에 열린 BBC 라디오의 리스 강연(Reith lecture) 2부가 끝난 뒤

의 질의 과정에서 발언한 내용이다. 당시 강연 내용 전문은 여기에서 읽을 수 있다.
https://tinyurl.com/ReithHawking

4 '플래닛 B(Planet B)는 없다.' 에마뉘엘 마크롱(Emanuel Macron) 프랑스 대통령 덕분
   에 이렇게 주옥같은 표현이 2018년에 수많은 매체의 헤드라인을 장식할 수 있었다.
   내 생각에 이 표현은 원래 코스타리카의 전직 대통령인 호세 마리아 피게레스(José
   María Figueres)가 2011년에 최초로 사용했고, 이후에는 2014년에 UN 사무총장이었
   던 반기문이 사용했다. 그리고 기후변화에 대응하기 위한 국제적인 초등학교 프로
   젝트의 이름이 되었다. www.theresnoplanetb.co.uk (해당 도메인은 현재 사용되지 않고
   있는 것으로 보입니다. -역주)

5 이런 접근법을 제일 처음 발견한 사람은 내가 아니다. 예를 들면, 켄 윌버(Ken
   Wilbur)의 《모든 것의 이론: 비즈니스, 정치, 과학, 영성의 통합된 시각(The Theory
   of Everything: An Integral Vision of Business, Politics, Science and Spirituality)》(샴발라,
   2000)이 있다.

CHAPTER 01 — 먹을거리

6 하루 2,353칼로리(9.9MJ)는 유엔 식량농업기구(FAO)가 모든 연령, 젠더, 체중, 생활
   방식 등을 고려해서 가중평균으로 계산한 일일 평균 에너지 요구량(ADER)이다.

7 전기주전자의 용량은 일반적으로 1.8kW이다.

8 버너스-리(M. Berners-Lee), 케넬리(C. Kennelly), 왓슨(R. Watson), 휴이트(C. N.
   Hewitt), '사회적으로 급진적인 변화가 이루어진다면 현재의 전 세계 음식 생산량
   만으로도 2050년의 인구 전체에게 요구되는 영양소를 충족시킬 수 있다'(2018),
   〈원론: 인류세의 과학(Elementa: Science of the Anthropocene)〉, https://tinyurl.com/
   LancFoodPaper. 이 논문에는 이번 장에서 광범위하게 다루어지고 있는 전 세계의
   먹을거리에 대한 분석 내용을 비롯해서 훨씬 더 상세한 내용까지도 포함한다. 추가
   적인 정보는 엑셀 스프레드시트에 담겨있어서, 전 세계적인 차원은 물론이고, 권역
   별·국가별 차원에서도 인간에게 필수적인 영양소의 흐름을 대부분 평가할 수 있다.
   (국가별 데이터 중에서는 종종 정확하지 않은 내용이 있기도 하다.) 엄청나게 공을 들인
   작업이었다!

9 위의 주석 내용 참조.

10 잘츠만(A. Saltzman), 폰 그레브너(K. Von Grebner), 비롤(E. Birol) 외, '전 세계 굶주
   림지수: 숨은 굶주림이라는 도전 과제(Global Hunger Index: The Challenge of Hidden
   Hunger)'(2014), 국제식량정책연구소(International Food Policy Research Institute), 본/

워싱턴 D.C./더블린. 그리고 무타이야(S. Muthayya), 라지현(J. H. Rah), 스기모토(J. D. Sugimoto) 외, '전 세계 숨은 굶주림 지표 및 지도: 실천을 위한 변호 도구(The global hidden hunger indices and maps: an advocacy tool for action)'(2013), 〈플로스원(PLoS One)〉 8, e67860.

요오드 결핍은 하루에 1인당 0.02달러 내지는 0.05달러 정도의 비용이 드는 보충제를 통해서 해결할 수 있다.

11 버너스-리(M. Berners-Lee), 케넬리(C. Kennelly), 왓슨(R. Watson), 휴이트(C. N. Hewitt), '사회적으로 급진적인 변화가 이루어진다면 현재의 전 세계 음식 생산량 만으로도 2050년의 인구 전체에게 요구되는 영양소를 충족시킬 수 있다'(2018), 〈원론: 인류세의 과학(Elementa: Science of the Anthropocene)〉. https://tinyurl.com/LancFoodPaper.

12 사람의 체중이 1킬로그램 늘어나기 위해서는 기초대사량에 더해서 약 7,700칼로리의 먹을거리가 필요하다. 따라서 매일 일일 권장량보다 100칼로리를 더 섭취한다면, 1년에 36,500칼로리를 추가로 섭취하게 된다. 이는 1년에 거의 5kg이며(정확히는 4.74kg), 20년이면 95kg이다.

13 굶주리는 사람들까지 고려하고 나면 순 초과량은 하루에 1인당 330칼로리다. 지나치게 많이 먹는 사람들이 초과로 섭취하는 양은 현재 전 세계에 살고 있는 모든 사람이 하루에 500칼로리씩 먹을 수 있는 양이다. 이는 현재 약 75억 명에 달하는 전 세계 인구의 5분의 1 이상을 먹여 살리는 데 충분한 양이다. 따라서 내가 제시한 10억 명이라는 수치는 그보다 한참이나 낮게 추정한 것이다.

14 여기에서도 부정적인 피드백이 발생할 가능성이 있다는 점에 주의해야 한다. 즉, 식단이 개선되면 기대수명이 늘어나서 세계의 인구 증가에 기여할 수 있기 때문이다.

15 버너스-리(M. Berners-Lee), 케넬리(C. Kennelly), 왓슨(R. Watson), 휴이트(C. N. Hewitt), 앞의 11번 주석 내용 참조.

16 미국 농무부에 따르면 고구마에는 100그램(g)당 709마이크로그램(μg)의 비타민A가 포함되어 있다. [음식 성분 데이터베이스(2017), http://ndb.nal.usda.gov, 2017년 9월 13일 확인]. 참고로 비타민A의 일일 권장량은 남녀 각각 900μg과 700μg이다. 중국의 고구마 생산량에 대한 데이터는 '유엔 식량농업기구(FAO)의 먹을거리 분야 통계 대차대조표(United Nation Statistics Division Food Balance Sheets)'(2016)에서 얻었다. http://faostat3.fao.org/browse/FB/FBS/E, 2017년 9월 13일 확인.

17 요오드 역시 중요한 성분이지만 보충제의 가격이 (0.02달러에서 0.05달러 정도로) 매우 저렴하기 때문에 본문의 논의에서는 제외했다.

18 몇몇 먹을거리에 포함된 비타민A의 함량은 다음과 같다. (출처는 미국 농무부, 앞의 16
번 주석 내용 참조)

100그램당 비타민A 함량(단위: 마이크로그램)	
고구마	709
올리브	26
옥수수	11
토마토	38
녹색잎 채소	95
피멘토(Pimento)	1,524
가금육	173
버터	684
달걀	160

19 항생제 사용에 대해서는 효율적인 모니터링 수단이 없기 때문에, 전 세계의 항생
제 사용량에 대한 자료를 정확하게 파악하는 것은 쉽지 않다. 하지만 아레스트뢰
프(F. Aarestrup)가 〈네이처〉 486(7404)에 게재한 '지속가능한 농업: 돼지에게서 항생
제를 없애라(Sustainable farming: get pigs off antibiotics)'(2012) 논문의 476페이지에서
추정한 내용이나, 세계보건기구(WHO)가 공개한 '점점 커지는 항균제 저항성의 위
협, 행동을 위한 선택(The evolving threat of antimicrobial resistance, Options for Action)'
이라는 보고서(https://tinyurl.com/reportwho에서 확인할 수 있음)에서 제시하는 바
에 따르면, 동물들에게 사용되는 항생제의 양은 사람보다 두 배나 많다고 한다. 영
국의 일간지 가디언(The Guardian)은 그 수치를 더욱 높게 평가하고 있는데, 전 세계
의 항생제 중 거의 75퍼센트가 동물들에게 사용된다고 한다. https://tinyurl.com/
farmingantibiotics

20 판 뵈켈(T. P. Van Boeckel), 브라우어(C. Brower), 길버트(M. Gilbert) 외, '식용 동물
에서의 항생제 사용에 대한 세계적인 추세(Global trends in antimicrobial use in food
animals)', 미국 국립과학아카데미(NAS) 회의록 112(18), 5649~5654페이지.

21 세계보건기구 미디어센터, 항생제 내성에 대한 사실(Antibiotics Resistance Fact Sheet),
https://tinyurl.com/whoantibiotics

22 토양협회(Soil Association)의 동물복지에 관한 기준. https://tinyurl.com/
organicanimals

23 롭 월리스(Rob Wallace), '대형 농장이 대형 독감을 만든다: 인플루엔자, 기업식 농업,
그리고 과학의 본질에 대한 긴급소식(Big farms make big flu: dispatches on influenza,
agribusiness, and the nature of science)', 〈먼슬리 리뷰(Monthly Review)〉, 아래 링크에서
확인할 수 있음.

https://monthlyreview.org/product/big_farms_make_big_flu/

24 '공장식 농업이 코로나바이러스의 주범인가?(Is factory farming to blame for coronavirus?)', 〈옵저버(The Observer)〉, 2020년 3월, 아래 링크에서 확인할 수 있음. https://bit.ly/2Uqc4hl

25 23퍼센트라는 수치는《시급한 질문》에서 우리가 추정한 것이며, 산출 과정은 그 책의 주석에 소개되어 있다. 좀 더 최근에는 〈사이언스(Science)〉 저널에 게재된 중요한 (그리고 필독을 권장하는) 논문에서는 먹을거리 공급망이 26퍼센트(매년 137억 톤), 그리고 비식용 작물의 재배와 관련해서는 추가로 5퍼센트(매년 28억 톤)를 차지한다고 말한다. 그리고 마이크 버너스-리와 던컨 클라크의《시급한 질문》(프로파일북스, 2013) 및, 푸어(J. Poor)와 네메체크(T. Nemecek)가 2018년에 〈사이언스〉에 기고한 글(아래 주석 내용 참조)도 읽어보기 바란다.

26 푸어(J. Poore), 네메체크(T. Nemecek), '생산자와 소비자를 통해서 먹을거리가 환경에 미치는 영향을 줄이기(Reducing food's environmental impacts through producers and consumers)', 〈사이언스〉 360(6392), 987-992페이지. 이 논문의 거의 모든 사례의 결론이 나 자신의 연구와 놀라울 정도로 비슷하다. 대표적으로는 나의 전작인《거의 모든 것의 탄소발자국》에서 소개된 슈퍼마켓에 대한 항목과 그 연구 내용이 그렇다. 이는 우리가 참고한 데이터의 출처가 동일하기 때문이다. 가장 큰 차이점이라면, 푸어와 네메체크는 토지를 이용하는 방식이 상당히 바뀌었다는 점을 밝혀냈다는 것인데, 이는 내가《거의 모든 것의 탄소발자국》을 쓸 당시만 해도 파악하지 못했던 사실이다. 그리고《거의 모든 것의 탄소발자국》은 일부 먹을거리에 대해서 훨씬 더 자세히 살펴보고 있는데, 특히 과일과 채소, 그리고 제철 식품, 로컬푸드, 수입 먹을거리를 자세히 다룬다.

27 조지 몬비오트(George Monbiot)의 글 '가금류의 습성(Fowl Deeds)'을 읽어보기 바란다, https://tinyurl.com/MonbiotChickens. 그리고 BBC 컨트리파일(BBC Countryfile)의 '가금류의 자유방목 축산이 강물의 오염 증가를 가속한다고 관계 당국이 경고한다(Free-range poultry farming contributing to increase in river pollution, warn authorities)'(2017년 10월)도 참조하기 바란다. https://tinyurl.com/yayk3l66

28 마이크 버너스-리, 《거의 모든 것의 탄소발자국》(프로파일북스, 2011), 개정판(2020). 버너스-리(M. Berners-Lee), 홀로한(C. Hoolohan), 캐머크(H. Cammack), 휴이트(C. N. Hewitt), '현실적으로 선택할 수 있는 식단이 온실가스에 미치는 상대적인 영향(The relative greenhouse gas impacts of realistic dietary choices)', 〈에너지 정책(Energy Policy)〉 43, 184-190페이지, 에너지 정책, 2011, http://dx.doi.org/10.1016/j.enpol.2011.12.054. 그리고 버너스-리(M. Berners-Lee), 매킨스트리-웨스트(J. Mckinstry-West), 휴이트

(C. N. Hewitt), '소비자의 현실적인 선택을 통해서 먹을거리에 내재한 온실가스 배출을 완화하기(Mitigating the greenhouse gas emissions embodied in food through realistic consumer choices)', 〈에너지 정책〉 63, 1065-1074페이지, http://dx.doi.org/10.1016/j.enpol.2013.09.046

29 세계자원연구소(WRI)가 펴낸《지속가능한 먹을거리의 미래 만들기》8권에서는 수자원의 관리를 좀 더 상세히 다룬다. https://tinyurl.com/globalriceGHG

30 '부스의 온실가스 발자국(The greenhouse gas footprint of Booths)'(2015), https://tinyurl.com/ghgbooths

31 마르슈케(M. Marschke), 판데어기스트(P. Vandergeest), '노예제도 스캔들: 해양어업 분야에서의 노동문제 해결 및 정책적 대응(Slavery scandals: unpacking labour challenges and policy responses within the offshore fisheries sector)'(2016), 〈해양 정책(Marine Policy)〉 68, 39-26페이지, https://tinyurl.com/Fishingslavery

32 그리고 비타민B13, 비타민D3, 칼륨, 오메가3 지방산도 포함된다. 하지만 본문에서 나열된 미네랄들은 개발도상국의 영양 공급에서 물고기의 기여도가 특히나 높은 영양소들이다.

33 리진스도르프(A. D. Rijnsdorp), 페크(M. A. Peck), 엥겔하르트(G. H. Engelhard) 외, '기후변화가 물고기의 개체수에 미치는 영향을 해결하기(Resolving the effect of climate change on fish populations)'(2009), 국제해양탐사협의회(ICES)의 〈해양과학 저널(Journal of Marine Science)〉 66(7), 1570-1583페이지, https://tinyurl.com/climatefish

34 해양보존협회(MCS), https://www.mcsuk.org

35 해양관리협의회(MSC)가 금전적인 기득권 때문에 치명적인 결함을 가질 수도 있다는 안타까운 가능성은 어류정보서비스(FIS)의 웹 사이트에 실린 글, '낚이다: 영국의 슈퍼마켓들이 '지속가능하지 않은 참치 스캔들'에 걸리다(On The Hook: UK supermarkets caught in 'unsustainable tuna scandal')'에 자세하게 소개되어 있다. https://tinyurl.com/marinesc

36 자케(J. L. Jacquet), 파울리(D. Pauly), '무역의 비밀: 해산물의 이름을 바꾸고 라벨을 다르게 붙이다(Trade Secrets: Renaming and mislabelling of seafood)'(2007), 〈해양 정책〉 32, 309-318페이지, 다음 링크에서 확인할 수 있음. https://tinyurl.com/seafoodlabels

37 생선가게를 고르는 방법에 대한 더욱 자세한 안내 사항은 웨더렐(Wetherell)의 '2018: 지속가능한 먹을거리 신탁(The sustainable food trust)'을 찾아보기 바란다. https://sustainablefoodtrust.org/articles/eating-values-fivequestions-ask-

fishmonger/

38 www.mcsuk.org/goodfishguide. 이 책의 초판에서 MCS를 MSC와 혼동한 데 대해서는 해양보존협회(MCS)에 진심으로 크게 사과를 드린다. MCS는 정말 훌륭한 NGO이며, 여러 독자분께서 이러한 오류를 지적해주셨다.

39 영양 공급의 각 단계에서 손실되는 열량에 대한 자세한 내용은 버너스-리(M. Berners-Lee), 케넬리(C. Kennelly), 왓슨(R. Watson), 휴이트(C. N. Hewitt)의 글(2018)을 읽어보기 바란다. 앞의 11번 주석 내용 참조.

40 몰트(J. A. Moult), 앨런(S. R. Allan), 휴이트(C. N. Hewitt), 버너스-리(M. Berners-Lee), '영국의 소매점들이 먹을거리를 폐기하는 여러 과정에서 발생시키는 온실가스 배출량(Greenhouse gas emissions of food waste disposal options for UK retailers)'(2018), 〈먹을거리 정책(Food Policy)〉 77, 50-58페이지

41 배출되는 메탄가스의 70퍼센트를 포집한다고 가정해서 계산한 것으로, 이는 현재까지 매립지에서 포집할 수 있는 최대 수치다. 앞에서 언급한 논문 참조.

42 세인즈버리(Sainsbury)에서 판매하는 돌판에 구운 마르게리타 피자 한 판의 열량은 718칼로리다. http://tinyurl.com/gta4ryx

43 실험실에서 만든 고기가 오늘날의 육류산업보다 더욱 매력적인 개념인지 의심스럽다면, 다음 링크에 있는 삼사라(SAMSARA)의 6분짜리 동영상이 여러분의 마음을 정하는 데 도움이 될 것이다. https://vimeo.com/73234721

44 빌&멜린다 게이츠 재단은 2008년에 국제쌀연구소(IRRI)에서 추진하는 C4 품종의 쌀을 개발하는 프로젝트에 자금을 지원했다. 이 프로젝트는 3단계 연구(2015~2019)가 진행되었다. 좀 더 자세한 정보는 다음 링크에서 확인할 수 있다. https://c4rice.com

45 대표적인 사례는 '세계의 굶주림을 완화하기 위해서 전기로 만든 단백질', LUT대학교, https://bit.ly/2UluQWf와 그리고 채널4와 조지 몬비오트가 2020년에 만든 흥미로운 다큐멘터리인 〈소들의 묵시록: 고기는 어떻게 지구를 죽였나(Apocalypse Cow: How meat killed the planet)〉에서 자세한 내용을 읽어보면 많은 도움이 된다. (베트남전쟁의 참상을 그린 영화 〈지옥의 묵시록(Apocalypse Now)〉을 패러디한 제목이다. - 옮긴이) 다음 링크에서 감상할 수 있다. https://bit.ly/3aVEIMU

46 데이터 출처는 버너스-리(M. Berners-Lee), 케넬리(C. Kennelly), 왓슨(R. Watson), 휴이트(C. N. Hewitt)의 논문(2018)이며, 앞의 11번 주석 내용 참조.

47 유엔은 '2015년 세계 인구 전망(2015 World Population Prospects)' 보고서에서 2050년이 되면 전 세계 인구가 97억 명으로 증가할 것으로 예상했다. https://tinyurl.com/

UNworldpop

48 1세대 바이오연료는 식용작물로 만든 것이며, 2세대 바이오연료는 일반적으로 셀룰로오스 기반의 다른 작물을 이용해서 만든다.

49 좀 더 자세한 정보는 '생물학적 다양성에 대한 협약(The Convention on Biological Diversity)'에 있는 20가지 목표를 참조하기 바란다.

CHAPTER 02 ─ 기후와 환경에 대한 추가 내용

50 '생물학적 다양성에 대한 협약'이 발표한 보고서 '지구에서의 지속가능한 삶 (Sustaining life on Earth)'(2000)에서는 1,300만 종이 존재한다는 결론을 내렸다. (https://tinyurl.com/cbdreport) 그런데 다음과 같은 좀 더 최근의 연구에서는 약 800만 종이라고 추정했다. 모라(C. Mora), 티텐서(D. P. Tittensor), 에이들(S. Adl), 심슨 (A.G. Simpson), 웜(B. Worm), '지구의 육지와 바다에는 얼마나 많은 생물종이 있는 가?(How many species are there on Earth and in the ocean?)'(2011), PLoS Biology 9(8), e1001127. https://tinyurl.com/totalspecies. 그리고 메이(R. M. May)의 '열대 절지동물의 종류는 얼마나 될까?(Tropical arthropod species, more or less?)'(2010), 〈사이언스〉 329(5987), 41–42페이지에서는 최대 1억 종에 달할 수도 있다고 추정한다. https://tinyurl.com/speciesscience

51 세계자연기금(WWF)의 추정 자료이며, 자세한 내용은 다음 링크에서 확인할 수 있다. https://tinyurl.com/wwfbio

52 국제자연보전연맹(IUCN)의 적색목록(Red List)의 추정 자료인데, 이들은 이러한 현실의 원인이 부분적으로는 종 분류 체계와 '위협'에 대한 정의의 변화일 수 있다고 강조한다. 적색목록은 다음 링크에서 확인할 수 있다. https://tinyurl.com/redlistiucn

53 세계자연기금(WWF)의 '지구생명보고서 2016(Living Planet Report 2016)', https://tinyurl.com/wwflivingplanet

54 할만(C. A. Hallmann), 소르그(M. Sorg), 용게얀스(E. Jongejans) 외, '보호구역에서의 날벌레 곤충의 생물량이 27년 동안 75퍼센트 이상 감소했다(There has been more than a 75 percent decline over 27 years in total flying insect biomass in protected areas)'(2017), PLoS One 12(10), e0185809. https://doi.org/10.1371/journal.pone.0185809

55 카르디날레(B. J. Cardinale), 더피(J. A. Duffy), 곤잘레즈(A. Gonzalez) 외, '생물 다양성 손실과 그것이 인류에게 미치는 영향(Biodiversity loss and its impact on

humanity)'(2012), 〈네이처〉 486(7401), 59페이지. 〈네이처〉에 실린 이 논문은 수백 건의 다른 연구를 기반으로 한다. '생태계의 공급 서비스(provisioning service)에 대해서 살펴보면, 데이터는 다음과 같은 사실을 보여준다. (1) 동일 종 내의 유전적 다양성은 상업용 작물의 산출량을 증가시킨다. (2) 나무의 종 다양성은 조림지에서의 목재 생산량을 늘려준다. (3) 초원에서의 식물의 종 다양성은 사료 생산량을 늘려준다. (4) 물고기의 다양성이 증가하면 어업 생산량이 훨씬 더 안정화되는 것으로 나타난다. 생태계의 조절 서비스(regulation service)와 그 과정에 대해서 살펴보면, (1) 식물의 다양성 증가는 외래 식물의 침입에 대한 저항성을 강화한다. (2) 더욱 다양한 식물 종이 살고 있는 군집 안에서는 균이나 바이러스 감염과 같은 식물병원균이 덜 퍼진다. (3) 식물 종의 다양성이 증가하면 식물의 총량이 늘어나서 지상에서의 탄소격리(carbon sequestration) 작용이 증가한다. (하지만 장기적인 탄소 저장과 관련해서는 2번 항목 참조) (4) 식물이 무성하게 자라나면 영양분 무기화(nutrient mineralization) 작용과 토양 유기물(soil organic matter)이 증가한다.'

56 제인 루브첸코(Jane Lubchenco)가 온라인 매거진 〈예일 환경 360(Yale Environment 360)〉과 나눈 인터뷰 내용으로, 다음 링크에서 확인할 수 있다. https://tinyurl.com/janelubchenco

57 해양의 산성도(pH)는 산업혁명 이후 0.1이 감소했다. 그다지 커다란 감소 폭이 아닌 것처럼 보일 수도 있지만, 이는 바닷물의 수소이온농도(또는 산성도)가 최소한 26퍼센트 증가한 것이며, 이 수치는 2100년이 되면 150%까지 증가할 것으로 예상된다. (IPCC의 〈기후변화 2013 – 자연과학적 근거, 기후변화에 대한 정부 간 협의체의 5차 평가리포트에 대한 조사위원회 1그룹의 의견(Climate Change 2013 – The Physical Science Basis, Working Group I Contribution to the Fifth Assessment Report of the Intergovernmental Panel on Climate Change)〉(2014, 케임브리지대학교 출판부)의 3장 참조) 또한, 과학자들은 이러한 산성화의 가속도가 지난 3억 년 동안에 해양에서 일어난 그 어떤 지구화학적 변화들보다도 훨씬 더 크다고 생각하는데, 이는 전례가 없었던 문제 현상이다. 그리고 해양의 생태계의 문제에서는 우리가 한 치도 예측할 수 없는 영역으로 들어갈 수도 있다고 생각한다. 회니슈(B. Hönisch), 리지웰(A. Ridgwell), 슈미트(D. Schmidt) 외, '해양 산성화에 대한 지질학적 기록(The geological record of ocean acidification)'(2012), 〈사이언스〉 335(6072), 1058 –1063페이지)

58 〈내셔널지오그래픽(National Geographic)〉의 예전 기사에서 인용한 것으로, 다음 링크에서 확인할 수 있다. https://tinyurl.com/ThomasLovejoy

59 플라스틱의 생산과 처분에 대한 수치들은, 별도로 언급하는 경우를 제외하고, 모두

가이어(R. Geyer), 잼벡(J. R. Jambeck), 로우(K. L. Law), '지금까지 만들어진 모든 플라스틱의 생산, 사용, 처분(Production, use, and fate of all plastics ever made)'(2017), 〈사이언스 어드밴시스(Science Advances)〉 3(7), e1700782에서 가져온 것이다. https://tinyurl.com/fate-of-plastic

60 나의 추정에 따르면, 지구를 1.33번 두르기에 충분한 양이다. 지구의 표면적은 5억 1,000만km²이다. 그리고 비닐 랩의 두께를 우리가 가정에서 흔히 사용하는 것과 같은 약 8μm라고 가정하면, 지구 전체를 감싸는 데는 40억m³ 부피의 비닐 랩이 필요하다. 2015년까지 지구상에 버려진 플라스틱의 부피는 모두 54억m³이었는데(여기에서는 모든 비닐 랩의 밀도가 0.92g/cm³이라고 가정했다.), 그래서 지구를 1.33번 감쌀 수 있다는 계산이 나온다. 만약에 육지만 덮는다면 두 번을 두르고도 남는 양이며, 달이라면 네 번이나 감쌀 수 있다.

61 잼벡(J. R. Jambeck), 가이어(R. Geyer), 윌콕스(C. Wilcox) 외, '플라스틱 폐기물이 육지에서 바다로 흘러든다(Plastic waste inputs from land into the ocean)'(2015), 〈사이언스〉 347(6223), 768-771페이지. 이들은 전 세계의 고형 폐기물 발생량, 인구 밀도, 폐기물 관리의 품질 등을 고려해서 바다로 흘러드는 플라스틱 폐기물의 양을 추정했다.

62 러셔(A. L. Lusher), 맥휴(M. McHugh), 톰슨(R. C. Thompson) 외, '영국해협에서 나온 회유성 어류 및 저층 어류의 위장관에서 미세 플라스틱이 발견되다(Occurrence of microplastics in the gastrointestinal tract of pelagic and demersal fish from the English Channel)'(2013), 〈해양오염 회보(Marine Pollution Bulletin)〉 67(1), 94-99페이지. https://tinyurl.com/plasticinfish

63 작은 조각으로 잘게 부서지는 이른바 생분해(biodegrading)가 되기까지는 수백 년밖에 걸리지 않겠지만, 이것이 실제 분자 구조가 해체되는 무기화(mineralisation)는 아니라는 점을 주목해야 한다. 일반적으로 바다에서는 무기화가 전혀 일어나지 않는다.

64 영국 정부, '플라스틱 오염의 근거에 대한 선제적 검토(Foresight Review of Evidence: Plastic Pollution)'(2017), https://tinyurl.com/foresightplastic. 이 보고서는 잼벡(J. R. Jambeck), 가이어(R. Geyer), 윌콕스(C. Wilcox) 등의 논문(2015)을 참고해서 작성된 것이다. 앞의 61번 주석 내용 참조.

65 매립지나 자연환경에 매년 버려지는 플라스틱의 양은 앞으로 10년 동안에도 계속 증가할 것이다. 또한 그 폐기량이 현재와 같은 수준으로 떨어지려면 그 이후에도 20년이 더 걸릴 것이다.

66 2015년의 석유 생산 속도는 하루에 약 9,200만 배럴이었는데, 이를 1년으로 환산하

면 45억 6,100만 톤에 해당한다. 나는 여기에서 (탄소의 함량을 기준으로) 석유 1톤으로 페트(PET) 1.37톤을 만들 수 있다고 가정했다. 페트는 우리가 가장 흔하게 볼 수 있는 플라스틱으로, 플라스틱 병과 폴리에스테르를 생산하는 데 사용된다. 따라서 1년에 생산되는 석유를 전부 플라스틱으로 만든다면, 62억 5,500만 톤을 만들 수 있으며, 이는 2015년까지 지구상에서 만들어진 모든 플라스틱의 83퍼센트에 해당하는 양이다.

67　이 부분의 모든 내용은 가디언(The Guardian)의 기사 '플라스틱의 다음 생이 있을까? 더욱 깨끗한 세상을 약속하는 새로운 발명품들(Is there life after plastic? The new inventions promising a cleaner world)'(2018년 2월)에서 많은 도움을 받았다. https://tinyurl.com/lifeafterplastic

CHAPTER 03 — 에너지

68　먹을거리에 대한 항목을 제외한 모든 데이터는 영국 국영 석유회사(BP)의 2017년 통계 검토 자료를 참고했다. 먹을거리에 대한 데이터와 출처가 다른 자료들을 통해서 전 세계의 하루 평균 섭취량이 2,545칼로리라고 산출했는데, 이는 유엔 식량농업기구(FAO)가 제시하는 하루 평균 권장량인 2,353칼로리보다 약간 높은 수치다.

69　체중이 65kg인 사람이 1시간에 65칼로리가 필요하다는 기준에 근거하고 있는데, 이러한 수치는 '캡틴 계산기(Captain Calculator)'의 수면 중에 연소되는 칼로리 계산기 등을 포함해서 다양한 출처의 데이터를 취합해서 산출한 것이다. https://tinyurl.com/sleepcalories

70　먹을거리를 제외한 모든 데이터는 영국의 비즈니스·에너지·산업전략부(BEIS)에서 공개한 '2018년 영국의 에너지 소비(Energy Consumption in the UK, 2018)'를 참고했다. https://tinyurl.com/UKenergyuse. 먹을거리에 대한 추정치는 이 책의 앞부분에 있는 분석 내용에서 가져온 것이다.

71　위의 70번 항목 참조

72　BP의 '2017년 세계 에너지 통계 검토(Statistical Review of World Energy 2017)' 중에서 기초 데이터(Underpinning data) 항목 참조. (원자력과 재생에너지 등) 전기 형태의 1차 에너지는 석유를 사용하는 발전소의 에너지 변환 효율인 38퍼센트를 기준으로 '석유 등가량(oil equivalent)'으로 변환했다. 그렇게 해서 2.6이라는 가점 요인이 산출되었다. https://tinyurl.com/bppreview17

73　지구의 단면적(cross section)은 m²이며, (제곱미터당 햇빛의 수직 입사량인) 태양상수는 1,361W/m²이기 때문에, 지구가 받는 태양에너지의 총량은 W다. 그런데 이 중에

서 30퍼센트는 반사되고, 그 후 남는 양은 단위 면적당 약 953W/m², 또는 총량으로 보면 W이다. 현재 지구의 인구는 약 75억 명이기 때문에 1인당 16,277kW, 또는 하루로 환산하면 1인당 391,000kWh의 에너지가 할당된다고 계산할 수 있다. 참고로 현재 우리는 1인당 하루에 59kWh의 에너지를 사용하고 있기 때문에, 우리에게 주어지는 에너지의 6,621분의 1을 사용한다고 할 수 있다.

74 3,000m³ 부피의 수영장을 90도로 가열한다고 가정했다.

75 나는 소비전력이 1.8kW인 일반적인 전기주전자를 사용한다고 가정했다. 비행기의 경우, 에어버스의 A380에 500명의 승객을 태우고 장거리 노선을 비행한다고 가정했고, 센서스(Sensus)의 데이비드 파킨슨(David Parkinson)이 나를 위해 만들어준 아주 똑똑한 항공 배출량 모델을 사용했다. 이 모델은 실제 현실에서의 다양한 비행기 기종별 연료 소비량, 적재한 화물량, 운항 거리 등을 모두 반영해서 상당히 뛰어난 시뮬레이션을 제공한다. 그렇게 해서 A380은 비행하면서 승객 1명당 평균 500kW의 에너지를 사용한다는 수치가 산출되었다.

76 16퍼센트의 효율성을 가진 저렴한 태양전지판을 태양광 발전에 최적화된 지역을 선택하는 것이 아니라 여러 지역에 임의로 퍼트린다고 가정했다. 따라서 상당히 보수적인 추정이라고 할 수 있다.

77 이번에도 BP의 '2017년 세계 에너지 통계 검토(Statistical Review of World Energy 2017)'에서 데이터를 참고했다.

78 나는 여기에서 '아마도'라는 표현을 사용했다. 참고로, 크리스 구달(Chris Goodall)은 이렇게 말했다. "40퍼센트라는 효율성은 상당히 공격적인 수치입니다. 아마도 페로브스카이트(perovskite)로 만든 이중셀(tandem layers) 구조로 만들어야 가능할까 말까 한 정도입니다."

79 이 부분에 대해서는 크리스 구달에게 감사를 드린다. 태양열 혁명에 대한 낙관적인 견해를 보고 싶다면, 프로파일(Profile)에서 출간된 그의 책《스위치(The Switch)》를 추천한다.

80 이에 대한 사례에 대해서는, 바츨라프 스밀(Vaclav Smil)이 2015년에 ABC-CLIO에서 출간한 책《에너지 전환: 역사, 필요조건, 전망(Energy Transitions: History, Requirements, Prospects)》 참조.

81 이 계산은 빛의 세기(light intensity)에 대한 나사(NASA)의 데이터(https://power.larc.nasa.gov/new, 2019년에 확인)와 육지 면적과 인구에 대한 세계은행(World Bank)의 데이터(https://data.worldbank.org/indicator/SP.POP.TOTL)를 기반으로 ARC GIS 소프트웨어를 이용해서 수행했다.

82 배터리를 만들기 위해서 채굴해야 하는 자원들을 설명하겠다. 대부분의 리튬 이온 배터리에는 코발트가 필요한데, 코발트의 대부분은 콩고민주공화국(DRC)에서 생산된다. 이곳에서는 아동노동이 이뤄지는 것은 물론이고 높은 부상 위험과 알 수 없는 질병의 위협에 시달린다. 2016년에 발표된 앰네스티 인터내셔널(Amnesty International)의 조사에 따르면, 그 어떤 국가도 자국 기업들에 코발트의 정확한 출처를 묻지 않는다는 사실이 밝혀졌다. 기업의 조치에 대해서 앰네스티는 2017년에 애플과 삼성에 '적절함'이라는 판정을 내렸고, 그 외 마이크로소프트, 레노버, 르노, 보다폰, 화웨이, L&F, 톈진(Tianjin), B&M, BYD, 코스라이트, 선전(Shenzhan), ZTE 에는 모두 '아무런 조치를 하지 않음'이라는 판정을 내렸다. 앰네스티 인터내셔널이 2017년 11월에 발표한 '재충전을 위한 시간: 코발트 공급망에서 일어나는 학대 행위에 대한 기업의 조치 및 무대응(Time to Recharge: Corporate Action and Inaction to Tackle Abuses in the Cobalt Supply Chain)' 참조.

83 마르쿠스 부트(Marcus Budt), 볼프(D. Wolf), 스판(R. Span), 얀(J. Yan), '압축공기 에너지 저장에 대한 검토: 기본 원칙, 과거 이력, 최근 개발 현황(A review on compressed air energy storage: basic principles, past milestones and recent developments)'(2016), 〈응용 에너지(Applied Energy)〉 170, 250-268페이지.

84 바츨라프 스밀(Vaclav Smil), 《에너지 전환: 세계적 전망과 국가별 전망(Energy Transitions: Global and National Perspectives)》 2판, 프레이저(Praeger), 2016.

85 애덤스(Adams), 키스(Keith), '세계의 풍력에너지 자원 추정치는 과대평가되었는가?(Are global wind power resource estimates overstated?)'(2013), 〈환경연구서신(Environmental Research Letters)〉, 8(3월 1일), 015-021페이지.

86 영국의 육지 면적은 242,495km^2, 인구는 6,660만 명으로 놓고 계산했다.

87 이 지도에서는 각 나라의 지상 50미터 이내에 부는 바람의 운동에너지 총량을 나라 전체의 평균값으로 계산하였다. 이 자료를 햇빛 에너지의 추정치와 직접적으로 비교하는 것은 부적절하다. 왜냐하면 햇빛 에너지는 하루 총량으로 계산했고, 바람 에너지는 우리가 이용할 수 있는 형태로 변환하기 전의 순간적인 운동에너지를 측정했기 때문이다. 이 지도에서는 각 나라의 구체적인 지형이나 연안 지역의 활용과 같은 아주 중요한 요소들은 무시했음을 밝힌다. 바람의 속도에 대한 자료는 나사(NASA)의 데이터를 참고했다. https://power.larc.nasa.gov/new(2019년에 확인). 그리고 운동에너지(KE)는 공기의 밀도와 육지의 면적을 토대로 $KE = \frac{1}{2}mv^2$ 라는 공식으로 계산했다(m=질량, v=속도). 그리고 나는 속도의 제곱에 대한 평균값이 아닌 바람의 평균속도를 제곱해서 사용했음을 밝힌다. 제곱에 대한 평균을 사용했더라면

더 정확했겠지만, 찾을 수 없었다.

88 나는 50km² 의 단위 면적에 대한 강우량 및 고도에 대한 데이터와 ARC GIS 소프트웨어를 사용해서 19.5TW라고 추정했다. 스밀은 《에너지 전환》(2016)에서 11.75TW라고 추정했다. 아마 그의 계산이 더욱 정확하겠지만, 두 개의 추정을 통해서 우리는 수력에너지의 잠재력이 어느 정도인지를 가늠할 수 있다.

89 육지에 내리는 빗물의 잠재적인 에너지에 대해서 좀 더 높게 추정한 나의 수치를 이용해서 계산하면, 19.5TW × 5% × 80% = 0.78TW가 된다. 스밀이 계산한 11.75라는 수치로 계산해도 거의 비슷한 결과를 얻을 수 있는데, 이는 우리가 현재 이용할 수 있는 거의 모든 잠재력을 활용한다는 것을 의미한다. 5퍼센트라는 '능률 요인'이 중요하다고 할 수 있겠다.

90 MIT에서 만든 커먼웰스퓨전시스템(Commonwealth Fusion Systems)은 15년 내에 전력망에 전기를 공급하는 발전시설을 갖추게 될 것이다. 〈MIT 테크놀로지 리뷰(MIT Technology Review)〉, 2018년 3월 9일, https://tinyurl.com/fusion15yrs

91 유엔의 FAO는 국가별 체형과 활동 수준을 고려해서 식단에 필요한 에너지를 발표하고 있는데, 이 자료에 따르면, 미국인들이 건강을 유지하는 데 필요한 권장 섭취 열량은 하루 2,500칼로리다. 이는 세계 평균보다 조금 높은 수치인데, 미국인들의 체형이 조금 더 크기 때문이다. 그리고 미국에서 바이오연료에 사용되는 열량은 1일 기준으로 4,000칼로리 이상이다.

92 후앙(W. D. Huang), 장(Y. H. P. Zhang), '에너지 효율 분석: 바이오연료 생산, 연료 분배, 동력전달장치를 고려한 바이오매스로부터 구동에까지 이르는 과정의 효율성 (Energy efficiency analysis: Biomass-to-wheel efficiency related with biofuels production, fuel distribution, and Powertrain systems)'(2013), 〈플로스원〉, http://dx.doi.org/10.1371/journal.pone.0022113

93 바이오연료의 원료로서 해조류에 대한 더욱 자세한 정보에 대해서는 해넌(M. Hannon), 짐펠(J. Gimpel), 트랜(M. Tran), 라살라(B. Rasala), 메이필드(S. Mayfield), '해조류에서 얻는 바이오연료: 도전 과제 및 잠재력(Biofuels from algae: challenges and potential)'(2010), 《바이오연료(Biofuels)》1(5), 763－784페이지를 참조하기 바란다. https://tinyurl.com/ya8zuty3

94 윌리엄 스탠리 제번스(William Stanley Jevons), 《석탄의 문제(The Coal Question)》, 맥밀란(Macmillan), 1865. 제번스는 효율성이 향상되면 석탄을 더욱 매력적으로 만들어서, 사용량이 줄어들기보다는 오히려 수요가 증가할 것이라고 지적한다.

95 이 문제를 신중하게 바라보는 거의 모든 사람은 효율성의 획득으로 인한 '반동효과'

를 인정할 테지만, 중요한 문제는 이러한 반동효과를 100% 이상으로 평가하느냐 하는 것이다. 내가 접했던 모든 분석을 살펴보면, 고려할 수 있는 반동효과의 수위에 제한을 둘 때 그들이 실제로 발견했던 결론에 도달할 수 없다는 것을 알 수 있다. 실제로 경제의 어느 한 부분만을 따로 떨어트려서 살펴보거나 단기간만을 들여다보면 효율성의 획득으로 인한 효과를 제대로 분석할 수 없다. 실효성 있는 유일한 측정 방법은 전 세계의 모든 영역에서 얻어낸 효율성을 전부 결합해서 들여다보고, 전 세계의 에너지 사용량을 추적하는 것이다. 이렇게 하면 지난 50년 동안 전 세계에서 발생한 모든 에너지 반동효과의 평균이 102.4%라는 것을 알 수 있다. (즉, 전 세계의 에너지 사용량이 매년 이 수치로 증가해왔다는 것이다.)

반동효과에 대한 더욱 심층적인 연구로는 영국의 에너지연구위원회(Energy Research Council)에서 2007년에 발표한 '반동효과 보고서(The Rebound Effect Report)'가 있다. https://tinyurl.com/UKERCrebound. 이 보고서의 분량은 127페이지다. 여기에서는 반동효과를 (대체 반동, 투입/산출 반동, 내화 반동, 부차적 반동 등의) 여러 가지 유형으로 분류한다. 그리고 반동효과가 아주 중대하기는 하지만 제번스의 역설은 존재하지 않는다는 결론을 내리고 있는데, 그 이유는 반동효과로 인한 총합이 대체적으로 100%를 넘지는 않기 때문이라는 것이었다. 하지만 이러한 결론이 내려진 이유는, 이렇게 심혈을 기울인 보고서조차도 반동효과의 모든 요소를 충분히 고려하지 못했기 때문이다. 이 연구에서 고려하지 않았던 반동효과의 사례를 한 가지만 들면, 조명의 효율성을 개선하는 것이다. 그런데 조명의 효율성이 높아지면 작업환경은 더욱 좋아질 것이고, 결국엔 바다에서 석유를 더욱 효율적이고 많이 시추할 수 있게 된다.

다른 수많은 연구에서는 반동효과의 심각성을 훨씬 과소평가한다. 이에 대해서는 다음 주석의 내용을 참조하기 바란다.

96 예를 들어서, 글로벌 e지속가능성 이니셔티브(GESI)에서 공개한 '스마터 2030 (SMARTer 2030)'이라는 보고서를 보면(www.smarter2030.gesi.org에서 확인할 수 있음), 그들은 반동효과를 고려하지 않는다면 ICT가 2030년까지 전 세계의 탄소를 20% 줄일 수 있다고 주장한다. 물론 이 보고서의 부록에서 반동효과를 언급하고 있기는 하지만, 거시경제적인 반동효과를 무시하고 있기 때문에 전체적인 반동효과는 크게 과소평가되어 있다.

97 가장 주목할 만한 점은, 영국석유(BP)가 매년 발표하는 '세계 에너지 통계 검토'에서 이 부분을 다룬다는 것이다. 재생에너지 발전량이 종종 '석유 등가량의 톤(tonnes of oil equivalent)'으로 측정되는 것도 이 보고서 때문이라고 할 수 있다. 석유 등가량의

톤이란, 동일한 전력량을 생산하는 데 필요한 자원의 양을 석유를 기준으로 비교하는 것이다. BP는 석탄과 석유를 사용하는 발전소의 에너지 전환 효율을 38%로 산정하였다. 천연가스를 사용하는 터빈은 효율성이 훨씬 더 뛰어나다.

98 스트레플러(J. Strefler), 아만(T. Amann), 바우어(N. Bauer) 외, '강화된 암석 풍화작용을 활용한 이산화탄소 제거 방식의 잠재력 및 비용(Potential and costs of carbon dioxide removal by enhanced weathering of rocks)'(2018), 〈환경연구서신〉, doi:10.1088/1748-9326/aaa9c4. https://preview.tinyurl.com/rockweatherring. 그리고 크리스 구달과 그가 이 주제에 대해서 매주 발행하는 뉴스레터인 〈탄소 논의(Carbon Commentary)〉에도 감사를 드린다. 저탄소 기술에 대한 뛰어난 글들을 소개하는 이 뉴스레터는 누구나 무료로 구독할 수 있다. www.carboncommentary.com

99 바스틴(J.-F. Bastin), 파인골드(Y. Finegold), 가르시아(C. Garcia) 외, '전 세계 삼림 복원의 잠재력(The global tree restoration potential)'(2019), 〈사이언스〉 5, 76-79페이지. 지구상에는 나무를 더 심을 수 있는 여유 공간이 9억 헥타르인데, 여기에는 5,170억 그루의 나무를 심어서 205기가톤(Gt)의 탄소를 저장할 수 있다고 한다.

100 '탄소상쇄 산업의 호황기가 돌아오다(Boom times are back for carbon offsetting industry)', 파이낸셜타임스, 2019년 12월, 다음 링크에서 확인할 수 있음. https://on.ft.com/2vGGbHM

101 이 전략은 클라임웍스(Climeworks)에서 시행한다. www.climeworks.com

102 예를 들면, 디엔브이지엘(DNV GL)이 공개한 〈2017 에너지 전환 전망(Energy Transition Outlook 2017)〉(https://eto.dnvgl.com)에서는 에너지 수요가 2050년에 정점에 달한 이후에 꾸준히 감소할 것으로 추정하였다. 하지만 그들은 효율성이 매년 2.5%로 증가한다고 가정하였으며(이는 지난 20년 동안의 1.4%와는 맞지 않는 것이다.), 공공 부문의 수요는 이것과 무관하다고 추정하였다. 즉, 반동효과가 제로(0)라는 것이다. 그리고 인구 증가에 대해서도 내가 아는 한 가장 낙관적인 전망을 하고 있는데, 지구의 최대인구가 94억 명을 넘어서지는 않는다고 말한다. 이에 대해서는 인구통계 및 글로벌 인적자본에 대한 비트겐슈타인센터(Wittgenstein Centre for Demography and Global Human Capital) 참조, https://tinyurl.com/2017wittgen. 그리고 인구의 증가세가 둔화되기 때문에 반동효과도 없다고 말한다. 하지만 이런 점을 모두 고려하더라도, 그들 역시 기온 상승의 수치를 절대로 받아들일 수 없는 수준인 2.5℃도 이상으로 예측한다. 마찬가지로 스탓오일(Statoil)이 내놓은 '2017 에너지 전망, 장기간의 거시적 관점과 시장 전망(Energy Perspectives 2017 Long-term macro and market outlook)'에서는 에너지 수요가 2050까지 8% 감소한다는 복원 시나리오를 제

시하였다. https://tinyurl.com/2017statoil

CHAPTER 04 ― 여행 및 이동 수단

103 111개국에 걸쳐서 70만 명 이상의 일상생활을 들여다본 이 연구에서는 보통의 스마
    트폰 이용자들이 하루에 4,961걸음을 걷는다는 사실을 밝혀냈다. 흔히들 권장하는
    수치인 1만 걸음을 거리로 환산하면 5마일(8km) 정도인데, 따라서 우리는 평균적으
    로 하루에 2.5마일(4km)을 걷는 셈이다. 여기에 세계 인구를 곱하고 1년 365일로 환
    산하면, 지구 전체 인구가 1년에 걷는 총거리를 추정할 수 있다.
    알소프(T. Althoff), 소시치(R. Sosic), 힉스(J. L. Hicks) 외, '물리적 활동에 대한 대규모
    데이터를 통해서 전 세계의 활동 불평등이 드러나다(Large-scale physical activity data
    reveal worldwide activity inequality)'(2017), 〈네이처〉 547, 336–369페이지.

104 승객의 이동 거리 데이터의 경우, 항공여행에 대한 것은 국제민간항공기구(ICAO),
    철도에 대한 것은 세계은행(World Bank), 도로 이동에 대한 것은 경제협력개발기구
    (OECD)를 통해서 얻었다. 그리고 모든 단위는 마일(mile)로 환산했다.

105 '숫자로 보는 유럽연합의 에너지 사용 및 이동 거리 수치(EU energy and transport in
    figures)', 통계용 포켓북(Statistical pocketbook), 2002

106 유럽연합 집행위원회(European Commission), '특별 유로바로미터 406: 도심 이동
    에 대한 유럽인들의 태도(Special Eurobarometer 406: Attitudes of Europeans towards
    Urban Mobility)'(2013), https://tinyurl.com/ydyxcqa2

107 영국의 교통부(Department for Transport)가 펴낸 '국민여행조사 2017(National Travel
    Survey 2017)'에서는 일반적인 영국 거주자들이 매년 자전거로 60마일(97km)을 이동
    한다고 추산했다. 본 조사에서는 선박이 포함되지 않았는데, 그 수치가 미미하다고
    판단했던 것으로 보인다. https://tinyurl.com/y7tqayh6

108 좀 더 자세히 설명하겠다. 나는 자전거와 자동차에서 사용하는 전기를 햇빛이 많은
    캘리포니아 남부에서 태양전지판으로 얻는다고 가정했다. 영국은 하늘에 구름이 많
    고 태양의 고도도 낮기 때문에, 그 이동 거리가 3분의 2에 불과하다. 페달 자전거의
    경우, 전 세계의 평균 밀 생산량 자료를 사용했으며, 빵을 만드는 과정에서는 굽는
    데 소모되는 에너지를 무시하고 간단하게 만들어진다고 가정했다. 그리고 자전거 1
    마일(1.6km)을 타는 데는 50칼로리가 소모되고, 걷는 데는 그보다 2배가 소모된다
    는 대략적인 수치를 사용했다.

109 영국 공중보건국(Public Health England), 〈미립자 대기오염이 지역 사망률에 미
    치는 영향력 추정(Estimating Local Mortality Burdens associated with Particulate Air

Pollution)〉(2014) (https://tinyurl.com/deathsdiesel), 그리고 왕립외과협회(Royal College of Physicians), 〈우리가 들이마시는 모든 숨결: 대기오염이 평생에 걸쳐서 미치는 영향(Every breath we take: the lifelong impact of air pollution)〉(2016) (https://tinyurl.com/pollutiondiesel).

110 디젤 차량은 휘발유 차량보다 PM2.5는 15배, 산화질소 계열의 오염물질은 5배나 많이 배출한다. 좋은 경차와 비교하면 그 수치는 각각 23배와 1.65배다. 데이터의 출처는 영국의 국립대기배출자료원(NAEI)이다. 통행 차량들의 구성에 의한 도로교통의 오염물질 배출에 미치는 가중요인(Fleet weighted road traffic emissions factors)이 적용되었다. https://tinyurl.com/emissionsroad

111 일산화질소(NO)는 (토양의 미생물, 산불 등) 자연에서도 다양한 방식으로 생성되며, (화석연료의 연소 등) 인공적인 처리를 통해서도 발생한다. 일산화질소는 짝을 갖지 못한 전자를 가진 유리기(free radical)의 분자로, 대기 중에서는 산소(O_2)와 빠르게 반응해서 이산화질소(NO_2)를 생성한다.

$$2NO + O_2 \rightarrow 2NO_2$$

또는, 일산화질소가 오존(O3)과 반응해서 이산화질소와 산소가 만들어지기도 한다.

$$NO + O_3 \rightarrow NO_2 + O_2$$

이산화질소는 적갈색의 기체이며, 스모그의 주요 성분이다.

112 도심을 통행하는 자전거를 전기화하는 사업을 기업들이 얻는 장점에 대해서 스몰월드컨설팅(Small World Consulting)이 분석한 내용에서 도출한 결론이다. 좀 더 자세한 정보는 이메일(info@sw-consulting.co.uk)을 통해서 직접 문의하는 것이 가장 좋다.

113 대기오염으로 조기에 사망하는 4만 명은, 평균적으로 12년의 수명이 줄어든 것으로 여겨진다. 이러한 데이터를 통해서 1마일당 수명이 얼마나 줄어드는지에 대한 추정을 이끌어낼 수 있었다. 물론 이것은 어떤 특정한 사람의 수명이 1시간 줄어든다는 것이 아니라 수많은 사람의 수명이 조금씩 줄어든다는 것을 의미한다. 이것은 통계적인 분석이다. 나의 계산에서 고려하지 못한 것은, 교통 공해가 사람들의 호흡기와 아주 가까운 것에서 발생하기 때문에, 예를 들어서 (멀리 떨어진) 공장의 굴뚝에서 배출되는 연기보다 건강에 문제를 일으킬 가능성이 훨씬 더 높다는 것이다. 따라서 나의 추정은 모두 상당히, 또는 아마도 엄청나게 신중한 입장을 취하고 있는 것이라고 할 수 있다.

114 인디펜던트(Independent)의 기사에 요약본이 실려있다. https://tinyurl.com/scandalvw. 최초의 보고서는 쇼시에(G. P. Chossière), 말리나(R. Malina), 아쇼크(A.

Ashok) 외, '독일 내 폴크스바겐 디젤 승용차에서 나오는 과도한 산화질소 계열의 배출물이 공중보건에 미치는 영향(Public health impacts of excess NOx emissions from Volkswagen diesel passenger vehicles in Germany)'(2017), 〈환경연구서신〉 12(3), 034-044페이지.

115 계산과정은 이렇다. A380이 550명의 승객을 태우고 뉴욕의 JFK 공항에서 홍콩까지 8,062마일을 비행하려면 192톤의 제트연료를 연소시켜야 한다. (다시 말하면, 여기에서는 데이비드 파킨슨이 나를 위해 만들어준 항공 시뮬레이터 소프트웨어를 사용했다.) 만약 비행기가 바이오연료로 비행할 수 있게 만들어진다면(이는 그 자체로도 기술적으로 해결해야 하는 문제가 남아있다.), 같은 조건으로 비행하기 위해서는 2,166톤의 밀을 길러야 한다. (이는 바이오연료의 평균적인 에너지 전환 효율인 27%와, 밀 1kg당 바이오연료가 3,390칼로리가 만들어진다는 현재 시점의 조건을 적용했다.) 캘리포니아의 밀 수확량은 연간 약 0.56kg/m²이기 때문에, 모두 1.5제곱마일(39km²)의 면적이 필요하다. 유엔의 식량농업기구(FAO)에 의하면 세계 인구 1인당 일일 평균 에너지 섭취 권장량은 2,353칼로리다. 따라서 이렇게 비행하기 위해서는 승객 1명당 4년 분량의 열량이 필요한 셈이다.

116 나는 태양전지판을 캘리포니아에 빈틈없이 평평하게 놓는다고 가정했다. 이 지역의 일일 평균 일조량은 5.1kWh/m²이며, 태양전지판의 에너지 전환 효율이 20.4%, 그리고 이렇게 전환된 에너지가 배터리에 저장되는 효율은 85%라고 가정했다.

117 그런데 270이라는 숫자는 대체 어디에서 나온 것일까? 이것은 밀이 아닌 태양전지판을 사용해서 태양에너지를 담아내는 효율성과 함께, 밀에서 바이오연료를 얻는 것에 비해서 전기를 이용해서 연료를 얻는 경우에 효율성이 높다는 사실을 모두 고려해서 계산된 배율이다.

118 나의 첫 번째 책인 《거의 모든 것의 탄소발자국》을 보면 다른 수많은 교통수단에 대한 탄소발자국도 확인할 수 있다.

119 홍콩에서 런던까지 운항하는 화물선이 효율성을 고려해서 시속 15노트(28km)의 느린 속도로 움직이면 적재량 1톤에 대해서 1마일당 약 0.03kWh의 에너지를 사용하게 된다. 이는 연료 사용량으로부터 계산한 것이며, 연료 사용에 대한 자료는 바이알리스토키치(N. Bialystocki), 코노베시스(D. Konovessis), '선박 연료 소비 및 속도에 대한 추정: 통계적 접근(On the estimation of ship's fuel consumption and speed curve)'(2016), 〈해양 공학 및 과학 저널(Journal of Ocean Engineering and Science)〉, 1(2), 157-166페이지 참조. 이렇게 운항하면 2주가 소요된다.

120 데이비드 파킨슨의 항공 모델로 계산해보면, A380 기종으로 효율성을 고려해서

2,000해리(nautical-mile)씩 나뉘어서 운행하면, 적재량 1톤에 대해서 1마일당 약 2kWh의 에너지를 사용하게 된다.

121 세계 최대 규모인 '하모니 오브 더 시즈(Harmony of the Seas)'는 9,000명의 승객과 승무원을 태우고 운항하면 1해리(약 1.15마일, 1.9km)당 0.7톤의 선박용 연료를 연소하게 된다. 영국의 환경식품농무부(DEFRA)에서는 선박용 연료 1톤당 3,248kg의 CO_2e 인자를 적용한다. 이를 1인당 1마일로 환산하면 0.22kg의 CO_2e가 된다. 이러한 계산에서는 선체를 건조하는 과정에서 내화되는 탄소는 고려하지 않았다. https://tinyurl.com/HarmonySeas

122 페달보트(pedalo)에 대해서는 스티브 스미스(Steve Smith)의 《하와이까지 페달로 노 저어 가기(Pedalling to Hawaii)》가 내가 이제껏 읽었던 가장 별났던 모험 이야기였다. 뗏목에 대해서는 토르 헤이에르달(Thor Heyerdahl)의 《콘티키 호의 탐험(The Kontiki Expedition)》을 추천한다. 보트의 경우에는 엘런 매카써(Ellen MacArthur)의 《세상에 나서다(Taking on the World)》를 추천한다.

123 예를 들어서, 스티븐 호킹은 2016년에 열린 BBC 라디오의 리스 강연(Reith lecture) 이 끝난 뒤 어느 청중의 질문에 대해서 이렇게 대답했다. "우리는 적어도 향후 100년 동안에는 우주 공간에 자급자족할 수 있는 식민지를 건설하지 못할 것이기 때문에, 그동안에는 무척 조심해야만 합니다." https://tinyurl.com/ReithHawking

124 운동에너지(KE) = $\frac{1}{2}mv^2$이며, 질량(m)은 50(명) × 70kg = 3,500kg, 빛의 속도(c)는 300,000,000m/s이기 때문에 그 10분의 1의 속도(v)는 30,000,000m/s이다. 따라서 운동에너지(KE)는 J = 440TWh이며, 이를 다시 1일로 계산하면 18.3TW이다.

CHAPTER 05 ─ 성장, 돈, 계량적 분석

125 예를 들어서, 리처드 윌킨슨(Richard Wilkinson)과 케이트 피킷(Kate Pickett)의 《평등이 답이다, 왜 평등한 사회는 늘 바람직한가(The Spirit Level: Why More Equal Societies Almost Always Do Better)》(이후, 2012)에서는 부유한 국가들에서 GDP 성장에 덜 집착하면 불평등이 줄어든다는 확고한 사례들을 제시한다. 그리고 도넬라 메도즈(Donella Meadows), 요르겐 랜더스(Jorgen Randers), 데니스 메도즈(Dennis Meadows) 가 쓴 《성장의 한계(Limits to Growth)》(갈라파고스, 2012)는 '많은 것이 더 좋은 것'이 라는 교리에 대해서 아마도 첫 번째로 도전한 책이었으며, 팀 잭슨(Tim Jackson)의 《성장 없는 번영(Prosperity Without Growth)》(착한책가게, 2015)과 케이트 레이워스(Kate Raworth)의 《도넛 경제학(Doughnut Economics)》(학고재, 2018)도 이런 주제를 기반으로 한다. 그리고 신경제재단(New Economics Foundation)도 이런 이야기를 하

고 있는 곳이다(https://neweconomics.org).

126 국내총생산(GDP)과 탄소 배출량 사이의 연관성에 대한 더욱 자세한 분석은 마이크 버너스-리와 던컨 클라크가 쓴 《시급한 질문》의 '9장 – 성장에 대한 논쟁'을 참조하기 바란다.

127 바비 케네디(Bobby Kennedy), 캔자스대학교, 1968년 3월, 베트남전쟁을 반대하는 시위대에게 행한 연설. https://tinyurl.com/BobbyKennedyonGDP

128 톰 피터스(Tom Peters)가 이러한 표현을 처음 사용한 사람은 아닐 것이며, 피터 드러커(Peter Drucker)와도 많이 연관되어 있다. 이러한 생각은 적어도 한 세기 전까지 거슬러 올라간다.

129 닉 막스(Nic Marks)가 고안한 행복지수(Happy Planet Index)는 개별 국가가 행복하면서도 지속가능한 삶의 추구라는 목표를 얼마나 잘 수행하는지를 측정한다. 이 측정법은 웰빙, 불평등, 행복, 지속가능성이라는 네 가지 원칙으로 구성되어 있다. http://happyplanetindex.org

반면에, 바이오리저널(Bioregional)의 '하나의 행성에서 살기 위한 10가지 원칙(10 principles of One Planet Living)'은 건강 및 행복, 평등 및 지역경제, 문화 및 공동체, 대지와 자연, 지속가능한 물, 로컬푸드 및 지속가능한 먹을거리, 재료 및 제품, 여행 및 이동, 폐기물 제로, 탄소 제로 등의 훨씬 더 폭넓은 환경적인 문제들까지 포함한다. https://www.bioregional.com

130 계획경제의 실패에 대한 강렬하면서도 흥미로운 이야기를 보고 싶다면, 프랜시스 스퍼포드(Francis Spufford)의 소설 《붉은 풍요, 50년대 소비에트 드림의 내면(Red Plenty: Inside the Fifties Soviet Dream)》(Faber & Faber, 2011)을 읽어보기 바란다.

131 톰 크럼튼(Tom Crompton), 〈공동의 명분: 우리의 문화적 가치를 활용하는 사례(Common Cause: The Case for Working with Our Cultural Values)〉(2010), https://assets.wwf.org.uk/downloads/common_cause_report.pdf

132 예를 들면, 영국 옥스팜(Oxfam Great Britain)의 정책 및 변호 부문 책임자인 맥스 로슨(Max Lawson)이 세계경제포럼(World Economic Forum)의 웹 사이트에 기고한 글을 읽어보기 바란다. http://tinyurl.com/gsmfx6x. 또한 위키백과의 공급자 측 경제학(supply-side economics)과 낙수효과 경제학(trickledown economics)에 대한 항목도 참조하기 바란다.

133 크레디트 스위스(Credit Suisse)의 '2017 세계 부 보고서(2017 Global Wealth Report)'(https://tinyurl.com/globalwealth). 부는 주택, 현금, 연금, 의류, 칫솔 등 모든 자산을 의미한다.

134 앞의 133번 주석 내용 참조.

135 기빙왓위캔(Giving What We Can)의 자료(https://tinyurl.com/meanmedianwealth)와 크레디트 스위스의 자료를 함께 사용했다. 4배라는 건 대략적이지만 상당히 보수적인 수치일 것이며, 아프리카 인구의 하위 절반에게 소득을 분배한다는 추정을 근거로 계산한 것이다.

136 윌킨슨과 피킷의《평등이 답이다, 왜 평등한 사회는 늘 바람직한가》참조. 또한 앤듀르 세이어(Andrew Sayer)의《우리가 부자가 되지 못하는 이유(Why We Can't Afford the Rich)》(폴리시프레스(Policy Press), 2014) 참조. 평등신탁(The Equality Trust)의 웹 사이트에서는 이러한 사안들에 대한 광범위한 개요를 살펴볼 수 있다. www.equalitytrust.org.uk

137 맥스웰-볼츠만의 분포(Maxwell-Boltzmann distribution)는 기체 안에서 c_1과 c_2라는 2개의 속도 사이에서 움직이는 분자들이 다음과 같이 정의된다.

$$f(c) = 4\pi c^2 \left(\frac{m}{2\pi k_B T}\right)^{3/2} e^{\frac{-mc^2}{2k_B T}}$$

- m은 분자의 질량이다.
- k_B는 볼츠만 상수다.
- T는 절대온도(absolute temperature)다.

138 영국의 국영복권(UK National Lottery)에 들어간 돈이 최종적으로 사용되는 곳은 다음과 같다.

- 53%는 당첨금으로 지출된다.
- 25%는 '좋은 명분'으로 쓰인다. (어떤 이들의 주장에 따르면, 이 중의 일부는 복권을 가장 많이 구입하는 사람들과는 거의 관련이 없는 용도에 사용된다고 한다.)
- 12%는 국세로 들어간다.
- 5%는 복권사업을 운영하는 카멜롯(Camelot)이라는 도박회사로 들어간다.
- 4%는 복권을 판매하는 가게에 돌아간다.

따라서 사람들이 복권을 한 장 구입하면, 그중의 거의 절반은 이미 잃는 것이라고 할 수 있다. 그리고 그렇게 잃는 돈의 절반 정도가 '좋은 명분'으로 쓰인다. 여기에서 지출되는 세금은 특히 역진적인 성격이 강한데, 복권이라는 것 자체를 구입하는 사람들 대부분이 애초부터 돈이 많지 않은 사람이기 때문이다. 이 통계수치는 도박위원회(Gambling Commission)의 웹 사이트에서 얻은 것이다. https://tinyurl.com/Nationalloterycon

139 KPMG 인터내셔널(KPMG International)은 영국의 재무부(the Treasury)가 2파운드

의 규제안을 도입하면 이후 3년 동안 11억 파운드를 손해볼 것으로 예측했다. (https://tinyurl.com/UKgambling1). 연간 약 3억 5,000만 파운드에 해당하는 금액이다. 고정승률 베팅 터미널(FOBT)을 통해서 2017년에 벌어들인 세수는 4억 파운드였으며, 적용된 세율은 25%였다. (https://tinyurl.com/UKgambling2). 그런데 만약 25%의 세율로 거두는 세수가 5,000만 파운드로 줄어들게 된다면, FOBT의 매출이 18억 파운드에서 2억 파운드로 급감하는 것이며, 이는 결국 그만큼 고객들이 엄청난 돈을 아끼는 결과가 된다.

140 겜블어웨어(GambleAware)와 공공정책연구소(IPPR)에서는 문제적 도박으로 인한 경제적 비용이 12억 파운드에 달하는 것으로 추정하고 있기는 하지만(이는 정부가 도박산업 전반에서 거둬들이는 26억 파운드의 세수에는 한참 미치지 못한다.), 이 연구에서는 고용주들에 미치는 간접적인 영향이나 경제적 부담, 그리고 도박중독으로 고통받는 가정에 대한 여러 가지 압박은 고려하지 않았다. 도박으로 인한 진정한 비용은 상당히 과소평가되고 있을 것이다. https://tinyurl.com/UKgambling3 참조.

141 2018년 6월 15일 자 가디언 기사 참조. https://tinyurl.com/FOBTdelay

142 IPCC, 〈1.5℃의 지구온난화(Global Warming of 1.5℃) – 정책 입안자들을 위한 요약본〉. http://report.ipcc.ch/sr15/pdf/sr15_spm_final.pdf

143 레베카 윌리스(Rebecca Willis), 나, 로지 왓슨(Rosie Watson), 마이크 엘름(Mike Elm), '영국 내 신규 석탄 탄광에 대한 문제 제기(The case against new coal mines in the UK)'(2020), 그린 얼라이언스(Green Alliance), https://bit.ly/2IRPTKk. 이 보고서는 컴브리아(Cumbria) 주의 화이트헤이븐(Whitehaven) 인근에 있는 우드하우스 탄광(Woodhouse Colliery)에 대한 그럴듯한 사업제안서에서 말하는, 놀라울 정도로 터무니없는 주장들을 비판한다. 이 책을 읽으면 도대체 사람들이 어떻게 그렇게 정색을 하고 그런 계획을 수립할 수 있었는지, 그런 계획을 어떻게 통과시켰는지, 그리고 해당 계획의 단점들이 명백하게 드러났을 때 지방정부의 사업 추진 결정에 대한 소환(즉, 재심사)을 해달라는 요청을 담당 장관이 도대체 왜 거절했는지가 궁금할 것이다. 이 탄광에서는 전통적인 철강산업에서 사용되는 점결탄(coking coal)을 채굴할 예정인데, 이 때문에 이곳에서는 모두 4억 톤 이상의 이산화탄소를 배출할 것으로 예상된다.

144 다이베스트인베스트(Divestinvest, https://www.divestinvest.org)는 개인 및 단체가 투자액을 회수하는 것을 도와주는 기관이다. 이 기관은 석탄, 석유, 천연가스 기업에 투자하는 것이 건전한 투자로 정착할 수 있는 조건에 대해서 다섯 가지 기준을 제시하였다. 이러한 기준 자체는 건전하다고 생각하지만, 내가 아는 한 그 어떤 화석연료

기업도 이 테스트를 통과할 수 없을 것이다. 다섯 가지 기준은 다음과 같다.

- 기후 비상사태에 대한 과학적인 근거와 상충되는 선동이나 로비를 지원하거나, 과학적인 근거에 기반을 둔 전 세계적인 행동을 전복시키려는 행위에 직간접적으로 자금을 지원하지 않는다.
- 과학적인 근거에 기반을 둔 속도로 화석연료로부터 전환하기 위한 명확한 전략을 수립한다.
- 추가적인 화석연료 매장량에 대한 탐사에 투자하지 않는다.
- 기업 자체로서도 과학적인 기반에 의해서 배출량 감축을 위한 목표를 설정한다.
- 모든 직원이 위의 기준에 따라서 행동하는 것을 장려하기 위한 보상 체계를 정립한다.

145 기업 차원에서의 연금 계획을 수립할 때는 언제나 적절한 자격을 갖춘 재정 전문가에게서 조언을 얻어야 한다. 2019년 현재 시중에 출시된 윤리적 연금 상품을 살펴본 결과, 우리의 연금을 투자해도 괜찮다고 느낄 수 있었던 연금 상품을 제공하는 기업은 로얄런던(Royal London)과 아비바(Aviva) 두 곳뿐이었다. 로얄런던의 직장연금(Workplace Pension)은 지속가능한 펀드와 윤리적 펀드를 고를 수 있게 한다. 그리고 영국 아비바(Aviva UK)는 '관리형 생활방식 전략(Stewardship lifestyle strategy)' 상품을 출시했는데, 이는 윤리적인 책임과 ESG(환경, 사회, 지배구조)와 관련된 사항들을 결합한 기본적인 직장연금 투자 전략으로, 기업들이 기본으로 선택할 수 있다.

146 루(Lew)의 작업은 대부분 자기결정 이론(self determination theory)에 대한 에드워드 데시(Edward Deci)와 리처드 라이언(Richard Ryan)의 연구에서 도출된 결과물이다. 데시와 라이언의 책인《자기결정 이론: 인간의 동기, 발달, 건강에 대한 기본적인 심리적 요구 사항(Self Determination Theory: Basic Psychological Needs in Human Motivation, Development and Wellness)》(길포드 프레스(Guilford Press), 2017) 참조. 아니면 좀 더 간략한 버전으로는 에드워드 데시가 쓴《우리가 지금 이 일을 하는 이유(Why We Do What We Do)》[펭귄북스(Penguins Books), 1996]을 추천하는 바다.

다른 사람들이 기후변화에 참여하게 만들 수 있는가라는 질문을 던져보면서 지난 몇 년 동안 발견한 또 다른 유용한 모델이 있는데, 그것은 다음과 같은 세 가지 핵심적인 심리적 요구 사항이라는 기준을 통해서 생각해보는 것이다.

(1) 관련성(소속감) - 모든 사람은 그룹의 일원이 되고 싶어 한다. 자기 혼자서만 지속가능성을 위해서 행동하고 싶은 사람은 거의 없다. 이런 맥락에서 나는 언젠가 기후변화에 대한 태도를 관찰하기 위한 목적으로 포커스그룹(focus group)을 운영하고 있는 어떤 연구자에게서 이런 이야기를 들었다. 기후변화라는 주제에 대해서 다른

사람들의 참여를 독려하고 싶다면, 그 사람들에게 다음과 같은 세 가지를 믿게 만들어야 한다는 것이었다. 즉, (a) 그것이 다른 많은 사람과 더욱 비슷하게 만들어준다는 것, (b) 그것이 성적으로 더욱 매력적으로 보이게 만들어준다는 것, (c) 그들이 TV에 출연할 가능성이 더욱 높아질 수 있다는 생각이 들게 해야 한다는 것이었다.

(2) 자율성(선택권) - 사람들은 자신이 살아가는 방식을 스스로 통제한다는 느낌을 받고 싶어 한다. 다른 누군가로부터 지구를 구하기 위해서 무엇을 해야 한다는 말을 듣고 싶어 하는 사람은 없다.

(3) 자신감 - 지금 현재 우리 인류가 기본적으로 무능하다는 생각은 좀처럼 받아들이기 어렵다. 우리가 사는 방식이 21세기에는 적합하지 않다는 말을 듣는 것은, 적어도 우리에게 다른 방식으로 살아갈 수 있는 어떤 명확한 생각을 갖고 있지 않는 한, 우리 중 그 누구도 쉽게 받아들일 수 있는 내용이 아니다.

147 지니계수(Gini coefficient)와 관련한 데이터는 '세계의 소득 불평등에 대한 표준화된 데이터베이스(SWIID)'를 참조했다. https://fsolt.org/swiid. 소득 불평등에 대한 아주 풍부하면서도 흥미로운 통계와 도표들을 보고 싶다면, '데이터로 보는 우리 세계(Our World in Data)'를 살펴볼 것을 권한다. https://ourworldindata.org/income-inequality

148 위올(WEAll)은 웰빙 경제(Wellbeing Economy)에 초점을 맞춘 흥미로운 신생 조직이다. https://wellbeingeconomy.org

"경제의 목적은 지속가능한 웰빙, 즉, 모든 사람과 지구의 웰빙을 달성하는 것이 되어야 한다.

이러한 목표를 달성하기 위해서는 다음과 같은 내용으로 우리의 시각, 사회, 경제를 대대적으로 혁신해야 한다.

1. 지구의 생물물리학적 경계 내에 머무른다. 생물물리학적 경계란 우리의 생태적 삶을 지탱할 수 있는 시스템 안에서 지속가능한 경제 규모다.

2. 먹을거리, 주거, 존엄성, 존중, 젠더 평등, 교육, 건강, 안전, 발언권, 삶의 목적 등 인간의 모든 기본적인 욕구를 충족시킨다.

3. 국가들 사이에서, 인간을 비롯한 다른 생물들의 현재 및 미래 세대 사이에서 자원, 소득, 부의 공정한 분배 방식을 만들고 유지한다.

4. 포괄적인 번영, 인류의 발전 및 번성을 위해서 공통의 천연자원 및 사회적 자본자산을 포함해서 모든 자원을 효율적으로 할당한다. 우리는 모두 행복, 삶의 의미, 번영이 물질적 소비보다 훨씬 더 중요하다는 것을 인식한다."

149 기후변화와 관련한 브리티시텔레콤(BT)의 가이드라인은 여기의 링크에서 볼 수 있

다. https://groupextranet.bt.com/selling2bt/working/climateChange/default.html.
그들은 또한 자사의 웹 사이트에서 환경에 대한 원칙들도 개략적으로 설명한다.

CHAPTER 06 — 사람과 일

150 실제 사례를 보고 싶다면, 스웨덴의 통계학자였던 고(故) 한스 로슬링(Hans Rosling)
이 인구, 건강, 부의 트렌드라는 주제로 진행했던 흥미로우면서도 놀라운 테드
(TED) 강연을 확인하기 바란다. 아직 보지 않았다면 강력히 추천하는 영상이다. 안
타깝게도 그는 2017년에 세상을 떠났다. https://tinyurl.com/roslinghans

151 신경제재단의 전직 이사장이었으며 옥스팜(Oxfam)의 국제 부문을 총괄했던 스튜
어트 월리스(Stewart Wallis)는 극빈층의 교육에 대해서 투자를 하는 것만으로도 출
생률을 60%나 낮출 수 있다고 예상했다. 그렇게 된다면 그의 견해로는 도덕적·사
회적·환경적인 분야 모두에서 세계에서 가장 중요한 투자들 중의 하나가 될 것이라
고 했다. 그리고 덧붙여서 스튜어트는 이렇게 썼다. "비엔나 인구통계연구소(Vienna
Institute of Demography)의 소장인 볼프강 루츠(Wolfgang Lutz)가 2014년에 발표한
연구에서는 여성들에 대한 교육이 그토록 중요한 이유를 강조한다. 예를 들어서, 가
나에서는 교육을 받지 않은 여성들이 평균적으로 5.7명을 낳았던 반면, 중등교육을
받은 여성들은 3.2명, 그리고 3차 교육을 받은 여성들은 겨우 1.5명을 낳았다." 루츠
의 연구 보고서 '21세기를 위한 인구 정책의 근거(A population policy rationale for the
twenty-first century)'(2014), 《인구 및 개발 검토(Population and Development Review)》
30, 527-544페이지 참조.

152 이 목록은 스튜어트 월리스가 버클리대학교 공공보건대학의 말콤 포츠(Malcolm
Potts) 박사의 연구를 참고하라면서 제공한 자료를 채택한 것이다. (스튜어트에게 다시
한번 감사를 전한다.)

153 데시와 라이언의 연구를 소개한 5장의 146번 주석 내용 참조. 그리고 인간 본성의
원동력인 '인간에게 주어진 것(human givens)'이라는 개념도 연관되어 있다. 인간에
게 주어진 것이란 우리를 특정한 방식으로 행동하게 만드는 심리적 욕구와 사고 능
력으로 정의된다. 우리의 욕구나 기대가 충족되지 않을 때, 우리는 스트레스, 불안,
분노를 경험할 수 있다. 인간에게 주어진 것의 배후에 대한 이러한 접근법은 우리가
언제나 상상력, 공감, 기억, 이성 등의 정서적 능력과 사회적 능력이라는 '선천적 자
원(innate resource)'을 활용해서 (안전, 흥미, 자율성, 정서적 친밀감, 삶의 의미와 목적 등)
감정적인 욕구를 충족하려 한다는 것을 의미한다. 휴먼기븐스연구소(The Human
Givens Institute)는 정서적 충족이 우리를 사회적으로 더욱 잘 기능하게 만들어서,

정신 건강과 신체 건강을 더욱 증진해준다는 결론을 내렸다. 정서적 충족 상태에 도달하기 위해서 인간의 심리는 우리에게 무언가를 주고 싶게 만든다. 조이 그리핀(Joe Griffin)과 이반 타이렐(Ivan Tyrell)이 쓴 책《인간에게 주어진 것(Human Givens)》참조.

154 미국의 교도소와 관련한 모든 통계의 출처는 미국 사법통계국(BJS) 보고서 '2015년 미국 내 교정인구(Correctional Populations in the United States 2015), NCJ 250374'.

155 영국의 교도소와 관련한 모든 통계의 출처는 국립치안관리서비스(NOMS)의 '2016 수감자 인권 실태에 대한 연례 보고서(Offender Equalities Annual Report 2016)', 다음 링크에서 확인할 수 있다. www.gov.uk/statistics

156 '노르웨이의 교도소는 왜 그렇게 성공적인가?(Why are Norway's Prisons So Successful?)', 영국 비즈니스 인사이더(UK Business Insider), https://tinyurl.com/Norwayprisonstats

157 미국 국립사법연구소(NIJ), https://tinyurl.com/USrecidivism

158 '교도소에 대한 완전한 사실: 재범, 비용, 조건(Full Fact, Prisons: re-offending, costs and conditions)'(2016), https://fullfact.org/crime/state-prisons-England-Wales

159 위의 3가지 주석 내용 참조.

160 2016~2017년 영국의 교정사업에 연간 42억 6,000만 파운드가 소요되었다는 사실(스태티스카(Statistica) 웹 사이트: https://tinyurl.com/statisticaUKprisoncosts)과 이 글을 쓰고 있는 현재 수감인구가 83,620명이라는 통계(www.gov.uk/government/statistics/prisonpopulation-figures-2018)를 기초로 계산했다.

161 '미국 수감 체계의 경제학(The Economics of the American Prison System)', 스마트애셋(Smartasset), 2018, (https://tinyurl.com/USprisoncosts), 그리고 뉴욕타임스, 2013년 8월 23일, '연구 결과 시의 수감자 1명당 연간 비용은 168,000달러다(City's Annual Per Inmate Cost is £ 168,000, study finds)'(시는 뉴욕을 말하는 것이다, https://tinyurl.com/y7rje398).

CHAPTER 07 — 비즈니스 및 기술

162 바이오리저널(Bioregional): www.bioregional.com

163 하나의 행성에서 살아가기(One Planet Living)에 대한 도구들은 www.oneplanet.com 참조. 가입해야 하지만, 아무런 어려움 없이 빨리 가입할 수 있다.

164 과학에 근거한 목표 추진계획(Science Based Targets initiative, SBTi)은 탄소공개프로젝트(CDP), 세계자원연구소(WRI), 세계자연보호기금(WWF), 유엔 글로벌콤

팩트(UNGC)의 협업 프로젝트이며, '우리는 비즈니스 연합이다(We Mean Business Coalition)' 프로젝트의 일원이기도 하다. http://sciencebasedtargets.org/# 참조. 지금까지 100개 이상의 글로벌 기업을 포함해서 400개 이상의 단체가 SBTs에 헌신해왔다.

165 마이크로소프트의 공식 블로그, 2020년 1월, '마이크로소프트는 2030년까지 탄소 배출량을 역전시킬 것이다(Microsoft will be carbon negative by 2030)', https://tinyurl.com/microsoftcarbontarget

166 'AI는 인류에게 일어난 최선의 사건일 수도 있고, 최악의 사고가 될 수 있다.' 스티븐 호킹, 리버흄 미래지능센터(Leverhulme Centre for the Future of Intelligence) 개소식 연설, 2016.

CHAPTER 08 — 가치, 진실, 신뢰

167 가치에 대한 내용을 다루는 이번 장 전체에서, 나는 벨라지오 이니셔티브(Bellagio Initiative)로부터 의뢰를 받아서 팀 캐서(Tim Kasser)가 쓴 논문 〈인간의 행복을 추구하는 과정에서 자선 활동과 발전의 미래(The future of Philanthropy and development in the pursuit of human wellbeing)〉(2011)의 내용을 아주 많이 참고했다. https://tinyurl.com/y7vuht95. 또한, 톰 크럼튼(Tom Crompton)의 〈공동의 명분(Common Cause)〉(2010)도 참조했다. https://assets.wwf.org.uk/downloads/common_cause_report.pdf

168 로저스(Carl Rogers)는 인간 중심 상담 기법의 아버지다. 대표작은 1954년에 발표한 기념비적인 저서인 《진정한 사람되기: 칼 로저스 상담의 원리와 실제(On Becoming a Person: A Therapist's View on Psychotherapy)》다. 핵심 조건 세 가지는 환자에게 도움이 되기 위해서 치료사에게 필요한 성품이다. 그는 이러한 핵심 조건을 사람들이 함께 어울려서 잘 살아가기 위한 것으로도 똑같이 적용했다.

공감(Empathy): 상대방의 관점에서 세상을 바라보고, 그들이 느끼는 것을 이해하고 신경 쓸 수 있는 능력.

진정성(Genuineness): 우리가 생각하고 느끼는 것, 그리고 우리가 세상을 보는 방식에 대한 현실에 기반을 둔 솔직함.

무조건적인 긍정적 존중(Unconditional positive regard): 사람들이 저질렀을지도 모르는 어떤 것(살인, 아동학대, 테러 등)으로부터 완전히 독립적으로 그 사람의 선천적인 가치를 믿는 것.

169 20년도 더 지난 이런 내용은 물론이고, 칼 로저스의 치료적 관계를 위한 세 가지 핵

심 조건과 선불교 철학에서 설명하는 고통에 대한 해결책 사이의 흥미로운 연관성을 설명해준 데이비드 브레이지어(David Brazier)에게 감사를 드린다. 이런 내용은 현재 그의 책 《선 치료(Zen Therapy)》(콘스타블&로빈슨(Constable & Robinson), 2001)에 설명되어 있다.

CHAPTER 09 — 오늘날의 세계를 위한 사고의 기술

170 내가 여기서 말하고자 하는 내용에는, 여러분도 이미 눈치 챘을 수도 있지만, '내 생각에 뭔가 결함이 있다고 하더라도, 나를 너무 심하게 비난하지 말아달라'는 것도 있다. 그러면 나도 여러분을 동등하게 대우하려고 노력할 것이다!

171 조나단 로슨(Jonathan Rowson)의 저서 《영성화하라(Spiritualise)》의 2판(이곳 링크에서 확인할 수 있다, https://tinyurl.com/spiritualise)에는 다각적인 관점이 필요한 이유가 더욱 상세히 설명되어 있으며, 그가 토마스 비요르크만(Tomas Björkman)과 함께 2015년에 공동으로 설립한 단체인 퍼스펙티바(Perspectiva, www.systems-souls-society.com)는 이러한 노선을 따르고 있는 흥미로운 실험이라고 할 수 있다.

172 이 표현은 톰 크럼튼(Tom Crompton)이 2010년에 세계자연보호기금(WWF) 등을 위해 작성한 논문인 〈공동의 명분: 우리의 문화적 가치를 활용하는 사례(Common Cause: The Case for Working with Our Cultural Values)〉에서 처음 사용한 것이다. 이 논문은 충분히 읽어볼 가치가 있다. 우리는 개인주의적인 동기에 호소해서는 산술적인 합계를 넘어서는(bigger-than-self) 문제를 해결할 수 없다. 즉, 탄소를 줄이면 돈을 아낄 수 있다는 주장만으로는 기후변화에 제대로 대응할 수 없다. 실제로 가장 중요한 것은 돈이라는 개인주의적인 가치를 강조한다면, 상황을 더욱 악화시킬 수도 있다. (https://tinyurl.com/68qrwdo). 위의 논문을 너무 조악하게 요약했다면, 톰에게 사과의 말을 전한다. 비록 나는 이 논문의 수많은 뉘앙스를 다 담아내지는 못했겠지만, WWF를 비롯한 여러 기관이 그에게 단순한 메모가 아니라 논문을 의뢰한 데에는 나름의 이유가 있다고 생각한다.

173 1990년대의 선불교 및 티베트 불교에 대한 많은 논의 내용을 설명해준 것과, 읽기 편하며 매력적인 그의 저서인 《선 치료(Zen Therapy)》[콘스타블&로빈슨(Constable & Robinson), 2001]에 대해서 이야기해준 것에 대해서도 감사를 드린다.

이 책은 무엇보다도 선 철학 및 실천법과 심리학자인 칼 로저스의 사상 사이에서 유사한 점들을 이끌어냈다. 특히, 선 철학에서 말하는 고통의 세 가지 근원은 대략 탐욕, 증오, 망상이라는 단어로 번역된다. 이는 한 개인이 모든 존재의 상호 연관성을 보지 못하고, 그것들을 각자 별개로 떨어진 섬처럼 취급하는 경향을 갖게 된다는 표현이다. 이런 일이 일어나면, 우리는 그 섬에만 좋아 보이는 것에 대해 탐욕을 갖게 되며, 그렇지 않은 것들은 증오하고, 우리의 시야는 혼탁해지며 착각하게 된다. 이러한 고통의 근원들은 각각 해결책이 있는데, 그러한 해결책들은 칼 로저스가 치료적 관계의 세 가지 핵심 조건이라고 설명하는 것과 아주 깔끔하게 대응된다. 이러한 핵심 조건들은 치료사들이 다른 이들에게 도움을 줄 수 있는 존재가 되는 데 필요한 핵심 자질이다. 로저스의 세 가지 핵심 조건, 그리고 선 철학의 세 가지 고통의 근원에 대한 해결책은 각각 공감, 진정성, 무조건적인 긍정적 존중이다. 탐욕에 대한 해결책은 무조건적인 긍정적 존중이다. 즉, 어떤 사람이 탐욕으로 고통을 받는다면, 그 사람에게 가장 필요한 것은 그 사람의 탐욕이 아무리 추악하더라도 그들의 존재와 탐욕을 다른 이들로부터 인정받는 것이다. 만약 어떤 사람이 화가 났거나(증오하고 있다면), 그 사람에게 가장 필요한 것은 공감과 이해를 받는 것이다. 그리고 만약 어떤 사람이 망상에 시달린다면, 그들에게 필요한 것은 우리의 진실함과 현실에 근거를 둔 자세다. 이 책은 매우 흥미로우며, 그 안에서 다루는 도전 과제들에 대해서도 강력한 시사점들이 없지 않다. 더 많은 이야기를 할 수도 있지만, 이곳은 주석일 뿐이다. 마지막으로, 로저스의 핵심 조건들은 내가 제시한 여덟 가지 사고 능력에도 큰 영향을 미친다.

부록: 기후 비상사태에 대한 기초 지식

174 마이크 버너스-리, 던컨 클라크, 《시급한 질문》(프로파일북스, 2013). 당시에 우리가 썼던 내용의 대부분은 현재 훨씬 더 널리 받아들여지고 있는데, 특히 화석연료를 땅속에 그대로 놔두어야 한다는 점이 그렇다. 이 책이 처음 출간된 이후 지금까지 몇 가지 수치가 크게 바뀌었는데, 그 이유는 크게 두 가지로 말할 수 있다. 첫째, 그동안에 우리에게 남아 있는 탄소예산의 상당 부분을 연소시켰기 때문이다. 둘째, 현재 우리 자신이 놓여있는 상황을 더욱 심각하게 받아들였기 때문이다.

175 IPCC, 〈1.5℃의 지구온난화(Global Warming of 1.5℃)〉, 2018년 10월, http://www.ipcc. ch/report/sr15

176 스테펜(W. Steffen), 로크스트룀(J. Rockström), 리처드슨(K. Richardson) 외, '인류세 시기 지구 시스템의 궤적(Trajectories of the Earth System in the Anthropocene)'(2018), 〈미국 국립과학아카데미(NAS) 회의록〉 115(33), 8252－8259페이지, www.pnas.org/cgi/ doi/10.1073/pnas.1810141115

다섯 가지의 피드백 메커니즘은 다음과 같다.

(1) 북극권에서 해동되는 영구동토층에서 방출되는 메탄가스. 메탄은 강력한 온실

가스로 세계의 온난화를 더욱 촉발할 것이며, 이로 인해서 영구동토층이 더욱 많이 녹게 된다.

(2) 탄소가 대기 중으로의 방출되는 것을 줄이고 기후에 미치는 영향을 완화하는 기능을 하는 육지와 바다의 능력을 약화하는 것. 이러한 일의 예를 들면, 캘리포니아와 포르투갈을 비롯한 많은 곳의 삼림지대가 건조해지면서 산불이 발생하는 것이다.

(3) 해양에 박테리아가 증가해서 이들의 호흡을 통해서 이산화탄소가 더욱 많이 생성되는 것.

(4) 아마존의 우림이 죽어가는 것.

(5) 북방의 수림대가 죽어가는 것.

177 '데이터로 보는 우리 세계(Our World in Data)', https://github.com/owid/co2-data

178 좀 더 면밀히 조사해보면, 깨끗한 지수함수의 추세선에서 벗어난 일부 구간은 단순히 우연히 바뀐 것이 아니다. 이러한 구간들은 주로 부드러운 떨림의 형태를 취한다. 즉, 실제로는 사인(sine) 파동이다. 제2차 세계대전과 대공황 시기에는 깊이 팬 자국이 있었는데, 그 뒤에는 전후의 재건 분위기와 석유의 발견에 힘입어서 급속하게 성장했다. 그 후 석유파동이 발생했고, 그 시점이 지나고 나자 다시 한번 추세선을 능가하는 반등이 있었다. 수학이나 통계학에 관심이 많은 사람이라면 여기에 흥미를 보이면서 이러한 꿈틀거림이 42년이라는 시간의 범위를 가진 사인 파동과 상당히 비슷하다고 말할 수도 있을 것이다. 그래서 정말로 흥미로운 질문은 뭐냐 하면, 이러한 사인 파동이 양차 대전과 대공황, 석유의 발견 등에 의해서 일어난 것인가, 아니면 이러한 사건들은 그저 사인 파동이 가진 보다 근본적인 역학이 지수함수의 곡선 위에서 그 자체의 존재를 드러내기 위한 수단이었을까 하는 것이다. 그리고 만약 후자에 해당한다면, 저런 사인 파동을 불러일으킨 것은 무엇이었으며, 여기에 연관되어 있는 다른 요인들은 무엇일까? 이러한 사실을 나에게 지적해준 랭커스터대학교의 앤디 자비스(Andy Jarvis)에게 감사의 말을 전한다.

179 6년 연속 평균은 여전히 추세선을 능가하고 있다.

180 밀러(R. J. Millar), 푸글레슈트베트(J. S. Fuglestvedt), 프리들링슈타인(P. Friedlingstein) 외, '온난화를 1.5℃로 제한하기 위한 탄소예산 및 경로(Emission budgets and pathways consistent with limiting warming to 1.5℃)'(2017), 《자연 지구과학(Nature Geoscience)》 10, 741–747페이지. 나는 이 연구 결과를 바탕으로, 2014년 말부터 2017년 말까지의 누적 배출량을 추론했다. 2018년 초, 《자연 지구물리학(Nature Geophysics)》에 실린 한 편의 서신(슈어러(A. P. Schurer), 코우탄(K. Cowtan), 호킨스(E. Hawkins) 외, '파

리기후협약 목표의 해석(Interpretations of the Paris climate target)'(2018), 《자연 지구물리학》, 220 –221페이지)에서는, 밀러 외의 연구진이 사용했던 것과는 다른 방식으로 기온에 대한 역사적인 기록들을 이 모델 안에 투입하는 방법을 제안했다. 그리고 내가 위에서 설명한 모델에 이러한 데이터를 넣으면 1.5℃를 넘어서는 시기가 5년 정도 앞당겨지는 결과가 나타난다.

카본브리프(Carbon Brief)는 1.5℃의 예산에 대한 다양한 추정치를 훌륭하게 논의한다. 당연한 말이지만, 여전히 불확실성만 두드러져 보일 뿐이다. https://tinyurl.com/ybfcv7c8

181 앞의 180번 주석에서 언급한 밀러 외의 연구(2017) 참조. 추가 정보에 있는 그림 S2에서는 이산화탄소의 누적 배출량과 기온 변화가 거의 직선의 상관관계가 있음을 보여주는데, 탄소가 1조 2,000억 톤이 더 배출되면 2℃, 또는 이산화탄소가 2조 2,000억 톤이 배출될 때마다 1℃가 상승함을 알 수 있다. 탄소 1톤당 예상되는 온도 상승률은 이전의 모델보다 약 20% 하향 조정되었으며, 그러면서 '1조 톤 단위'로 온도 상승을 예측하는 방법이 고안되었다. 즉, 1조 톤으로 탄소(3.67조 톤의 이산화탄소) 배출량을 제한하면, 기온 상승을 2℃ 이내로 유지할 수 있는 확률이 66퍼센트로 나타났다. 이 논문에 따르면, 기온 상승을 1.5℃도 내에서 제한하기 위한 예산이 지금 추세대로라면 2035년에 바닥날 것임을 알 수 있다. 또는 이산화탄소 이외의 온실가스들에 매우 공격적인 조치를 한다면 아마도 2040년까지는 버틸 수 있을 것이다.

182 컴브리아 주의 서해안에 있는 이 광산에서는 향후 50년 동안 매년 840만 톤의 탄소 발자국을 가진 석탄을 캐낼 것으로 예상된다. 다음과 같은 근거들을 들면서 영국의 정책 및 계획 지침이 가진 일련의 틈새와 허점들을 간신히 헤쳐나왔다. 첫째, 지금까지는 철강산업에서 필요할 것이라고 추정되는 (하지만 실제로는 그렇지 않은) 특별한 점결탄을 캐낸다는 것이다. 둘째, 이렇게 캐낸 석탄의 대부분이 수출될 것이기 때문에 영국의 문제는 아니라는 것이다. 셋째, 이 광산이 본격적으로 생산을 시작하는 것에 맞춰서 세계의 다른 지역에서는 어떻게든 석탄 생산량이 감소한다는 것이다. 이 광산이 왜 끔찍한 생각인지에 대한 더욱 자세한 설명은 레베카 윌리스, 마이크 버너스-리, 로지 왓슨, 마이크 엘름, '영국 내 신규 석탄 탄광에 대한 문제 제기)'(2020, 그린 얼라이언스) 참조, https://tinyurl.com/crazymine.

183 '스마터 2030: 21세기의 도전 과제를 위한 ICT 솔루션(SMARTer 2030: ICT Solutions for 21st Century Challenges)'. 글로벌 e지속가능성 이니셔티브(GESI)가 2015년에 공개한 이 보고서(https://tinyurl.com/smarter2030)는 부록과 다음과 같은 짧은 언급을 제외하고는 분석 내용에서 반동효과를 제외한다. '정책 입안자들은 ICT 혁신으로 인

한 배출량 절감효과가 과거의 경우처럼 거시경제 내에서 반동효과로 이어지지 않도록 적절한 조건을 제공해야 한다.' 그리고 부록에서는, 내 생각에, 가장 명확한 반동효과들만 다룬다. 반동효과에 대한 훨씬 더 포괄적인 분석은 영국 에너지연구위원회(Energy Research Council)의 '2017 반동효과 보고서(The Rebound Effect Report in 2007)'에서 찾아볼 수 있다. (https://tinyurl.com/UKERcrebound). 다만 이 보고서에서도 가장 넓은 범위의 장기적인 결과들에 대해서는 놓치는 부분들이 있다.

184 이에 대해서는, 효율성이 개선되지 않았다면 상승 곡선이 훨씬 더 가팔라졌을 것이라는 주장이 있을 수도 있다. 하지만 그보다는 효율성이라는 것은 그 자체의 개선 속도보다도 기반시설에 대한 성장세를 조금 더 가파르게 한다는 것이 더욱 합리적인 주장이다. 따라서 결과적으로는 자원에 대한 수요가 증가하게 되는 것이다.

185 다시 말하지만, 나는 이 데이터를 밀러 외의 연구(2007)에서 참고했다. 앞의 180번 주석 내용 참조.

186 카본엔지니어링(Carbon Engineering), 2020, '우리의 기술', https://tinyurl.com/sztu7br

부록: 알파벳순으로 간략하게 둘러보기

187 던컨 클라크와 나는 《시급한 질문》에서 이런 예제를 사용했다. 만약에 우리가 연비가 2배인 신차를 구입한다면, 그렇게 절약한 탄소는 다음과 같은 메커니즘을 통해서 사라지게 된다. (1) 우리는 운전을 더 많이 해도 죄책감을 덜 느끼게 된다. (2) 연료비가 적게 들기 때문에, 그렇게 절약한 돈을 다른 분야에서 탄소발자국을 가진 무언가에 소비하게 된다. (3) 석유 공급망은 절약된 연비만큼 다른 이들에 대한 판매를 늘려야 하기 때문에 가격과 마케팅 정책을 조정하게 된다. (4) 이동 거리에 여유가 생기면서 도심에서부터 더 멀어진 곳에, 에너지가 더 많이 필요한 더욱 큰 집에서 거주할 수 있게 된다. 그리고 도로의 유지보수에 드는 탄소 비용도 증가하게 된다.

188 다음 링크 참조. https://tinyurl.com/RSPBfarmbirds, https://tinyurl.com/GermanInsects

189 일터에 자전거를 타고 다니는 것을 살펴본 글래스고대학교의 연구 결과를 참고한 것이다. 셀리스-모랄레스(C. A. Celis-Morales), 라이얼(D. M. Lyall), 웰시(P. Welsh) 외, '활동적인 출퇴근과 심혈관계 질환, 암, 사망률 사이의 연관성: 전향 코호트 연구(Association between active commuting and incident cardiovascular disease, cancer, and mortality: prospective cohort study)'(2017), BMJ 357: j1456, doi: https://doi.org/10.1136/bmj.j1456

190 틸스테드(S. H. Thilsted), 쏘른-라이먼(A. Thorne-Lyman), 웹(P. Webb) 외, '지속가능하며 건강한 식단: 2015년 이후 시대의 영양 향상을 위한 포획어업 및 수경재배의 역할(Sustaining healthy diets: the role of capture fisheries and aquaculture for improving nutrition in the post-2015 era)'(2016), 《먹을거리 정책(Food Policy)》 61, 126 –131페이지.

191 세계자원연구소(World Resources Institute)에서 펴낸 《지속가능한 먹을거리의 미래 만들기(Creating a Sustainable Food Future)》 8권을 보면 물을 관리하는 것을 더욱 자세히 다룬다. https://tinyurl.com/globalriceGHG

192 어업 전문가인 폴 댄리(Paul Danley)와 조지 몬비오트(George Monbiot)가 기준점 이동에 대해서 나눈 대화. https://tinyurl.com/shiftingbaselines. 개구리에 대한 비유는 찰스 핸디(Charles Handy)의 《비이성의 시대(The Age of Unreason)》(21세기북스, 2009)에 나온다.

193 사망과 관련한 통계의 출처는 '데이터로 보는 우리 세계(Our World in Data)'. https://ourworldindata.org/causes-of-death#causes-of-death-over-the-long-run

194 로베르토 뮐렌캄프(Roberto Muehlenkamp)가 쿼라(Quora)에 쓴 글에 20세기의 전쟁과 억압으로 인한 사망률이 3.7%라는 수치가 언급되어 있다. 여기에 살인에 대한 데이터를 조금 추가했다. www.quora.com/What-was-is-the-mostviolent-century-recorded-in-history

부록: 단위에 대한 설명

195 올림픽 규격 수영장에는 2,500,000kg의 물을 채울 수 있고, 물의 온도는 25℃이며, 물의 비열용량(specific heat capacity)은 4,200kJ/kg이고, 기화열(latent heat of vaporisation)은 2,265kJ/kg이라고 가정했다.

196 서로 다른 기체들은 모두 다른 강도로 온실효과를 가속하고 반감기도 모두 다르기 때문에 조악한 방식이다. 우리는 1kg의 메탄이 100년 동안 25kg의 CO2e에 해당하는 지구온난화의 가능성을 갖고 있다는 추정치를 사용한다. 하지만 메탄은 강력하지만 수명이 짧은 반면, 이산화탄소는 거의 영원히 존재할 수 있기 때문에, 50년이라는 시간 기준을 선택하면, 메탄의 지구온난화 잠재력은 50kg CO2e에 더 정확하다고 할 수 있다. 그리고 좀 더 정확히 추산하면, 매년 1톤의 메탄을 영원히 절감하는 것이 2,700톤의 이산화탄소를 절약하는 것과 거의 동일하다고 말할 수도 있다.

197 이에 대한 훨씬 더 자세한 내용은, 물론 나의 첫 번째 책인 《거의 모든 것의 탄소발자국》에 담겨있다.

찾아보기

플래닛 B는 없다

1판 1쇄 발행 2022년 12월 1일

지은이 | 마이크 버너스-리
옮긴이 | 전리오
펴낸이 | 박선영

편집 | 이효선
마케팅 | 김서연
디자인 | 933015디자인
발행처 | 퍼블리온
출판등록 | 2020년 2월 26일 제2021-000048호
주소 | 서울시 영등포구 양평로 157, 408호 (양평동 5가)
전화 | 02-3144-1191
팩스 | 02-3144-1192
전자우편 | info@publion.co.kr

ISBN 979-11-91587-30-2 03300

※ 책값은 뒤표지에 있습니다.